Francis Fukuyama

Der große Aufbruch

Wie unsere Gesellschaft
eine neue Ordnung erfindet

*Aus dem Amerikanischen
von Karlheinz Dürr und
Ursel Schäfer*

Paul Zsolnay Verlag

Die Originalausgabe erschien 1999
unter dem Titel *The Great Disruption*
bei The Free Press, New York.

ISBN 3-552-04957-6
© Francis Fukuyama 1999
Alle Rechte der deutschsprachigen Ausgabe
© Paul Zsolnay Verlag Wien 2000
Satz: Dr. Ulrich Mihr GmbH, Tübingen
Druck und Bindung: Franz Spiegel Buch, Ulm
Printed in Germany

Für meine Mutter Toshiko.
Und in Erinnerung
an meinen Vater Yoshio Fukuyama.

Naturam expelles furca,
tamen usque recurret,
et mala perrumpet furtim fastidia victrix.

Treib die Natur mit der Forke hinaus;
stets kehret sie wieder,
heimlich durchbricht sie als Sieger
die Mauern des häßlichen Hochmuts.

HORAZ, Briefe I. X. 24–25.

Inhalt

TEIL ZWEI
Über die Genealogie der Moral

TEIL DREI
Der große Aufbruch

ANHANG

TEIL EINS

Der Große Bruch

I

Nach den Regeln
spielen

Nach dem Industriezeitalter

Im Laufe der letzten fünfzig Jahre haben die Vereinigten Staaten und andere ökonomisch hochentwickelte Länder schrittweise den Übergang in die sogenannte »Informationsgesellschaft«, ins »Informationszeitalter« oder ins »postindustrielle Zeitalter« vollzogen.[1] Der Zukunftsforscher Alvin Toffler hat den Übergang als die »Dritte Welle« bezeichnet und meint, daß sie genauso folgenreich sein werde wie die beiden vorangegangenen Wellen in der menschlichen Geschichte: die Welle, die den Übergang von der Gesellschaft der Jäger und Sammler zur Ackerbaugesellschaft brachte, und die zweite Welle mit dem Übergang von der Ackerbaugesellschaft zur Industriegesellschaft.[2]

Der Übergang besteht aus einer Reihe miteinander verbundener Schritte. In der Wirtschaft ersetzen Dienstleistungen immer mehr die Güterproduktion als Quelle des Wohlstandes. Der typische Arbeitnehmer in der Informationsgesellschaft arbeitet nicht in einer Stahlfabrik oder einem Automobilwerk, sondern in einer Bank, einer Softwareschmiede, einem Restaurant, in einer Universität oder bei einer Sozialbehörde. Das Wissen und die Intelligenz von Menschen und von immer klügeren Maschinen spielen eine zunehmend wichtigere Rolle, und geistige Arbeit ersetzt immer mehr die körperliche Arbeit. Die Produktion ist globalisiert, weil es dank einer kostengünstigen Informationstechnologie immer leichter wird, Informationen über nationale Grenzen hinweg zu verschieben, und weil die sekundenschnelle Kommunikation mit Fernsehen, Radio, Fax und E-Mail die traditionellen Grenzen zwischen kulturellen Gemeinschaften auflöst.

Eine Gesellschaft, in deren Mittelpunkt die Information steht, wird mehr von den beiden Dingen hervorbringen, die den Menschen in einer modernen Demokratie besonders wichtig sind: Freiheit und Gleichheit. Die Freiheit der Auswahl ist geradezu explosionsartig gewachsen, ob bei Fernsehkanälen, billigen Einkaufsmöglichkeiten oder Verabredungen im Internet. Alle Arten von Hierarchien, in der Politik wie in Unternehmen, werden in Frage gestellt und beginnen sich aufzulösen. Große, unbewegliche bürokratische Apparate, die alles in ihrer Zuständigkeit durch Regeln, Vorschriften und Zwang kontrollieren wollen, werden abgelöst durch eine wissensbasierte Wirtschaftsweise, die den einzelnen »Macht verleiht«, indem sie ihnen den Zugang zu Wissen eröffnet. Starre Unternehmensbürokratien wie die alten Firmen IBM und AT&T mußten sich kleineren Konkurrenten mit mehr Mitsprachemöglichkeiten und flacheren Hierarchien geschlagen geben, und in der Politik brachen die Sowjetunion und Ostdeutschland zusammen, weil sie nicht in der Lage waren, das Wissen ihrer eigenen Staatsbürger zu kontrollieren und zu reglementieren.

Nahezu jeder, der sich mit dem Thema beschäftigt, hat den Übergang zur Informationsgesellschaft gefeiert. Kommentatoren von so unterschiedlicher politischer Couleur wie George Gilder, Newt Gingrich, Al Gore, Alvin und Heidi Toffler und Nicholas Negroponte haben die Veränderung als gut für den Wohlstand, gut für Demokratie und Freiheit, gut für die Gesellschaft insgesamt gewürdigt. Gewiß liegen viele Vorteile einer Informationsgesellschaft auf der Hand, aber waren alle Auswirkungen tatsächlich so positiv?

Die Menschen bringen das Informationszeitalter mit der Verbreitung des Internets in den neunziger Jahren in Verbindung, aber die Abkehr vom Industriezeitalter begann bereits über eine Generation früher mit der Entindustrialisierung des sogenannten Rostgürtels in den Vereinigten Staaten und vergleichbaren Verschiebungen weg von der Produktion in anderen Industrieländern. Dieser Zeitraum, grob gesprochen von Mitte der sechziger Jahre bis Anfang der neunziger Jahre, war auch durch eine ernsthafte Verschlechterung der sozialen Bedingungen in den meisten

Industriestaaten gekennzeichnet. Kriminalität und soziale Auflösungserscheinungen nahmen zu, die Innenstädte der Metropolen der reichsten Länder auf der Erde wurden nahezu unbewohnbar. Der Niedergang der Familie als soziale Institution, der seit mehr als zwei Jahrhunderten zu beobachten ist, hat sich in der zweiten Hälfte des 20. Jahrhunderts stark beschleunigt. In den meisten europäischen Ländern und in Japan fielen die Geburtenzahlen auf ein so niedriges Niveau, daß diese Länder sich im Laufe des nächsten Jahrhunderts ohne massive Zuwanderung entvölkern werden. Weniger Ehen wurden geschlossen und weniger Kinder geboren, mehr Ehen geschieden und mehr Kinder außerhalb der Ehe geboren; mittlerweile kommt jedes dritte Kind in den Vereinigten Staaten und mehr als die Hälfte aller Kinder in Skandinavien zur Welt, ohne daß die Eltern verheiratet sind. Schließlich sinkt seit vierzig Jahren das Vertrauen in Institutionen. Ende der fünfziger Jahre bekundete noch eine Mehrheit der Menschen in den Vereinigten Staaten und in Europa Vertrauen in Regierung und Mitbürger, Anfang der neunziger Jahre war diese Gruppe auf eine kleine Minderheit zusammengeschmolzen. Auch die Art, wie Menschen miteinander in Kontakt treten, hat sich grundlegend verändert. Zwar gibt es keinen Anhaltspunkt, daß die Menschen weniger Kontakte zu anderen haben, aber ihre Verbindungen sind weniger dauerhaft, weniger tiefgehend, und sie interagieren innerhalb von kleineren Gruppen.

Diese Veränderungen waren dramatisch, sie vollzogen sich in vielen vergleichbaren Ländern, und sie traten überall ungefähr zur selben Zeit in Erscheinung. Insofern bedeuten sie einen »Großen Bruch« bei den sozialen Werten, die in den Industriegesellschaften Mitte des 20. Jahrhunderts vorherrschend waren. Davon handelt Teil eins des vorliegenden Buches. Es ist sehr ungewöhnlich, daß mehrere soziale Indikatoren sich gemeinsam so rasch verändern; auch wenn wir nicht wissen, warum sie sich in dieser Weise veränderten, haben wir doch Grund anzunehmen, daß es einen Zusammenhang zwischen ihnen gegeben haben muß. Konservative wie William J. Bennett werden oft angegriffen, weil sie auf dem Thema des Werteverfalls herumreiten, aber im Grunde verfolgen sie die richtige Spur: Der Zusammenbruch der sozialen Ordnung ist kein Thema für Nostalgie, den bedauernden Blick zurück, die Verklärung der guten alten Zeit. Der Niedergang ist ohne weiteres meßbar in den Statistiken über Verbrechenszahlen, vaterlos aufwachsende Kinder, sinkendes Bildungsniveau und sinkende Bildungschancen, Vertrauensschwund und dergleichen mehr.

War es nur ein Zufall, daß all diese negativen sozialen Entwicklungen, die zusammengenommen die Abschwächung der sozialen Bindungen und gemeinsamen Werte widerspiegeln, welche die Menschen in den westlichen Gesellschaften zusammenhielten, genau zu dem Zeitpunkt erkennbar wurden, als die Volkswirtschaften in jenen Ländern den Übergang vom Industriezeitalter ins Informationszeitalter vollzogen? Diesem Buch liegt die Hypothese zugrunde, daß beides eng miteinander verknüpft war und daß eine komplexere, stärker wissensbasierte Wirtschaftsweise neben allen Segnungen auch etliche negative Auswirkungen für unser soziales Leben und unsere Werte mit sich bringt. Die Verbindungen sind technologischer, wirtschaftlicher und kultureller Natur. Die Arbeitswelt hat sich dahingehend verändert, daß körperliche Arbeit durch geistige ersetzt wurde. Dadurch gelang Millionen von Frauen der Einstieg ins Berufsleben, und dies wiederum erschütterte das traditionelle Bild der Familie. Medizinische Entdeckungen und Entwicklungen wie die Pille zur Empfängnisverhütung und die Verlängerung der Lebenserwartung veränderten die Bedeutung von Fortpflanzung und Familie im Leben der Menschen. Und eine Kultur des ausgeprägten Individualismus, die auf den Märkten und im Labor Innovation und Wachstum ermöglichte, griff auf die sozialen Normen über, untergrub dort praktisch alle Formen der Autorität und schwächte Familienbande, Nachbarschaftsbande und den sozialen Zusammenhalt der Staaten insgesamt. Natürlich ist das Gesamtbild noch sehr viel komplexer, und es unterscheidet sich von Land zu Land. Doch generell können wir sagen, daß der technologische Wandel, der die, wie Joseph Schumpeter es formulierte, »kreative Zerstörung« auf den Märkten bewirkt hat, in der Welt der sozialen Beziehungen einen ähnlichen Bruch herbeiführte. Es wäre sehr überraschend, wenn es sich anders verhielte.

Aber es gibt auch eine positive Seite: Die einmal zerbrochene soziale Ordnung fügt sich wieder zusammen, und etliche Anzeichen deuten darauf hin, daß genau dies heute geschieht. Wir können das aus einem einfachen Grund annehmen: Menschen sind *von Natur aus* soziale Wesen, ihre grundlegenden Triebe und Instinkte veranlassen sie, ethische Regeln zu formulieren, die sie zu Gemeinschaften zusammenfügen. Sie sind auch von Natur aus vernunftbegabt, und die Vernunft ermöglicht es ihnen, Wege für die spontane Kooperation mit anderen zu finden. Die Religion ist dabei zwar oft hilfreich, aber sie ist keine unabdingbare Voraussetzung, wie viele Konservative glauben. Ebensowenig ist ein starker, alles regelnder Staat vonnöten, wie viele Linke argumentieren. Der Naturzustand des Menschen ist nicht der Krieg »aller gegen alle«, von dem Thomas Hobbes sprach, sondern vielmehr die Staatsbürgergesellschaft, die ihre Ordnung durch eine Fülle ethischer Regeln erhält. Diese Feststellungen werden empirisch gestützt durch eine ungeheure Vielzahl von neuen Forschungsergebnissen in den Biowissenschaften aus so unterschiedlichen Gebieten wie Neurophysiologie, Verhaltensgenetik, Entwicklungsbiologie, Verhaltensforschung und aus der biologisch orientierten Psychologie und Anthropologie. Die Untersuchung, wie Ordnung entsteht, und zwar nicht als Anweisung von oben nach unten durch eine hierarchische Autorität, sei sie politischer oder religiöser Natur, sondern als Ergebnis der Selbstorganisation dezentralisierter Individuen, ist eines der interessantesten und wichtigsten Themen unserer Zeit. So treten wir in Teil zwei des vorliegenden Buches einen Schritt zurück und wenden uns den grundsätzlichen Fragen hinter den Erscheinungen des Großen Bruchs zu: Woher kommt die soziale Ordnung, und wie entwickelt sie sich, wenn die Rahmenbedingungen sich verändern?

Der Gedanke, daß soziale Ordnung aus einer zentralisierten, rationalen, bürokratischen Hierarchie hervorgehen muß, wurde sehr stark mit dem Industriezeitalter in Verbindung gebracht. Der Soziologe Max Weber schrieb mit Blick auf die Industriegesellschaften des 19. Jahrhunderts, daß die rationale Bürokratie der Wesenskern des modernen Lebens sei. Wir wissen heute jedoch, daß in einer Informationsgesellschaft weder Regierungen noch Unternehmen sich ausschließlich auf formale, bürokratische Regeln verlassen werden, wenn es darum geht, die ihnen unterstehenden Menschen zu organisieren. Statt dessen werden sie die Macht dezentralisieren und delegieren und darauf bauen müssen, daß die Menschen, die ihnen nominell unterstehen, in der Lage sind, sich selbst zu organisieren. Die Vorbedingung für solche Selbstorganisation sind internalisierte Regeln und Verhaltensnormen, somit können wir davon ausgehen, daß die Welt des 21. Jahrhunderts in hohem Maße von solchen Regeln geprägt sein wird. Der Übergang zur Informationsgesellschaft hat soziale Normen zerstört, aber eine moderne Hochtechnologiegesellschaft kann ohne solche Normen nicht auskommen und wird darum massive Anreize schaffen, neue Regeln hervorzubringen.

Teil drei des Buches blickt bei der Frage, woher solche Normen kommen, zugleich zurück und nach vorn in die Zukunft. Viele Konservative vertreten seit ehedem die Auffassung, daß die moralische Ordnung der Gesellschaft sich seit langem im Niedergang befindet. Der britische Politiker Edmund Burke schrieb, die Quelle des Problems liege letztlich in der Aufklärung mit ihrem Anspruch, Religion und Tradition durch Vernunft zu ersetzen, und die heutigen Erben Burkes sagen, daß der weltliche Humanismus die Wurzel unserer gegenwärtigen sozialen Probleme sei. Vielleicht haben die Konservativen tatsächlich recht damit, daß in den letzten fünfzig Jahren ein Niedergang des ethischen Verhaltens zu beobachten ist, aber sie neigen dazu, die Tatsache zu übersehen, daß die soziale Ordnung über lange Zeiträume hinweg nicht nur erodiert, sondern sich auch wieder aufbaut. Letzteres war in Großbritannien und Amerika im Laufe des 19. Jahrhunderts zu beobachten. Unübersehbar war der Zeitraum vom Ende des 18. Jahrhunderts bis ungefähr zur Mitte des 19. Jahrhunderts in beiden Ländern von einem erheblichen moralischen Verfall gekennzeichnet. Die Verbrechenszahlen in praktisch allen großen Städten stiegen an, Familien zerbrachen, die Zahl unehelicher Geburten wuchs, die Menschen waren sozial entwurzelt, insbesondere in den Vereinigten Staaten erhöhte sich der Alkoholkonsum drastisch: 1830 war der Alkoholkonsum pro Kopf ungefähr dreimal so hoch wie heute. Aber von der Mitte des Jahrhunderts bis zu seinem Ende veränderte sich praktisch jeder dieser sozialen Indikatoren zum Positiven: Die Kriminalitätsrate ging zurück, verhältnismäßig mehr Familien blieben zusammen, Alkoholiker gaben das Trinken auf, und neue Freiwilligenorganisationen schossen aus dem Boden und förderten bei den Menschen ein neues Zusammengehörigkeitsgefühl.

Heute gibt es ähnliche Anzeichen für eine Gegenentwicklung zu dem Großen Bruch, der sich von den sechziger Jahren bis in die neunziger Jahre hinein vollzogen hat. In den USA und in anderen Ländern mit hoher Kriminalität sind die Verbrechenszahlen stark zurückgegangen. Die Scheidungsraten sinken seit den achtziger Jahren, und die Zahl der außerehelichen Geburten scheint zu stagnieren oder ebenfalls zu sinken (zumindest in den Vereinigten Staaten). Das Vertrauen in die wichtigsten Institutionen ist im Verlauf der neunziger Jahre gewachsen, und die Zivilgesellschaft gedeiht. Darüber hinaus gibt es reichlich anekdotische Beispiele, daß eher konservative soziale Normen wieder in Mode kommen und die extremen Formen des Individualismus, die während der siebziger Jahre zu beobachten waren, keinen Anklang mehr finden. Sicher wäre es noch viel zu früh für die Aussage, daß all diese Probleme nun hinter uns liegen. Aber es wäre auch falsch, das Fazit zu ziehen, wir seien unfähig, uns gesellschaftlich an die technologischen und ökonomischen Bedingungen des Informationszeitalters anzupassen.

Noch einmal: *Gemeinschaft* und *Gesellschaft*

Der Bruch der sozialen Ordnung als Folge des technischen Fortschritts ist nichts Neues. Vor allem seit Beginn der industriellen Revolution durchlebten die menschlichen Gesellschaften einen beständigen Prozeß der Modernisierung, da immer neue Produktionsformen die alten ablösten.[3] Die soziale Unordnung des späten 18. und des frühen 19. Jahrhunderts in Amerika und Großbritannien kann direkt auf die Sprengkraft der sogenannten ersten industriellen Revolution zurückgeführt werden, als die Dampfmaschine und die Mechanisierung die Entstehung neuer Industriezweige im Textilbereich, die Eisenbahnen und dergleichen ermöglichten. In einem Zeitraum von vielleicht hundert Jahren wurden Agrargesellschaften in städtische Industriegesellschaften verwandelt, und sämtliche soziale Normen, Gewohnheiten und Gepflogenheiten, die das ländliche und dörfliche Leben bestimmt hatten, wurden durch den Lebensrhythmus der Fabrik und der Stadt abgelöst.

Der Wandel der Normen führte zu dem vielleicht bekanntesten soziologischen Konzept: zu Ferdinand Tönnies' Unterscheidung von *Gemeinschaft* und *Gesellschaft*.[4] Tönnies zufolge bestand die Gemeinschaft in einem typischen vormodernen bäuerlichen europäischen Staatswesen aus einem dichten Netz persönlicher Beziehungen, die zu einem wesentlichen Teil auf Verwandtschaftsbanden und dem direkten, unmittelbaren Austausch in einem kleinen, geschlossenen Dorf beruhten. Normen galten weitgehend ungeschrieben, und die einzelnen waren untereinander durch ein Geflecht wechselseitiger Abhängigkeiten verbunden, das alle Bereiche des Lebens berührte, von der Familie über die Arbeit bis zu den wenigen Freizeitbeschäftigungen, die es gab. Die Gesellschaft andererseits war ein Rahmen von Gesetzen und anderen formellen Regelungen und charakteristisch für große, städtisch geprägte Industriestaaten. In der Gesellschaft waren die sozialen Beziehungen unpersönlicher und stärker formalisiert, die einzelnen waren nicht annähernd so stark auf wechselseitige Unterstützung angewiesen, und deshalb war auch der Grad der moralischen Verpflichtung geringer.

Daß informelle Normen und Werte im Laufe der Zeit durch rationale, formelle Gesetze und Regeln abgelöst werden, ist seit Tönnies' Unterscheidung ein zentraler Gedanke der modernen Soziologie. Der englische Gesetzestheoretiker Sir Henry Maine hat argumentiert, in den prämodernen Gesellschaften seien die Menschen durch eine »Statusbeziehung«, wie er das nennt, miteinander verbunden gewesen. Ein Vater war in einer lebenslangen persönlichen Beziehung an seine Familie gebunden, ebenso ein Herr an seine Sklaven und Diener, und diese Beziehung bestand aus einer Fülle von informellen, unausgesprochenen und oft uneindeutigen wechselseitigen Verpflichtungen. Niemand konnte aus einer Beziehung einfach aussteigen, wenn sie ihm oder ihr nicht mehr behagte. In einer modernen kapitalistischen Gesellschaft hingegen liegen Maine zufolge solchen Beziehungen »Verträge« zugrunde, beispielsweise eine förmliche Übereinkunft, daß ein Arbeitnehmer für einen bestimmten Lohn, den ihm der Arbeitgeber zahlt, eine bestimmte Arbeitsleistung erbringen wird. Im Arbeitsvertrag wird alles genau geregelt, und die Regeln können vom Staat zwangsweise durchgesetzt werden; beim Tausch von Arbeitsleistung gegen Geld sind keine uralten Bande und Pflichten im Spiel. Mit anderen Worten: Die Vertragsbeziehung ist im Gegensatz zur Statusbeziehung keine moralische Verpflichtung. Jede Partei kann sie zu jedem beliebigen Zeitpunkt auflösen, sofern die Regelungen des Vertrags eingehalten werden.[5]

Die Auswirkungen des Übergangs von der Agrargesellschaft zur Industriegesellschaft auf die sozialen Normen waren so gravierend, daß eine ganz neue wissenschaftliche Disziplin daraus entstand, die Soziologie, die es sich zum Gegenstand machte, die Veränderungen zu beschreiben und zu verstehen. Praktisch alle großen soziologischen Denker am Ende des 19. Jahrhunderts – darunter Tönnies, Maine, Weber, Emile Durkheim und Georg Simmel – widmeten ihre Forschungstätigkeit dem Anliegen, die Natur des Wandels zu erklären. Der amerikanische Soziologe Robert Nisbet sagte einmal, die gesamte nachfolgende Produktion seiner Zunft sei ein einziger langer Kommentar zu dem Konzept von Gemeinschaft und Gesellschaft.

Viele klassische Texte der Soziologie, die Mitte des 20. Jahrhunderts verfaßt wurden, sprechen vom Übergang von der Gemeinschaft zur Gesellschaft, als handle es sich um einen einmaligen, momentanen Akt: Eine Gesellschaft ist entweder »traditionalistisch« oder »modern«, und eine moderne Gesellschaft ist gewissermaßen am Ende des Wegs der sozialen Entwicklung angekommen. Aber die soziale Entwicklung erreichte nicht mit der amerikanischen Mittelklassegesellschaft der fünfziger Jahre ihren Höhepunkt, denn die Industriegesellschaften verwandelten sich bald in postindustrielle Gesellschaften, wie Daniel Bell sie nannte, oder in die Informationsgesellschaften, die wir kennen. Wenn diese Veränderung genauso bedeutend ist wie die vorangegangene, dann darf es uns nicht überraschen, daß sie ebenso große Auswirkungen auf die sozialen Werte hat.

Warum die soziale Ordnung für die Zukunft der liberalen Demokratie wichtig ist

Zu den größten Herausforderungen für die Demokratien im modernen Informationszeitalter zählt die Aufrechterhaltung der sozialen Ordnung angesichts des technologischen und ökonomischen Wandels. Von Anfang der siebziger Jahre bis Anfang der neunziger Jahre entstanden in Lateinamerika, Europa, Asien und in der ehemals kommunistischen Welt in rascher Abfolge neue Demokratien, ein Vorgang, den Samuel Huntington als eine weitere »dritte Welle« beschrieben hat, diesmal die Welle der Demokratisierung.[6] In meinem Buch *Das Ende der Geschichte* habe ich argumentiert, daß hinter der Entwicklung der politischen Institutionen in Richtung auf die moderne liberale Demokratie eine starke Logik steht, die auf der Korrelation zwischen wirtschaftlicher Entfaltung und stabiler Demokratie beruht.[7] In den wirtschaftlich am höchsten entwickelten Ländern haben sich die politischen und die ökonomischen Institutionen im Laufe der Zeit angenähert, und Alternativen zu den liberalen politischen und wirtschaftlichen Institutionen sind nicht in Sicht.

Bei der ethischen und sozialen Entwicklung ist die gleiche fortschrittliche Richtung indes nicht so zwingend. Die liberalen Demokratien neigen dazu, einem exzessiven Individualismus anheimzufallen, und dies ist vielleicht ihre langfristig gefährlichste Schwachstelle. Besonders augenfällig wird dies bei der am stärksten individualistischen Demokratie, der Demokratie der Vereinigten Staaten. Der moderne liberale Staat gründet auf der Voraussetzung, daß die Regierung im Interesse des politischen Friedens keine Stellung zu den moralischen Forderungen von Religion und Tradition bezieht. Kirche und Staat sollten getrennt bleiben, bei den wichtigsten weltanschaulichen und ethischen

Fragen im Zusammenhang mit den letzten Dingen oder dem Wesen des Guten sollte Meinungspluralismus herrschen. Toleranz wurde zur Kardinaltugend der Demokratie erhoben. Anstelle eines moralischen Konsenses sollte ein transparenter Rahmen von Gesetzen und Institutionen stehen, der zu sozialer Ordnung führen würde. Ein solches politisches System verlangte keine besondere Sittlichkeit von den Menschen, sie mußten sich nur rational verhalten und in ihrem eigenen Interesse das Gesetz beachten. In ähnlicher Weise verlangte das auf dem Spiel der Marktkräfte basierende kapitalistische System, das Hand in Hand mit dem politischen Liberalismus kam, daß die Menschen in dem Streben nach der gesellschaftlich optimalen Produktion und Distribution von Gütern von ihrem langfristigen Eigeninteresse ausgehen.

Die auf diesen individualistischen Prämissen errichteten Gesellschaftssyteme waren außerordentlich erfolgreich, und am Ende des 20. Jahrhunderts gibt es keine echte Alternative zur liberalen Demokratie und dem marktwirtschaftlichen Kapitalismus als den organisierenden Prinzipien moderner Gemeinwesen. Das individuelle Eigeninteresse ist eine weniger anspruchsvolle, aber stabilere Basis für eine Gesellschaft als Sittlichkeit. Die Durchsetzung rechtsstaatlicher Prinzipien gehört zu den stolzesten Errungenschaften der westlichen Kultur; wie wertvoll sie ist, wird besonders deutlich im Umgang mit Ländern wie Rußland oder China, wo nichts dergleichen existiert.

Rechtsstaatlichkeit sowie starke politische und ökonomische Institutionen sind zwar von entscheidender Wichtigkeit, aber sie allein garantieren noch nicht den Erfolg einer modernen Gesellschaft. Die Funktionsfähigkeit der liberalen Demokratie hing von jeher davon ab, daß bestimmte gemeinsame kulturelle Werte respektiert wurden. Am besten erkennbar wird dies beim Vergleich zwischen den Vereinigten Staaten und den Staaten Lateinamerikas. Als Mexiko, Argentinien, Brasilien, Chile und andere lateinamerikanische Länder im 19. Jahrhundert unabhängig wurden, gaben sich etliche formal demokratische Verfassungen und Rechtsordnungen nach dem Vorbild des Präsidialsystems der Vereinigten Staaten. Bis heute hat kein einziges lateinamerikanisches Land die politische Stabilität, das wirtschaftliche Wachstum und die Effizienz der demokratischen Institutionen erreicht, deren sich die Vereinigten Staaten erfreuen, wenngleich Ende der achtziger Jahre viele lateinamerikanische Länder glücklicherweise zu demokratischen Regierungsformen zurückgekehrt sind.

Die Gründe dafür, daß der Vergleich so ausfällt, sind vielfältig und vielschichtig, aber am schwersten wiegt das kulturelle Moment: Die ersten Siedler in den Vereinigten Staaten waren vorwiegend Briten, und sie brachten nicht nur das britische Rechtswesen mit, sondern auch britische Kultur, Lateinamerika hingegen ererbte unterschiedliche kulturelle Traditionen von der Iberischen Halbinsel. Die Verfassung der Vereinigten Staaten betont zwar die Trennung von Kirche und Staat, gleichwohl wurde die amerikanische Kultur in ihren formativen Jahren entscheidend von protestantischen Sekten geprägt. Das protestantische Sektenwesen stärkte in Amerika zugleich den Individualismus und das, was Alexis de Tocqueville als die »Kunst der Assoziation« bezeichnet hat – die Neigung der Gesellschaft, sich in Myriaden von ehrenamtlichen Vereinigungen und Gemeinschaften selbst zu organisieren. Die Vitalität der amerikanischen Zivilgesellschaft war sowohl für die Stabilität der demokratischen Institutionen wie für die dynamische Wirtschaftsentwicklung von zentraler Bedeutung. Die imperialen, römisch-katholischen Traditionen von Spanien und Portugal hingegen verstärkten die Abhängigkeit von großen, zentralisierten Institutionen wie Staat und Kirche und behinderten infolgedessen eine unabhängige staatsbürgerliche Gesellschaft. Ähnliche Differenzen gibt es zwischen Nord- und Südeuropa; auch dort spielten bei der unterschiedlichen Fähigkeit, funktionsfähige moderne Institutionen zu errichten, das religiöse Erbe und die kulturelle Tradition eine wichtige Rolle.

Das Problem der meisten liberalen Demokratien besteht darin, daß sie ihre kulturelle Basis nicht als selbstverständlich voraussetzen können. Die erfolgreichsten Demokratien, darunter auch die Vereinigten Staaten, hatten das Glück, daß sich bei ihnen starke formelle Institutionen und eine flexible, informelle unterstützende Kultur verbanden. Aber die formellen Institutionen allein garantieren nicht im mindesten, daß die Gesellschaft sich unter dem Druck des technologischen, ökonomischen und sozialen Wandels auch weiterhin der geeigneten Art kultureller Werte und Normen erfreuen kann. Vielmehr ist gerade das Gegenteil der Fall: Der Individualismus, Pluralismus und die Toleranz, die den formellen Institutionen inhärent sind, fördern die kulturelle Vielfalt und haben darum das Potential, die überlieferten ethischen Werte auszuhöhlen. Und es gehört geradezu zum Wesen einer dynamischen, technisch innovativen Wirtschaft, daß sie die bestehenden sozialen Bindungen zerreißt.

Es könnte darum sein, daß sich einerseits die großen politischen und wirtschaftlichen Institutionen langfristig stetig in eine säkulare Richtung entwickeln, andererseits das soziale Leben einen eher zyklischen Verlauf nimmt. Soziale Normen, die für einen bestimmten historischen Zeitraum passend sind, werden durch den Fortschritt der Technologie und der Ökonomie gesprengt, und die Gesellschaft muß darum kämpfen, sich unter veränderten Bedingungen neue Normen zu geben.

Der Wert von Regeln

Die kulturellen Zusammenhänge zwischen dem Übergang ins Informationszeitalter und dem sozialen Bruch verdeutlichte sehr schön eine Reihe von Werbespots, die während der Olympischen Sommerspiele 1996 in Atlanta im Bundesstaat Georgia über die Fernsehschirme flimmerte. In Auftrag gegeben hatte sie ein großes amerikanisches Telekommunikationsunternehmen. Sie zeigten etliche muskulöse, durchtrainierte Athleten, die recht ungewöhnliche Dinge taten, zum Beispiel an den Wänden eines Gebäudes hinaufliefen, in dreihundert Meter tiefe Schluchten sprangen oder sich vom Dach eines Hochhauses zum nächsten schwangen. Jeweils am Ende des Spots erschien das Motto der Werbekampagne auf dem Bildschirm: »Keine Grenzen«. Ob bewußt oder nicht, die eindrucksvollen Körper der Athleten erinnerten an Nietzsches Übermenschen, das gottgleiche Wesen, für das die normalen moralischen Regeln nicht gelten; Leni Riefenstahl, Regisseurin vieler Nazi-Filme, hätte solche Gestalten liebevoll porträtieren können. Das Telekommunikationsunternehmen, das die Werbespots in Auftrag gegeben hatte, und die Werbeagentur, die sie produziert hatte, wollten ohne Zweifel ein kraftvolles, positives, zukunftsorientiertes Bild vermitteln: In dem neuen Zeitalter der Informationstechnologie lösen sich die alten Regeln auf, und das betreffende Unternehmen spielt dabei eine Vorreiterrolle. Die implizite Botschaft lautete, daß die alten Regeln – vermutlich die Regeln, die vor der Internetära im Zeitalter regulierter Telefonmonopole für die Kommunikationsindustrie galten –, unnötige und schädliche Zwänge darstellten und nicht nur die Telefondienstleistungen einschränkten, sondern den Elan der Menschen insgesamt. Wenn die Regeln erst einmal aufgehoben sind, können die Menschen alles erreichen, und die Telefongesellschaft wird ihren Kunden mit Begeisterung dabei helfen, ins gelobte Land zu gelangen. Wie die Athleten können die Kunden göttergleiche Übermenschen werden.

Bewußt oder unbewußt rückten die Produzenten dieses Werbespots ein sehr mächtiges kulturelles Thema in den Mittelpunkt: die Befreiung des Individuums von überflüssigen, einengenden sozialen Zwängen. Seit den sechziger Jahren haben die westlichen Gesellschaften eine Abfolge von Bewegungen erlebt, bei denen es darum ging, den einzelnen aus der Umklammerung durch traditionelle soziale Normen und moralische Regeln zu lösen. Die sexuelle Revolution, die Frauenbewegung, die Bewegung für die Rechte von Schwulen und Lesben – sie alle breiteten sich mit rasanter Geschwindigkeit über die westliche Welt aus. Jede dieser Bewegungen strebt die Befreiung von sozialen Regeln, Normen und Gesetzen an, welche die Wahl- und Handlungsmöglichkeiten der einzelnen ungebührlich einschränken: die Wahl des Sexualpartners, die Berufswahlmöglichkeiten der Frauen, die Gleichberechtigung der Homosexuellen. Der populären Psychologie, von der Propagierung des menschlichen Potentials in den sechziger Jahren bis zur Selbstachtungsbewegung in den achtziger Jahren, ging es darum, die Individuen von einengenden sozialen Erwartungen zu befreien. Jede dieser Bewegungen hätte die Botschaft des Fernsehspots »Keine Grenzen« auf ihre Fahnen schreiben können.

An den Bemühungen, das Individuum von einengenden Regeln zu befreien, beteiligten sich die Linken ebenso wie die Rechten, aber sie setzten jeweils unterschiedliche Schwerpunkte. Vereinfachend könnte man formulieren, daß es den Linken um Lebensweisen und den Rechten um Geld ging. Die Linken begehrten dagegen auf, daß traditionelle Wertvorstellungen die Wahlmöglichkeiten von Frauen, Minderheiten, Homosexuellen, Obdachlosen, Straffälligen und sonstigen gesellschaftlichen Randgruppen einschränkten. Die Rechten lehnten es ab, daß ihnen Regeln vorschrieben, was sie mit ihrem Eigentum tun durften und was nicht – oder im speziellen Fall der USA, was sie mit ihren Waffen tun durften und was nicht. Insofern ist es kein Zufall, daß der Werbespot mit der Botschaft »Keine Grenzen« von einer privaten Hightech-Firma produziert wurde, die danach strebte, ihren Gewinn zu maximieren, denn es ist Voraussetzung für den Erfolg des modernen Kapitalismus, daß alte Regeln gebrochen werden, daß alte soziale Beziehungen, Gemeinschaften und Technologien durch neue, effizientere abgelöst werden. Linke wie Rechte kritisierten den exzessiven Individualismus der jeweils anderen Seite. Diejenigen, die für Geburtenkontrolle eintraten, lehnten in der Regel die Wahlfreiheit beim Kauf von Waffen und benzinfressenden Autos ab; diejenigen, die sich für ungehinderten wirtschaftlichen Wettbewerb einsetzten, waren entsetzt, wenn sie auf dem Weg zum billigsten Einkaufszentrum von einem in seiner Bewegungsfreiheit nicht gehinderten Kriminellen überfallen wurden. Aber keine Seite war bereit, bei ihrem speziellen Anliegen Einschränkungen hinzunehmen, um damit Einschränkungen auf anderen Feldern zu erreichen.

Die Menschen stellten bald fest, daß eine Kultur des ungezügelten Individualismus, bei der gewissermaßen als einzige Regel übrig bleibt, daß Regeln zu brechen sind, ernsthafte Probleme mit sich brachte. Ethische Werte und soziale Regeln sind nicht einfach willkürliche Zwänge, die einem Individuum auferlegt werden, sie sind vielmehr die Vorbedingung für jede Form der Zusammenarbeit. Die Sozialwissenschaftler haben in jüngerer Zeit für den Bestand der gemeinsamen Werte einer Gesellschaft den Begriff des *Sozialkapitals* geprägt. Wie physisches Kapital

(Land, Gebäude, Maschinen) und Humankapital (die Fertigkeiten und Kenntnisse, die wir in unseren Köpfen mit uns herumtragen) erzeugt Sozialkapital Reichtum und besitzt deshalb wirtschaftlichen Wert für eine Volkswirtschaft. Sozialkapital ist auch die Voraussetzung für jede Art von gemeinsamer Unternehmung in einer modernen Gesellschaft, ob es sich nun darum handelt, ein kleines Lebensmittelgeschäft zu betreiben, Lobbyarbeit im Parlament zu leisten oder Kinder großzuziehen. Die einzelnen erweitern ihre Macht und ihre Fähigkeiten, wenn sie kooperativen Regeln folgen, die ihre Wahlfreiheit einschränken, aber es ihnen erlauben, mit anderen in Austausch zu treten und ihr Handeln zu koordinieren. Soziale Tugenden wie Ehrlichkeit, Hilfsbereitschaft und Zuverlässigkeit sind nicht nur ebenso erstrebenswert wie ethische Werte, sie besitzen darüber hinaus einen konkreten materiellen Wert und helfen einer Gruppe, ihre gemeinsamen Ziele zu erreichen.

Ein weiteres Problem bei einer ausgeprägt individualistischen Kultur liegt darin, daß letzten Endes die Gemeinschaftlichkeit verlorengeht. Eine Gemeinschaft entsteht nicht automatisch, wenn eine Gruppe von Menschen zufällig miteinander zu tun hat. Echte Gemeinschaften werden vielmehr durch die Werte, Normen und Erfahrungen zusammengehalten, die ihre Mitglieder miteinander teilen. Je tiefer verwurzelt solche gemeinsamen Werte sind, desto stärker ist das Gefühl der Gemeinschaftlichkeit. Der Ausgleich zwischen persönlicher Freiheit und Gemeinschaftlichkeit erscheint jedoch vielen Menschen nicht einsichtig oder nicht erforderlich. Nach der Befreiung von den traditionellen Bindungen an Ehegatten, Familien, Nachbarschaften, Arbeitsplätze und Kirchen dachten die Menschen, sie könnten Freiheit und soziale Verbundenheit zugleich haben, und die Bindungen sollten nunmehr selbstgewählt sein. Doch bald schon merkten sie, daß solche Wahlverwandtschaften, auf die sie sich nach Belieben einlassen und denen sie ebenso leicht wieder den Rücken kehren konnten, ihnen ein Gefühl von Einsamkeit und Orientierungslosigkeit gaben und den Wunsch nach tieferen, dauerhafteren Beziehungen zu anderen weckten.

Darum ist die Botschaft »Keine Grenzen« problematisch. Wir

wollen die Regeln brechen, die ungerecht, unfair, unwichtig oder
überholt sind, und wir wollen möglichst viel persönliche Freiheit.
Aber wir brauchen auch beständig neue Regeln, die es uns ermöglichen, neue Formen gemeinsamer Unternehmungen zu beginnen
und uns mit anderen Menschen in einer Gemeinschaft verbunden
zu fühlen. Die neuen Regeln ziehen unweigerlich die Einschrän-
kung der individuellen Freiheit nach sich. Eine Gesellschaft, die
nach der permanenten Umkehr von Normen und Regeln im
Namen einer immer größeren persönlichen Wahlfreiheit strebt,
wird zunehmend unorganisiert, atomisiert, isoliert und unfähig
zur Verfolgung gemeinsamer Ziele und Aufgaben. Die Gesellschaft, die »keine Grenzen« für die technologische Innovation
will, sieht auch »keine Grenzen« für viele Formen des individuellen Verhaltens, und in der Folge steigen die Kriminalität, die
Scheidungsraten, die Zahl der Eltern, die ihre Erziehungspflich-
ten nicht mehr erfüllen, wächst die Gleichgültigkeit der Nachbarn und die Zahl der Bürger, die am öffentlichen Leben keinen
Anteil mehr nehmen.

Sozialkapital

Selbst wenn wir mit der allgemeinen Formulierung Zustimmung
finden, daß die menschliche Gesellschaft Grenzen und Regeln
braucht, erhebt sich sofort die Frage, wessen Regeln gelten sollen.
   In der reichen, freien und vielfältigen Gesellschaft, welche die
Vereinigten Staaten am Ende des 20. Jahrhunderts darstellen, ist
der Begriff *Kultur* eng mit dem Konzept der Wahlfreiheit verbunden. Kultur ist etwas, das Künstler, Schriftsteller und andere
phantasiebegabte Menschen, von einer inneren Stimme angeleitet,
schaffen wollen; für andere, weniger kreative Menschen ist Kultur etwas, das sie als Kunstwerk, als eine bestimmte Küche oder
als Unterhaltung konsumieren wollen. Kultur wird oberflächlich
häufig mit Ernährung in Verbindung gebracht, verstanden als
Ernährungsgewohnheiten einer bestimmten ethnischen Gruppe:
Kulturelle Vielfalt bedeutet in diesem Verständnis, reiche Auswahl zwischen chinesischen, italienischen, griechischen, thailän-

31

dischen und mexikanischen Restaurants zu haben. Kulturelle Entscheidungen sind, wichtiger noch, ganz in unser Belieben gestellt. Es geht uns damit wie dem Mann in einem Film von Woody Allen, der auf die Nachricht hin, daß er unheilbar an Krebs erkrankt sei, fieberhaft zu entscheiden versucht, ob er Trost als Buddhist, als Hare-Krishna-Jünger, als Katholik oder als Jude suchen soll.

Darüber hinaus wird uns beigebracht, daß beim Abwägen solcher widerstreitender kultureller Ansprüche keiner besser ist als der andere. Weit oben in der Hierarchie der ethischen Werte rangiert die Toleranz, und der Moralismus – der Versuch, Menschen nach den eigenen moralischen oder kulturellen Regeln zu beurteilen – ist der Fehler schlechthin. *De gustibus non est disputandum* – über Geschmack läßt sich nicht streiten –, und wie bei der Vorliebe für eine bestimmte Küche kann man nicht begründen, warum ein bestimmtes moralisches Regelwerk besser oder schlechter ist als ein anderes. Diese Lektion lehren nicht nur die Verfechter der multikulturellen Gesellschaften auf dem linken politischen Flügel, sondern auch die Wirtschaftsliberalen auf dem rechten Flügel, für die alles menschliche Verhalten letztlich auf die Verfolgung nicht weiter reduzierbarer individueller »Präferenzen« zusammenschmilzt.[8]

Um dem Problem des kulturellen Relativismus zu entgehen, konzentriert sich das vorliegende Buch nicht auf die großen kulturellen Normen, sondern auf einen Unterbestand von Normen, die das Sozialkapital ausmachen. Sozialkapital kann ganz einfach definiert werden als ein Bestand informeller Werte und Normen, die alle Mitglieder einer Gruppe teilen und die Kooperation zwischen den Mitgliedern der Gruppe ermöglichen. Wenn die Mitglieder der Gruppe davon ausgehen, daß die anderen sich ehrlich und verläßlich verhalten, dann werden sie einander *vertrauen.* Vertrauen wirkt wie ein Schmiermittel, welches das Wirken jeder Gruppe oder Organisation effizienter macht.

Die Tatsache allein, daß gemeinsame Werte und Normen bestehen, erzeugt indes noch kein Sozialkapital, denn es können auch die falschen Werte sein. Ein Beispiel dafür wäre etwa Süditalien, eine Region, die nahezu durchgängig als bar jeglichen

Sozialkapitals und allgemeinen Vertrauens gesehen wird, obwohl durchaus feste soziale Normen existieren. Der Soziologe Diego Gambetta berichtet folgende Geschichte:

Ein [Mafia-]Boß im Ruhestand erzählte, als er ein junger Mann gewesen sei, habe sein Vater, gleichfalls Mafioso, ihm befohlen, eine Mauer hinaufzuklettern, dann verlangt, daß er herunterspringen solle, und ihm versprochen, er, der Vater, werde ihn auffangen. Er habe sich zunächst geweigert, aber sein Vater habe so lange gedrängt, bis er schließlich gesprungen sei – und prompt sei er mit dem Gesicht aufgeschlagen. Die Lektion, die sein Vater ihm damit habe beibringen wollen, habe er in dem Satz zusammengefaßt: »Du mußt lernen, auch deinen Eltern zu mißtrauen.«[9]

Charakteristisch für die Mafia ist ein außerordentlich rigider interner Verhaltenskodex, die *omertà;* der einzelne Mafioso wird als »Ehrenmann« bezeichnet. Doch diese Normen gelten nicht außerhalb des engen Kreises der Mafiosi. Die gegenüber der übrigen sizilianischen Gesellschaft vorherrschenden Normen können eher auf die Formel gebracht werden: »Ziehe, wann immer du kannst, deinen Vorteil aus Menschen, die nicht zu deiner engen Familie gehören, denn sonst werden sie ihren Vorteil aus dir ziehen.« Und wie Gambettas Beispiel zeigt, kann man sich unter Umständen nicht einmal auf die Familie verlassen. Solche Normen sind offensichtlich der sozialen Kooperation nicht förderlich, und die negativen Folgen für Politik und Wirtschaft wurden ausführlich dokumentiert.[10] Von Süditalien geht seit langem die schwere Korruption aus, die auf dem politischen System des Landes lastet, und es ist eine der ärmsten Regionen des westlichen Europa.

Anders als bei den Normen der Mafia müssen zu den Normen, die Sozialkapital erzeugen, solche Tugenden zählen wie Wahrheitsliebe, Pflichtbewußtsein und Rücksichtnahme. Nicht von ungefähr decken sich diese Normen zu einem erheblichen Grad mit jenen puritanischen Werten, die Max Weber in seiner Schrift *Die protestantische Ethik und der Geist des Kapitalismus* als zentral für die Herausbildung des westlichen Kapitalismus beschrieben hat.

Alle Gesellschaften haben einen gewissen Bestand an Sozialkapital, die relevanten Unterschiede liegen im »Radius des Vertrauens«, wie wir dies nennen könnten.[11] Das heißt, es kann sein, daß Normen, die für die Kooperation wichtig sind, wie Ehrlichkeit und Rücksichtnahme, innerhalb eng umgrenzter Gruppen gelten, aber nicht gegenüber der gesamten Gesellschaft. Die Familie ist offenkundig überall eine wichtige Quelle des Sozialkapitals. Wie gering die Meinung amerikanischer Eltern über ihre halbwüchsigen Kinder auch sein mag, die Chance, daß Mitglieder ein und derselben Familie einander trauen und zusammenarbeiten, ist sehr viel größer als bei Fremden. Das ist auch der Grund dafür, daß praktisch alle Unternehmen als Familienbetriebe beginnen.

Aber die Festigkeit der Familienbande ist von Gesellschaft zu Gesellschaft verschieden, und sie variiert auch im Verhältnis zu anderen Formen der sozialen Verpflichtung. In manchen Fällen scheint so etwas wie eine umgekehrte Beziehung zwischen Vertrauen und Rücksichtnahme innerhalb und außerhalb der Familie zu bestehen: Wenn das eine besonders stark ist, ist das andere besonders schwach. In China und Lateinamerika sind die Familien stark und halten fest zusammen, aber es fällt den Menschen schwer, Fremden zu vertrauen, und der Grad von Ehrlichkeit und Kooperation im öffentlichen Leben ist sehr viel geringer als in der Familie. Vetternwirtschaft und eine alles durchdringende Korruption sind die Folge. Für Weber war der entscheidende Faktor bei der protestantischen Reformation nicht der Umstand, daß sie Ehrlichkeit, Rücksichtnahme und Sparsamkeit bei den Unternehmern förderte, sondern daß diese Tugenden erstmals außerhalb der Familie zur Geltung kamen.[12]

Es ist ohne weiteres möglich, ohne Sozialkapital mittels formeller Koordinationsmechanismen wie Verträgen, Hierarchien, Verfassungen, Rechtsordnungen und dergleichen funktionsfähige Gruppen zu bilden. Aber informelle Normen reduzieren erheblich die Transaktionskosten, wie die Ökonomen dies nennen – die Kosten, die entstehen, wenn formelle Vereinbarungen geschlossen werden, ihre Einhaltung überwacht, gegebenenfalls gerichtlich entschieden und zwangsweise durchgesetzt werden muß. Unter bestimmten Umständen kann das Sozialkapital auch die Innovationsfähigkeit und Flexibilität von Gruppen erhöhen.

Die Vorteile des Sozialkapitals gehen aber weit über die wirtschaftliche Sphäre hinaus. Sozialkapital ist entscheidend für die Entstehung einer gesunden Zivilgesellschaft, das heißt für den Bereich der Gruppen und Assoziationen, dem Bereich zwischen der Familie und dem Staat. In den ehemals kommunistischen Ländern hat sich nach dem Fall der Berliner Mauer das Hauptaugenmerk auf die Zivilgesellschaft gerichtet, denn dort wird sich nach allgemeiner Einschätzung das Schicksal der Demokratie entscheiden. Sozialkapital erlaubt es unterschiedlichen Gruppen innerhalb einer komplexen Gesellschaft, sich zusammenzuschließen und ihre Interessen gemeinsam zu verfolgen, die ein mächtiger Staat andernfalls womöglich ignorieren würde.[13] Die Verbindung zwischen der Zivilgesellschaft und der liberalen Demokratie ist in der Tat so stark, daß Ernest Gellner die Auffassung vertreten hat, letztere sei eine Stellvertreterin für erstere.[14]

Das Sozialkapital und die Zivilgesellschaft werden zwar weithin als zwei wichtige positive Dinge gepriesen, aber sie sind nicht immer von Vorteil. Koordination ist für jedes soziale Unterfangen erforderlich, gleichgültig ob es seinem Wesen nach gut oder schlecht ist. In Platos *Politeia* sprechen Sokrates und eine Gruppe von Freunden über die Bedeutung von Gerechtigkeit. Im ersten Buch erklärt Sokrates Thrasymachos, daß selbst eine Räuberbande untereinander einen Sinn für Gerechtigkeit haben müsse, andernfalls könnte sie ihre Raubzüge nicht durchführen. Die Mafia und der Ku Klux Klan sind feste Bestandteile der amerikanischen Zivilgesellschaft, beide haben Sozialkapital, und beide sind schädlich für die Gesellschaft insgesamt. Im Wirtschaftsleben ist die Koordination von Gruppen nötig für eine bestimmte Form der Produktion, aber wenn die Technologie sich ändert oder die Märkte sich ändern, wird unter Umständen eine andere Form von Koordination mit möglicherweise anderen Gruppenmitgliedern erforderlich. Die Bande der sozialen Rücksichtnahme, die früher die Produktion erleichterten, können sich zu einer späteren Zeit als Hindernisse erweisen, wie das Beispiel vieler japanischer Unternehmen in den neunziger Jahren zeigt. Um bei der ökonomischen Metapher zu bleiben, könnte man sagen, daß das Sozialkapital an diesem Punkt überholt ist und in der Kapitalbilanz eines Landes abgewertet werden muß.

Die Tatsache, daß Sozialkapital unter Umständen zerstörerischen Zwecken dienen oder obsolet werden kann, widerlegt freilich nicht die weithin geteilte Auffassung, daß es im allgemeinen für eine Gesellschaft gut ist, Sozialkapital zu besitzen. Materielles Kapital ist auch nicht immer eine gute Sache. Es kann ebenfalls obsolet werden, denn man kann es dafür einsetzen, Waffen zu produzieren, Drogen, geschmacklose Unterhaltung und eine ganze Menge anderer für die Gesellschaft »schlechter« Dinge. Aber die Gesellschaften haben Gesetze, welche die Produktion der schlimmsten »schlechten Dinge« verbieten, ob mittels materiellem oder mittels sozialem Kapital, und so können wir annehmen, daß die meisten Verwendungszwecke von Sozialkapital vom gesellschaftlichen Standpunkt aus nicht weniger gut sein werden als die meisten Verwendungszwecke von materiellem Kapital.

Diese Auffassung teilen die meisten, die das Konzept einsetzen. Der Begriff *Sozialkapital* wurde erstmals 1916 von Lyda Judson Hanifan bei der Beschreibung ländlicher Schulgemeinschaftszentren verwendet.[15] Jane Jacobs hat den Begriff in ihrer klassischen Studie *The Death and Life of Great American Cities* aufgegriffen. Darin erläutert sie, daß die dichten sozialen Netzwerke in früheren städtischen Gebieten mit gemischter Nutzung eine Form des Sozialkapitals darstellten, welche die öffentliche Sicherheit erhöhte.[16] Der Ökonom Glenn Loury und der Soziologe Ivan Light beschrieben in den siebziger Jahren mit dem Begriff *Sozialkapital* das Problem der wirtschaftlichen Entwicklung der amerikanischen Innenstädte: Die Afroamerikaner besaßen untereinander keine solchen Bande von Vertrauen und sozialer Verbundenheit wie die Amerikaner asiatischer Herkunft oder andere ethnische Gruppen, und dies erklärte zu einem großen Teil das weitgehende Fehlen kleiner Unternehmen im Besitz von Schwarzen.[17] In den achtziger Jahren führten der Soziologe James Coleman[18] und der Politologe Robert Putnam den Begriff *Sozialkapital* in eine breitere Diskussion ein, Putnam hat eine intensive Debatte über die Rolle von Sozialkapital und Zivilgesellschaft in Italien und in den Vereinigten Staaten angeregt.[19]

Der vielleicht wichtigste Theoretiker des Sozialkapitals war indes ein Mann, der den Begriff nie verwendet, aber seine Bedeutung sehr klar gesehen hat: der französische Adlige und Reisende Alexis de Tocqueville. Tocqueville stellte in seinem Werk *Über die Demokratie in Amerika* fest, daß Amerika in scharfem Gegensatz zu seinem Heimatland Frankreich eine reiche »Kunst der Assoziation« besaß, das heißt, daß die Bevölkerung daran gewöhnt war, sich zu allen möglichen Zwecken, banalen wie ernsthaften, zu freiwilligen Vereinigungen zusammenzuschließen. Die amerikanische Demokratie und ihr System der eingeschränkten Regierungsgewalt konnten nur funktionieren, weil die Amerikaner so erfahren darin waren, Vereinigungen für staatsbürgerliche und für politische Anliegen zu bilden. Dank ihrer Fähigkeit zur Selbstorganisation blieb es der Regierung nicht nur erspart, die Ordnung hierarchisch, von oben nach unten, durchzusetzen; die staatsbürgerlichen Vereinigungen waren auch eine »Schule der Selbstregierung«, in der die Menschen kooperatives Handeln lernten, was sie dann auf das öffentliche Leben übertragen konnten. Tocqueville würde vermutlich der Formulierung zustimmen, daß es ohne Sozialkapital keine Zivilgesellschaft geben kann und ohne Zivilgesellschaft keine funktionsfähige Demokratie.

Wie messen wir Sozialkapital?

Weder die Soziologen noch die Ökonomen waren glücklich über den inflationären Gebrauch des Begriffs *Sozialkapital*. Die Soziologen sahen darin einen weiteren Schritt bei der Eroberung der Sozialwissenschaften durch die Ökonomen, und die Ökonomen fanden das Konzept nebulös und Sozialkapital schwierig, wenn nicht gar unmöglich zu messen. Tatsächlich ist es keine leichte Aufgabe, den gesamten Bestand kooperativer sozialer Beziehungen zu messen, die auf den Normen Ehrlichkeit und Rücksichtnahme beruhen. Wenn wir behaupten, daß der Große Bruch sich auf das Sozialkapital auswirkte, müssen wir eine empirische Basis finden, auf der wir die Hypothese testen können.

Robert Putnam hat argumentiert, daß die unterschiedliche

Qualität der Regierungsleistungen in verschiedenen Regionen Italiens eng mit dem Sozialkapital korreliert und daß in den Vereinigten Staaten das Sozialkapital seit den sechziger Jahren abschmilzt. Inwieweit sich seine These für die Vereinigten Staaten empirisch bestätigen läßt, werden wir im nächsten Kapitel untersuchen. Seine Studien machen eine Reihe von Problemen deutlich, mit denen sich jeder konfrontiert sieht, der Sozialkapital messen will. Putnam verwendet zwei Arten von Statistiken: einmal Daten über Gruppen und die Mitgliedschaft in Gruppen, von Sportvereinen über Gesangsvereine bis zu Interessengruppen und politischen Parteien, und dann Daten über die politische Partizipation wie Wahlbeteiligung und Zeitungslektüre. Darüber hinaus fließen detailliertere Zeitbudget-Untersuchungen ein und Angaben, wie die Menschen ihre wachen Stunden verbringen. Als zweite Art von Statistiken zieht Putnam demoskopische Untersuchungen heran wie den General Social Survey (für die Vereinigten Staaten) und den World Values Survey (für über vierzig Länder der Welt), bei denen eine Reihe von Fragen über Werte und Verhaltensweisen gestellt werden.

Die Behauptung, daß das amerikanische Sozialkapital im Zeitraum der letzten zwei Generationen abgenommen habe, wurde heftig bestritten. Viele Wissenschaftler haben entweder Daten vorgelegt, welche die Behauptung widerlegen und zeigen, daß die Zahl von Gruppen und die Mitgliedschaft in Gruppen in den letzten fünfundzwanzig Jahren zugenommen hat, oder sie haben Putnam entgegengehalten, daß die verfügbaren Daten die Realität des Gruppenlebens in einer komplexen Gesellschaft, wie es die Vereinigten Staaten sind, nicht widerspiegeln können.[20] Diese Argumente werden in Kapitel zwei diskutiert.

Abgesehen von der Frage, ob es möglich ist, Gruppen und die Mitgliedschaft in Gruppen vollständig zu erfassen, wirft dieser Ansatz mindestens drei grundsätzliche Meßprobleme auf. Ein Kegelclub oder ein Verein von Hobbygärtnern können im Sinne Tocquevilles eine Schule für Kooperation und Verantwortungsgefühl gegenüber der Gemeinschaft sein, aber sie sind, denkt man an die Art der Aktivitäten, die dort betrieben werden, offenkundig vollkommen andere Institutionen als die U.S. Marine

Corps oder die Mormomenkirche. Ein Kegelclub ist, um einen krassen Kontrast zu nehmen, nicht in der Lage, an einem Strand zu landen und eine Invasion durchzuführen. Um Sozialkapital adäquat zu messen, muß man berücksichtigen, zu welcher Form von kollektivem Handeln eine Gruppe in der Lage ist – welche Schwierigkeiten ihr inhärent sind, welche Bedeutung die Leistung der Gruppe hat, ob die Gruppe unter widrigen Umständen ihre Leistung erbringen kann und so weiter.

Das zweite Problem hängt mit dem zusammen, was ein Ökonom als positive externe Effekte der Gruppenmitgliedschaft bezeichnen würde und wir »positiven Vertrauensradius« nennen könnten. Externe Effekte sind entweder ein Vorteil oder ein Kostenfaktor, der bei einem bestimmten Vorgang einen außenstehenden Dritten trifft. Wenn Sie regelmäßig Ihren Rasen mähen und Ihr Haus in Ordnung halten, entstehen positive externe Effekte, die Ihren Nachbarn zugute kommen. Umweltverschmutzung ist das klassische Beispiel, wie Kosten externalisiert und auf Personen verschoben werden, die für ihre Verursachung nicht verantwortlich sind. Zwar brauchen alle Gruppen für ihr Funktionieren soziales Kapital, aber manche knüpfen ihre Vertrauensbande (und bilden damit Sozialkapital) auch außerhalb ihrer eigenen Mitgliedschaft. Weber hat darauf hingewiesen, daß der Puritanismus Ehrlichkeit nicht nur gegenüber anderen Mitgliedern der eigenen religiösen Gemeinschaft verlangt, sondern gegenüber allen Menschen. Auf der anderen Seite kann es auch sein, daß die Normen der Rücksichtnahme nur für eine kleine Teilgruppe der Gesamtmitgliedschaft gelten. In einer sogenannten Mitgliedergruppe wie der American Association of Retired Persons (AARP) mit mehr als 30 Millionen Mitgliedern ist nicht zu erwarten, daß zwei beliebige Mitglieder einander vertrauen oder gemeinsam handeln, nur weil sie einmal im Jahr ihren Mitgliedsbeitrag an dieselbe Organisation überweisen.

Das dritte und letzte Problem hat mit den negativen externen Effekten oder den externalisierten Kosten zu tun. Manche Gruppen propagieren Intoleranz, Haß und sogar Gewalt gegenüber Nichtmitgliedern. Gruppen wie der Ku Klux Klan, Nation of Islam und Michigan Militia haben zwar auch Sozialkapital, aber eine Gesellschaft, die aus solchen Gruppen bestehen würde, hat nichts Anziehendes, möglicherweise wäre sie sogar keine Demokratie mehr. Solche Gruppen haben Probleme, miteinander zu kooperieren, und die exklusiven Gemeinschaftsbande, die sie zusammenhalten, erschweren ihnen die Integration, weil sie sie gegen alle Einflüsse ihrer Umgebung abschirmen.

Nach dem bisher Gesagten dürfte klar sein, daß es so gut wie unmöglich ist, ausgehend von einer Erfassung von Gruppen den Bestand an Sozialkapital in einer großen und komplexen Gesellschaft wie der Vereinigten Staaten in einer seriösen Zahl auszudrücken. Wir haben empirische Daten von unterschiedlicher Zuverlässigkeit nur über einen bestimmten Teil aller existierenden Gruppen, und wir haben kein anerkanntes Verfahren, wie wir die qualitativen Differenzen zwischen den Gruppen messen könnten.

Wie können wir dann zu einer Aussage gelangen, ob das Sozialkapital in einer bestimmten Gesellschaft zunimmt oder abnimmt? Eine Lösung besteht darin, in erster Linie aus der zweiten der beiden genannten Datenquellen zu schöpfen: den Umfragedaten zu Vertrauen und Werten. Viele der über einen langen Zeitraum laufenden Erhebungen enthalten direkt Fragen zur sozialen Kooperation, ob zum Beispiel jemand seinen Mitmenschen vertraut, ob er Bestechungsgelder annehmen und ob er lügen würde, wenn es ihm nützt. Umfragedaten werfen natürlich eine Fülle von Problemen auf, angefangen damit, daß die Antworten unterschiedlich ausfallen werden, je nachdem, wie die Frage formuliert ist und wer sie stellt, bis hin zu dem Umstand, daß für viele Länder und für viele Zeitabschnitte überhaupt keine Daten vorliegen. Eine allgemein formulierte Frage von der Art: »Würden Sie, allgemein gesprochen, sagen, daß man den meisten Menschen trauen kann oder daß man im Umgang im anderen gar nicht vorsichtig genug sein kann?« (wie sie im General Social Survey und im World Values Survey enthalten ist) wird keine sehr präzisen Auskünfte über den Radius des Vertrauens bei den Befragten erbringen und über ihre unterschiedliche Geneigtheit, mit Familienmitgliedern, Landsleuten, Angehörigen der gleichen Religion und vollkommen Fremden zu kooperieren. Doch solche Daten liegen vor, und sie werden im folgenden insoweit herangezogen, als sie allgemeine Trends beleuchten.

Es gibt aber noch einen anderen Ansatz. Anstatt das Sozialkapital als einen positiven Wert zu messen, ist es möglicherweise leichter, die *Abwesenheit* von Sozialkapital mit traditionellen Maßstäben für soziale Funktionsstörungen wie Kriminalitätsraten, Scheidungszahlen, Drogenkonsum, Zahl der Zivilgerichtsverfahren, Selbstmordrate und Steuerhinterziehung zu messen. Dahinter steht die Annahme, daß Sozialkapital das Vorhandensein von kooperativen Normen widerspiegelt, wenn soziales Fehlverhalten ipso facto den Mangel von Sozialkapital widerspiegelt. Indikatoren für soziale Funktionsstörungen werfen zwar auch Probleme auf, aber sie stehen in sehr viel größerer Zahl zur Verfügung als Daten über Gruppen und die Mitglieder von Gruppen, und sie stehen für verschiedene Länder und Zeiträume zur Verfügung. Diesen Ansatz hat die National Commission on Civic Renewal gewählt, um die mangelnde Bereitschaft zu staatsbürgerlichem Engagement zu messen.[21]

An dieser Stelle muß angemerkt werden, daß sich von Anfang an ein sehr schwerwiegendes Problem stellt, wenn man Daten über soziale Funktionsstörungen als Maßstab für Sozialkapital heranzieht: Die Verteilung bleibt unberücksichtigt. Genau wie konventionelles Kapital in einer Gesellschaft ungleich verteilt ist (das zeigen Untersuchungen über die Verteilung von Reichtum und die Einkommensstrukturen), ist vermutlich auch das Sozialkapital ungleich verteilt: Neben Schichten von hochgradig sozial eingebundenen, zur Selbstorganisation fähigen Personen dürften Nischen von außerordentlicher Atomisierung und sozialer Pathologie bestehen. Wenn man soziale Funktionsstörungen stellvertretend für Sozialkapital betrachtet, ist das ungefähr so, als würde man Daten über Armut heranziehen, um den Reichtum einer Gesellschaft insgesamt zu messen. Bei dieser Betrachtungsweise würden die Vereinigten Staaten als eines der ärmeren Länder in der entwickelten Welt dastehen.

Unter Berücksichtigung dieser verschiedenen Überlegungen werden in dem vorliegenden Buch vor allem drei Typen von Daten verwendet, um Veränderungen im Sozialkapital der entwickelten Welt seit den fünfziger Jahren zu erfassen: 1. Daten über Kriminalität, wobei in der Regel die Berichte der nationalen Justizeinrichtungen herangezogen werden; 2. Daten über Familien einschließlich Geburtenraten, Heiratszahlen, Scheidungsraten und die Zahl außerehelicher Geburten, wie sie von den nationalen statistischen Ämtern und Behörden veröffentlicht werden; 3. Umfragedaten über Vertrauen, Werte und Belange der Zivilgesellschaft. Die Daten werden in Kapitel zwei vorgestellt, in Kapitel drei werden die gängigen Erklärungen für den Großen Bruch diskutiert, die indes alle nicht befriedigend sind. In den Kapiteln vier und fünf werden die spezifischen Ursachen für jedes der fraglichen Phänomene erörtert.

Daß Daten über Familienstrukturen als Indikatoren für soziale Funktionsstörungen herangezogen werden, mag vielen befremdlich erscheinen. Oft wird gesagt, es gebe keinen »normalen« Familientypus und die tiefgreifenden Veränderungen in der Familienstruktur seit den fünfziger Jahren spiegelten nur den Übergang von einem Haushaltstyp zu einem anderen wider. Familienstrukturen können soziales Kapital darstellen, doch wie die oben erwähnten Beispiele von China und den römisch-katholischen Ländern zeigen, können sie auch die Kooperation außerhalb der Familie behindern. Meiner Ansicht nach sind Familiennormen Teil des sozialen Kapitals und von entscheidender Bedeutung dafür, daß soziales Kapital bei den nachfolgenden Generationen gebildet wird. Erscheinungen wie die rasche Zunahme von vaterlosen Haushalten sind eine sehr negative soziale Entwicklung. Diese Aussagen werden in Kapitel sechs untermauert.

Es könnten noch andere Indikatoren für Sozialkapital einbezogen werden, sie bleiben hier jedoch unberücksichtigt. Ein solcher Indikator ist die Zahl der gerichtlichen Auseinandersetzungen in einer Gesellschaft. Die Amerikaner sind notorisch prozeßwütig, die Zahl der Anwälte pro Kopf ist sehr viel größer als in jedem anderen Industrieland. Viele Amerikaner haben den Eindruck, daß Auseinandersetzungen, die früher mit einem Handschlag beigelegt wurden, heute vor Gericht ausgetragen werden. Die offensichtliche Zunahme von Prozessen über offenkundig triviale oder absurde Konflikte – die Frau, die McDonald's verklagt, weil sie heißen Kaffee verschüttet und sich dabei verbrannt hat, oder die Klage von Kindern gegen ihre Eltern, weil sie nicht abgetrieben wurden – zeigen, daß das Vertrauensniveau in der Gesellschaft abnimmt, ganz zu schweigen vom gesunden Menschenverstand.

Bedauerlicherweise sind komparative Daten über die Zahl der Zivilprozesse schwer zu bekommen und in Anbetracht der von Land zu Land unterschiedlichen Straf- und Zivilgesetzbücher noch schwieriger zu interpretieren. Überdies ist nicht klar, ob der Anstieg der gerichtlichen Auseinandersetzungen in den USA tatsächlich ein Indikator für eine Abnahme von Sozialkapital ist. Für die Amerikaner wird das Schadenersatzrecht immer mehr zu einem Substitut für staatliche Vorschriften: Weil es keine staatliche Behörde gibt, die beispielsweise Schwimmbäder oder Achterbahnen überwacht, verläßt man sich darauf, daß die Chancen eines Privatmanns, den Betreiber eines Schwimmbades oder einer Achterbahn auf Schmerzensgeld in erheblicher Höhe zu verklagen, den Betreiber veranlassen werden, für die nötigen Sicherheitsvorkehrungen zu sorgen. So gesehen wäre die Zunahme der Zivilverfahren in den USA ein positiver Indikator für Sozialkapital: Anstatt daß der Bürger sich im Konfliktfall hilfesuchend an die Quelle der Autorität ganz oben in der Hierarchie wendet, nimmt er die Sache selbst in die Hand, und die Parteien können untereinander zu einer akzeptablen Übereinkunft gelangen, allerdings mit Hilfe einer Legion hochbezahlter Anwälte.

Eine Anmerkung zur Methodik des Vergleichs

Im folgenden Kapitel lege ich Sozialdaten für die Vereinigten Staaten, das Vereinigte Königreich, Schweden und Japan vor, und ich beziehe mich auf weniger ausführliche Daten für elf weitere Industrieländer, nämlich Kanada, Australien, Neuseeland, Frankreich, Deutschland, die Niederlande, Italien, Spanien, Norwegen, Finnland und Südkorea. Die vier erstgenannten Länder werden zur Veranschaulichung ausführlich behandelt, im Anhang finden interessierte Leser weitere detaillierte Informationen über andere Länder. Alle erwähnten Länder sind Mitglieder der Organisation für wirtschaftliche Zusammenarbeit und Entwicklung (OECD). (Daten über zusätzliche Länder können im Internet abgerufen werden unter http://mason.gmu/~fukuyam/.)

Bei der Untersuchung von Phänomenen wie dem raschen Wandel sozialer Normen ist es außerordentlich wichtig, Daten aus unterschiedlichen Ländern zu vergleichen. Anders als Naturwissenschaftler können Sozialwissenschaftler keine Laborexperimente vornehmen und einen Prozeß unter kontrollierten Bedingungen ablaufen lassen, um herauszufinden, welche Ursache zu welcher Wirkung führt. Dem Experiment am nächsten kommt im Bereich der Sozialwissenschaften der Vergleich zweier Gesellschaften, die sich in vielerlei Hinsicht ähneln, aber in einem bestimmten Bereich unterschiedlich sind. Wenn man etwa die Auswirkungen geringerer Grenzsteuersätze auf das Wirtschaftswachstum untersuchen will, könnte es sinnvoll sein, Neuseeland und Australien in den achtziger Jahren miteinander zu vergleichen. Ein Vergleich von Neuseeland und Papua Neuguinea hinsichtlich der Steuerpolitik wäre unsinnig. Die beiden Länder sind nicht nur kulturell sehr verschieden, sie stehen auch auf so unterschiedlichen Stufen der sozioökonomischen Entwicklung, daß jeder festgestellte Unterschied beim Wirtschaftswachstum »massiv überdeterminiert« wäre, wie die Statistiker sagen.

Der Vergleich hat in den Sozialwissenschaften eine lange Geschichte, beginnend mit klassischen Untersuchungen wie Emile Durkheims *Der Selbstmord.* Darin entwickelt Durkheim, ausgehend von einer Betrachtung der Selbstmordraten in verschiedenen europäischen Ländern am Ende des 19. Jahrhunderts, das Konzept der Anomie. Nur aus dem Vergleich der Vorgänge in einem Land mit den Vorgängen in einem anderen Land in einer ähnlichen Situation können wir hoffen, Erklärungen für komplexe Phänomene zu finden und eine allzu krasse Einengung unseres Blickwinkels vermeiden. Die Amerikaner führen beispielsweise Erscheinungen wie den sinkenden Respekt vor Autoritäten auf nationale Ereignisse wie den Vietnamkrieg oder den Watergate-Skandal zurück. Diese Erklärung mag zwar bis zu einem gewissen Grad zutreffend sein, aber sie verliert an Aussagekraft angesichts der Erkenntnis, daß der Respekt vor Autoritäten in praktisch allen anderen entwickelten Ländern ebenfalls abgenommen hat.

Da so viele soziale Erscheinungen stark mit dem Entwicklungsstand einer Gesellschaft korrelieren (gemessen in Bruttosozialprodukt pro Kopf), ist es vernünftig, nur entwickelte Länder miteinander zu vergleichen. Wie wir in den folgenden Kapiteln sehen werden, haben die asiatischen Länder, nachdem sie das Entwicklungsniveau von Großbritannien oder Frankreich erreicht hatten, ein vollkommen anderes Niveau von sozialen Funktionsstörungen erlebt. Dies legt die Vermutung nahe, daß die Kultur und nicht der wirtschaftliche Entwicklungsstand für den Unterschied verantwortlich ist. Aus diesem Grund habe ich in dem vorliegenden Buch keine Daten über Entwicklungsländer herangezogen. Das soll nicht bedeuten, daß die Vorgänge dort nicht wichtig sind; es bedeutet nur, daß diese Länder sich in so vieler Hinsicht von den Vereinigten Staaten und anderen entwickelten Ländern unterscheiden, daß die Vorgänge dort nicht viel zur Erklärung der Vorgänge in den Vereinigten Staaten beitragen können.

2

Verbrechen, Familie, Vertrauen:
Was geschehen ist

Etwa ab dem Jahr 1965 schnellte eine große Zahl von Indikatoren für negatives Sozialkapital gleichzeitig nach oben. Die Indikatoren verteilen sich auf drei große Kategorien: Verbrechen, Familie, Vertrauen. Die Veränderungen erfolgten in praktisch allen entwickelten Ländern mit Ausnahme von Japan und Südkorea. Wie wir sehen werden, weisen die Veränderungen etliche Regelmäßigkeiten auf: Die skandinavischen Länder, die englischsprachigen (die Vereinigten Staaten, das Vereinigte Königreich, Kanada, Australien und Neuseeland) und römisch-katholische Länder wie Spanien und Italien zeigten ein sehr ähnliches Erscheinungsbild. In manchen Ländern begannen die Veränderungen später und erreichten ein anderes Ausmaß als in anderen Ländern, und die Vereinigten Staaten nahmen meistens eine Sonderstellung mit besonders hohen Werten für soziale Funktionsstörungen ein. Doch früher oder später waren alle westlichen Gesellschaften von dem Großen Bruch betroffen.

Verbrechen

Zwischen Sozialkapital und Kriminalität besteht eine enge Beziehung. Wenn wir Sozialkapital definieren als eine kooperative Norm, die in die Beziehung einer Gruppe von Menschen eingebettet ist, dann bedeutet Kriminalität ipso facto die Abwesenheit von Sozialkapital, weil sie eine Verletzung der Gemeinschaftsnorm darstellt. Das heißt, die Strafgesetze definieren einen Minimalbestand von sozialen Regeln, die einzuhalten die Mitglieder einer Gesellschaft übereinkommen. Der Bruch eines Gesetzes ist nicht nur ein Angriff gegen das individuelle Verbrechensopfer, sondern gegen die Gemeinschaft und ihr Normensystem insgesamt. Deshalb werden Straftaten vom Staat und nicht von einzelnen verfolgt und geahndet.

Wir definieren Sozialkapital natürlich nicht als formelle Gesetze, sondern eher als informelle Normen, die kooperatives Verhalten fördern. Auch auf dieser Ebene besteht eine klare, wenngleich komplexere Beziehung zwischen Sozialkapital und Kriminalität. Gemeinschaften haben formelle und informelle Mittel, um Normen zu verankern und Verstöße zu sanktionieren. Die beste Form der Kriminalitätskontrolle ist nicht eine große, repressive Polizei, sondern eine Gesellschaft, die ihre jungen Leute so sozialisiert, daß sie überwiegend die Gesetze einhalten und Gesetzesbrecher durch informellen Druck der Gemeinschaft auf den richtigen Weg zurückbringen.

In ihrem Buch *The Death and Life of Great American Cities* beschreibt Jane Jacobs, wie die sozialen Netzwerke in den alten städtischen Strukturen zur öffentlichen Sicherheit beitrugen.[1] In einem Stadtviertel wie dem North End von Boston lebten in der ersten Hälfte des 20. Jahrhunderts vorwiegend italienische Immigranten und deren Kinder. Außenstehenden mochte ein solches Stadtviertel heruntergekommen und verwahrlost erscheinen. Tatsächlich war es verglichen mit anderen Bostoner Stadtvierteln ein armes Viertel, aber durch die engen Beziehungen zwischen den benachbarten Familien war ein großer Bestand an Sozialkapital vorhanden. Jacobs führt aus, daß die Kriminalitätskontrolle in erster Linie durch die Überwachung seitens der Erwachsenen stattfand – Überwachung im wörtlichen Sinne durch die vielen Erwachsenen auf der Straße, die ein Auge auf die jungen Leute hatten, die in Schwierigkeiten zu geraten drohten, und auf die Fremden, die sie vielleicht vom rechten Weg abbringen würden. In einem so dichtbesiedelten Stadtviertel waren immer irgendwelche Menschen auf der Straße, sie arbeiteten, verkauften etwas, aßen oder erledigten Besorgungen. Die Ladenbesitzer hatten ein besonderes Interesse daran, was sich vor ihrer Tür abspielte, denn Verbrechen schaden dem Geschäft. Die gemischte Nutzung des Viertels – teils Wohnviertel, teils Geschäftsviertel mit etwas Industrie – hatte entscheidenden Anteil daran, daß zu jeder Tages- und Nachtzeit viele »Augen auf der Straße« waren.

Jacobs erläutert die Leistungsfähigkeit eines solchen sozialen Netzwerks mit einem Vorfall, der sich direkt vor ihrer Wohnung in Manhattan abspielte. Ein Mann versuchte, ein Kind vom Bürgersteig wegzuzerren, und das Kind wehrte sich:

Ich schaute aus dem Fenster im ersten Stock hinunter und überlegte, wie ich notfalls eingreifen könnte. Aber ich sah schon bald, daß es nicht nötig sein würde. Aus der Metzgerei unten im Gebäude war die Metzgersfrau herausgekommen, sie stand in Hörweite des Mannes, die Arme übereinandergeschlagen, ihr Gesicht spiegelte Entschlossenheit. Im selben Augenblick tauchte Joe Cornacchia auf, der mit seinen Schwiegersöhnen das Feinkostgeschäft betreibt, und trat neben die Metzgersfrau. An den oberen Fenstern erschienen Köpfe, einer verschwand rasch wieder und tauchte unmittelbar darauf im Eingang hinter dem Mann auf. Zwei Männer aus der Kneipe neben dem Metzgergeschäft traten an den Eingang und warteten. Auf meiner Straßenseite sah ich den Schlosser, den Gemüsehändler und den Besitzer der Wäscherei, die alle aus ihren Geschäften herausgekommen waren, und etliche Augen in Fenstern unter unserem überwachten das Geschehen. Der Mann wußte es nicht, aber er war umzingelt. Niemand würde es zulassen, daß ein kleines Mädchen einfach davongezerrt wurde, auch wenn niemand die Kleine kannte.[2]

Wie sich herausstellte, handelte es sich bei dem Mann, der das Mädchen gepackt hatte, um den Vater.

Die Sicherheit in Stadtvierteln wie Jane Jacobs' Manhattan oder dem North End von Boston beruht nicht auf Polizeipräsenz oder den starken sozialen Bindungen, wie sie innerhalb einer Familie oder in einem Dorf bestehen. Nachbarn und Passanten sind nicht automatisch Freunde, oft nicht einmal Bekannte. Dennoch reichte selbst in solchen dichtbevölkerten Stadtvierteln die gemeinsame Sorge um Ordnung und die Normen der Gemeinschaft aus, daß die Verbrechenszahlen gering blieben. In späteren Jahren wurden viele derartige Viertel abgerissen, es wurden große Wohnanlagen hochgezogen, oft im Namen einer ultramodernen Stadtplanung, die ordentliche, geometrische Straßen und Bauten als ästhetischen Zweck an sich betrachtete.[3] Die gemischten Strukturen lösten sich auf, die einzelnen Nutzungsbereiche wurden getrennt mit der Folge, daß die arbeitende Bevölkerung sich tagsüber nicht mehr in den Wohnvierteln aufhielt. Anstelle der einstmals belebten Straßen erstreckten sich einsame Parks und Spielplätze, die bald von Straßenbanden und Drogenhändlern erobert wurden. Die Erwachsenen mieden die Straßen und zogen sich in ihre Hochhauswohnungen zurück, und die Kriminalität stieg. Einige Stadtviertel in Amerika mit besonders hohen Kriminalitätsraten wie der Cabrini-Green-Wohnkomplex und die Robert Taylor Homes in Südchicago sind im Zuge der Stadterneuerungsprojekte der fünfziger und sechziger Jahre entstanden, die ohne Rücksicht auf das dort angesammelte Sozialkapital die alten Stadtviertel abrissen. Es ist nicht überraschend, daß sich die Stadtplanung der neunziger Jahre vielfach darauf konzentriert, solche Komplexe aus den fünfziger Jahren in die Luft zu sprengen.

Die umgekehrte Korrelation zwischen Sozialkapital und Kriminalität ist seit langem in der kriminologischen Literatur anerkannt, auch wenn nicht unbedingt der Begriff Sozialkapital verwendet wird. Robert Park und die soziologische Schule von Chicago argumentieren, daß ein Zusammenhang besteht zwischen Jugendkriminalität und der sozialen Entwurzelung als Folge der Urbanisierung und daß zur Bekämpfung der Jugendkriminalität die Kinder in soziale Strukturen wie Kirchen und Schulen eingebunden werden müssen.[4] Andere wie die Kriminologen Robert Sampson und John Laub haben darauf hingewiesen, daß soziale Normen, die informell von Gemeinschaften außerhalb der Familie aufrechterhalten werden, eine Quelle der sozialen Ordnung darstellen. In einer anderen Untersuchung haben Sampson, Stephen Raudenbush und Felton Earls anhand von Umfragedaten die »kollektive Effizienz« von Wohnvierteln gemessen, wie sie dies nennen. Bei der Erhebung wurde etwa gefragt, ob die Nachbarn eingreifen, wenn Kinder die Schule schwänzen und auf der Straße herumhängen, ob die Kinder den Erwachsenen Respekt entgegenbringen und ob die Nachbarn einander vertrauen. Bei der Untersuchung von mehreren hundert Wohnvierteln in Chicago zeigte sich eine starke Korrelation zwischen diesen Indikatoren für Sozialkapital und der Abwesenheit von Gewalt.[5]

In Polizeistaaten wird die Bedeutung der informellen sozialen Normen bei der Kriminalitätskontrolle offensichtlich, wenn die formelle Kontrolle gelockert wird. Die Menschen in autoritären und totalitären Gesellschaften halten die Gesetze oft strikter ein als die Menschen in demokratischen Gesellschaften, aber wir würden deshalb nicht sagen, daß ihre Gesetzestreue für einen besonderen Reichtum an Sozialkapital spricht.[6] Vielmehr dürfte sich darin die Angst vor den drakonischen Strafen eines all-gegenwärtigen, repressiven Staates widerspiegeln. Unter solchen Bedingungen steigen die Kriminalitätsraten häufig deutlich an, wenn der Staat zusammenbricht und die Menschen keine Angst mehr vor der Polizei haben. Genau dies geschah in den ehemals kommunistischen Staaten, dort schnellten die Verbrechenszahlen nach dem Fall der Berliner Mauer 1989 in die Höhe. Wir erlebten damals keinen dramatischen Rückgang des Sozialkapitals in Ruß-land, Ungarn, Polen und anderen Ländern, sondern die Offen-barung, daß das Sozialkapital gering und seit Beginn der kom-munistischen Ära langsam aufgezehrt worden war. Das darf uns eigentlich nicht verwundern, denn der Marxismus-Leninismus hatte sich zum Ziel gesetzt, die unabhängige Zivilgesellschaft aus-zulöschen und die horizontalen Bande zwischen den Bürgern zu durchtrennen, die eine Zivilgesellschaft ausmachen.

Verbrechen: Das Gesamtbild

Den Amerikanern ist bewußt, daß die Verbrechenszahlen irgend-wann in den sechziger Jahren stark zu steigen begannen, was ein abruptes Ende der Entwicklung in der unmittelbaren Nach-kriegszeit markierte: Seit dem Zweiten Weltkrieg waren die Zah-len für Mord und Raub in den Vereinigten Staaten zurückgegan-gen.[7] Der Beginn des Anstiegs kann ungefähr auf das Jahr 1963 datiert werden, von da an beschleunigte er sich rasch. Vor diesem Hintergrund ist es nicht verwunderlich, daß Ende der sechziger Jahre die Konservativen aus dem Thema »law and order« politi-sches Kapital schlugen. Richard Nixon verdankte seinen Wahl-sieg über Hubert Humphrey 1968 auch der Tatsache, daß er die

Furcht der Amerikaner vor dem Anstieg der Kriminalität auszunutzen verstand.

Nach einem leichten Rückgang Mitte der achtziger Jahre schossen die Verbrechenszahlen Ende der achtziger Jahre erneut in die Höhe und erreichten um 1991/92 ihr Maximum. Seither hat die Zahl der Gewaltverbrechen und der Eigentumsdelikte wieder deutlich abgenommen. Signifikant sind die Zahlen in den Gebieten zurückgegangen, wo sie in den sechziger, siebziger und achtziger Jahren besonders stark gestiegen waren – in New York, Chicago, Detroit, Los Angeles und anderen Großstädten. In New York liegt die Rate der Morde im Verhältnis zur Einwohnerzahl wieder da, wo sie Anfang der sechziger Jahre lag, vor dem Großen Bruch. Hervorzuheben ist, daß der starke Anstieg der Kriminalität sich in der Zeit vollzog, als die Babyboom-Generation erwachsen wurde, parallel zu einem Rückgang von Vertrauen und staatsbürgerlichem Engagement.

Nicht so bewußt dürfte den Amerikanern sein, daß ein vergleichbarer Anstieg der Kriminalitätsraten in praktisch allen anderen nicht-asiatischen Industrieländern im selben Zeitraum stattfand. Abbildung 2.1 zeigt, daß die Gewaltkriminalität in England und Wales sowie in Schweden stark zugenommen hat, in Japan jedoch zurückgegangen ist. Ein starker Anstieg war auch in Kanada, Neuseeland, Schottland, Finnland, Irland und den Niederlanden zu beobachten (siehe Anhang). Allerdings setzten sich die Zahlen für die Gewaltkriminalität in diesen Ländern anders zusammen: Morde machen in den Vereinigten Staaten einen sehr viel größeren Teil der Gewalttaten aus als in anderen Ländern, insofern ist das Bild für Amerika vermutlich noch düsterer, als es nach Abbildung 2.1 den Anschein hat. In asiatischen Ländern mit einem hohen Pro-Kopf-Einkommen wie Japan und Singapur ist im selben Zeitraum die Gewaltkriminalität zurückgegangen.

Eigentumsdelikte eignen sich als negativer Maßstab für Sozialkapital wahrscheinlich besser als Gewaltverbrechen. Gewaltverbrechen, insbesondere Morde, sind relativ seltene, individuelle Taten und betreffen einen vergleichsweise kleinen Teil der Bevölkerung. Eigentumsdelikte hingegen sind sehr viel weiter verbrei-

ABBILDUNG 2.1

Kriminalitätsraten in verschiedenen Ländern, 1950–1996

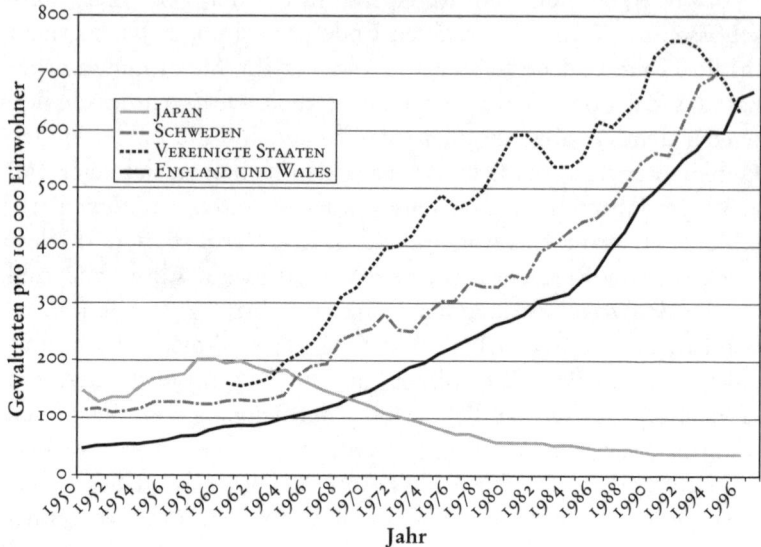

Quelle: Siehe Anhang.

tet und spiegeln das Verhalten eines größeren Teils der Bevölkerung wider. In den Vereinigten Staaten kamen beispielsweise 1996 auf einen Mord 632 Eigentumsdelikte. Dem Verhältnis der Zahlen steht die Tatsache gegenüber, daß Gewaltverbrechen viel mehr Aufmerksamkeit in den Medien finden und deshalb in unverhältnismäßig starker Weise die öffentliche Wahrnehmung von Sicherheit und folglich das soziale Vertrauen bestimmen. Wie aus Abbildung 2.2 hervorgeht, ist die Zahl der Eigentumsdelikte in England und Wales, Schweden und den Vereinigten Staaten dramatisch angestiegen. In vielen anderen Ländern hat die Zahl der Diebstähle stark zugenommen, so in Schottland, Frankreich, Neuseeland, Dänemark, Norwegen, Finnland und den Niederlanden. Bei den Diebstählen bilden die Vereinigten Staaten somit keine Ausnahme. Neuseeland, Dänemark, die Niederlande, Schweden und Kanada hatten in den letzten fünfundzwanzig Jahren höhere Diebstahlraten als die Vereinigten Staaten.

ABBILDUNG 2.2

Diebstahlraten in verschiedenen Ländern, 1950–1996

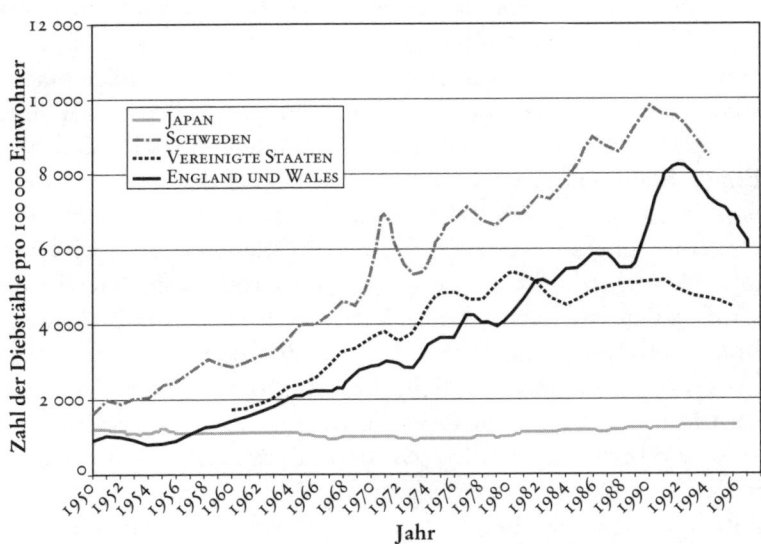

Quelle: Siehe Anhang.

Wiederum fallen Singapur, Südkorea und Japan mit relativ niedrigen Raten und keinem nennenswerten Anstieg bei den Eigentumsdelikten im fraglichen Zeitraum aus dem Bild heraus.

Abbildung 2.2 zeigt weiterhin, daß die Quote der Eigentumsdelikte in den Vereinigten Staaten, England und Wales sowie Schweden in den neunziger Jahren zurückgegangen ist. Auch in Neuseeland, Kanada, Finnland, Frankreich und Dänemark war ein Rückgang zu beobachten (siehe Anhang).

Die Wirtschaftskriminalität könnte als ein guter Indikator für Sozialkapital herangezogen werden, weil Wirtschaftsverbrechen meist nicht von Armen und Angehörigen einer Randgruppe begangen werden, sondern vor allem von den besser situierten Mitgliedern einer Gesellschaft. Doch leider sind die Zahlen zu Wirtschaftsverbrechen noch weniger brauchbar als die zu Gewaltverbrechen und Eigentumsdelikten. Die Definition des Wirtschaftsverbrechens variiert sehr stark von Land zu Land, und

53

die statistische Erfassung entsprechender Taten ist vollkommen unzureichend. Folglich bleiben sie hier unberücksichtigt.

Neben den Kategorien Gewaltverbrechen, Eigentumsdelikte und Wirtschaftskriminalität gibt es noch eine vierte Kategorie von soziopathischem Verhalten, für die zwar nur wenige Statistiken vorliegen, die aber ein sehr wichtiger Indikator für das in einer bestimmten Gesellschaft vorhandene Sozialkapital ist. Einige Kriminologen haben dafür den Begriff der *sozialen Ordnungswidrigkeit* geprägt. Ich meine Dinge wie Landstreicherei, Graffitisprüherei, Trunkenheit in der Öffentlichkeit und Bettelei.[8] Vor vierzig Jahren, bevor sich der Große Bruch ereignete, stand das meiste davon in den Vereinigten Staaten und anderen Industrieländern unter Strafe. Viele städtische Polizeidienststellen verbrachten einen Großteil ihrer Zeit damit, Betrunkene zu verhaften und Bettler zu verjagen. In einer Reihe von Gerichtsentscheidungen aus den letzten fünfundzwanzig Jahren wurden in den Vereinigten Staaten nahezu alle diese Handlungen entkriminalisiert mit der Begründung, daß Strafen die individuellen Rechte auf freie Rede, rechtsstaatliche Behandlung und dergleichen verletzten. In San Francisco beispielsweise erfolgten in den fünfziger Jahren 60 bis 70 Prozent aller Verhaftungen wegen Trunkenheit, im Jahr 1992 waren es nur noch 17 Prozent; gleichzeitig nahmen Trunkenheit in der Öffentlichkeit, Obdachlosigkeit, Bettelei und andere Formen der Landstreicherei explosionsartig zu.[9] Zudem wurden im Laufe der siebziger Jahre viele psychisch Kranke aus den Anstalten entlassen, in denen sie bis dahin untergebracht waren. Dahinter stand die Absicht, ihnen ein Leben in einer menschlicheren Umgebung zu ermöglichen, tatsächlich jedoch bevölkerten sich die Straßen mit einer großen Zahl psychisch kranker Obdachloser. Etwas ähnliches passierte in Großbritannien, als ernsthaft gestörte Menschen unter dem Etikett einer Politik, welche die »Fürsorge der Gemeinschaft« mobilisieren wollte, aus Anstalten entlassen wurden. Als Folge dieser Veränderungen breitete sich in vielen Städten ein Gefühl von Unsicherheit und Unordnung aus, das, wie der Kriminologe Wesley Skogan gezeigt hat, oft dem Anstieg von Verbrechensraten vorausgeht.[10]

Das Muster in Asien unterscheidet sich sehr von dem in den westlichen Industriestaaten. Die vier reichsten Länder im Fernen Osten – Japan, Südkorea, Singapur und Hongkong –, die (zumindest bis zur asiatischen Wirtschaftskrise 1997/98) beim Pro-Kopf-Einkommen an Europa und Nordamerika heranreichten, hatten Kriminalitätsraten, die deutlich unter denen praktisch aller europäischen Länder lagen. Besonders interessant ist die Kriminalitätsentwicklung in Japan: Die Raten waren dort nicht nur generell deutlich niedriger als in allen anderen OECD-Staaten, sie gingen in der ersten Hälfte des fraglichen Zeitraums auch noch weiter zurück, die Rate der Gewaltverbrechen fiel sogar über den gesamten Zeitraum.

Die Zahlen in den Abbildungen 2.1 und 2.2 sowie im Anhang sind den Statistiken der Justiz- oder Innenministerien der jeweiligen Länder entnommen.[11] Jeder Kriminologe wird sofort darauf hinweisen, daß man diese Zahlen nicht ohne weiteres als Widerspiegelung der tatsächlichen Verbrechenssituation in einem Land betrachten und noch weniger für so amorphe Konzepte wie das Konzept des Sozialkapitals heranziehen kann.[12] Vor allem wird er zu bedenken geben, daß nur ein Teil der Taten überhaupt in der polizeilichen Kriminalstatistik auftaucht (in selteneren Fällen läßt die Statistik die Realität auch schlimmer erscheinen, als sie ist). Nicht alle Verbrechen werden bei der Polizei angezeigt (nach einer Schätzung werden nur 44 bis 63 Prozent aller Raubdelikte aktenkundig), und die Polizei leitet wiederum nur einen Teil der Verbrechen, die bei ihr angezeigt wurden, an die nationalen statistischen Ämter weiter.[13] Viele angezeigte Taten werden von den Polizeidienststellen vor Ort informell ohne Protokolle und Berichte erledigt. Kriminologen stimmen in der Auffassung überein, daß in den meisten Ländern die Polizeistatistiken zuverlässiger geworden sind, nachdem die Dokumentationsmöglichkeiten verbessert und die Dokumentationsvorschriften systematisiert wurden. Viele Kriminologen stützen sich mittlerweile eher auf Opfererhebungen als auf Polizeiberichte, wenn sie das tatsächliche Niveau der Kriminalität in einer Gesellschaft erfassen wollen.[14] Bei Opfererhebungen wird eine zufällig ausgewählte Gruppe von Menschen befragt, ob sie jemals Opfer eines Verbre-

chens geworden sind, diese Zahlen werden folglich ohne Mitwir-
kung von Polizeistellen ermittelt. Leider führen viele Länder
keine systematischen Opfererhebungen durch, und in den Ländern, die es tun (wie die Vereinigten Staaten), gibt es sie erst seit
den siebziger Jahren.[15] Solche Erhebungen deuten darauf hin, daß
in den zurückliegenden Jahrzehnten die Dunkelziffer bei Verbrechen, gemessen an der Polizeistatistik, beträchtlich gewesen ist.
Andererseits geht aus einer vergleichenden britischen Untersuchung aus jüngerer Zeit hervor, daß sich die Tendenz bei den
Opfererhebungen mehr oder weniger mit der Tendenz der Polizeistatistik deckt: Die Zahl der Verbrechen ist Ende der achtziger
Jahre in etlichen Ländern angestiegen und danach wieder zurückgegangen.[16]

Die methodischen Probleme mit den verfügbaren Daten über
die Kriminalitätsentwicklung haben dazu geführt, daß viele Kriminologen vor vergleichenden Untersuchungen oder Untersuchungen zur Entwicklung über längere Zeiträume zurückschrek-
ken.[17] Sie sehen den Wald vor lauter Bäumen nicht. Selbst wenn
wir postulieren, daß in den meisten Industrieländern die Polizeistatistiken im Laufe der Zeit genauer geworden sind, das heißt,
die Dunkelziffern abgenommen haben, ist nahezu durchweg der
Anstieg der Verbrechenszahlen außerordentlich dramatisch. Es
ist schwer vorstellbar, daß ein breiter Anstieg in so vielen verschiedenen Ländern über einen längeren Zeitraum hinweg, der
sich mit dem allgemeinen Eindruck einer gestiegenen Kriminalität deckt, nur ein statistisches Artefakt sein sollte. Der Kriminal-
historiker Ted Robert Gurr bezweifelt, daß die Verbesserung der
Polizeistatistik den Anstieg der Fallzahlen nach dem Zweiten
Weltkrieg erklären kann. Er merkt beispielsweise an, daß in den
meisten wirtschaftlich fortgeschrittenen Ländern die Kriminalitätsraten von 1840 bis Anfang des 20. Jahrhunderts zurückgingen,
während im gleichen Zeitraum die statistische Erfassung verbessert wurde. Seiner Meinung nach ist die Erklärung für den
Anstieg der Kriminalität denkbar einfach: »Bedrohendes Sozialverhalten … hat sehr viel mehr zugenommen, als es zuvor abgenommen hatte.«[18] In der Tat haben viele Untersuchungen über
Opfer gezeigt, daß sich bei schwerwiegenden Verbrechen die

Polizeistatistik ziemlich genau mit der allgemeinen Einschätzung deckt.[19] Darüber hinaus ist schwer zu erklären, warum die vier reichsten asiatischen Länder allem Anschein nach dem Trend steigender Kriminalität nicht folgten. Sollten sie die einzigen entwickelten Länder sein, in denen im Laufe der letzten fünfzig Jahre die statistische Erfassung von Verbrechen keine Fortschritte gemacht hat?

Familie

Besonders dramatisch ist der Wandel der Normen im Zuge des Großen Bruchs im Bereich von Fortpflanzung, Familie und Geschlechterbeziehung. Die sexuelle Revolution und die Frauenbewegung in den sechziger und siebziger Jahren betrafen so gut wie alle Menschen in den westlichen Industrieländern und zogen massive Veränderungen nicht nur in den Haushalten, sondern auch in den Büros, Fabriken, in den Wohnvierteln, bei Vereinen, im Bildungswesen, ja sogar im Militär nach sich. Der Wandel der Geschlechterrollen hatte tiefgreifende Auswirkungen auf das Wesen der Zivilgesellschaft.

Zwischen Familie und Sozialkapital besteht eine enge Beziehung. Die Familie ist die grundlegende kooperierende soziale Einheit; Väter und Mütter müssen zusammenarbeiten, um Kinder in die Welt zu setzen, zu sozialisieren und zu erziehen. James Coleman, der Soziologe, der am meisten dazu beigetragen hat, den Begriff *Sozialkapital* in die breite Diskussion einzuführen, definiert Sozialkapital als »den Bestand von Ressourcen, die Familienbeziehungen und Organisationen der Gemeinschaft innewohnen und die der kognitiven und sozialen Entwicklung eines Kindes förderlich sind«.[20] Die Kooperation innerhalb von Familien wird dadurch erleichtert, daß sie von der Biologie unterstützt wird: Familienbeziehungen spielen bei allen Tieren eine Rolle, und alle Tiere sind bereit, für genetisch Verwandte große einseitige Transferleistungen zu erbringen, was die Chancen auf Reziprozität und langfristige Kooperation innerhalb von Verwandtschaftsgruppen sehr erhöht. Die Kooperationsbereitschaft von Familienmitgliedern erleichtert nicht nur das Aufziehen von Kindern, sondern auch alle anderen Arten von sozialen Aktivitäten wie etwa die Zusammenarbeit in einem Unternehmen. Selbst in der heutigen Welt der großen, unpersönlichen, bürokratischen Konzerne entfallen in Amerika immerhin 20 Prozent der Beschäftigungsverhältnisse im privaten Sektor auf Kleinbetriebe, meist Familienbetriebe, und die Kleinbetriebe sind oft besonders innovativ bei der Entwicklung neuer Technologien und Unternehmensformen.[21]

Auf der anderen Seite kann eine zu starke Abhängigkeit von Verwandtschaftsbanden negative Auswirkungen für die Gesellschaft außerhalb der Familie haben. Viele Kulturen, von China über Südeuropa bis Lateinamerika, propagieren den sogenannten »Familismus«, das heißt, sie erheben Familien- und Verwandtschaftsbande über alle anderen Formen von sozialer Verpflichtung. Dies erzeugt eine zweistufige Moral: Die moralische Verpflichtung gegenüber allen Arten öffentlicher Autorität ist schwächer als die Verpflichtung gegenüber Verwandten. In einer Kultur wie der chinesischen wird der Familismus durch das vorherrschende ethische System, den Konfuzianismus, befördert. In dieser Kultur gibt es viel Sozialkapital innerhalb der Familien, aber außerhalb von Verwandtschaftsbeziehungen herrscht daran Mangel.

Viele klassische Schriften der Sozialtheorie, die Ende des 19. Jahrhunderts entstanden, gingen davon aus, daß im Zuge der Modernisierung der Gesellschaften die Familie an Bedeutung verlieren und durch unpersönlichere soziale Bande ersetzt werden würde. Dies war einer der wesentlichen Unterschiede im Konzept von Gemeinschaft und Gesellschaft: In einem modernen Staat wendet man sich nicht mehr an den Cousin oder den Onkel, wenn man ein Darlehen braucht oder einen Buchhalter sucht, sondern man geht zur Bank, gibt eine Stellenanzeige auf oder schlägt in den Gelben Seiten nach. Familismus führt zu Vetternwirtschaft. Doch die Erfordernisse ökonomischer Effizienz verlangen, daß Geschäftspartner, Kunden und Geldberater emotionslos nach Qualifikation und Fähigkeiten ausgewählt werden, nicht nach Blutsbanden. Moderne bürokratische Strukturen werden (zumindest in der Theorie) nicht mit Familienmitgliedern und Günstlingen besetzt, sondern mit Bewerbern, die objektive Qualifikationsanforderungen erfüllen und formelle Prüfungen absolviert haben.

Und tatsächlich hat die Familie in praktisch allen modernen Gesellschaften an Bedeutung verloren. In Amerika lebte während der Kolonialzeit die große Masse der Bevölkerung auf Familienfarmen, die Familie war die Produktionseinheit, sie erzeugte nicht nur Nahrungsmittel, sondern stellte auch viele Gebrauchsgegenstände selbst her. Die Familie zog die Kinder groß, sorgte für die Alten, und angesichts der räumlichen Abgeschiedenheit der meisten Farmen und des Mangels an Transportmöglichkeiten war die Familie auch die wichtigste Quelle für Unterhaltung. In der Folgezeit wurde die Familie fast aller dieser Funktionen entkleidet. Zuerst die Männer, dann auch die Frauen suchten Arbeit außerhalb des Haushalts in Fabriken und Büros, die Kinder wurden auf öffentliche Schulen geschickt, die Großeltern kamen in Alters- oder Pflegeheime, und für Unterhaltung sorgten Unternehmen wie Walt Disney und MGM. Mitte des 20. Jahrhunderts war die Familie auf den Kern von Eltern und Kindern reduziert, und von all den früheren Funktionen blieb allein die Fortpflanzung als ihre Domäne übrig.

Die in den Sozialwissenschaften Mitte des 20. Jahrhunderts beliebte Modernisierungstheorie sah die Entwicklung der Familie nicht als besonders problematisch an: Die erweiterte Familie verwandelte sich ganz einfach in die Kernfamilie, die besser zur Lebenssituation in den Industriegesellschaften paßte. Aber der Wandel der Familie hörte nicht im Jahr 1950 auf. Der Große Bruch hat zur Auflösung der Kleinfamilie geführt mit der Folge, daß die Kernfunktion der Familie, die Reproduktion, in Frage gestellt ist. Bisherige Funktionen wie ökonomische Produktion, Erziehung und Freizeitgestaltung werden mittlerweile von Instanzen außerhalb der Familie erfüllt, bei der Reproduktionsfunktion allerdings ist eine solche Verlagerung nach außen nicht vorstellbar, und dies erklärt, warum der Wandel der Familienstruktur so folgenreich für das Sozialkapital war.

Die Veränderungen der Familienstrukturen in den westlichen

Industriegesellschaften sind den meisten Menschen bewußt, und sie werden in Statistiken über Geburtenzahlen, Eheschließungen, Scheidungen und außereheliche Geburten erfaßt.

Geburtenentwicklung

Auch wenn es banal klingen mag: Es gibt kein Sozialkapital ohne Menschen, und in den westlichen Industriegesellschaften werden nicht mehr genug Menschen geboren, daß sie ihre Bevölkerungszahl erhalten können. Die Generation in Amerika und Europa, die in den sechziger und siebziger Jahren volljährig wurde, ist mit Berichten über Bevölkerungsexplosion und globale Umweltprobleme aufgewachsen, und viele sind fest davon überzeugt, daß die »Überbevölkerung« eine der Hauptbedrohungen für die Zukunft der Menschheit darstellt. Für weite Teile der dritten Welt trifft das auch tatsächlich zu. Doch die entwickelten Länder haben genau das umgekehrte Problem: Sie entvölkern sich langsam.

Ende der achtziger Jahre hatten nahezu alle Industrieländer den sogenannten demographischen Übergang vollzogen, die Fertilitätsrate (die durchschnittliche Zahl der Kinder, die eine Frau im Laufe ihres Lebens bekommt) war unter den für die Erhaltung der Bevölkerungszahl erforderlichen Wert (von etwas mehr als zwei Kindern pro Frau) gefallen.[22] Abbildung 2.3 zeigt die Entwicklung der Fertilitätsraten in den Vereinigten Staaten, dem Vereinigten Königreich, Schweden und Japan. In einigen Ländern wie Spanien, Italien und Japan ist die Geburtenrate so tief gefallen, daß ihre Bevölkerungszahl mit jeder Generation um mehr als 30 Prozent abnehmen wird.[23] Ohne massive Einwanderung aus weniger entwickelten Ländern werden Japan und viele europäische Länder jedes Jahr mehr als ein Prozent ihrer Bevölkerung verlieren, und Ende des 21. Jahrhunderts wird ihre Bevölkerungszahl nur noch einen Bruchteil des heutigen Wertes betragen. Japan hat als erstes entwickeltes Land einen starken Rückgang der Geburtenzahlen erlebt, bereits in den fünfziger Jahren sackten sie ab. Die demographische Dynamik wirkt sich zwar so aus,

ABBILDUNG 2.3

Geburtenraten, 1950–1996

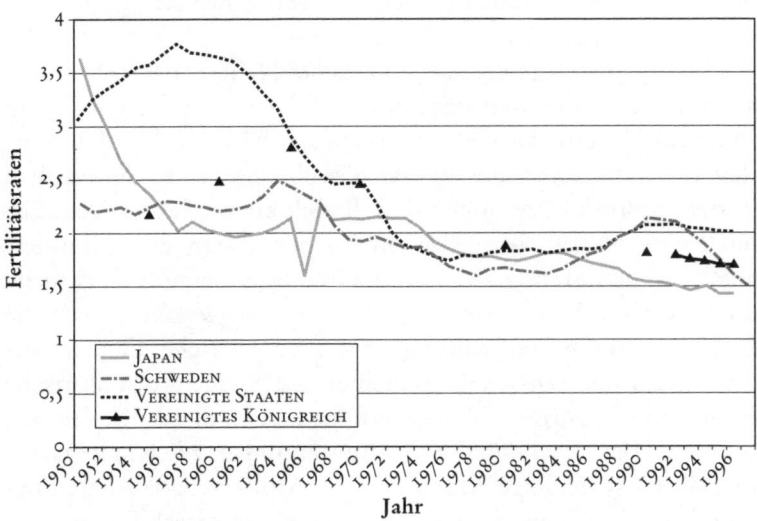

Jahr

Quelle: Siehe Anhang.

daß die Bevölkerungszahl bis ins nächste Jahrhundert hinein noch ansteigt, aber die arbeitsfähige Bevölkerung schrumpft in absoluten Zahlen seit Ende der neunziger Jahre, und im Jahr 2015 werden ohne massive Immigration 10 Millionen Arbeitskräfte weniger zur Verfügung stehen.[24]

Der Übergang zu niedrigeren Geburtenraten in den letzten zwanzig Jahren unseres Jahrhunderts hatte und hat besonders folgenschwere Konsequenzen für das Sozialgefüge, weil er auf eine Periode relativ hoher Geburtenzahlen folgte, den »Babyboom« der Nachkriegszeit. Aus Gründen, über welche die Demographen nur spekulieren können, war der Babyboom besonders ausgeprägt in englischsprachigen Ländern wie den Vereinigten Staaten, Neuseeland und Australien. Aber er beschränkte sich nicht auf diese Länder: Auch die Niederlande, Dänemark, Schweden, Norwegen, Frankreich und Deutschland erlebten einen Anstieg der Geburtenzahlen nach dem Ende des Krieges. In der englischsprachigen Welt begann der Babyboom Ende der vierziger Jahre und erreichte Ende der fünfziger, Anfang der sechziger Jahre seinen Höhepunkt. Italien, Schweden und Frankreich erreichten den Gipfel der Geburtenzahlen erst Mitte der sechziger Jahre oder noch später.

Niedrige Geburtenzahlen sind nichts Neues, aber Zahlen, die so weit unter der Reproduktionsrate liegen, sind einmalig. In Frankreich setzte der Geburtenrückgang bereits im 19. Jahrhundert ein und beschäftigte die französischen Politiker, die vor dem Ersten Weltkrieg fürchteten, Frankreich könnte hinter Deutschland zurückfallen. Im gesamten Europa waren die Geburtenzahlen in den dreißiger Jahren niedrig, und einige Intellektuelle erörterten die Frage, welche Bedeutung und welche Folgen die Entvölkerung haben würde.[25] Viele europäische Länder wie Frankreich und Schweden versuchten durch eine pronatalistische Politik die Geburtenzahlen zu erhöhen, etwa durch Kindergeld, durch die Bereitstellung sozialer Einrichtungen wie Kindergärten und durch großzügige Regelungen für Mutterschaftsurlaub (und zunehmend auch Kindererziehungszeiten für Väter). Die meisten pronatalistischen Maßnahmen kosten sehr viel Geld und haben dennoch nur einen sehr geringen Einfluß auf die Geburtenzahlen. Trotz großzügiger finanzieller Unterstützung der Familien sind die Geburtenraten in Frankreich niedrig geblieben. Schweden gibt zehnmal soviel wie Italien oder Spanien für Kindererziehung aus, und tatsächlich stieg die Geburtenrate zwischen 1983 und Anfang der neunziger Jahre wieder fast auf das Reproduktionsniveau. Doch Mitte der neunziger Jahre brach die Geburtenrate erneut ein, und mittlerweile liegt sie wieder bei 1,5 Kindern pro Frau.

Eheschließung und Ehescheidung

Die westeuropäischen Familien werden nicht nur immer kleiner und haben immer weniger Nachwuchs, sie brechen auch häufiger auseinander. Immer mehr Kinder werden außerehelich geboren oder müssen erleben, daß während ihrer Kindheit die Ehe ihrer Eltern zerbricht. Im Lichte der umfangreichen Belege dafür, daß die Kernfamilie sich seit langem im Niedergang befindet und daß dies gravierende Folgen für die Kinder hat, ist es bemerkenswert, wie lange die Sozialwissenschaftler zu behaupten versuchten, diese Veränderung sei nicht von Bedeutung. Der Soziologe David Popenoe merkt an, daß es genau in den Jahren des Großen Bruchs üblich war, in soziologischen Lehrbüchern Hohn und Spott über den »Mythos vom Niedergang der Familie« zu vergießen.[26] In den fünfziger und frühen sechziger Jahren mag dies den Umstand widergespiegelt haben, daß der Zusammenhalt der Familien in den Vereinigten Staaten und in Westeuropa größer wurde und die Geburtenraten während des Babybooms anstiegen. Die Depression und der Zweite Weltkrieg hatten zu einer deutlichen Erschütterung der Familienstrukturen geführt, aber Ende der fünfziger Jahre war wieder Stabilität eingekehrt, und die Situation verbesserte sich sogar noch gegenüber der Vorkriegszeit.

In den siebziger und achtziger Jahren brachen die Indikatoren jedoch dramatisch ein. Die Menschen heirateten später, trennten sich früher und heirateten seltener ein zweites Mal. Die Quote der Eheschließungen stieg wie die Geburtenrate in den sechziger Jahren in den Vereinigten Staaten, den Niederlanden, Neuseeland, Kanada und anderen Ländern an, seit den siebziger Jahren indes gehen beide Quoten rapide zurück. Die Scheidungsrate ist in Amerika seit dem Bürgerkrieg in jedem Jahrzehnt angestiegen, seit Mitte der sechziger Jahre hat sich der Anstieg enorm beschleunigt. Im Laufe der achtziger Jahre ist der Anstieg der Scheidungszahlen zum Stillstand gekommen, aber die Stagnation rührt nicht daher, daß die Ehen stabiler geworden sind, sondern die geburtenstarken Jahrgänge sind über das Alter hinausgewachsen, in dem Scheidungen am häufigsten vorkommen. Ungefähr die Hälfte aller in den achtziger Jahren in den Vereinigten Staaten geschlossenen Ehen wird scheitern. Die Zahl der Geschiedenen im Verhältnis zu den Verheirateten ist sogar noch stärker gestiegen, weil parallel zur Zunahme der Scheidungen die Zahl der Eheschließungen abgenommen hat. In den Vereinigten Staaten hat sich der Prozentsatz der Geschiedenen im Verlauf von gerade einmal dreißig Jahren vervierfacht.[27]

Wie bei der Gewaltkriminalität sind die Vereinigten Staaten

ABBILDUNG 2.4

Scheidungsraten 1950–1996 (pro 1000 Einwohner)

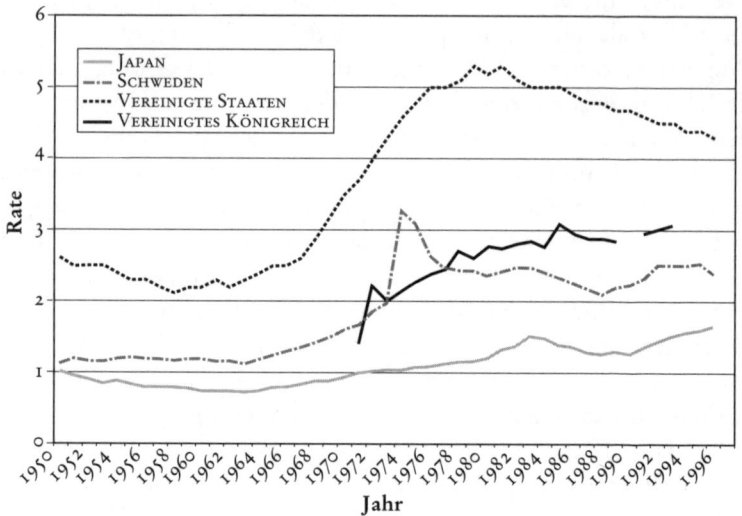

Legende:
JAPAN
SCHWEDEN
VEREINIGTE STAATEN
VEREINIGTES KÖNIGREICH

Jahr

Quelle: Siehe Anhang.

auch bei den Scheidungszahlen ein Ausnahmefall. Die USA traten mit einer signifikant höheren Scheidungsrate als andere Industrieländer in die Phase des Großen Bruchs ein, und am Ende dieser Phase standen sie mit einer immer noch höheren Rate da. Aber die meisten europäischen Länder haben ebenfalls eine starke Zunahme der Scheidungen erlebt. Abbildung 2.4 zeigt die Entwicklung der Scheidungsraten für vier Länder. Nach einem Rückgang in den fünfziger Jahren gegenüber den relativ hohen Scheidungsraten der Kriegszeit stiegen die Zahlen in den Niederlanden, Kanada, Großbritannien und praktisch allen skandinavischen Ländern in der zweiten Hälfte der sechziger Jahre deutlich an. Die Situation ist von Land zu Land etwas unterschiedlich: Deutschland und Frankreich haben niedrigere Scheidungsraten, die skandinavischen Länder und Großbritannien haben höhere. In den katholischen Ländern wie Italien, Spanien und Portugal ist die Scheidung erst relativ spät legalisiert worden (1970, 1981 und 1974), und dort sind die Raten niedrig, allerdings im Anstieg begriffen.[28] Japan bildet im Ländervergleich mit seiner niedrigen Scheidungsrate, knapp über den Raten der südeuropäischen katholischen Länder, ebenfalls eine Ausnahme.

Außereheliche Geburten

Die Zahl der Kinder, die außerhalb einer Ehe geboren werden, wächst kontinuierlich. Der Anteil der Kinder unverheirateter Mütter an der Gesamtzahl der Geburten ist in den Vereinigten Staaten von 1940 bis 1993 von 5 Prozent auf 31 Prozent gestiegen.[29] Der Anteil variiert sehr stark zwischen den verschiedenen Bevölkerungsgruppen. Im Jahr 1993 kamen bei der weißen Bevölkerung 23,6 Prozent der Kinder unehelich zur Welt, bei den Afroamerikanern waren es 68,7 Prozent.[30] Eine deutliche Mehrheit der schwarzen amerikanischen Kinder wächst ohne Vater auf; in bestimmten, besonders armen Wohnvierteln ist es eine seltene Ausnahme, daß ein Kind einen Vater hat, der mit seiner Mutter verheiratet ist.

Anzumerken ist, daß im Zeitraum 1994 bis 1997 die Zahl der Geburten von unverheirateten Müttern nicht weiter angestiegen ist, offensichtlich ist hier eine Stagnation erreicht.[31] Stark abgenommen hat die Zahl minderjähriger Mütter, die meist unverheiratet sind; sie ist von 62,1 pro 1000 Frauen im Alter zwischen 15 und 19 Jahren im Jahr 1991 auf gegenwärtig 54,7 gefallen. Besonders deutlich war der Rückgang bei den afroamerikanischen Teenagern, in dieser Gruppe belief er sich auf 21 Prozent im Zeitraum von 1991 bis 1996.[32] Diese Veränderung ist zwar nicht so dramatisch wie der Rückgang der Kriminalität in den neunziger Jahren, aber er deutet doch darauf hin, daß die explosionsartige Zunahme unehelicher Geburten möglicherweise kein unumkehrbarer Prozeß ist. Etliche Beobachter haben darauf hingewiesen, daß der Anstieg beim Prozentsatz der unehelichen Geburten nicht deshalb so hoch ist, weil unverheiratete Frauen sehr viel mehr Kinder bekommen hätten, sondern weil die verheirateten Frauen sehr viel weniger Kinder bekommen haben.[33] Gelegentlich wird dies als Argument angeführt, warum die relativ hohe

Zahl unehelicher Geburten in den Vereinigten Staaten kein Anlaß zur Besorgnis sein sollte. Allerdings ist nicht einsichtig, was beruhigend daran sein soll, wenn die Frauen, die günstige Voraussetzungen mitbringen, um Kinder großzuziehen, sich dafür entscheiden, weniger Kinder zu bekommen, und die Frauen mit denkbar schlechten Voraussetzungen für die Aufzucht von Kindern sich entscheiden, mehr Kinder zu bekommen. Der Anstieg der Geburtenzahlen bei unverheirateten Frauen seit Mitte der siebziger Jahre ist überdies nicht geringfügig, vielmehr haben sich die Zahlen von Mitte der siebziger Jahre bis 1990 verdoppelt, haben dann eine Zeitlang stagniert und gehen mittlerweile zurück.[34]

Wenn wir den Blick von den USA auf die übrigen OECD-Länder richten, stellen wir fast, daß die USA keine so große Ausnahme mehr darstellen. Praktisch in allen Industrieländern, wiederum mit Ausnahme Japans und der katholischen Länder wie Italien und Spanien, ist die Quote der außerehelichen Geburten stark angestiegen (siehe Abbildung 2.5 und Anhang). Einige Länder wie Frankreich und Großbritannien erlebten den Anstieg etwas später als die Vereinigten Staaten, aber als der Anstieg dann kam, war er noch dramatischer als in den USA. Die skandinavischen Länder haben den höchsten Anteil außerehelicher Geburten weltweit und einen deutlich höheren Anteil als die Vereinigten Staaten. Innerhalb von Europa haben Deutschland und die Niederlande mit ihren relativ großen katholischen Bevölkerungsanteilen relativ niedrige Raten, noch niedriger ist die Rate in Italien. Der Ausreißer in der Statistik der außerehelichen Geburten ist Japan, dort liegt die Rate deutlich niedriger als in allen europäischen Ländern, und es ist auch kein nennenswerter Anstieg zu erkennen.

Hinter der Zahl der außerehelichen Geburten verbirgt sich in Europa etwas anderes als in den Vereinigten Staaten, weil in den meisten europäischen Ländern verhältnismäßig viele Paare unverheiratet zusammenleben. Im Alter zwischen zwanzig und vierundzwanzig leben 45 Prozent der Däninnen, 44 Prozent der Schwedinnen und 19 Prozent der Holländerinnen mit einem Partner zusammen, hingegen nur 14 Prozent der Amerikanerin-

ABBILDUNG 2.5
Uneheliche Geburten, 1950–1996

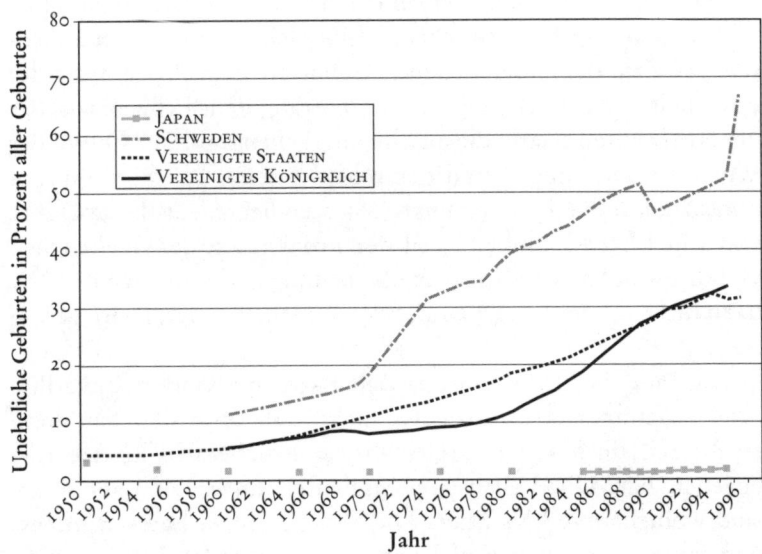

Quelle: Siehe Anhang.

nen.[35] In den Vereinigten Staaten entfallen ungefähr 25 Prozent aller außerehelichen Geburten auf unverheiratet zusammenlebende Paare; in Frankreich, Dänemark und den Niederlanden ist der Prozentsatz deutlich höher, in Schweden sind es fast 90 Prozent.[36] Es ist sehr schwer, die Zahl der unverheiratet zusammenlebenden Paare in den verschiedenen Ländern und die Veränderung dieses Prozentsatzes im Verhältnis zu den verheirateten Paaren im Laufe der Zeit statistisch exakt zu erfassen, aber alle Beobachter stimmen darin überein, daß die Abkehr von der Ehe und die Hinwendung zum unverheirateten Zusammenleben in großem Stil stattgefunden hat.[37] In Schweden ist die Zahl der Eheschließungen heute so niedrig (3,6 pro 1000 Einwohner) und die Zahl der unverheiratet zusammenlebenden Paare so hoch (30 Prozent aller Paare), daß man mit Fug und Recht sagen kann, die Institution Ehe befinde sich seit langem im Niedergang.[38] Die Vereinigten Staaten bilden sowohl bei der Zahl der Kinder von unverheirateten Müttern wie bei der Zahl der Kinder von minderjährigen Müttern eine Ausnahme.[39]

Die Zahl der Kinder, die in einem bestimmten Jahr in Familien mit nur einem Elternteil leben, ergibt sich aus mehreren Faktoren: der Zahl der außerehelichen Geburten, dem Prozentsatz der unverheirateten Paare, der Scheidungsrate, dem Prozentsatz der unverheirateten Paare, die auseinandergehen, und der Quote der Wiederverheiratungen und der Bildung neuer Paarbeziehungen ohne Trauschein. Die Vereinigten Staaten haben eine hohe Quote von Ein-Eltern-Familien, weil der Prozentsatz der unehelichen Geburten hoch ist, ebenso die Scheidungsrate, und weil relativ dazu die Zahl der unverheiratet zusammenlebenden Paare gering ist.

Die Tatsache, daß in Europa viele Paare mit Kindern unverheiratet zusammenleben, bedeutet nicht, daß es in den Familienstrukturen dort keine vergleichbaren Brüche wie in Amerika gegeben hat. Die Lebensgemeinschaften unverheirateter Paare sind weniger stabil als Ehen. Die Demographen Larry Bumpass und James Sweet haben nicht nur festgestellt, daß Beziehungen, die als unverheiratetes Zusammenleben begonnen haben, innerhalb von zehn Jahren zweimal so häufig zerbrechen wie entstehen, sondern auch daß Ehen, die nach einer Phase des unverheirateten Zusammenlebens geschlossen wurden, weniger stabil sind als Ehen, denen keine solche Phase voranging.[40] Dies widerspricht der populären Annahme, daß unverheiratetes Zusammenleben gut für die Ehe ist, weil die beiden Partner sich besser kennenlernen, bevor sie sich das Eheversprechen geben. Andere Studien haben gezeigt, daß häusliche Gewalt und soziale Isolation bei unverheirateten Paaren häufiger vorkommen als bei Ehepaaren.[41]

In Schweden ist sowohl die Rate der außerehelichen Geburten hoch als auch die Rate der unverheiratet zusammenlebenden Paare. Darum ist in Schweden die Wahrscheinlichkeit größer, daß Kinder mit beiden biologischen Elternteilen in einem Haushalt zusammenleben, als in Amerika. Auf der anderen Seite ist die Scheidungsrate in Schweden in jüngster Zeit stark angestiegen, und Schweden nimmt in dieser Hinsicht mittlerweile einen Spitzenplatz unter den europäischen Ländern ein. Da es jedoch nur so wenig Menschen in Schweden wichtig ist, zu heiraten, ist für die Stabilität der Familien aussagekräftiger als die Scheidungsquote die Quote der unverheirateten Paare, die auseinandergehen. Diese Quote ist allerdings außerordentlich schwierig zu eruieren. Eine Untersuchung unter 4300 Schwedinnen der Geburtsjahrgänge 1936 bis 1960 hat gezeigt, daß unverheiratete Paare mit einem Kind dreimal so häufig auseinandergehen wie Ehepaare. Offensichtlich ist eine Beziehung ohne Trauschein weniger verbindlich als eine Ehe. Höchstwahrscheinlich entscheidet sich ein Paar gerade deshalb für das Zusammenleben ohne Trauschein, weil damit keine lebenslange Verpflichtung verbunden ist. Auf jeden Fall sind beim Zusammenleben ohne Trauschein die juristischen Hürden bei einer Auflösung der Beziehung deutlich geringer. David Popenoe und andere vermuten darum, daß Schweden bei der Auflösung von Beziehungen an vorderster Stelle unter allen Industrieländern stehen könnte.[42]

Weder die Scheidungsrate noch die Rate der außerehelichen Geburten noch die Rate der Ein-Eltern-Familien allein erfaßt, in welchem Umfang Kinder von der Auflösung der Familien betroffen sind und mit welcher Wahrscheinlichkeit sie mit nur einem leiblichen Elternteil oder ganz ohne leiblichen Elternteil aufwachsen. Von den 67 Prozent der Kinder, die in den neunziger Jahren in Amerika bei verheirateten Paaren zur Welt kamen, werden ganze 45 Prozent bis zu ihrem 18. Lebensjahr die Scheidung ihrer Eltern erleben.[43] In bestimmten Bevölkerungsgruppen, etwa bei den Afroamerikanern, liegt dieser Prozentsatz viel höher; dort ist es die Ausnahme, daß Kinder die gesamte Kindheit hindurch mit beiden biologischen Elternteilen zusammenleben.

Diese Zahlen sind im historischen Vergleich nichts gänzlich Neues. Während der Kolonialzeit lebten bei weniger als der Hälfte der Kinder im Alter von 18 Jahren noch beide biologischen Elternteile.[44] Der Unterschied lag freilich darin, daß im 18. Jahrhundert der Verlust eines Elternteils größtenteils auf Krankheiten und eine geringe Lebenserwartung zurückzuführen war, während er im ausgehenden 20. Jahrhundert in der Entscheidung der Eltern liegt. Einige Forscher haben mit Blick auf solche historischen Vorläufer argumentiert, die gegenwärtig zu beobachtende Zunahme von

Ein-Eltern-Familien sei für die Kinder gar nicht so schädlich, wie gemeinhin geglaubt werde – ein allerdings seltsames Argument. Der Tod eines Elternteils während der Kindheit dürfte in früheren Zeiten ein traumatisches Ereignis und eine schwere Belastung für die weitere Entwicklung des Kindes gewesen sein; die Tatsache, daß seither die Lebenserwartung stark gestiegen ist, stellt eine der größten Errungenschaften der modernen Medizin dar. Insofern ist Gleichmut wohl nicht die richtige Reaktion, wenn wir registrieren, daß wir im ausgehenden 20. Jahrhundert die Verhältnisse der Kolonialzeit wiederhergestellt haben. Darüber hinaus gibt es reichlich Anhaltspunkte dafür, daß der freiwillige Weggang eines Elternteils größeren seelischen Schaden anrichtet als der Tod eines Elternteils.[45] Man kommt um die Feststellung nicht herum, daß die Kernfamilie kontinuierlich schwächer geworden ist und daß die verbliebenen Funktionen wie die Sorge für Nachkommen weniger gut erfüllt werden.[46] Wir können annehmen, daß dies erhebliche Auswirkungen auf das Sozialkapital haben wird, weil die Familie sowohl als Quelle wie bei der Weitergabe von Sozialkapital eine wichtige Rolle spielt.

Wenden wir uns nun Daten zum Sozialkapital außerhalb der Familie zu.

Vertrauen, ethische Werte und Zivilgesellschaft

Kaum jemandem, der diesen Zeitraum miterlebt hat, dürfte entgangen sein, welch einschneidende Veränderungen sich zwischen den fünfziger Jahren und den neunziger Jahren in den Vereinigten Staaten und anderen westlichen Ländern vollzogen haben. Die Veränderungen der Normen und Werte waren vielfältig, lassen sich aber unter einer Überschrift zusammenfassen: *zunehmender Individualismus.* Oder, in der Begrifflichkeit von Ralf Dahrendorf gesprochen: Traditionelle Gesellschaften kennen wenig Optionen und viele Ligaturen (das heißt soziale Bindungen und Verpflichtungen). Die Menschen haben wenig Entscheidungsfreiheit, ob es um die Wahl des Ehepartners, der Arbeit, des Wohnortes oder ihres Glaubens geht, und sie sind durch oftmals einengende Bande an Familie, Stamm, Kaste, Religion, einen Feudalherrn oder dergleichen gefesselt.[47] In modernen Gesellschaften nehmen die Wahlmöglichkeiten des einzelnen stark zu, während die Verpflichtungen, durch die er in ein Netz sozialer Beziehungen eingebunden ist, schwächer werden. Nach dem optimistischen Szenario lösen sich im modernen Leben die sozialen Bande nicht rundweg auf. Vielmehr werden die herkömmlichen unfreiwilligen Bindungen und Verpflichtungen durch soziale Klasse, Religion, Geschlecht, Rasse, Abstammung und dergleichen ersetzt durch freiwillig eingegangene Bindungen. Die Menschen haben nicht weniger Beziehungen, aber sie suchen sich die Beziehungen selbst aus. Die Gewerkschaft und der Berufsverband ersetzen die Zünfte; man schließt sich lieber der Pfingstkirche oder den Methodisten an, als daß man bei der Staatsreligion bleibt; die Kinder wählen ihre Ehepartner selbst und überlassen dies nicht den Eltern. In gewisser Weise ist das Internet eine Technologie, welche die Möglichkeit bietet, freiwillige soziale Bindungen in einem neuen, einzigartigen Umfang einzugehen: Wir können uns mit Menschen rund um den Globus zu jedem beliebigen Interesse zusammentun, von Zen-Buddhismus bis zu äthiopischer Küche, der Ort spielt keine Rolle mehr.

Wie zahlreiche Autoren von Peter Berger über Alasdair McIntyre bis zu Dahrendorf selbst angemerkt haben, ist das Problem bei diesem optimistischen Szenario, daß nicht nur die für traditionelle, autoritäre Gesellschaften typischen einengenden Bindungen aufgelöst werden, sondern daß auch die sozialen Bande zerfallen, die den vielfältigen freiwilligen Assoziationen in modernen Gesellschaften zugrunde liegen. Die Menschen stellen nicht nur die Autorität von Tyrannen und Hohepriestern in Frage, sondern auch von demokratisch gewählten Entscheidungsträgern, Wissenschaftlern und Lehrern. Sie begehren gegen die Zwänge von Ehe und Familie auf, obwohl sie diese Verpflichtungen freiwillig eingegangen sind. Und sie wollen sich nicht übermäßig durch die moralischen Gebote einer Religion einengen lassen, obwohl es ihnen vollkommen frei steht, nach Belieben eine Glaubensrichtung anzunehmen und wieder abzulegen. Der Individualismus, die Kardinaltugend der modernen Gesellschaften, entwickelt sich langsam von der stolzen Selbstgenügsamkeit freier Menschen in eine Art von abgeschlossener Selbstbezogenheit, bei der die Maximierung der persönlichen Freiheit ohne Rücksicht auf die Verantwortung gegenüber anderen das höchste Ziel ist.

In Gesellschaften, in denen die einzelnen sich einer größeren Wahlfreiheit erfreuen als je zuvor in der Geschichte, lehnen die Menschen die wenigen verbliebenen Bindungen um so mehr ab. In solchen Gesellschaften besteht die Gefahr, daß die Menschen auf einmal sozial isoliert dastehen, daß sie zwar frei sind, sich ihre Kontakte selbst auszuwählen, aber unfähig, die moralischen Verpflichtungen einzugehen, die sie zu echten Gemeinschaften mit anderen Menschen zusammenschließen. Die in den neunziger Jahren geführte Diskussion über das Sozialkapital handelt denn auch von den Möglichkeiten, die freiwilligen Bindungen zwischen Menschen zu knüpfen und zu erhalten, die gemeinsames Handeln von Gruppen zu unterschiedlichen Zielen, von banalen bis großartigen, erlauben.

Es ist leicht, in groben Zügen den Wandel der sozialen Normen zu skizzieren, der sich im Zuge des Großen Bruchs vollzogen hat, aber sehr viel schwieriger, den Wandel empirisch zu belegen. Zwei Möglichkeiten bieten sich dafür an: Erstens kann man die Daten von Umfragen heranziehen, bei denen direkt nach Werten und Verhaltensweisen gefragt wurde, und zweitens kann man die Quantität und Qualität von sozialen Institutionen, Assoziationen und Organisationen messen, die eine moderne Zivilgesellschaft ausmachen.

Robert Putnam vertritt die Auffassung, daß in den Vereinigten Staaten beide Arten von Daten in dieselbe Richtung weisen: Die Menschen haben im Laufe der Zeit weniger Vertrauen in Institutionen und in ihre Mitmenschen bekundet, und gleichzeitig hat die Zahl von Gruppen und die Mitgliedschaft in Gruppen abgenommen. Er argumentiert durchaus nachvollziehbar, daß man beide Befunde zusammenfügen müsse: Vertrauen ist notwendig, damit die Menschen zusammenarbeiten und sich an Gruppen in der Zivilgesellschaft beteiligen, beide Befunde seien gleichermaßen geeignet, um das Sozialkapital zu messen.[48]

Gleichwohl sprechen die Daten dafür, daß Vertrauen und die Mitgliedschaft in Gruppen nicht notwendigerweise zusammenhängen. Unbestreitbar ist ein Rückgang des Vertrauensniveaus zu beobachten, aber reichlich Daten zeigen an, daß viele Typen von Gruppen zunehmen und die Mitgliedschaft in Gruppen wächst.

Außerhalb der Vereinigten Staaten vollzieht sich etwas Ähnliches. Das Vertrauen in viele traditionelle Autoritäten wie Politik, Polizei und Militär hat in den meisten westlichen Staaten abgenommen, ebenso zeigen Umfragen, daß auch die moralischen Werte, die durch Vertrauen geprägten Beziehungen zugrunde liegen, an Bedeutung verloren haben. Zugleich geht aus den Daten hervor, daß sich zwar die Mischung von Gruppen und Gruppenmitgliedschaften verändert hat, daß aber generell das Engagement in Gruppen *zugenommen* hat.

Wie ist es zu erklären, daß offensichtlich der Zynismus in dramatischer Weise größer geworden ist, die Zivilgesellschaft insgesamt aber gesund erscheint? Und wie ist der letztgenannte Faktor vereinbar mit dem verstärkten Wunsch nach Individualismus? Die Antwort liegt in der *moralischen Miniaturisierung:* Die Menschen beteiligen sich weiterhin an Gruppenaktivitäten, aber die Gruppen spielen eine geringere Rolle als Autoritäten, und sie erzeugen einen geringeren Radius von Vertrauen. Insgesamt bedeutet dies, daß es in einer Gesellschaft weniger gemeinsame Werte und mehr Konkurrenz zwischen Gruppen gibt.

Vertrauen: Die Vereinigten Staaten

Vertrauen ist ein wesentliches Nebenprodukt der kooperativen sozialen Normen, die soziales Kapital darstellen.[49] Wenn man sich darauf verlassen kann, daß die Menschen Verpflichtungen einhalten, Rücksicht üben und sich nicht opportunistisch verhalten, dann werden sich eher Gruppen bilden, und vorhandene Gruppen werden eher in der Lage sein, gemeinsame Ziele zu erreichen.

Soweit Vertrauen ein aussagefähiges Maß für Sozialkapital darstellt, haben wir eindeutige Anhaltspunkte, daß letzteres im Niedergang begriffen ist. Vielen Amerikanern ist bewußt, daß das Vertrauen in Institutionen aller Art, angefangen mit der Regierung,[50] im Laufe der Zeit stetig abgenommen und in den neunziger Jahren historische Tiefststände erreicht hat. Im Jahr 1958 gaben bei Umfragen 73 Prozent der befragten Amerikaner an, daß sie der Bundesregierung »meistens« oder »fast immer« zutrauten, das Richtige zu tun. 1994 war diese Zahl bis auf 15 Prozent zurückgegangen (je nach Umfrage). In den Jahren 1996/97 ist das Vertrauen wieder gewachsen, und derzeit liegt der Wert irgendwo zwischen 25 und 30 Prozent. Parallel dazu ist der Anteil derjenigen, die sagen, daß sie der Regierung »nie« oder »nur manchmal« vertrauen, von 23 Prozent im Jahr 1958 auf 71 bis 85 Prozent im Jahr 1995 gestiegen (und in den darauffolgenden Jahren wiederum leicht zurückgegangen).[51]

Den meisten amerikanischen Institutionen ist es nicht viel besser ergangen. Unternehmen, Gewerkschaften, Banken, die Ärzteschaft, die großen Glaubensgemeinschaften, das Militär, das Bildungswesen und die Medien, sie alle erlebten einen Rückgang des Vertrauens seit Anfang der siebziger Jahre bis Anfang der neunziger Jahre.[52] Unter den Regierungsinstitutionen genießt nur der Supreme Court »ziemlich großes« Vertrauen, zur Exekutive und vor allem zum Kongreß haben die Amerikaner überwiegend »kaum« Vertrauen. Nur die Wissenschaft kann sich eines relativ gleichgebliebenen Vertrauens erfreuen.[53]

Während das öffentliche Vertrauen dahingeschmolzen ist, hat es den Anschein, daß privates Vertrauen – ein Nebenprodukt der kooperativen Beziehungen der Bürger untereinander – ebenfalls abgenommen hat. Auf Fragen von der Art: »Würden Sie, allgemein gesprochen, sagen, daß man den meisten Menschen trauen kann oder daß man im Umgang mit anderen gar nicht vorsichtig genug sein kann?« bekundeten Anfang der sechziger Jahre 10 Prozent mehr Amerikaner Vertrauen als Mißtrauen. Im Laufe des folgenden Jahrzehnts änderte sich das, und in den neunziger Jahren hatten die Mißtrauischen einen Vorsprung von 20 Prozentpunkten gegenüber den Vertrauensvollen. Einige Interpretatoren haben argumentiert, das Mißtrauen sei eine spezifische Erschei-

ABBILDUNG 2.6

Vertrauen unter High-School-Absolventen, 1975–1992

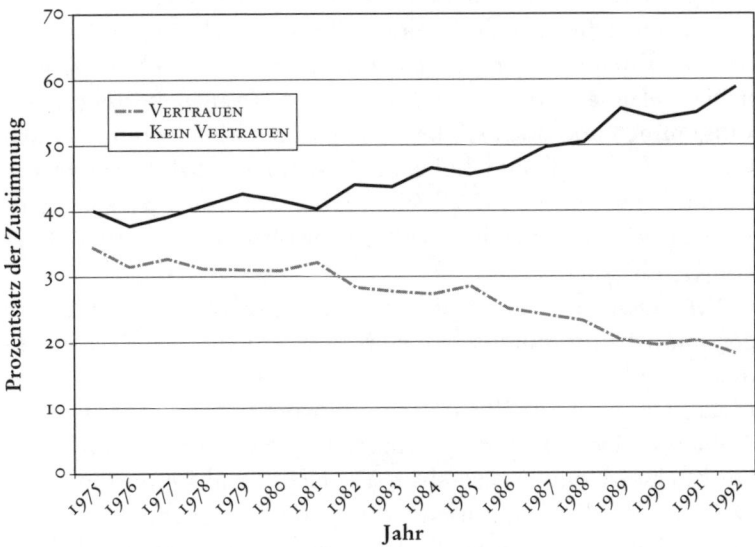

Quelle: Tom W. Smith, »Factors Relating to Misantropy in Contemporary American Societies«, *Social Science Research* 26 (1997), S. 170–196.

nung der Babyboom-Generation, doch Abbildung 2.6 zeigt, daß das Mißtrauen unter High-School-Absolventen der Geburtsjahrgänge 1958–1972 kontinuierlich zugenommen hat. Dies wird bestätigt durch Untersuchungen von Wendy Rahn, die herausgefunden hat, daß die Angehörigen der sogenannten Generation X weniger Vertrauen haben als die Angehörigen der Babyboom-Generation und daß das Vertrauensniveau der Babyboom-Generation niedriger ist als das ihrer Elterngeneration.[54]

In den Vereinigten Staaten ist das Vertrauensniveau bei unterschiedlichen Rassen und ethnischen Gruppen unterschiedlich hoch. Afroamerikaner bekunden deutlich mehr Mißtrauen als andere Gruppen: 80,9 Prozent der Schwarzen gegenüber 51,2 Prozent der Weißen meinen, daß man den Menschen nicht trauen kann, 60,6 Prozent der Schwarzen gegenüber 31,5 Prozent der Weißen halten andere für ungerecht.[55] Amerikaner hispanischer

Abstammung bekunden weniger Mißtrauen als Schwarze, Amerikaner asiatischer Abstammung haben noch mehr Vertrauen. Ältere Menschen haben mehr Vertrauen als jüngere, religiöse Menschen mehr als nichtreligiöse, allerdings haben religiöse Fundamentalisten weniger Vertrauen als jene, die sich zu konventionellen Glaubensrichtungen bekennen. Vertrauen korreliert mit Einkommen und noch stärker mit Bildung: Menschen mit einem College-Abschluß und höheren Abschlüssen haben ein relativ freundliches Bild von der Welt.[56] Und schließlich sind die Einwohner von Kleinstädten vertrauensvoller als die Einwohner von Großstädten.

Vertrauen, das sei an dieser Stelle wiederholt, ist für sich genommen kein moralischer Wert, sondern eher das Nebenprodukt eines moralischen Wertes. Vertrauen entsteht, wenn die Menschen die Werte Ehrlichkeit und Rücksichtnahme teilen und deshalb in der Lage sind, miteinander zu kooperieren. Vertrauen wird zerstört durch exzessiven Egoismus und Opportunismus. Der Grad des Egoismus ist schwer zu messen, aber mit Sicherheit ist bei den Amerikanern die Überzeugung gewachsen, daß die Menschen in der jüngsten Vergangenheit egoistischer geworden sind. Der Soziologe Alan Wolfe hat beispielsweise im Rahmen seiner Untersuchung über ethische Einstellungen der Mittelschicht (Middle Class Morality Project) eine große Zahl von Tiefeninterviews geführt und dabei festgestellt, daß eine große Mehrheit der Aussage zustimmte, im Vergleich zur Situation vor zwanzig Jahren »sind die Amerikaner heute egoistischer«.[57] Im General Social Survey (GSS) wird zusätzlich zur Frage nach dem Vertrauen auch danach gefragt, ob die Menschen gerecht und hilfsbereit seien. Die Antworten zeigen von 1972 bis 1994 einen leichten Trend zu der Einschätzung, daß die Gerechtigkeit abgenommen hat, bei der Einschätzung der Hilfsbereitschaft ist keine Veränderung zu erkennen. Andererseits haben die Befragungen amerikanischer High-School-Absolventen im Rahmen des Projekts Monitoring the Future ergeben, daß das Vertrauen in andere sowie der Glaube an Gerechtigkeit und Hilfsbereitschaft zwischen 1976 und 1995 kontinuierlich und deutlich abgenommen haben.[58]

Zivilgesellschaft: Die Vereinigten Staaten

Robert Putnam hat eine eindrucksvolle Fülle von Daten zusammengetragen, die belegen, daß die Mitarbeit in Vereinigungen in den Vereinigten Staaten erheblich zurückgegangen ist. Neben den weiter oben zitierten Umfragedaten gehören dazu auch Angaben über die Mitgliederzahlen in privaten Organisationen, von den Pfadfindern bis zu Eltern-Lehrer-Vereinigungen, weiterhin Paneldaten aus verschiedenen Längsschnittuntersuchungen und detaillierte Zeitbudget-Untersuchungen, wie ausgewählte Amerikaner ihre Woche verbringen. Putnam hebt besonders den Mitgliederschwund der traditionellen philanthropischen, mit Tiernamen bezeichneten Organisationen wie der Moose, Elks, Kiwanis, Shriners und anderer hervor und die Daten aus dem GSS, die zeigen, daß die Zahlen für die Mitgliedschaft in Gruppen bei den Befragten im Zeitraum 1974 bis Mitte der neunziger Jahre um ein Viertel zurückgegangen sind.

Putnams These vom abnehmenden Gruppenengagement ist indes nur haltbar, wenn man die Arten der Bindung in den verschiedenen Gruppen sehr genau qualitativ unterscheidet – ich habe dies weiter oben als den »positiven Radius des Vertrauens« bezeichnet. So kann beispielsweise die Tabakindustrie eine Lobby bilden, die sich im Kongreß für eine niedrigere Tabaksteuer einsetzt, aber in den Augen der meisten Amerikaner dürfte eine solche Gruppe etwas vollkommen anderes sein als eine Gruppe, die durch ein gemeinsames Ideal zusammengehalten wird wie etwa Habitat for Humanity, die den Bau von Wohnungen in armen Innenstadtvierteln organisiert. Die erstgenannte Gruppe hat einen gewissen Bestand an Sozialkapital und kämpft für ein gemeinsames Ziel, aber die meisten Mitglieder, so nehmen wir an, werden vorrangig durch das Gehalt motiviert sein, das sie für ihre Arbeit bekommen, und dürften außerhalb ihrer Interessengruppe wenig Anreiz zur Kooperation haben. Die Mitglieder der Habitat-Gruppe hingegen teilen einen Bestand gemeinsamer Werte, übertragen ihre Werte in die Welt außerhalb ihrer Gruppe und schaffen damit in der Gesellschaft insgesamt mehr Sozialkapital. Die Zunahme großer Lobby-Organisationen im Bank-,

Gesundheits- und Versicherungswesen sowie in anderen Bereichen ist unbestreitbar, aber die Frage ist berechtigt, ob bei ihren Mitgliedern über die Lobbyarbeit hinaus kooperative Bande entstehen.

Der gesunde Menschenverstand sagt uns, daß zwischen der Tabaklobby und Habitat for Humanity noch ein anderer wichtiger Unterschied besteht. Die Tabaklobby macht kein Hehl daraus, daß es ihr darum geht, die Interessen der Tabakproduzenten in Washington zu vertreten. Man kann argumentieren, daß in einem demokratischen politischen System alle größeren Interessen das Recht haben, politisch vertreten zu sein. Auf der anderen Seite hat die vom Verbändepluralismus bestimmte Politik auch ihre Nachteile: Wenn durch Wahlkampffinanzierung politischer Einfluß gekauft wird, fördert dies den Zynismus der Wähler gegenüber der Politik. Der Ökonom Mancur Olson hat darauf hingewiesen, daß in einem politischen System, in dem sich viele Interessengruppen gegenüberstehen und ihre Positionen verteidigen, Pfründenwirtschaft und andere parasitäre Verhaltensweisen gedeihen und die wirtschaftliche Entwicklung beeinträchtigen.[59] Habitat for Humanity hingegen ist nicht darauf aus, seinen Reichtum zu mehren, und bemüht sich auch nicht um finanzielle Unterstützung der Regierung in Washington. Das erklärte Ziel dieser Organisation ist es, erschwingliche Häuser für arme Leute zu bauen, die ein Dach über dem Kopf brauchen. Tatsächlich sind für das Funktionieren einer modernen Gesellschaft beide Arten von Interessengruppen wichtig, aber unser Eindruck von der Gesundheit der Zivilgesellschaft wäre ein ganz anderer, wenn wir es ausschließlich mit Gruppen zu tun hätten, die kommerzielle Interessen vertreten, und wenn ehrenamtliche Assoziationen mit wohltätigen Zielen gänzlich fehlten. Bei der Untersuchung des Arguments, die amerikanische Zivilgesellschaft befinde sich im Niedergang, muß man beide Typen von Gruppen sehr genau auseinanderhalten.

Everett Ladd von der University of Connecticut, der seit vielen Jahren die Roper-Umfragen durchführt, hat Putnams Bild der amerikanischen Zivilgesellschaft in seinem Buch *The Ladd Report*[60] in nahezu jedem Punkt bestritten. Er beginnt mit dem

Vorwurf, Putnam habe viele neue Gruppen in der amerikanischen Gesellschaft nicht mitgezählt, eine wahre Herkulesaufgabe angesichts der Größe und Vielfalt des Landes. Einige von Ladd zitierte Beispiele sind in der Tat sehr aufschlußreich. Putnam führt unter anderem aus, daß die Mitgliedschaft in Eltern-Lehrer-Vereinigungen (Parent-Teacher Associations, PTA) von einem Höchststand mit 12,1 Millionen Mitgliedern im Jahr 1962 bis 1982 drastisch auf 5,3 Millionen zurückgegangen ist, danach ist sie wieder etwas angestiegen. Wenn man die Mitgliederzahlen der PTA in Relation zur Schülerzahl an den öffentlichen Schulen in Amerika setzt, ergibt sich sogar ein kontinuierlicher Rückgang über den Zeitraum von dreißig Jahren.[61] Ladd hält dem entgegen, daß die rückläufige Mitgliederentwicklung der PTA nicht auf Desinteresse der Eltern zurückzuführen sei, sondern auf eine Umorientierung weg von den PTA hin zu sogenannten Eltern-Lehrer-Organisationen, PTO (Parent-Teacher Organizations). Die PTO leiten ihre Mitgliedsbeiträge nicht an eine nationale Organisation weiter, sind weniger eng mit Lehrerverbänden verbunden und insgesamt weniger formell organisiert. Eine von Ladd und dem Roper Center durchgeführte Untersuchung kommt zu dem Ergebnis, daß in den meisten Schulbezirken die PTA-Mitglieder nur noch etwa ein Viertel der gesamten Mitgliedschaft in entsprechenden Organisationen ausmachen. Insgesamt hat das Engagement der Eltern im Bildungswesen in den letzten dreißig Jahren kontinuierlich zugenommen, das bestätigen auch die Angaben der Eltern in Umfragen, in welcher Weise sie am schulischen Weg ihrer Kinder Anteil nehmen.

Was für die PTA gilt, trifft auch für viele andere Typen von Organisationen zu. Gruppen wie die männlichen Mitgliedern vorbehaltenen »Tier«-Organisationen verlieren Zulauf, auf der anderen Seite haben sich im Laufe der letzten zehn Jahre informelle AIDS-Gruppen geradezu explosionsartig vermehrt, ihre Mitgliederzahlen können nicht annähernd verläßlich geschätzt werden. Amerikanische Kinder spielen heute lieber Fußball als Baseball in der Little League, aber wir haben keinen Anhaltspunkt dafür, daß sie insgesamt weniger Zeit mit sportlichen Aktivitäten verbringen.

Es hat etliche Versuche gegeben, die Gruppen und Vereinigungen in den Vereinigten Staaten zahlenmäßig zu erfassen. Ein solcher Versuch wurde 1949 vom U.S. Department of Commerce unternommen. Es kam zu dem Schluß, daß damals auf allen Ebenen der amerikanischen Gesellschaft 201 000 nicht gewinnorientierte, ehrenamtliche Organisationen im Bereich von Handel und Geschäftswesen, Frauengruppen, Gewerkschaften, Staatsbürgergruppen, Clubs und Berufsverbänden existierten.[62] Lester Salamon, Leiter des Comparative Nonprofit Sector Project, schätzt die Zahl der nicht gewinnorientierten Organisationen in den Vereinigten Staaten im Jahr 1989 auf 1,14 Millionen, demnach wäre die Wachstumsrate in diesem Bereich höher als das Bevölkerungswachstum insgesamt.[63] Daß es nahezu unmöglich ist, die gesamte Bandbreite von informellen Netzwerken und Cliquen in einer modernen Gesellschaft zu erfassen, geht aus der Yankee City Study hervor, die für eine Gemeinde von 17 000 Menschen auf 22 000 verschiedene Gruppen kam.[64] Veränderungen der Technologie bewirken auch Veränderungen der Assoziationsformen. Wie könnten wir beispielsweise all die Online-Diskussionsforen, Chatrooms und die E-Mail-Kommunikation zählen, die mit der Verbreitung des PCs in den neunziger Jahren explosionsartig zugenommen haben?[65]

Die GSS-Daten sprechen nicht eindeutig für einen Rückgang der Mitgliederzahlen in Gruppen. Bei den GSS-Umfragen wird eine Reihe von Fragen zur Mitgliedschaft in bestimmten Typen von Organisationen wie Gewerkschaften, Berufsverbänden, Hobbygruppen, Sportclubs, Unterstützungsvereinen und kirchlichen Gruppen gestellt. Ein klarer Trend ist schwer auszumachen. Bestimmte Organisationen wie Gewerkschaften verlieren Mitgliederzahlen, andere, etwa Berufsverbände, verzeichnen Zuwächse.[66] Auch andere Daten belegen eine Zunahme des staatsbürgerlichen Engagements. Eine 1998 von ABC/Washington Post durchgeführte Umfrage ergab beispielsweise, daß der Prozentsatz derjenigen, die sagten, daß sie im zurückliegenden Jahr ehrenamtliche Arbeit geleistet hätten, im Zeitraum 1984 bis 1997 von 44 auf 55 Prozent gestiegen war. Bei einer anderen Umfrage war die Zahl derjenigen, die wohltätige oder soziale Dienste geleistet hatten, von 26 Prozent im Jahr 1977 auf 54 Prozent im Jahr 1995 gestiegen. Auf der Grundlage von Interviews mit Amerikanern der Mittelschicht stellt Alan Wolfe die Überlegung an, daß die Befragten ihr Engagement in Gruppen unterschätzen, weil sie Hobbyvereine, soziale und andere Gruppen nicht als ernsthafte Formen des Engagements mitzählen. Die von ihm Befragten drückten die Ansicht aus, daß die Menschen immer weniger Zeit für ehrenamtliches Engagement hätten, widersprachen dann aber ihrer eigenen Einschätzung, wenn sie von ihrem vielfältigen sozialen Engagement berichteten. Die Menschen schließen sich eher staatsbürgerlichen und religiösen als sozialen und wohltätigen Organisationen an.[67] Die seltsame Entkoppelung von sozialem Vertrauen und Mitgliedschaft in Gruppen wird sowohl durch den Monitoring the Future Survey amerikanischer High-School-Absolventen bestätigt, der einen Anstieg bei der Partizipation in Gemeinschaftsangelegenheiten und ehrenamtlicher Tätigkeit und einen gleichzeitigen Rückgang des Vertrauens zeigt,[68] als auch durch eine Untersuchung des Pew Research Center for the People and the Press mit Schwerpunkt Philadelphia.[69]

Vertrauen: Andere Industrieländer

Es ist sehr schwierig, für andere Länder neben den Vereinigten Staaten vergleichbare Daten über den Rückgang von Vertrauen in den letzten vierzig Jahren zu finden. Der World Values Survey (WVS) unter der Leitung von Ronald Inglehart von der University of Michigan ist die einzige Untersuchung, bei der in einem breiten Spektrum von Staaten konsistent Fragen nach Werten gestellt werden. Bedauerlicherweise sind die Daten des WVS für das langfristige Messen von Trends nicht gut geeignet, denn die Umfragen wurden nur dreimal durchgeführt – 1981, 1990 und 1995 (zu dem Zeitpunkt, als das vorliegende Buch geschrieben wurde, waren die Ergebnisse der Umfrage von 1995 noch nicht verfügbar). Wir können nicht viel über Trends sagen, wenn wir nur zwei Erhebungszeitpunkte für jedes Land haben; viele wichtige Veränderungen bei den Werten und ebenso bei Kriminalität und Familie fanden zwischen 1965 und 1981 statt.

Ungeachtet der geringen Datenmengen sehen wir bei den Fragen des WVS zum Vertrauen einige Muster, die sich nicht sehr von den Befunden für die Vereinigten Staaten unterscheiden.[70] Zwei Gruppen von Fragen sind in diesem Zusammenhang relevant: Fragen nach Vertrauen in wichtige soziale Institutionen und Fragen nach ethischen Werten. Vertrauen, um es noch einmal zu wiederholen, ist das Nebenprodukt gemeinsamer Normen für ethisches Verhalten. Wenn Menschen angeben, daß sie sich in weniger vertrauenswürdiger Weise verhalten – daß mehr Menschen erklären, sie würden sich gegebenenfalls bestechen lassen, bei Taxikosten schummeln, falsche Angaben in der Steuererklärung machen –, dann ist zu erwarten, daß die objektive Basis für das Vertrauen in andere schwindet, gleichgültig was die Menschen auf die direkte Frage nach dem Vertrauen antworten.

Die WVS-Daten für vierzehn westliche Industrieländer einschließlich der Vereinigten Staaten zeigen, daß zwischen 1981 und 1990 in einer großen Zahl von Ländern das Vertrauen in die meisten Institutionen abgenommen hat. Überraschenderweise können nur die Presse und Großunternehmen einen Vertrauenszuwachs verbuchen.[71] Vor allem die eher traditionellen Quellen von Autorität – die Kirche, die Streitkräfte, die Justiz und die Polizei – mußten in der großen Mehrheit der Länder Vertrauensverluste hinnehmen.[72] Weitere WVS-Daten zu ethischen Werten können mit Vertrauen in Verbindung gebracht werden, so etwa die Antworten, ob die Befragten sich vorstellen könnten, Geld zu behalten, das ihnen nicht zusteht, schwarzzufahren oder Steuern zu hinterziehen.[73] Es scheint, daß in den meisten Industrieländern die Hemmschwellen vor solchen Betrügereien gesunken sind.

In Anbetracht der anti-etatistischen politischen Traditionen in Amerika dürfte es eigentlich nicht überraschen, daß die Amerikaner den Regierungsinstitutionen mißtrauischer gegenüberstehen als die Europäer.[74] Bei einer Untersuchung des Pew Research Center sagten 1997 56 Prozent der befragten Amerikaner, sie mißtrauten der Regierung, in fünf untersuchten europäischen Ländern lag der Durchschnitt hingegen nur bei 45 Prozent. Mehr

Amerikaner als Europäer stimmten der Aussage zu, die Regierung arbeite ineffizient und unwirtschaftlich, die Werte lagen bei 64 Prozent in Amerika gegenüber 54 Prozent in Europa. Es gibt allerdings Anhaltspunkte, daß die Einstellungen der Europäer gegenüber der Regierung sich in etlichen Punkten denen der Amerikaner annähern. Von 1991 bis 1997 ist die Zahl der Europäer, die der Aussage »Die Regierung hat zuviel Einfluß auf unser Alltagsleben« zustimmen, von 53 auf 61 Prozent gestiegen (gegenüber 64 Prozent der Amerikaner im Jahr 1997).[75]

Diese Veränderungen decken sich zum Teil mit dem Wandel, den Ronald Inglehart als Übergang zu »postmaterialistischen« Werten in den entwickelten Ländern beschreibt.[76] Inglehart zufolge ist Materialisten ökonomische und physische Sicherheit wichtig, während Postmaterialisten vor allem Freiheit, Selbstverwirklichung und mehr Lebensqualität wollen. Ausgehend von Datenmaterial aus dem WVS und aus den Eurobarometer-Befragungen der Europäischen Kommission hat Inglehart die These aufgestellt, daß der Übergang zu postmaterialistischen Werten seit Anfang der siebziger Jahre in allen größeren europäischen Ländern zu beobachten ist und mutmaßlich dort, wo er sich vollzieht, zu einer Verbesserung der Qualität der Demokratie führen wird, weil damit einhergehend die Partizipationswünsche und das Interesse an Politik wachsen.

Man kann Ingleharts Daten allerdings auch anders lesen, als er selbst es tut. Die Etiketten, die er verwendet – *Materialismus* und *Postmaterialismus* –, können irreführend sein, weil sie suggerieren, daß die Materialisten sich ganz egoistisch nur um ihre eigenen ökonomischen und persönlichen Bedürfnisse kümmern, während die Postmaterialisten auch umfassendere politische Anliegen wie soziale Gerechtigkeit und Umweltschutz berücksichtigen. Man könnte die Gruppe der Materialisten aber auch so beschreiben, daß sie Verantwortung und Entscheidungsgewalt auf viele große öffentliche Einrichtungen wie Polizei, Unternehmen und Kirche verschieben will, während die Postmaterialisten viel individualistischer eingestellt sind und verlangen, daß in erster Linie ihre Rechte anerkannt werden, gegebenenfalls auf Kosten der Gemeinschaft. Individualismus ist ohne Zweifel der

Eckpfeiler der modernen Demokratie, aber exzessiver Individualismus kann auch negative Auswirkungen auf die Demokratie haben, weil er den sozialen Zusammenhalt belastet. Der Übergang zu postmaterialistischen Werten bedeutet insofern einen Rückgang von bestimmten Formen des Sozialkapitals.

Zivilgesellschaft: Andere Industrieländer

Wenn wir nach den Werten nun die Mitgliedschaft in Gruppen betrachten, finden wir bei anderen Staaten weitgehend das gleiche Muster wie in den Vereinigten Staaten: Während es einerseits reichlich Anhaltspunkte gibt, daß das Vertrauen in die großen Institutionen und die von den Befragten selbst bekundete Bereitschaft zu ethischem Verhalten schwindet, sind offenbar immer mehr Menschen bereit, sich in einem breiten Spektrum von Gruppen der Zivilgesellschaft zu engagieren.

Die These vom Aufbruch der Zivilgesellschaft rund um den Globus vertritt am vehementesten Lester Salamon, der mit seinem Comparative Nonprofit Sector Project Trends in der Zivilgesellschaft weltweit dokumentieren will.[77] Salamon zufolge vollzieht sich gegenwärtig überall auf der Welt eine regelrechte »›Assoziationsrevolution‹, die für das ausgehende 20. Jahrhundert von ebenso großer sozialer und politischer Bedeutung sein könnte wie die Entstehung der Nationalstaaten im ausgehenden 19. Jahrhundert«.[78] Salamon präsentiert eine Fülle von Belegen, daß die Mitgliederzahlen von Nichtregierungsorganisationen (NRO) in den Vereinigten Staaten gestiegen sind, und sagt, die gleiche Entwicklung sei auch in Europa zu beobachten: »In Frankreich ist die Zahl privater Vereinigungen steil in die Höhe geschossen. Allein 1987 wurden über 54 000 derartige Organisationen gegründet, in den sechziger Jahren waren es nur zwischen 10 000 und 12 000 jährlich. Von 1980 bis 1986 sind die Einnahmen wohltätiger Einrichtungen im Vereinigten Königreich um geschätzte 221 Prozent gestiegen. Neueren Schätzungen zufolge verfügen rund 275 000 wohltätige Einrichtungen im Vereinigten Königreich über Einnahmen, die mehr als 4 Prozent des Bruttosozialprodukts ausmachen.«[79] Nicht nur in Europa schießt demnach die Zahl der Nichtregierungsorganisationen in die Höhe, auch in der dritten Welt soll sie explosionsartig anwachsen.[80]

Aus einer Reihe von Gründen muß man indes Salamons Aussagen über die globale Zivilgesellschaft und die sich daraus ergebenden Folgerungen für das Sozialkapital mit Skepsis betrachten. Erstens sind die neuen Organisationen, die Salamon aufzählt, formell nicht gewinnorientierte Institutionen, in der Regel solche, die es auf sich genommen haben, sich eine Rechtsform zu geben. Es mag durchaus sein, daß es weltweit eine Entwicklung weg von informellen Netzwerken und hin zu formellen Gruppen gegeben hat, aber die Zivilgesellschaft ist die Summe beider Typen von Organisationen, und es läßt sich nicht eindeutig sagen, daß es bei beiden zusammen eine klare Zunahme gegeben hat. Darüber hinaus sind viele Organisationen, die Salamon als Teil der Zivilgesellschaft betrachtet, in Wirklichkeit sehr große, bürokratische Einrichtungen – Universitäten, Krankenhäuser, Forschungslabors, Stiftungen im Bildungswesen und dergleichen, die zwar unter steuerlichen Gesichtspunkten die Bedingungen erfüllen, die an wohltätige Organisationen gestellt werden, aber tatsächlich oft nicht von Einrichtungen der staatlichen Verwaltung oder von gewinnorientierten Unternehmen zu unterscheiden sind. So argumentiert Salamon denn auch, in den Vereinigten Staaten und in anderen Ländern würden die Regierungen zunehmend Aufgaben, die früher direkt von Regierungsbehörden übernommen wurden, an Organisationen des »dritten Sektors« delegieren, und das erklärt zu einem Großteil, warum sie sich vermehrt haben. Diese Gruppen sind nicht spontan entstanden, sondern wurden auf staatliche Anweisung hin gegründet und sollten insofern als Erweiterungen der modernen Regierungen gesehen werden.[81]

Der zweite Grund zur Skepsis gegenüber der These von der weltweiten Zunahme der Assoziationen hängt mit der Qualität der Daten zusammen. Wie wir bei der genauen Betrachtung des Datenmaterials gesehen haben, das in der Putnam-Debatte von beiden Seiten vorgelegt wurde, ist es selbst in dem Land mit der weitaus besten Datenlage, den Vereinigten Staaten, außerordentlich schwierig festzustellen, ob die Zivilgesellschaft wächst oder schwindet oder ob beides gleichzeitig geschieht. Die gleichen Datenprobleme wie in den Vereinigten Staaten haben wir zuhauf in anderen Ländern. Wir müssen nicht nur wissen, wie viele neue Organisationen entstanden sind, sondern auch, wie viele verschwunden sind, wie sich ihre Mitgliederzahlen entwickelt haben und wie die Qualität des Gemeinschaftslebens ist.[82]

Gleichwohl spricht einiges für die Annahme, daß es in anderen Industrieländern zumindest keinen deutlichen Rückgang bei der Mitgliedschaft in freiwilligen Assoziationen gegeben hat und vielfach sogar einen Anstieg. Im WVS wird unter anderem gefragt, ob jemand Mitglied einer Kirche, einer politischen Partei, einer Gewerkschaft oder einer sozialen Wohlfahrtsorganisation ist und ob er im Laufe des letzten Jahres für eine der genannten Organisationen ehrenamtlich tätig geworden ist. Der Trend ist nicht eindeutig. Manche Organisationen wie Gewerkschaften und kommunalpolitische Gruppen verzeichnen in der Mehrzahl der Länder rückläufige Mitgliederzahlen, andere Organisationen, etwa im Bereich von Bildung, Kunst, Menschenrechten und Umweltschutz, haben in der Mehrzahl der Länder wachsenden Zulauf. Die gleichen Trends lassen sich auch bei der Zeit beobachten, die für ehrenamtliche Tätigkeit aufgewendet wird. Mit Ausnahme der Jugendarbeit sehen wir in der großen Mehrheit der Länder Zuwächse bei der ehrenamtlichen Tätigkeit in jeder Kategorie.

Der Große Bruch wird erkennbar in dem Wertewandel, der sich im Laufe der letzten fünfundzwanzig Jahre in allen Industrieländern vollzogen hat, und dieser Wandel wird durch die verfügbaren empirischen Daten über Werte nur unzureichend erfaßt. Das Schicksal von Vertrauen, Werten und der Zivilgesellschaft ist in jedem westlichen Industriestaat unterschiedlich, aber bestimmte übergreifende Muster sind zu erkennen. Zunächst einmal ist generell in allen untersuchten Ländern das Vertrauen in Institutionen geringer und insbesondere das Vertrauen in traditionelle, mit Autorität ausgestattete Institutionen, die über Zwangsmittel verfügen, wie die Polizei, das Militär und die Kirchen. Weiterhin spricht aus den Antworten der Befragten, daß ethisches Verhalten, das die Basis von Vertrauen bilden kann, im Rückgang begriffen ist: In den meisten Ländern sagten 1990 mehr

Menschen als 1981, daß sie zu dieser oder jener Form von Unehrlichkeit bereit wären. Beide Muster lagen auch in den Vereinigten Staaten vor.

Andererseits entstehen allem Anschein nach in den meisten Ländern immer mehr Gruppen und engagieren sich immer mehr Menschen in Gruppen. Wiederum ist die Entwicklung in den verschiedenen Ländern unterschiedlich und hat sich die Mischung der Gruppen im Laufe der Zeit verändert, aber dennoch sieht es so aus, als hätten das gesunkene Vertrauen in Institutionen und der Rückgang moralischen Verhaltens die Fähigkeit der Menschen, sich auf *irgendeiner* Ebene mit anderen zusammenzuschließen, nicht wesentlich beeinträchtigt.[83]

In beiden Hinsichten bilden die Vereinigten Staaten eine Ausnahme: Sie haben den höchsten Grad an Mißtrauen gegenüber Institutionen *und* die höchsten Werte bei der Mitgliedschaft in Gruppen und bei ehrenamtlichem Engagement für die Gemeinschaft.

Nach dem verfügbaren Datenmaterial zum Ländervergleich unterscheiden sich die asiatischen Industrieländer nicht grundsätzlich von den westlichen. Japan und Südkorea (die beiden einzigen asiatischen Länder mit hohem Einkommen, die im WVS berücksichtigt werden) zeigen genau wie Europa und Nordamerika nachlassendes Vertrauen in Institutionen. In Japan wächst der von den Befragten bekundete Glaube an ethische Werte kontinuierlich (ebenso in Irland und Spanien), die Daten für Südkorea sind zu lückenhaft, um eine Aussage treffen zu können. Bei der Mitgliedschaft in Gruppen gibt es keinen eindeutigen Trend: In Japan nehmen die Mitgliederzahlen tendenziell ab (das gilt besonders für Gewerkschaften), in Südkorea steigen sie eher an (besonders bei religiösen Organisationen).

Zusammenfassung

Kennzeichnend für den Großen Bruch waren der Anstieg der Kriminalität und der sozialen Verwerfungen, der Niedergang von Familie und Verwandtschaft als Quellen des sozialen Zusammenhalts und abnehmendes Vertrauen. Diese Veränderungen waren in vielen Industrieländern seit den sechziger Jahren zu beobachten, und verglichen mit dem Wertewandel in früheren Zeiten vollzogen sie sich sehr rasch. Es gibt verschiedene konsistente Verhaltensmuster: In Japan und Südkorea war der Anstieg der Kriminalität und der Scheidungsraten geringer, aber auch sie erlebten einen Schwund von Vertrauen. In römisch-katholischen Ländern wie Italien und Spanien blieben die Scheidungsraten unverändert niedrig, aber die Geburtenraten brachen stark ein. Ohne Zweifel kann man die Abnahme des Sozialkapitals auch noch anders messen, als wir es hier getan haben, aber unsere Analyse ergibt ein verblüffendes Muster wachsender sozialer Verwerfungen. Wenden wir uns nun möglichen Erklärungen zu.

3
Ursachen:
Die geläufigen Erklärungen

Derartig massive Veränderungen wie die im vorigen Kapitel beschriebenen haben naheliegenderweise vielfältige Ursachen und entziehen sich einfachen Erklärungen. Doch der Umstand, daß viele verschiedene soziale Indikatoren ungefähr zur selben Zeit in einer großen Gruppe von Industrieländern in Bewegung gerieten, erleichtert uns die analytische Arbeit bis zu einem gewissen Grad, weil wir dadurch auf eine allgemeinere Erklärungsebene gelenkt werden. Wenn das gleiche Phänomen in einem breiten Spektrum von Ländern vorkommt, können wir alle Erklärungen ausschließen, die auf spezifische Bedingungen in einem einzelnen Land verweisen.

Im folgenden werde ich die geläufigen Erklärungen für die verschiedenen Aspekte des Großen Bruchs erörtern, die eine Reihe von Sozialtheoretikern vorgelegt haben. Ich beginne mit allgemeinen Diagnosen, die den Anspruch erheben, alle Aspekte des Großen Bruchs gleichzeitig zu erklären, und gehe dann zu solchen Erklärungen über, die sich auf den einen oder anderen Aspekt konzentrieren. Manche Erklärungen erscheinen mir plausibel, andere halte ich für falsch oder unzureichend.

Amerika als Ausnahme

Zunächst müssen wir die Frage stellen, ob der Große Bruch überhaupt stattgefunden hat. Viele Europäer dürften eher der Einschätzung zustimmen, daß die Auflösung der sozialen Ordnung einzig und allein eine amerikanische Erscheinung ist und daß ihnen die meisten extremen sozialen Pathologien erspart blieben, unter denen die Vereinigten Staaten leiden. Wie das Datenmaterial im vorangehenden Kapitel zeigt, hatten die Vereinigten Staaten immer deutlich höhere Scheidungszahlen, Kriminalitätsraten, mehr Ungleichheit und andere Übelstände, sie hatten aber auch mehr Wirtschaftswachstum, mehr Innovation, mehr technologischen Fortschritt und eine dichtere Zivilgesellschaft.[1] Eine Ausnahme ist Amerika vor allem bei der Gewaltkriminalität: Es hat die höchste Quote von Mordfällen, Vergewaltigungen und Überfällen in der entwickelten Welt. Die Mordrate liegt in den Vereinigten Staaten um eine Größenklasse höher als in vielen europäischen Staaten und in Japan; allein in New York City wurden zu einem bestimmten Zeitpunkt mehr Morde begangen als in ganz Großbritannien oder Japan.[2]

Wenn sich der Große Bruch nur in den Vereinigten Staaten ereignet hätte, wären wir versucht zu sagen, daß er mit den besonderen geschichtlichen und kulturellen Bedingungen des Landes zusammenhing und mit Ereignissen seit den sechziger Jahren wie Vietnam, Watergate oder dem Reaganismus. Sozialwissenschaftler wie Robert K. Merton und Seymour Martin Lipset haben viel über bestimmte Aspekte der amerikanischen Kultur geschrieben – Skepsis gegenüber dem Staat, Ablehnung von Autoritäten, die Forderung nach ökonomischer Mobilität und dergleichen –, die Amerika besonders anfällig für den Zerfall der Familien, für Kriminalität und soziale Anomie machen.[3] Auch die in Amerika zahlreicher als in anderen Ländern vorhandenen ethnischen Minderheiten verzerren die Statistik. So liegt die Rate der außerehelichen Geburten bei weißen Amerikanern nicht-hispanischer Herkunft im Mittelfeld der Verteilung, die wir in Europa haben.

Wie immer es um die Gültigkeit solcher aus dem Kulturvergleich gewonnener Erklärungen für die Ausnahmeposition Amerikas bestellt ist, sie geben keine Antwort auf die Frage, warum die Scheidungszahlen, die Rate der unehelichen Geburten, Kriminalität und Mißtrauen seit den sechziger Jahren in so vielen Industrieländern praktisch gleichzeitig angestiegen sind. Tatsächlich haben die Scheidungs- und Kriminalitätsraten in vielen europäischen Ländern höhere Niveaus erreicht als in Amerika (obwohl der Anstieg auf einem tieferen Niveau begann).[4] Dies spricht wiederum für die Annahme, daß diese Veränderungen nicht durch Faktoren ausgelöst wurden, die einzig und allein in den Vereinigten Staaten gegeben waren, sondern durch Faktoren, die in allen westlichen Industrieländern vorkamen.

Zudem sind die Vereinigten Staaten, wenn man einen breiter gefaßten Bestand von Indikatoren zugrunde legt, bei weitem keine so krasse Ausnahme, wie manche glauben. Wir haben bereits gesehen, daß die meisten skandinavischen Länder höhere Raten bei außerehelichen Geburten haben als die Vereinigten Staaten, und andere englischsprachige Länder wie Großbritannien, Kanada und Neuseeland haben in etwa die gleichen Raten. Für die Kriminalität gilt das gleiche. Der Kriminologe James Lynch weist darauf hin, daß bei den schweren Eigentumsdelikten 1988 und 1992 Australien eine um 40 Prozent höhere Quote hatte als die Vereinigten Staaten, Kanada eine um 12 Prozent höhere, England und Wales eine um 30 Prozent höhere. In den neunziger Jahren ging die Zahl der Eigentumsdelikte in den Vereinigten Staaten zurück, und parallel dazu wuchs sie in den europäischen Ländern mit höheren Raten als in den Vereinigten Staaten. Auch die verbreitete Einschätzung, daß in den Vereinigten Staaten besonders hart gestraft würde, ist falsch: Die Quote der Häftlinge im Verhältnis zur Gesamtbevölkerung ist in den Vereinigten Staaten zwar hoch, sie haben aber auch die höchste Schwerkriminalität. In den Vereinigten Staaten werden nicht signifikant mehr Haftstrafen verhängt, und auch die Dauer der Haft bei Mord ist nicht dramatisch länger, manchmal sogar deutlich kürzer.

Im Unterschied zu Europa haben die Vereinigten Staaten allerdings eine breite *Unterschicht,* das heißt eine Schicht konzentrierter, chronischer Armut, isoliert von der Schicht der Arbeitnehmer, mit hoher Gewaltkriminalität, hohem Drogenkonsum, Arbeitslosigkeit, geringer Bildung und zerbrochenen Familien. Erste Anzeichen für die Entstehung einer solchen Unterschicht sind auch in vielen europäischen Städten zu beobachten, dort in den Randbezirken, nicht in den Innenstädten, insbesondere in den Vierteln mit einer hohen Konzentration von Einwanderern aus der Dritten Welt. Aber die Armut in Europa ist ordentlicher als die Armut in Amerika, und sie ist eher struktureller als kultureller Natur.[5]

Allgemeine Ursachen

Grob gesprochen werden mindestens vier Argumente zur Erklärung der Erscheinungen im Zusammenhang mit dem Großen Bruch vorgebracht: Die Erscheinungen seien erstens eine Folge wachsender Armut und/oder zunehmender Ungleichheit bei der Einkommensverteilung; zweitens, im Widerspruch zum ersten Argument, eine Folge wachsenden Wohlstands; drittens ein Produkt des modernen Sozialstaates und viertens das Ergebnis eines umfassenden kulturellen Wandels, zu dem der Niedergang der Religion gehört und die Orientierung am individuellen Lustprinzip anstelle am Pflichtgefühl gegenüber der Gemeinschaft.

Meiner Ansicht nach ist jede dieser Aussagen als einzelne Erklärung für den raschen Wandel der sozialen Normen seit 1965 falsch. Die Veränderungen sind in der Tat in Werten verankert und deshalb tief in die breiteren kulturellen Umwälzungen eingebettet, die im ersten Kapitel beschrieben wurden. Aber damit bleibt immer noch die Frage offen, warum der Wertewandel genau zu diesem Zeitpunkt erfolgte und nicht eine Generation früher oder später. Im Bereich von Sexualität und Familie können die Veränderungen meines Erachtens durch zwei Faktoren erklärt werden. Der eine ist der grundlegende Wandel in der Natur der Arbeit beim Übergang von der Wirtschaftsweise der Industriegesellschaft zur Wirtschaftsweise des Informationszeitalters, der zweite ist eine einzige Erfindung, nämlich die Pille zur Empfängnisverhütung. Diese beiden Erklärungsfaktoren werden im vierten und fünften Kapitel erörtert.

Erklärung 1: Der Große Bruch wurde durch Armut und Ungleichheit verursacht

Jeder stimmt der Aussage zu, daß eine starke Korrelation zwischen der Auflösung der Familie, Armut, Verbrechen, Mißtrauen, sozialer Isolation, Drogengebrauch, mangelndem Bildungserfolg und einem niedrigen Sozialkapital besteht. Die Argumente, die Linke und Rechte in der hochgradig ideologisch aufgeladenen

Debatte vorbringen, unterscheiden sich darin, wie die Kausalität zwischen ökonomischen und kulturellen Faktoren gesehen wird. Die Linken sagen, Kriminalität, Zerfall der Familie und Mißtrauen seien eine Folge fehlender Arbeitsplätze, fehlender Chancen, mangelhafter Bildung und generell der wirtschaftlichen Ungleichheit. Viele werden als weitere Faktoren wohl noch Rassismus und Vorurteile gegenüber Minderheiten anfügen. Die Konstruktion dieser Kausalkette hat zu Appellen geführt, die Vereinigten Staaten müßten Sozialstaatsprogramme wie in Europa auf den Weg bringen, um damit armen Menschen zu einem Arbeitsplatz oder einem Transfereinkommen zu verhelfen, und zu Vorwürfen, die wachsende Zahl zerbrochener Familien zeuge von der Unfähigkeit des amerikanischen Sozialstaates, sich angemessen zu »modernisieren«.[6]

Die Behauptung, daß wirtschaftlicher Mangel ausgerechnet in Ländern, die reicher sind, als es das je zuvor in der menschlichen Geschichte gegeben hat, zu so tiefgreifenden Veränderungen der sozialen Normen geführt haben soll, stimmt nachdenklich. Die Armen in den Vereinigten Staaten haben einen höheren absoluten Lebensstandard als die Amerikaner früherer Generationen und pro Kopf mehr Besitz als viele Menschen in der heutigen dritten Welt, wo die Familienstrukturen noch intakt sind. Die Vereinigten Staaten sind im letzten Drittel des 20. Jahrhunderts nicht ärmer geworden; das Pro-Kopf-Einkommen ist inflationsbereinigt im Zeitraum 1965 bis 1995 von 14 792 Dollar auf 25 615 Dollar gestiegen, und die Ausgaben für den privaten Konsum sind von 9257 auf 17 403 Dollar gestiegen.[7] Der Anteil der Armen an der Bevölkerung hat in den sechziger Jahren drastisch abgenommen, ist danach leicht wieder angestiegen und hat seither nicht so stark zugenommen, daß sich damit eine massive Ausweitung sozialer Verwerfungserscheinungen erklären ließe (siehe Abbildung 3.1).

Die Anhänger der ökonomischen Hypothese argumentieren, daß das Problem nicht durch das absolute Armutsniveau verursacht werde. Die modernen Gesellschaften seien zwar insgesamt reicher geworden, aber auch die Ungleichheit habe zugenommen, überdies hätten sie heftigere wirtschaftliche Turbulenzen und

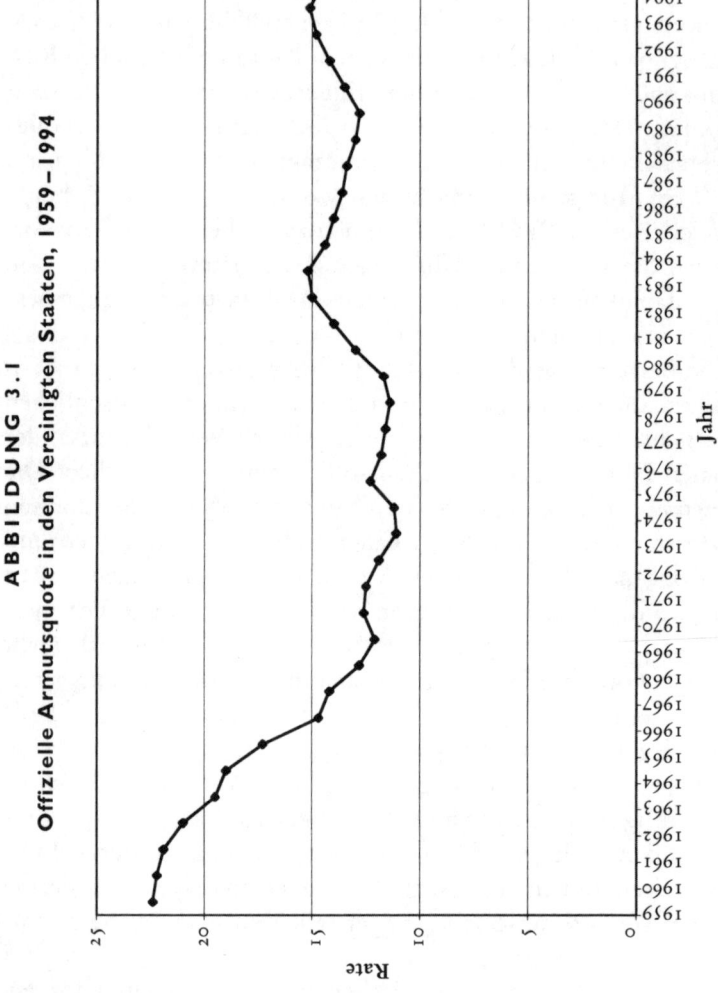

ABBILDUNG 3.1

Offizielle Armutsquote in den Vereinigten Staaten, 1959–1994

Quelle: U.S. Bureau of the Census, *Statistical Abstract of the United States, 1997*, Washington 1997, S. 472.

mehr Arbeitslosigkeit erfahren, und all dies zusammen habe negative soziale Auswirkungen gehabt. Wenn wir beispielsweise den Zerfall der Familien betrachten, zeigt bereits ein flüchtiger Blick auf die komparativen Daten zu Scheidungsraten und unehelichen Geburten, daß dies nicht stimmen kann. Für die OECD-Länder gibt es keine positive Korrelation zwischen dem Niveau von Sozialleistungen, durch die mehr wirtschaftliche Gleichheit hergestellt werden soll, und der Stabilität der Familien. Allerdings besteht eine schwache Korrelation zwischen hohen Sozialleistungen und der Rate unehelicher Geburten, was tendenziell die Argumentation der amerikanischen Konservativen stützt, der Sozialstaat sei die Ursache und nicht das Heilmittel für den Zerfall der Familien. Die höchste Zahl unehelicher Geburten finden wir in den egalitären skandinavischen Ländern wie Schweden und Dänemark, wo der Staat mehr als 50 Prozent des Bruttosozialprodukts umverteilt.[8] Daneben stehen die Vereinigten Staaten mit einer Umverteilung von weniger als 30 Prozent des BSP und mehr Ungleichheit, aber einer niedrigeren Quote unehelicher Geburten. Japan und Südkorea mit nur minimalen Sozialleistungen für Arme haben mit die niedrigsten Scheidungsraten und mit die niedrigsten Zahlen unehelicher Geburten in der OECD.[9]

Tatsächlich ist der Zusammenhang zwischen Zerfall der Familien und Armut in Ländern mit umfangreichen sozialen Sicherungssystemen geringer. Von den Ein-Eltern-Familien in den Vereinigten Staaten sind mehr arm als in anderen OECD-Ländern mit einer breiteren sozialen Sicherung, was dafür spricht, daß die verschiedenen Programme zur Unterstützung der Familien und die finanziellen Transferleistungen Erfolg gehabt haben.[10] Vor dem Hintergrund solcher Daten sind viele Europäer überzeugt, daß ihre sozialen Sicherungssysteme ihnen die Kosten solcher sozialen Probleme erspart haben, wie sie in Amerika auftreten.

Betrachtet man die Daten genauer, dann stellt man jedoch fest, daß der Sozialstaat das *zugrundeliegende* soziale Problem nicht gelöst hat. In den Sozialstaaten ist einfach der Staat in die Rolle des Vaters geschlüpft und sorgt für Mutter und Kinder. Der Anthropologe Lionel Tiger hat für diese Form, Kinder großzuziehen, den Begriff »Bürogamie«[11] geprägt. Der Sozialstaat beseitigt die sozialen Kosten nicht, die durch die Auflösung der Familien entstehen, sondern verlagert sie von den einzelnen auf die Steuerzahler, Konsumenten und Arbeitslosen. Es ist zweifelhaft, ob Staaten der adäquate Ersatz für Väter sind, denn ein Vater kümmert sich nicht nur um die Ressourcen, sondern spielt auch eine Rolle bei der Sozialisation und der Erziehung. Überdies ist der europäische Sozialstaat in den neunziger Jahren in ernste finanzielle Schwierigkeiten geraten, und in praktisch allen kontinentaleuropäischen Ländern sind die Arbeitslosenzahlen kontinuierlich angestiegen. Aufschlußreich ist der Vergleich mit Japan, wo es die dem Zerfall der Familie zugrundeliegenden Probleme nicht gibt; dies wird in späteren Kapiteln untersucht.

Das gleiche gilt für die Kriminalität. Die Aussage, daß Verbrechen auf dem Nährboden von Armut und Ungleichheit gedeiht, ist in demokratischen Gesellschaften ein Gemeinplatz bei Politikern und Wählern, wenn sie eine Rechtfertigung für Sozialabgaben und Programme zur Bekämpfung von Armut suchen. Zwar gibt es reichlich Belege für eine deutliche Korrelation zwischen Einkommensungleichheit und Kriminalität,[12] aber daraus kann man keine plausible Erklärung für den steilen Anstieg der Kriminalitätsraten in den westlichen Industrieländern ableiten. Im Zeitraum von den sechziger Jahren bis in die neunziger Jahre haben wir keine Depression erlebt, die den Anstieg der Verbrechenszahlen erklären könnte; vielmehr baute sich die große Welle der Kriminalität in der Nachkriegszeit in Amerika in einer Phase von Vollbeschäftigung und allgemeiner Prosperität auf. (Während der großen Depression in den dreißiger Jahren ging die Gewaltkriminalität in den Vereinigten Staaten sogar *zurück*.) Die Ungleichheit bei der Einkommensverteilung nahm in den folgenden Jahren zu, aber die Kriminalität stieg auch in anderen westlichen Industrieländern an, wo die Einkommensschere sich nicht so weit öffnete wie in den Vereinigten Staaten. Die größere Ungleichheit in Amerika erklärt vielleicht bis zu einem gewissen Grad, warum in einem bestimmten Jahr die Kriminalität in Amerika höher ist als, sagen wir, in Schweden, aber sie erklärt nicht, warum die Kriminalität in Schweden im selben Zeitraum gestiegen ist wie in Amerika. Die Einkommensungleichheit ist überdies in den Vereinigten Staaten in den neunziger Jahren noch gewachsen, die Kriminalität hingegen ging zurück. Insofern ist die Korrelation zwischen Ungleichheit und Verbrechen für diesen Zeitraum umgekehrt.[13]

Armut korreliert auch mit Mißtrauen. Aber da es zeitgleich mit dem Großen Bruch in den Vereinigten Staaten keine Zunahme der Armut gegeben hat, kann man die Zunahme des Mißtrauens in diesem Zeitraum nicht mit wachsender Armut erklären. Auf keinen Fall erklärt die kleine Minorität der Amerikaner, die unterhalb die Armutsgrenze leben, warum eine große Mehrheit der Amerikaner zunehmend Mißtrauen gegenüber Institutionen und gegenüber ihren Landsleuten bekundet. Andererseits ist es denkbar, daß ökonomische Turbulenzen und wachsende Einkommensungleichheit Zynismus fördern. In der Zeit des Großen Bruchs erlebten die Amerikaner ökonomische Unsicherheit. In den siebziger Jahren gab es wirtschaftliche Krisen im Zusammenhang mit dem Ölpreis und der Inflationsentwicklung, in den frühen achtziger Jahren litt der Rostgürtel unter einer Rezession, und durch den verstärkten internationalen Wettbewerb gingen Arbeitsplätze verloren. Anfang der neunziger Jahre haben die US-Unternehmen in dramatischem Umfang Arbeitsplätze abgebaut, die lebenslange Anstellung bei einem amerikanischen Unternehmen wurde zu einem Auslaufmodell.

Alan Wolfes Befragungen können einige Möglichkeiten verdeutlichen, wie wirtschaftlicher Wandel zu mehr Mißtrauen geführt hat. Anders als viele Europäer nehmen die Amerikaner nicht an, daß wirtschaftliche Ungleichheit an sich ungerecht ist oder ein fundamental ungerechtes soziales System bedeutet. Viele Befragte drückten Verständnis dafür aus, daß Unternehmen Arbeitsplätze abbauten, und räumten ein, daß dies für die Erhaltung der wirtschaftlichen Wettbewerbsfähigkeit nötig sei. Viele bekundeten auch Skepsis gegenüber den Gewerkschaften, die Arbeitsplätze und Lohnansprüche erhalten wollten, ohne umgekehrt die Produktivität zu steigern. Kritisch äußerten sie sich darüber, daß wegen der neuen, gnadenlosen Konkurrenz die Loyalität am Arbeitsplatz abgenommen habe und daß manche Unternehmenschefs die Zahl der Beschäftigten halbierten und gleichzeitig großzügig ihr eigenes Einkommen aufstockten.[14] Die schlankere, sparsamere Unternehmenswelt der neunziger Jahre brachte es mit sich, daß viele Menschen ihre Loyalitäten am Arbeitsplatz genauer verteilen mußten als in früheren Generationen. In der neuen Welt von Teilzeitarbeit, befristeten Arbeitsverträgen, Unternehmensberatern und häufigem Arbeitsplatzwechsel hat man mehr Kontakte, aber weniger intensive als früher.

Erklärung 2: Der Große Bruch wurde durch mehr Reichtum und Sicherheit verursacht

Paradoxerweise steht die zweite generelle Erklärung für den Wertewandel während des Großen Bruchs in diametralem Gegensatz zur ersten Erklärung: Nicht Armut und Ungleichheit waren demnach die Ursache, sondern *umgekehrt* der gewachsene Wohlstand. Diese Auffassung vertritt der Meinungsforscher Daniel Yankelovich, der in seinen demoskopischen Befragungen den Übergang von gemeinschaftsorientierten zu individualistischen Werten seit den fünfziger Jahren verfolgt hat.[15] Diese Sichtweise liegt auch implizit den Arbeiten von Ronald Inglehart zugrunde. Sein Konzept der »postmaterialistischen Werte« besagt, daß nach der Befriedigung grundlegender ökonomischer Bedürfnisse andere Prioritäten in den Vordergrund rücken, die in der Bedürfnispyramide weiter oben stehen.

Yankelovich postuliert einen dreistufigen »Wohlstandseffekt«. Auf der ersten Stufe sind die Menschen erst vor kurzem wohlhabend geworden und erinnern sich noch gut an die ökonomische Unsicherheit. Sie sind viel zu sehr mit dem alltäglichen Überlebenskampf beschäftigt, als daß sie sich groß Gedanken über Selbstverwirklichung, persönliches Wachstum und die Erfüllung nichtmaterieller Wünsche machen würden. Auf der zweiten Stufe ist der Wohlstand für sie eine gesicherte Errungenschaft, und sie orientieren sich mehr am Lustprinzip, was darin zum Ausdruck kommt, daß die Menschen weniger bereit sind, sich für ihre Kinder aufzuopfern, und größere Risiken eingehen. Der Zerfall der Familien und die Zunahme von Delinquenz könnten Erscheinungen dieser zweiten Stufe sein. Schließlich nehmen die Menschen, wenn sie älter werden, den Wohlstand nicht mehr als etwas Selbstverständliches hin, und sie stellen fest, daß sie sich über die langfristige Entwicklung Gedanken machen müssen. Yankelovich argumentiert, während der Rezession 1991/92 hätten viele Amerikaner diese dritte Stufe erreicht, und dies könne den Rückgang von sozialen Fehlfunktionen in den neunziger Jahren erklären.

Das Argument, daß wachsender Individualismus und die daraus resultierenden sozialen Probleme die Folge größeren Wohlstands sind, ist auf den ersten Blick sehr viel plausibler als das gegenteilige Argument, daß sie die Folge größerer Armut sind. Wir haben gesehen, daß die Scheidungsrate, die Kriminalitätsrate und das Mißtrauen über einen langen Zeitraum hinweg angestiegen sind, während die betroffenen Länder immer reicher wurden. Überdies besteht eine klare Korrelation zwischen Wertewandel und den Einkommensniveaus in der OECD; reichere Länder wie die Vereinigten Staaten, Kanada und die skandinavischen Länder zeigen in der Regel stärkere Zeichen des Bruchs als ärmere Länder wie Portugal, Irland und Spanien. Es ist intuitiv einleuchtend, daß mit steigenden Einkommensniveaus die wechselseitigen Bande, die Menschen in Familien und Gemeinschaften zusammenhalten, schwächer werden, weil die Menschen nun auch allein besser zurechtkommen. Wenn jemand in schweren wirtschaftlichen Zeiten seine Familie oder seine Nachbarn verläßt, kann das bedeuten, daß er geliebte Menschen der Armut oder schwerster Not ausliefert. Die Menschen sind bestrebt, jede kleinste Errungenschaft zu erhalten, und nicht bereit, sie um eines möglichen kurzfristigen Gewinns willen aufs Spiel zu setzen.

Doch auch wenn diese Argumentation viel für sich hat, ist sie nicht vollkommen überzeugend. Zunächst einmal wurden die Erscheinungen des Großen Bruchs wie Zerfall der Familien, Kriminalität und Mißtrauen besonders dramatisch bei den am wenigsten reichen Mitgliedern der jeweiligen Gesellschaften sichtbar. Die Afroamerikaner mit geringen Einkommen beispielsweise, die am wenigsten Grund hatten, die wirtschaftlichen Errungenschaften der sechziger Jahre als gesichert anzusehen, erlebten in den nachfolgenden Jahrzehnten einen besonders dramatischen Einbruch der sozialen Normen. Die Phase der durch die Rezession 1991/92 verursachten wirtschaftlichen Unsicherheit war zudem zu kurz, als daß man damit den Übergang zu eher konservativen Werten in den neunziger Jahren erklären könnte. Sofern ein Zusammenhang zwischen Reichtum und Wertewandel besteht, ist er jedenfalls nicht sehr eng (das wird auch aus Ingleharts Untersuchungen deutlich). Das heißt, der Individualismus nimmt nicht parallel zu kurzfristischen Wirtschaftszyklen zu und ab. Der Zusammenhang zwischen Wohlstand und Wertewandel, wie immer er auch aussehen mag, wirkt sich in Zeiträumen von mindestens einer Generation aus.

Erklärung 3: Der Große Bruch wurde durch unerwünschte Nebeneffekte politischer Maßnahmen verursacht

Die dritte allgemeine Erklärung für die Zunahme sozialer Unordnung wird besonders gern von den Konservativen vorgebracht. Populär gemacht wurde sie von Charles Murray in seinem Buch *Losing Ground;* vor ihm hat sie bereits der Ökonom Gary Becker vertreten. Diese Erklärung ist gewissermaßen das Spiegelbild zur Position der Linken. Sie besagt, der Sozialstaat habe mit seiner Politik falsche Anreize geschaffen und sei insofern für den Anstieg der Scheidungs- und Kriminalitätsraten verantwortlich.[16] Das erste amerikanische Hilfsprogramm für arme Frauen, das während der Depressionszeit aufgelegte Programm »Hilfe für Familien mit minderjährigen Kindern« (Aid to Families with Dependent Children, AFDC), sah Unterstützungszahlungen für alleinstehende Mütter vor und bestrafte so gewissermaßen jede Frau, die den Vater ihrer Kinder heiratete.[17] Das Programm wurde 1996 im Rahmen der Reform der sozialen Sicherung aufgehoben, teilweise als Reaktion auf die Kritik an den falschen Anreizen, die davon ausgingen.[18]

In ähnlicher Weise sehen viele Konservative im Anstieg der Kriminalität eine Folge der lascheren Verbrechensbekämpfung in dem betreffenden Zeitraum. Gary Becker hat ausgeführt, daß man Verbrechen als eine Form der rationalen Entscheidung betrachten könne: Wenn der Gewinn aus Verbrechen steigt oder die Kosten (ausgedrückt im Strafmaß) von Verbrechen sinken, werden mehr Verbrechen begangen und umgekehrt.[19] Viele Konservative haben argumentiert, die Kriminalität habe in den sechziger Jahren zu steigen begonnen, weil die Gesellschaft permissiver geworden sei und das Rechtssystem Verbrecher »mit Samthandschuhen« anfasse. Nach dieser Argumentationslinie war das härtere Durchgreifen in den Vereinigten Staaten in den achtziger Jahren – strengere Strafen, mehr Gefängnisse und in manchen Fällen verstärkte Polizeipräsenz auf den Straßen – ein wichtiger Grund für den Rückgang der Kriminalität in den neunziger Jahren. Im Verhältnis zur Bevölkerungszahl saßen 1997 in den Vereinigten Staaten doppelt so viele Menschen im Gefängnis wie 1985 und dreimal so viele wie 1975.[20] Wenn man den Abschreckungseffekt ausklammert und allein kalkuliert, wie viele Verbrechen Rückfalltäter begangen hätten, wenn sie nicht im Gefängnis säßen, kommt man zu dem Schluß, daß die Verschärfung der Strafen tatsächlich für einen wesentlichen Teil des Rückgangs der Kriminalität in den neunziger Jahren verantwortlich ist.[21] James Q. Wilson meint, daß der stärkere Rückgang der Kriminalität in den Vereinigten Staaten im Vergleich zu Großbritannien in den neunziger Jahren auf die rigidere Linie in den Vereinigten Staaten zurückzuführen sei.[22] Es wird nicht nur härter bestraft, auch die Polizeimethoden haben sich gewandelt. Gemeindepolizeidienst spielt eine größere Rolle, was allem Anschein nach einen positiven Effekt bei der Kriminalitätsbekämpfung gehabt hat.

Es besteht wenig Zweifel, daß Sozialleistungen ein »systembedingtes Risiko« unehrlichen Verhaltens schaffen, wie die Ökonomen das nennen, und Arbeit weniger attraktiv erscheinen lassen.[23] Nicht so klar sind ihre Auswirkungen auf die Familienstruktur. Auf den ersten Blick stützen die komparativen Daten eher Murrays Hypothese, daß Sozialleistungen eine Ursache für den Zusammenbruch der Familien sind, als die Gegenposition der Linken: Großzügige Sozialstaaten wie Schweden und Dänemark haben höhere Raten unehelicher Geburten als Staaten mit wenig ausgebauten Sozialsystemen wie etwa Japan. Allerdings

gibt es eine Reihe von Aspekten, die nicht ins Bild passen, angefangen bei der Tatsache, daß die Vereinigten Staaten mit ihrem
deutlich niedrigeren Niveau von Sozialleistungen als beispielsweise Deutschland eine sehr viel höhere Quote unehelicher
Geburten haben. Detaillierte Untersuchungen über Sozialleistungen in den Vereinigten Staaten haben ähnliche Diskrepanzen
beim Zusammenhang mit der Zahl unehelicher Geburten entweder beim Vergleich unterschiedlicher Staaten (die jeweils unterschiedliche Sozialleistungen gewähren) oder bei Vergleichen
unterschiedlicher Zeitabschnitte erbracht.[24] Der Vergleich unterschiedlicher Zeitabschnitte ergibt, daß die reale Höhe der Sozialleistungen sich in den achtziger Jahren zunächst stabilisierte und
dann zu sinken begann, während die Zahl der unehelichen
Geburten bis Mitte der neunziger Jahre kontinuierlich anstieg.[25]
Ein Sozialforscher meint, höchstens 15 Prozent der Scheidungszahlen in den Vereinigten Staaten könnten auf Programme wie
AFDC und ähnliche zurückgeführt werden.[26]

Die entscheidende Schwäche des konservativen Arguments
besteht darin, daß eine wachsende Zahl unehelicher Geburten nur
ein Teil des Gesamtbildes schwächer werdender Familienbande
ist; zu diesem Bild gehören auch abnehmende Geburtenraten,
höhere Scheidungszahlen, eine Zunahme der Ehen ohne Trauschein und die höheren Trennungszahlen bei nichtverheirateten
Paaren. Uneheliche Geburten werden in Amerika und den meisten anderen Ländern in erster Linie, wenn auch nicht ausschließlich, mit Armut in Verbindung gebracht. Erscheinungen wie der
Anstieg der Scheidungszahlen und vermehrtes Zusammenleben
ohne Trauschein kommen indes in den westlichen Industriestaaten vorwiegend bei den Angehörigen der Mittel- und Ober-
schicht vor. Es ist sehr schwierig, die steigenden Scheidungsraten
und den Rückgang der Eheschließungen der Politik anzulasten,
allenfalls kann man dem Staat vorwerfen, daß er überhaupt die
rechtlichen Möglichkeiten für eine Scheidung geschaffen hat.

Verbesserte Polizeimethoden und härtere Strafen können
durchaus etwas mit dem Rückgang der Kriminalität in den neunziger Jahren zu tun haben, aber man kann umgekehrt nicht sagen,
daß der starke Anstieg der Kriminalität in den sechziger Jahren

allein die Folge polizeilicher Laschheit gewesen sei. Die US-Gerichte schränkten in einer Reihe von Urteilen in den sechziger Jahren den Spielraum der Polizei und der Strafverfolgungsbehörden im Namen der Rechte des Angeklagten ein, am bekanntesten ist die Entscheidung *Miranda vs. Arizona*. Aber die Polizeidienststellen lernten rasch, sich auf die vollkommen legitimen Bedenken gegenüber bestimmten Polizeimethoden einzustellen. Wie wir in späteren Kapiteln sehen werden, führt ein Großteil der modernen Kriminologie Verbrechen auf relativ früh im Leben erworbene Defizite in der Sozialisation und der Triebkontrolle zurück. Das soll nicht heißen, daß potentielle Kriminelle nicht rational auf Strafen und Strafandrohung reagieren; es heißt vielmehr, daß die Neigung, Verbrechen zu begehen, und die Art und Weise, wie auf Strafen reagiert wird, sehr stark erziehungsabhängig sind. Insofern ist der plötzliche Anstieg der Kriminalität vielleicht nicht so gut durch einen Blick auf die Bestrafungspraxis zu erklären, sondern besser durch einen Blick auf die Veränderungen in intermediären sozialen Institutionen wie Familien, Nachbarschaften und Schulen, die im selben Zeitraum ebenfalls stattfanden, und auf die Signale, die von der Gesellschaft generell an die jungen Leute ausgingen.

Erklärung 4: Der Große Bruch wurde durch einen umfassenden kulturellen Wandel verursacht

Damit kommen wir zu kulturellen Erklärungen, die unter den vier hier vorgestellten Gruppen von Erklärungen die größte Plausibilität beanspruchen können. Wachsender Individualismus und die Abnahme der sozialen Kontrolle durch die Gemeinschaft hatten eindeutig starke Auswirkungen auf das Familienleben, das Sexualverhalten und die Gesetzestreue der Menschen. Das Problem bei dieser Argumentationsweise besteht darin, daß sie die zeitliche Abfolge nicht erklären kann: Warum wandelte sich die Kultur, die sich normalerweise in sehr langen Zeiträumen entwickelt, ab Mitte der sechziger Jahre auf einmal so rasch und so heftig?

In Großbritannien und den Vereinigten Staaten erreichte die

soziale Kontrolle durch die Gemeinschaft im Viktorianischen Zeitalter während des letzten Drittels des 19. Jahrhunderts ihren Höhepunkt. Das Ideal der patriarchalischen Ehegattenfamilie dominierte, und die Sexualität der Heranwachsenden wurde strikt überwacht. Die Abkehr von den viktorianischen Moralvorstellungen erfolgte auf mehreren Ebenen. Ganz oben finden wir das Reich der abstrakten Ideen, die von Philosophen, Wissenschaftlern, Künstlern und Intellektuellen vorgebracht wurden, manchmal auch verschroben und falsch, sie legten gewissermaßen das geistige Fundament für den breiten Wandel. Die zweite Ebene ist die der allgemeinen Kultur, wo vereinfachte Versionen der abstrakten Ideen durch Bücher, Zeitungen und andere Massenmedien verbreitet wurden. Die dritte Ebene schließlich ist das tatsächliche Verhalten, die Ebene, auf der die abstrakt diskutierten oder in den Kultur verbreiteten Ideen in das Handeln der Masse der Bevölkerung einfließen.

Der Niedergang der viktorianischen Moralvorstellungen zeichnet sich in einer Reihe von intellektuellen Entwicklungen Ende des 19. Jahrhunderts und Anfang des 20. Jahrhunderts ab und dann in einer zweiten Welle in den vierziger Jahren des 20. Jahrhunderts. Auf der höchsten Abstraktionsebene begann der westliche Rationalismus sich selbst auszuhöhlen mit der Feststellung, daß es keine rationalen Gründe für universelle Verhaltensnormen gibt. Nirgendwo wird das deutlicher als bei Friedrich Nietzsche, dem Vater des modernen Relativismus. Nietzsche argumentierte, daß der Mensch, »das Tier mit den roten Wangen«, ein Werte schaffendes Wesen ist und daß die mannigfaltige »Sprache von Gut und Böse« in den verschiedenen Kulturen ein Produkt des Willens ist und nicht in Wahrheit oder Vernunft gründet. Die Aufklärung führte nicht zu selbstevidenten Wahrheiten über Recht und Moral, sie deckte vielmehr den unendlichen Variantenreichtum moralischer Arrangements auf. Versuche, Werte aus der Natur oder aus göttlichem Gebot herzuleiten, wurden entlarvt als Willkürakte der Schöpfer jener Werte. Nietzsches Diktum »Es gibt keine Tatsachen, nur Interpretationen« wurde die Losung späterer Generationen von Relativisten unter dem Banner von Dekonstruktion und Postmoderne.

Innerhalb der Sozialwissenschaften wurden die viktoriani-schen Werte vor allem von den Psychologen in Frage gestellt. John Dewey, William James und John Watson, der Begründer der behavioristischen Schule der Psychologie, lehnten aus unter-schiedlichen Gründen die viktorianische und christliche Vorstel-lung ab, daß der Mensch von Natur aus sündig sei, und argu-mentierten, daß folglich auch die dichte soziale Kontrolle des Verhaltens zur Aufrechterhaltung der sozialen Ordnung nicht nötig sei. Nach Auffassung der Behavioristen war der menschli-che Geist eine *tabula rasa* im Lockeschen Sinne, bereit, mit kultu-rellen Inhalten besetzt zu werden. Dies bedeutete implizit, daß die Menschen durch sozialen Druck und politische Maßnahmen sehr viel stärker formbar waren, als man bis dahin angenommen hatte. Sigmund Freud und die von ihm begründete Psychoanalyse hatten außerordentlich großen Einfluß mit dem Gedanken, daß die starke soziale Unterdrückung sexueller Triebregungen die Ursache von Neurosen sei. Mit der Popularisierung der Psycho-analyse wurde es für eine ganze Generation selbstverständlich, über Sex zu sprechen und alltägliche psychologische Probleme auf die Libido und ihre Unterdrückung zurückzuführen.

Tatsächlich handelte es sich um außerordentlich komplexe intellektuelle Strömungen, die nur allzuleicht übermäßig simpli-fizierend dargestellt werden. Die Anhänger von James, die Beha-vioristen und die Freudianer hatten jeweils unterschiedliche Auf-fassungen von der Bedeutung der Triebe, von der Kultur und von der menschlichen Natur allgemein. Vielleicht noch wichtiger als der Einfluß einer bestimmten psychologischen Schule war der Vormarsch der Psychologie selbst als wissenschaftliche Disziplin und als eine Art und Weise, die menschliche Persönlichkeit zu betrachten. Man kann mit Fug und Recht sagen, daß die Ameri-kaner im 19. Jahrhundert (und, was das betrifft, auch die Euro-päer) nicht viel Zeit auf Introspektion verwendet haben und dar-auf, zu therapeutischen Zwecken die Tiefen ihrer Seelen zu ergründen. Soweit die Menschen zu Introspektion ermuntert wurden, diente es dem Zweck, ihre Gedanken und ihr Verhalten besser mit den von außen postulierten Normen und Regeln in Einklang zu bringen, durch die sie mit größeren Gemeinschaften und Institutionen verknüpft waren. Das Interesse des 20. Jahrhunderts an der Innenwelt hat hingegen in erster Linie damit zu tun, die individuelle Verfolgung des Lustprinzips zu rechtfertigen. Ergebnis dieser »Psychologisierung« des Lebens in unserer Zeit ist die Entstehung des »therapeutischen Staates«,[27] wie der Soziologe James Nolan es genannt hat, das heißt einer Regierung, die sich der psychischen Bedürfnisse ihrer Bürger annehmen möchte und deren Schicksal damit steht und fällt, ob es ihr gelingt, dafür zu sorgen, daß die Bürger sich besser fühlen. Die kalifornische »Selbstachtungs«-Bewegung ist ein Beispiel dafür: Öffentliche Schulen sollten die Selbstachtung der jungen Leute fördern, indem sie ihnen die Angst nahmen, sie könnten ungerechtfertigte Verhaltsstandards nicht erfüllen. Aber letztlich war diese Bewegung nur ein matter Abglanz von Entwicklungen, die beinahe drei Generationen zuvor begonnen hatten.

Im Verlauf des 20. Jahrhunderts wurde die Sichtweise der Sexualität weiterhin durch die Anthropologie stark verändert. Franz Boas, Anthropologe an der Columbia University, griff sozialdarwinistische Theorien über rassische und ethnische Ungleichheit an und kritisierte den Ethnozentrismus, mit dem die entwickelten westlichen Staaten über primitive Kulturen urteilten. Boas' Schülerin Margaret Mead schrieb 1928 *Kindheit und Jugend in Samoa* und wandte darin das Konzept des kulturellen Relativismus auf das Thema der Sexualentwicklung in Amerika an. Die Mädchen in Samoa könnten, anders als ihre Altersgenossinnen im puritanisch und viktorianisch geprägten Amerika, als Heranwachsende ihre Sexualität frei ausleben; da repressive Normen fehlten, sei die gesamte Gesellschaft von Samoa viel freier, weniger von Schuldgefühlen, Eifersucht und Konkurrenz belastet.[28] Margaret Meads Einfluß ist kaum zu unterschätzen, nicht nur ihre Bücher hatten eine große Wirkung, sondern auch ihre regelmäßigen Kolumnen im Magazin *Life* und in den neu aufkommenden Medien Radio und Fernsehen.

Für die Ebene der Breitenkultur war nach Auffassung des Kulturhistorikers James Lincoln Collier der Zeitraum um das Jahr 1912 von entscheidender Bedeutung für den Zusammenbruch der viktorianischen Sexualmoral in den Vereinigten Staaten. Um diese Zeit wurden etliche neue Tänze populär, und man sah nichts Anstößiges mehr darin, daß auch ehrbare Frauen in Tanzbars gingen. Der Alkoholkonsum stieg an, das Wort *Jazz* tauchte erstmals in der gedruckten Presse auf, schwarze Musikstile wie Ragtime und später Dixieland erfreuten sich wachsender Beliebtheit bei den Weißen, die ersten feministischen Bewegungen nahmen ihren Anfang, das Kino und die moderne Unterhaltungsindustrie kamen auf, die literarische Moderne, deren Thema die permanente Infragestellung etablierter kultureller Werte war, gewann an Radikalität, und die Einstellung zur Sexualität (über die wir für jene Zeit allerdings wenig empirische Daten haben) begann sich zu ändern.[29] Collier argumentiert, die intellektuellen und kulturellen Fundamente für die sexuelle Revolution der sechziger Jahre seien bereits in den zwanziger Jahren bei den amerikanischen Eliten gelegt worden. Die Ausbreitung über die Gesamtbevölkerung wurde durch die Depression und den Krieg verzögert, weil sich die Menschen in diesen Phasen der Unsicherheit auf das ökonomische Überleben und auf häusliche Angelegenheiten konzentrieren mußten und Selbstverwirklichung und Wunscherfüllung für sie keine Rolle spielten, was sich die meisten überdies auch gar nicht leisten konnten.

Die entscheidende Frage im Zusammenhang mit den Veränderungen der sozialen Normen während des Großen Bruchs lautet deshalb nicht, ob sie kulturelle Wurzeln hatten – das hatten sie unbestreitbar –, sondern wie wir den Zeitpunkt und das Tempo des Wandels erklären können. Über Kultur wissen wir, daß sie sich im Vergleich zu anderen Erscheinungen wie wirtschaftliche Bedingungen, Politik oder Ideologie langsam verändert. Wenn sich kulturelle Normen in einem kurzen Zeitraum verändern, etwa in den sich rasch modernisierenden Gesellschaften der dritten Welt, wird der kulturelle Wandel eindeutig durch den ökonomischen Wandel angetrieben und ist insofern kein unabhängiger Faktor.

Und so war es auch beim Großen Bruch: Die Abkehr von den viktorianischen Werten erfolgte schrittweise im Verlauf von zwei oder drei Generationen bis zu der Zeit, als der Bruch einsetzte, dann beschleunigte sich die Entwicklung auf einmal drastisch.

Es ist schwer zu glauben, daß die Menschen überall in den Industrieländern schlagartig beschlossen haben, ihre Einstellung
gegenüber so elementaren Dingen wie Ehe, Scheidung, Aufzucht
von Kindern, Autoritäten, der Gemeinschaft innerhalb von
zwanzig oder dreißig Jahren vollkommen zu verändern, ohne
daß machtvolle Kräfte im Hintergrund wirkten. Alle Erklärungen, die Veränderungen bei kulturellen Variablen mit spezifischen
Ereignissen der amerikanischen Geschichte in Verbindung bringen wie Vietnam, Watergate oder der Gegenkultur der sechziger
Jahre, rühren aus einem extremen Provinzialismus her: Warum
lösten sich auch in anderen Staaten von Schweden über Norwegen bis Neuseeland und Spanien die sozialen Normen auf?

Da diese allgemeinen Erklärungen für den Großen Bruch
offensichtlich unbefriedigend sind, müssen wir uns die einzelnen
Elemente des Bruchs genauer ansehen und fragen, ob zwischen
ihnen ein Zusammenhang besteht.

4
Demographische, wirtschaftliche
und kulturelle Ursachen

Warum steigt die Kriminalitätsrate?

Wenn wir annehmen, daß es sich beim Anstieg der Kriminalitätsraten nicht nur um ein statistisches Artefakt handelt, das durch
Verbesserungen bei der Erfassung von Verbrechen zustande
gekommen ist, müssen wir mehrere Fragen stellen. Warum sind
die Kriminalitätsraten innerhalb eines relativ kurzen Zeitraums
so dramatisch und in so vielen Ländern gestiegen? Warum stagnieren sie in den Vereinigten Staaten und etlichen anderen westlichen Ländern allmählich oder gehen sogar zurück? Und warum
bilden die asiatischen Industrieländer bei der Kriminalitätsentwicklung allem Anschein nach eine Ausnahme?

Wie beim Anstieg der Scheidungsraten ist die erste und vielleicht direkteste Erklärung für den Anstieg der Kriminalität vom
Ende der sechziger Jahre bis in die achtziger Jahre und für den
anschließenden Rückgang eine ganz einfache demographische.
Verbrechen werden weit überwiegend von jungen Männern im
Alter zwischen vierzehn und fünfundzwanzig begangen. Höchstwahrscheinlich hat dies einen genetischen Grund und hängt mit
der männlichen Neigung zu Gewalt und Aggression zusammen.
Dies bedeutet, daß bei einem Anstieg der Geburtenzahlen fünfzehn bis zwanzig Jahre später auch die Kriminalität ansteigt.[1] In
den Vereinigten Staaten ist die Zahl der jungen Leute im Alter
zwischen vierzehn und fünfundzwanzig von 1950 bis 1960 um
2 Millionen gewachsen und im nächsten Jahrzehnt um 12 Millionen – ein Ansturm, der mit einem Barbareneinfall verglichen
wurde.[2] Der Zuwachs junger Leute vergrößert nicht nur den
Kreis der potentiellen Täter, ihre Konzentration in der Jugend-

kultur dürfte überdies zu überproportionalen Zuwächsen bei Verhaltensweisen, die gegen Autoritäten rebellieren, geführt haben. Zur Bereinigung des Zahlenmaterials um Alterseffekte betrachtet man die Kriminalitätsrate nicht im Verhältnis zur Gesamtbevölkerung, sondern zu der Zahl der jungen Männer in einer bestimmten Gesellschaft. Wenn diese Darstellungsweise gewählt wird, verlaufen die meisten Kurven in den Abbildungen 2.1 und 2.2 links und rechts, das heißt beim Anstieg und beim Rückgang, flacher. Tatsächlich ist der Umstand, daß die Geburtenzahlen in den Vereinigten Staaten in den Jahren des Babybooms stärker angestiegen sind als in anderen Industrieländern, ein Teil der Erklärung für die höhere Kriminalität in den USA im Zeitraum von 1960 bis 1990.[3] Neuseeland erlebte nach dem Zweiten Weltkrieg einen noch stärkeren Geburtenanstieg, und dort nahm auch die Zahl der Eigentumsdelikte in den siebziger und achtziger Jahren noch stärker zu.

Der Babyboom erklärt die Zunahme der Kriminalität in den sechziger und siebziger Jahren aber nur zum Teil. Ein Kriminologe hat geschätzt, daß die Mordrate in den Vereinigten Staaten zehnmal stärker angestiegen ist, als allein nach den demographischen Veränderungen zu erwarten gewesen wäre.[4] Vergleichende Untersuchungen in verschiedenen Ländern haben gezeigt, daß Veränderungen in der Altersstruktur nur schwach mit einer Zunahme der Kriminalität korrelieren.[5]

Ein zweiter Erklärungsansatz postuliert einen Zusammenhang zwischen Kriminalität und Modernisierung und verweist auf Entwicklungen wie Urbanisierung, Bevölkerungsdichte und die Gelegenheit zu Verbrechen. Die Aussage ist trivial, daß in Großstädten mehr Autodiebstähle und mehr Einbrüche zu erwarten sind als in ländlichen Gebieten, weil Diebe und Einbrecher dort leichter Autos und leerstehende Wohnungen finden. »Ökologische« Theorien wie die von Henry Shaw und Clifford McKay aus den vierziger Jahren[6] oder die kürzlich von Rodney Stark aufgestellte sehen eine Korrelation zwischen Verbrechen und bestimmten Umweltgegebenheiten – beispielsweise dichtbesiedeltes städtisches Gebiet, Wohnviertel mit Mischnutzung oder Häuserblock mit häufigem Bewohnerwechsel.[7] Solche Gebiete entstehen im Zuge der ökonomischen Modernisierung einer Gesellschaft, und deshalb ist ein Anstieg der Kriminalität zu erwarten, wenn die Menschen ihre Farmen verlassen und von den Dörfern in die Städte ziehen.

Doch Urbanisierung und Veränderung der physischen Umwelt sind unzureichende Erklärungen für die Zunahme der Kriminalität in den Industrieländern ab Ende der sechziger Jahre. Um 1960 waren die Länder, um die es hier geht, bereits industrialisiert und urbanisiert; es begann nicht etwa um 1965 eine plötzliche Bewegung vom Land in die Städte. Die Mordrate liegt in Amerika im Süden höher als im Norden, obwohl der Norden städtischer und dichter besiedelt ist. Tatsächlich ist die Gewalt im Süden ein ländliches Phänomen, und die meisten, die sich genauer damit beschäftigt haben, geben kulturellen Erklärungen den Vorzug vor ökologischen.[8] Japan, Südkorea, Hongkong und Singapur gehören zu den am dichtesten besiedelten, ja übervölkerten städtischen Regionen der Welt, gleichwohl sind dort im Zuge der Urbanisierung die Kriminalitätsraten nicht angestiegen. Wenn wir Jane Jacobs' Erklärung folgen, daß sich die Kriminalität umgekehrt proportional zur Zahl der »Augen auf der Straße« verhält, müssen wir annehmen, daß gerade die angeblich kriminalitätsfördernden städtischen Gegebenheiten wie belebte Straßen und Viertel mit Mischnutzung eine Erklärung für niedrige Kriminalität sind, weil dort viel Sozialkapital vorhanden ist. Dies führt uns zu dem Schluß, daß die soziale Umwelt sehr viel wichtiger für die Erklärung der Kriminalitätsrate ist als die physische: Ein und dieselbe Straße kann zu einer üblen Brutstätte von Verbrechen werden oder zu einer neuen Insel der Sicherheit, je nachdem, welche Menschen hinziehen. Damit sind wir, mit anderen Worten, wieder beim Sozialkapital angelangt: Die Kriminalität nimmt zu, weil das Sozialkapital in einem Wohnviertel oder einer Gesellschaft insgesamt abnimmt, und umgekehrt.

Ein dritter Erklärungsansatz wird manchmal euphemistisch mit dem Begriff »soziale Heterogenität« bezeichnet.[9] Gemeint ist, daß sich in manchen Gesellschaften die Kriminalität bei bestimmten rassischen und ethnischen Minoritäten konzentriert. Wir können erwarten, daß in dem Maße, wie die ethnische Vielfalt in den Gesellschaften zunimmt – und praktisch alle westlichen Industrieländer sind in den letzten fünfzig Jahren ethnisch vielfältiger geworden –, die Kriminalität ansteigt. Der Grund, daß die Kriminalität bei Minderheiten häufig größer ist, liegt den Kriminologen Richard Cloward und Lloyd Ohlin zufolge[10] darin, daß ihnen, anders als der Bevölkerungsmehrheit, bestimmte legale Wege der sozialen Mobilität versperrt sind. Manchmal mag auch allein der Umstand der sozialen Heterogenität ausschlaggebend sein: Wohnviertel, die kulturell, sprachlich, religiös oder ethnisch zu vielfältig sind, wachsen womöglich nie zu Gemeinschaften zusammen, die bei ihren Angehörigen informelle Normen durchsetzen können. Und schließlich wählen nicht alle Minderheiten, deren Aufstieg durch die Mehrheit blockiert wird, in gleicher Häufigkeit den Weg der Kriminalität. Daß die Kriminalitätsraten bei bestimmten Minderheitengruppen höher sind als bei anderen, kann ganz einfach eine Folge der jeweiligen Gruppenkultur sein.

Soziale Heterogenität wiegt vermutlich als Erklärung in Europa schwerer als in den Vereinigten Staaten. In den Vereinigten Staaten hat die ethnische Vielfalt infolge der Immigration vor allem aus Lateinamerika und Asien zugenommen. Man kann allerdings nicht sagen, daß die Kriminalität bei den Immigranten aus Lateinamerika signifikant höher ist als bei den im Land Geborenen, und insgesamt ist die Kriminalität seit den sechziger Jahren bei den im Land Geborenen ebenso wie bei den Immigranten angestiegen. In Europa rühren die Ressentiments gegen Ausländer, die von rechten Gruppen wie Jean-Marie Le Pens Front National in Frankreich und den Republikanern in Deutschland ausgebeutet werden, zu einem wesentlichen Teil von der Annahme her, Ausländer würden überproportional viele Verbrechen begehen. Aber auch in Europa ist die Kriminalität bei der einheimischen Bevölkerung angestiegen.[11]

Ein weiterer Faktor ist der Drogenkonsum. Wenn der Anstieg der Kriminalität allein dem Heranwachsen der geburtenstarken Jahrgänge zuzuschreiben wäre, hätten wir eher Ende der achtziger Jahre (als die Scheidungsraten sich stabilisierten) als Ende der neunziger Jahre einen Rückgang erwarten können. Eine Erklärung für die anhaltend hohe Kriminalität und für den deutlichen Rückgang Ende der neunziger Jahre verweist auf die Ausbreitung von Crack in den amerikanischen Städten Mitte der achtziger Jahre und die anschließende Stabilisierung der Crack-Märkte.[12] Dies erklärt allerdings nicht, warum es überhaupt zu einem Anstieg der Kriminalität gekommen ist, sondern nur, warum die Kriminalität, einmal angestiegen, so lange hoch blieb.

In Anbetracht der Grenzen all dieser Erklärungen stellt sich die Frage, ob der Anstieg der Kriminalität nicht mit anderen Aspekten des Großen Bruchs zusammenhängen könnte, vor allem mit dem mehr oder weniger aktuellen Wandel der Familie. Die gegenwärtig in Amerika dominierende kriminologische Schule sieht in der frühkindlichen Sozialisation einen der für die Kriminalitätsentwicklung wichtigsten Faktoren. Grob gesprochen bedeutet dies, daß die meisten Menschen nicht jeden Tag aufs neue Risiken und Chancen abwägen und entscheiden, ob sie nun Verbrechen begehen oder nicht, wie die Theorie der rationalen Entscheidungsfindung behauptet. Die breite Mehrheit der Bevölkerung hält die Gesetze ein und begeht keine Verbrechen, weil dies eine relativ früh im Leben gelernte Verhaltensweise ist. Die meisten Verbrechen werden von Wiederholungstätern verübt, die diese grundlegende Form der Selbstkontrolle nicht erlernt haben. Oft handeln sie nicht auf der Grundlage einer rationalen Entscheidung, sondern aus einem Impuls heraus. Weil sie vielfach nicht in der Lage sind, die Konsequenzen ihres Handelns zu überblicken, lassen sie sich auch durch die Androhung von Strafen nicht abschrecken.

Besonders berühmt unter den kriminologischen Untersuchungen, die auf die Bedeutung der frühkindlichen Sozialisation hingewiesen haben, ist die von Sheldon und Eleanor Glueck. Ihre Ergebnisse haben sie in dem Buch *Unraveling Juvenile Delinquency*[13] veröffentlicht. Die Gluecks führten eine Langzeitstudie bei einer Gruppe von Jungen aus einem armen Wohnviertel in Boston durch, verfolgten ihre Entwicklung bis ins Erwachsenenalter und versuchten zu unterscheiden, welche Faktoren manche Jungen auf kriminelle Abwege brachten und welche andere aus der Gruppe zu einem produktiven Leben veranlaßten. Ein Ergebnis der Studie war, daß die Jungen, die als Heranwachsende kriminell geworden waren, als Erwachsene weiterhin Probleme hatten – mit Straftaten, gescheiterten Ehen, Alkohol und Drogen, Arbeitslosigkeit und so weiter. Dies führte zu dem Schluß, daß die Tendenz zu mangelnder Selbstkontrolle früh im Leben angelegt wird und daß die Fähigkeit zur Selbstkontrolle zu den wichtigsten Bestandteilen des Sozialkapitals gehört, die von der Familie vermittelt werden.

Zu diesem Ergebnis gelangten auch die Kriminologen Travis Hirshi und Michael Gottfredson, die dafür plädieren, lieber von »kriminellen Karrieren« zu sprechen als von einzelnen, individuellen Taten, weil die Lebenswege durch die Art der Sozialisation in der Familie bereits sehr früh festgelegt würden.[14] Rolf Loeber und Magda Stouthamer-Loeber fanden in einer umfassenden Untersuchung über Familie und Verbrechen eine Bestätigung des Zusammenhangs, der den meisten Menschen intuitiv klar ist: Durch Vernachlässigung, Auseinandersetzungen mit den Kindern, eigene Gesetzesbrüche, eheliche Konflikte und Abwesenheit eines Elternteils tragen Eltern wesentlich dazu bei, daß ihre Kinder später einmal kriminell werden.[15]

Die von den Gluecks gesammelten Daten wurden in den neunziger Jahren von Robert Sampson und John Laub noch einmal untersucht, und sie fanden dabei zum einen bestätigt, wie wichtig eine »dem Alter nach abgestufte soziale Kontrolle« ist, wie sie das nannten, und zum anderen, daß nicht gut sozialisierte Kinder tatsächlich lebenslang zu Delinquenz neigen.[16] Sampson und Laub weichen insofern von den Gluecks und anderen »Kontroll«-Theoretikern ab, als sie betonen, daß im Anschluß an die familiäre Sozialisation soziale Beziehungsgeflechte wie Schule, Arbeitsplatz und Gleichaltrige ebenfalls einen Einfluß auf die Neigung eines Individuums zu kriminellem Verhalten haben. Für sie sind nicht nur die Familien als Quellen des Sozialkapitals wichtig, vielmehr wirke sich das im gesamten Wohnviertel vorhandene Sozialkapital auf die Kriminalitätsrate aus. Aber sie bestreiten nicht den grundlegenden Zusammenhang zwischen Familie und Kriminalität und die Bedeutung der Familien für die Erhaltung des Sozialkapitals in einem Wohnviertel.

Ist der Zerfall der Familie für den starken Anstieg der Kriminalität in den Industrieländern ab 1965 verantwortlich? Es klingt einleuchtend, daß die um diese Zeit beginnende Auflösung der Familienstrukturen den massiven Anstieg der Kriminalität zur Folge hatte, und es gibt in der Tat reichlich empirische Belege für einen Zusammenhang zwischen den beiden Erscheinungen.[17] Der Zerfall der Familie erweist sich häufig auch als eine wichtige intermediäre Variable, die erklärt, wie Armut mit Verbrechen zusammenhängt:[18] Charakteristisch für arme Familien ist einmal, daß ihre beruflichen Möglichkeiten durch mangelnde Bildung und Mobilität eingeschränkt sind, darüber hinaus fehlt in solchen Familien häufig der Vater, der Söhne fördern, disziplinieren, ihnen als Rollenvorbild dienen und in anderer Weise zu ihrer Sozialisation beitragen könnte.

Andererseits ist die statistische Beziehung zwischen der Auflösung von Familienstrukturen und Kriminalität nicht so klar und eindeutig, wie es auf den ersten Blick scheinen mag, da erstere häufig korreliert mit einer Fülle anderer Gegebenheiten wie Armut, schlechten Schulen und einem gefährlichen Wohnumfeld, die sich ebenfalls auf die Sozialisation der Kinder auswirken.[19] Die verschiedenen Faktoren sind oft nur schwierig auseinanderzudividieren, und das Bild variiert von Land zu Land. In Schweden beispielsweise dürfte das Umfeld außerhalb der Familie – Nachbarn, andere Erwachsene, professionelle Betreuungseinrichtungen, Lehrer und andere Instanzen – eine deutlich größere Rolle bei der Sozialisation der Kinder spielen als in den Vereinigten Staaten. Der Einfluß des Umfelds mildert die negativen Folgen ab, wenn ein Kind nur mit einem Elternteil aufwächst.

Selbst für die Vereinigten Staaten ist es problematisch, den Anstieg der Kriminalität in den sechziger Jahren mit dem Zerfall der Familie zu erklären. Wenn der Zerfall der Familie der ausschlaggebende Faktor für die Kriminalitätsentwicklung wäre, wäre der Anstieg der Kriminalität in einem zeitlichen Abstand von fünfzehn bis zwanzig Jahren nach dem Anstieg der Scheidungszahlen und der Zahl der unehelichen Geburten zu erwarten, weil der Großteil der Straftaten von Kindern aus den zerfallenen Familien begangen würde. Doch tatsächlich begannen die

Kriminalität, die Scheidungszahlen und die unehelichen Geburten alle zur selben Zeit zu steigen. Die jungen Leute, die Ende der sechziger und Anfang der siebziger Jahre straffällig wurden, müssen zwischen 1945 und 1960 geboren sein, in der Phase des Babybooms, als die Stabilität der amerikanischen Familien zunahm. Offensichtlich war hinter der Fassade des intakten Familienlebens in den fünfziger Jahren manches nicht in Ordnung, denn die damalige Kindergeneration erwies sich, erwachsen geworden, als überdurchschnittlich anfällig für alle möglichen Versuchungen. Der Zerfall der Familie hatte eindeutig damit zu tun, daß die Kriminalitätsraten Anfang der neunziger Jahre hoch blieben, aber allem Anschein nach müssen wir bei der Suche nach dem Auslöser des Großen Bruchs nach einem Faktor Ausschau halten, der als gemeinsame Ursache von Kriminalität und Zerfall der Familie in Frage kommt.

Und doch besteht eindeutig ein Zusammenhang zwischen Familie und Verbrechen – in den Vereinigten Staaten, so nehme ich an, ausgeprägter als in Europa und Japan. Vereinfachend gesagt, steht jede Gesellschaft vor der Aufgabe, Aggression, Ehrgeiz und Gewaltpotential der jungen Männer zu zügeln und in unschädliche, produktive Kanäle zu lenken. In den meisten Gesellschaften fällt diese Aufgabe den älteren Männern zu, die bestrebt sind, die Aggression zu ritualisieren, den Zugang zu Frauen zu kontrollieren, und die ein generelles Netz von Normen und Regeln knüpfen, um das Verhalten der jungen Männer einzuschränken.[20] Der ältere Mann, der diese Aufgabe übernimmt, kann der biologische Vater des jüngeren sein, aber auch ein älterer Bruder, ein Onkel oder ein männlicher Verwandter von der mütterlichen Seite. In der gegenwärtigen amerikanischen Gesellschaft kann diese Aufgabe auch von Ausbildern des Marine Corps erfüllt werden, die, wie Thomas Ricks in *Making the Corps* gezeigt hat, großartige Erfolge dabei hatten, Jungen aus kaputten Familien, denen eine feste Hand fehlte, zu disziplinierten, zielstrebigen jungen Männern zu erziehen.[21]

Der Zusammenhang zwischen Zerfall der Familie und sozialen Verwerfungserscheinungen ist in Europa nicht nur deshalb schwächer als in Amerika, so vermute ich, weil es mehr sozialstaatliche Unterstützung für Ein-Eltern-Familien gibt, sondern auch, weil mehr männliche Personen an der Sozialisation und Erziehung von Jungen mitwirken. In manchen Fällen leistet dies der biologische Vater, der unverheiratet mit der Mutter zusammenlebt, in anderen Fällen werden Verhaltensnormen von Nachbarn, entfernteren Verwandten oder einfach beliebigen anderen Männern in der Gemeinschaft durchgesetzt. Die geringere physische Mobilität der Europäer, von sozioökonomischer Mobilität ganz zu schweigen, verglichen mit den Amerikanern, bedeutet, daß das Wohnumfeld und lokale Gemeinschaften stabiler und homogener sind. In Jane Jacobs' Worten ausgedrückt, sind in einem durchschnittlichen europäischen Wohnviertel mehr »Augen auf der Straße« als in einem durchschnittlichen amerikanischen. Alleinerziehende Mütter erhalten deshalb mehr Hilfe bei der Erziehung ihrer Söhne als ihre Schicksalsgenossinnen in Amerika.

Wenn wir uns nach der allgemeinen Kriminalitätsentwicklung speziell die Zahlen zur Kindesmißhandlung ansehen, wird der Zusammenhang zwischen Auflösung der Familien und steigenden Fallzahlen sehr viel deutlicher. Der Children's Defense Fund schätzt, ausgehend von Interviews mit Beschäftigten von Kinderbetreuungseinrichtungen, daß sich die Zahl der durch Mißhandlungen ernsthaft verletzten Kinder zwischen 1986 und 1993 nahezu vervierfacht hat – für einen Zeitraum von sieben Jahren wahrhaft erstaunlich.[22] Eine Untersuchung des amerikanischen Gesundheitsministeriums zeigt einen nicht ganz so dramatischen, aber immer noch starken Anstieg der Zahlen bei körperlichen, sexuellen und seelischen Mißhandlungen im Zeitraum von 1980 bis 1993.[23] Zwar muß man in Rechnung stellen, daß durch die Sensationsberichterstattung in den Medien das Problem in der öffentlichen Wahrnehmung übertrieben wird,[24] dennoch ist von einem Anstieg der Fälle von Kindesmißhandlung während des Großen Bruchs auszugehen.

Aus einer biologischen Sichtweise dürfte es nicht überraschen, daß steigende Scheidungsraten und eine Zunahme unehelicher Geburten zu vermehrter Mißhandlung durch Stiefeltern führen, besonders durch Stiefväter, denen es in erster Linie um die sexuelle Beziehung mit der Mutter geht und für die die Kinder bestenfalls Störenfriede sind. Die Evolutionsbiologen Martin Daly und Margo Wilson haben dieses Thema eingehend untersucht und schreiben dazu:»Die vielleicht einleuchtendste Voraussage aus einer darwinistischen Betrachtungsweise der Motive von Eltern lautet: Stiefeltern werden sich in der Regel nicht so intensiv um ihre Kinder kümmern wie die leiblichen Eltern.«[25] Daly und Wilson verweisen auf die Quasi-Universalität von Geschichten über böse Stiefeltern im Volksgut nahezu aller Kulturen auf der Welt. In Städten mit einer guten polizeilichen Kriminalstatistik, die zwischen Gewalttaten von leiblichen Eltern und Stiefeltern unterscheidet, ist das Risiko der Mißhandlung durch einen Stiefelternteil zwischen zehn- und hundertmal größer als das Risiko der Mißhandlung durch einen leiblichen Elternteil. Eine Untersuchung des britischen Family Education Trust kam zu einem ähnlichen Ergebnis: Für ein Kind, das mit beiden biologischen Elternteilen zusammenlebt, ist die Gefahr, Opfer von Mißhandlung zu werden, um die Hälfte geringer als für den Durchschnitt aller Kinder, für die Kinder, die bei einer alleinerziehenden Mutter leben, ist die Gefahr zwischen 1,7mal und 2,3mal größer, und für die Kinder, die mit ihrer leiblichen Mutter und einem Stiefvater leben, ist sie zwischen 2,8mal und 5,0mal größer.[26] Eine Untersuchung des amerikanischen Gesundheitsministeriums über Mißhandlung und Vernachlässigung von Kindern ergab, daß das Risiko, Opfer von Gewalt zu werden, bei Kindern, die nur mit einem Elternteil leben,»um mehr als eindreiviertelmal höher ist als die Gesamtzahl der Mißhandlungen bei Kindern, die mit beiden Eltern zusammenleben«. Die Zahlen für Vernachlässigung lagen in Ein-Eltern-Familien 2,2mal höher als in Familien mit beiden Eltern.[27] Manchmal schwappt auch die Gewalt gegen Kinder über, und die Mutter gerät ebenfalls in Gefahr.[28]

Kindesmißhandlung korreliert stark mit dem Familieneinkommen und mit anderen Merkmalen des sozioökonomischen Status, und in keiner der zitierten Untersuchungen wurde versucht, eine komplexere, mehrdimensionale Datenanalyse durchzuführen, um den Einfluß der Faktoren Schicht und Familienstruktur getrennt betrachten zu können. Armut begünstigt demnach Kindesmißhandlung. Es muß allerdings angemerkt werden, daß die Armutsquote (zumindest in den Vereinigten Staaten) sich mit der Wirtschaftsentwicklung verändert und daß es keinen starken Anstieg der Armut gab, der mit dem massiven Anstieg der Fälle von Kindesmißhandlung korreliert hätte.[29] Wie bei anderen Aspekten des Großen Bruchs ist es schwierig, den dramatischen Wandel der Sozialindikatoren allein mit breitgefaßten ökonomischen Variablen zu erklären. Natürlich kümmern sich zahllose Stiefeltern überall auf der Welt genauso liebevoll und aufmerksam um ihre Stiefkinder wie um leiblichen Nachwuchs.[30] Es mag sein, daß die Menschen Verwandte bevorzugen, aber sie haben auch die Fähigkeit, Bindungen zu anderen Lebewesen einzugehen. Es ist sogar wahrscheinlich, daß viele Stiefelternteile das Fehlen der biologischen Bindung überkompensieren und sich besonders intensiv mit ihren Stiefkindern abgeben, um zu beweisen, daß sie nicht parteiisch sind. Die Schwierigkeiten in Patchwork-Familien können aber auch so aussehen, daß der neue Vater nicht bereit ist, einzugreifen und einem Kind Grenzen zu setzen, weil er findet, daß er als nicht biologisch Verwandter kein Recht dazu hat.[31]

Warum wachsendes Mißtrauen?

Im Bereich von Vertrauen, Werten und Zivilgesellschaft müssen wir zwei voneinander unabhängige Phänomene erklären: Warum hat es, erstens, einen breiten Rückgang beim Vertrauen in Institutionen und andere Menschen gegeben, und wie paßt, zweitens, die Tatsache, daß die Menschen weniger gemeinsame Normen haben, mit der offensichtlichen Vermehrung von Gruppen und der gewachsenen Dichte der Zivilgesellschaft zusammen?

Die Gründe für den Vertrauensschwund wurden für den amerikanischen Kontext ausführlich diskutiert. Robert Putnam hat schon früh argumentiert, daß er mit der Verbreitung des Fernsehens zusammenhängen könnte, denn die erste Alterskohorte, die mit dem Fernsehen aufgewachsen ist, hat den stärksten Einbruch beim Vertrauen erlebt.[32] Zum einen würden die Inhalte der Fernsehsendungen mit ihrer Konzentration auf Sex und Gewalt

Zynismus fördern, zum anderen verringere der Umstand, daß die Menschen in ihren Wohnzimmern vor dem Fernsehapparat sitzen, die Gelegenheiten für direkte soziale Begegnungen, zumal der durchschnittliche amerikanische Fernsehzuschauer mehr als vier Stunden täglich vor dem Apparat verbringt.

Man kann jedoch vermuten, daß ein so umfassendes Phänomen wie der Vertrauensschwund sehr komplex ist und viele verschiedene Ursachen hat, wobei das Fernsehen nur eine davon ist. Tom Smith vom Meinungsforschungsinstitut National Opinion Research Center hat eine mehrdimensionale Analyse von Umfragedaten zu Vertrauen durchgeführt und herausgefunden, wie weiter oben bereits angemerkt (S. 75 f.), daß Mißtrauen mit einem niedrigen sozio-ökonomischen Status, mit einer Minderheitensituation, traumatischen Lebensereignissen, einer fundamentalistischen Einstellung, Nicht-Zugehörigkeit zu einer etablierten Kirche und mit der Alterskohorte (das heißt, ob jemand der Babyboom-Generation oder der Generation X angehört) korreliert. Zu den traumatischen Lebensereignissen, die sich auf das Vertrauen auswirken, zählen zum Beispiel, wie nicht überraschen dürfte, daß jemand schon einmal Opfer eines Verbrechens geworden ist oder daß jemand einen schlechten Gesundheitszustand hat.

Welcher dieser Faktoren hat sich seit den sechziger Jahren so dramatisch verändert, daß er den Rückgang des Vertrauens erklären könnte? Die Einkommensungleichheit hat etwas zugenommen, und Eric Uslaner von der University of Maryland hat die Auffassung vertreten, daß dies einen Teil des Vertrauensschwundes erklären könnte.[33] Die Armutsquote hat in dem betreffenden Zeitraum geschwankt, aber insgesamt nicht zugenommen, und die Belastung der Mittelklasse bedeutete für die große Mehrheit der Amerikaner keinen Rückgang der Realeinkommen, sondern lediglich eine Stagnation. Bereits erörtert haben wir, daß die wirtschaftlichen Turbulenzen jenes Zeitraums, von der Ölkrise bis zur Entlassungswelle, zu einer Ausbreitung von Zynismus geführt haben.

Dramatisch angestiegen ist zwischen 1965 und 1995 die Kriminalität, und insofern spricht viel für die Annahme, daß die Menschen, die entweder selbst einmal Opfer geworden sind oder die tägliche Parade schauerlicher Berichte über Verbrechen in den Fernsehnachrichten verfolgen, zwar nicht gerade gegenüber Freunden und Familienangehörigen mißtrauisch sind, aber doch gegenüber den Menschen in ihrem weiteren Umfeld. Der Anstieg der Kriminalität wäre deshalb ein wichtiger Erklärungsfaktor für den Vertrauensschwund seit 1965, und viele eingehendere Untersuchungen bestätigen diesen Zusammenhang.[34]

Die zweite wichtige soziale Veränderung, die zu traumatischen Erfahrungen führte, war der Anstieg der Scheidungsraten. Der gesunde Menschenverstand legt die Annahme nahe, daß Kinder, die die Scheidung ihrer Eltern miterlebt haben oder die mit immer neuen Freunden ihrer alleinerziehenden Mutter konfrontiert werden, zu eher zynischen Einstellungen gegenüber Erwachsenen im allgemeinen gelangen und daß dies zu einem großen Teil die in den Umfragen registrierte Zunahme des Mißtrauens erklären könnte. Doch Smiths Analyse ergibt, daß die Scheidungsrate und das vermehrte Vorkommen von Ein-Eltern-Familien keine wichtige Erklärungsvariable darstellen.[35] Allerdings gibt es eine Fülle indirekter Zusammenhänge: Der Zerfall der Familien korreliert mit Kriminalität und Armut, und beides, Kriminalität und Armut, befördern Zynismus. Aus einer Untersuchung von Wendy Rahn und John Transue geht hervor, daß in Haushalten ohne Vater die Wahrscheinlichkeit steigt, daß die Kinder materialistische Wertvorstellungen entwickeln, und materialistische Wertvorstellungen korrelieren wiederum mit Mißtrauen.[36]

Die Religion hat offensichtlich widersprüchliche Auswirkungen auf das Vertrauen. Fundamentalisten und Angehörige von Religionsgemeinschaften, die nicht in die Kirche gehen, sind mißtrauischer als andere. Viele Amerikaner sind der Meinung, die Religion habe in den letzten fünfundzwanzig Jahren in ihrer Gesellschaft an Bedeutung verloren, doch dies trifft hauptsächlich für die öffentliche Sphäre zu, wo die strikte Trennung von Kirche und Staat immer mehr durchgesetzt wurde. Soweit der Glauben Privatsache ist, gibt es keinen Anhaltspunkt, daß die Amerikaner sich massiv von der Religion abwenden.[37] Allerdings läßt sich ein Teil der Abnahme des Vertrauens vielleicht durch den Trend hin zu einer stärkeren Säkularisierung erklären, ein Trend, der paradoxerweise durch den gleichzeitigen Mitgliederzuwachs fundamentalistischer Glaubensgemeinschaften noch verstärkt wird.

Die Tatsache, daß die jüngeren Alterskohorten mißtrauischer sind als die älteren, trägt nicht zur Erklärung des Vertrauensschwundes bei, sie wirft allenfalls die Frage auf, warum die jüngere Generation zynischer ist. Andererseits macht dies deutlich, daß die Zunahme des Mißtrauens nicht einfach ein Lebenszykluseffekt ist, das heißt: etwas, das für Menschen in einem bestimmten Lebensalter typisch ist. Und das vermehrte Mißtrauen ist auch nicht charakteristisch für nur eine einzige Alterskohorte – beispielsweise die Babyboom-Generation –, denn bei den Angehörigen der sogenannten Generation X scheint es sogar noch ausgeprägter zu sein.

Die Statistik belegt, daß der Anstieg der Kriminalität und die wirtschaftliche Unsicherheit negative Auswirkungen auf das Vertrauensniveau haben, und wir können vermuten, daß der Zerfall der Familien dabei auch eine Rolle spielt. Allerdings schleicht sich der Verdacht ein, daß die bisher verwendeten Instrumente zur empirischen Beschreibung des kulturellen Wandels eher grob sind und daß wir qualitativ untersuchen müssen, was passiert ist.

Die Miniaturisierung von Gemeinschaft

Für den Umstand, daß immer mehr Gruppen entstehen und daß die Mitgliederzahlen von Gruppen wachsen, auch wenn Vertrauen und gemeinsame Werte allem Anschein nach auf dem Rückzug sind, gibt es viele Erklärungen, und die meisten stehen im Einklang mit der eingangs in diesem Buch formulierten Aussage, daß die wichtigste aktuelle Veränderung in unseren Gesellschaften die Zunahme des Individualismus ist. In der Tat hat es in der amerikanischen Zivilgesellschaft einen bedeutenden Wandel gegeben, und für die meisten westlichen Industrieländer trifft das wohl auch zu. Aber der Wandel läßt sich allein mit Zahlen über die Häufigkeit und Größe von Organisationen, wie sie in der sogenannten Putnam-Debatte hin und her schwirrten, nicht erfassen. Die wichtigen Veränderungen sind *qualitativ*, sie liegen in der Natur der Gruppen, die heute vorherrschen, und in der Art der moralischen Beziehungen zwischen den Individuen und der breiten Gesellschaft.

Niedrigere Vertrauensniveaus einerseits und höhere Mitgliederzahlen von Gruppen andererseits hängen mit einer Verkleinerung des Vertrauensradius zusammen, wie wir es genannt haben. Nehmen wir das Beispiel einer Familie, die sich einer Nachbarschaftsschutztruppe anschließt; die Schutztruppe patrouilliert auf den Straßen im Wohnviertel, weil sich in jüngster Zeit die Einbrüche gehäuft haben. Die Truppe bildet eine Schule der Staatsbürgerschaft im Sinne von Tocqueville, sie ist eine neue Gruppe und kann insofern als Teil der Zivilgesellschaft gezählt werden. Ihre Mitglieder lernen, miteinander zu kooperieren, und bauen dabei Sozialkapital auf. Auf der anderen Seite verdankt die Gruppe ihre Existenz in erster Linie der Kriminalität und dem *Mißtrauen* der Menschen in dem betreffenden Wohnviertel gegenüber der breiten Gesellschaft; wegen der Gesellschaft fühlen sie sich nicht mehr sicher. Wenn die Ausweitung der Zivilgesellschaft auf der Zunahme solcher zur Abwehr gebildeter Gruppen mit einem geringen Radius besteht, dann können wir erwarten, daß das allgemeine Vertrauensniveau sinken wird. Noch schlimmer würde es, wenn die Menschen sich ganz in bigotte, aggressive Gruppen zurückziehen und damit das Vertrauenskapital der Gesellschaft insgesamt aushöhlen. Der Science-fiction-Autor Neal Stephenson hat in seinem Roman *Snow Crash* mit viel schwarzem Humor ein Bild der Vereinigten Staaten in der Zukunft gezeichnet. Das ganze Land ist in Hunderttausende von »Burbklaven« zersplittert – Vereinigungen von Grundstücks- und Hauseigentümern, die zu kleinen, souveränen Einheiten geworden sind, Paßkontrollen durchführen und Einreisevisa verlangen. Die Gewalt der Bundesregierung beschränkt sich auf die wenigen halbzerfallenen Gebäude, die sich noch in ihrem Besitz befinden. Schwarze, Biker, Chinesen und sogar Rassisten leben in einer abgeriegelten Gemeinschaft namens Neusüdafrika zusammen, ohne einander zu kennen und erfüllt von tiefer Feindseligkeit gegenüber allen »Mitmenschen«.

Diesen Punkt hat das heutige Amerika noch nicht ganz erreicht, aber es bewegt sich in diese Richtung. Das Datenmaterial über die Werte und die Zivilgesellschaft läßt sich kaum anders interpretieren als in der Weise, daß der Radius des Vertrauens kleiner wird, nicht nur in den Vereinigten Staaten, sondern in allen Industrieländern. Die Menschen haben weiterhin gemeinsame Normen und Werte, wie es zum Aufbau von Sozialkapital gehört, und sie schließen sich sogar eher noch zahlreicher Gruppen und Organisationen an, aber der Charakter der Gruppen und Organisationen hat sich dramatisch verändert. Die Autorität der meisten Großorganisationen hat abgenommen, und das Gewicht zahlloser kleiner Vereinigungen im Leben der Menschen hat zugenommen. Die Menschen sind nicht mehr stolz darauf, daß sie einer großen und mächtigen Gewerkschaft angehören, daß sie für ein großes Unternehmen arbeiten oder daß sie in den Streitkräften des Landes gedient haben, statt dessen suchen sie Kontakt zu anderen in Aerobic-Kursen, einer New-Age-Sekte, einer Selbsthilfegruppe oder in einem Chatroom im Internet. Sie orientieren sich nicht mehr an den Werten der großen Kirchen, die die Kultur einer Gesellschaft geprägt haben, sondern sie stellen sich ihre Werte nach ihrem eigenen Geschmack selbst zusammen und finden die Werte in kleineren Gemeinschaften Gleichgesinnter.

Der Trend zu Gruppen mit einem kleineren Radius spiegelt sich politisch in dem nahezu überall zu beobachtenden Vormarsch von Interessengruppen auf Kosten der Volksparteien wider. Eine politische Partei wie die deutschen Christdemokraten oder die britische Labour Party hat eine konsistente Ideologie und vertritt bestimmte Vorstellungen zu einer ganzen Reihe von gesellschaftlichen Themen, von Verteidigungsfragen bis zur sozialen Sicherung. Eine solche Partei hat zwar ihre Wurzeln in der Regel in einer bestimmten sozialen Schicht, aber unter ihrem Dach vereint sie ein ganzes Spektrum unterschiedlicher Interessen und Persönlichkeiten. Die Interessengruppe verfolgt ein einziges Anliegen, etwa den Schutz des Regenwaldes oder die Erhaltung der Geflügelfarmen im nördlichen Mittelwesten. Sie mag vielleicht transnational aktiv sein, aber nach dem Spektrum der Themen und der Zahl der Menschen, die sie zusammenführt, ist ihre Reichweite deutlich geringer.

Alan Wolfes Interviews mit Amerikanern der Mittelschicht liefern reichlich Bestätigung für die Miniaturisierung der Gemeinschaft und der Moral in der amerikanischen Gesellschaft der Gegenwart. Wolfe sagt, es gebe heute keine »Kulturkriege« in den Vereinigten Staaten, bei denen sich verschiedene Gruppen unversöhnlich gegenüberstehen. Der Grund dafür, daß keine Kriege geführt werden, außer bei bestimmten Themen wie Abtreibung und Homosexualität, ist der, daß die meisten Amerikaner der Mittelschicht nicht so fest an etwas glauben, daß sie anderen ihre Überzeugung aufzwingen wollen, und insofern sehen sie sich zu keinem ernsthaften Kampf veranlaßt. Viele der von Wolfe befragten Amerikaner sind religiös und machen sich Sorgen über die ethischen Defizite der heutigen Gesellschaft. Sie äußern sich positiv über Gemeinschaftlichkeit und teilweise sehr kritisch über all jene, die Gemeinschaftlichkeit aushöhlen, von Propagandisten einer Rassenpolitik bis zu Unternehmen, die massiv Arbeitsplätze abbauen. Aber noch wichtiger ist es ihnen, keine Urteile über die Werte anderer Menschen abzugeben. Sie wollen ihre religiösen oder ethischen Überzeugungen niemandem aufdrängen, und noch deutlicher lehnen sie den Gedanken ab, daß irgendeine äußere Autorität ihnen vorschreiben könnte, wie sie zu leben haben.

Wolfe meint, der unbekümmerte moralische Relativismus sei letzten Endes eine gute Sache: Er enthalte die zentrale liberale Tugend der Toleranz, bei einigen wichtigen Themen von positiver Diskriminierung über Frauenrechte bis Patriotismus seien die Wertvorstellungen keineswegs so relativ, und insgesamt zeige sich, daß ein starker Pragmatismus das Zentrum des moralischen Universums der Amerikaner bilde. Wolfe widerspricht der Auffassung konservativer Intellektueller wie Irving Kristol und Robert Bork, die sagen, die meisten Amerikaner wünschten die Rückkehr zu einer religiösen und moralischen Orthodoxie. Sein erstes Argument ist ein empirisches: Nach allem, was wir über die Meinungen der meisten Amerikaner wissen, wollen sie die Vorteile der Orthodoxie, soweit es Gemeinschaft und soziale Ordnung betrifft, aber für diese Ziele wollen sie kein Quentchen ihrer persönlichen Freiheit aufgeben. Sie beklagen den Niedergang der Familienwerte, aber sie lehnen die Wiedereinführung des Schuldprinzips im Scheidungsverfahren ab. Sie wollen heimelige Tante-Emma-Läden, aber sie schwärmen für Billigpreise und unbegrenzte Auswahl. Es ist, als wäre Emile Durkheims Voraussage wahr geworden, daß in einer modernen Gesellschaft nur noch ein Wert die Menschen verbindet, nämlich der Wert der Individualität: Die größte moralische Entrüstung empfinden die Menschen bei moralischen Vorhaltungen anderer.[38]

Die Frage, was es für die Zukunft der demokratischen Gesellschaften bedeutet, wenn »Moral kleingeschrieben« werden soll, lassen wir an dieser Stelle erst einmal beiseite. Allerdings liegt auf der Hand, daß der moralische Relativismus ein entscheidendes Bindeglied zwischen den scheinbar widersprüchlichen Befunden eines abnehmenden Vertrauens und einer Ausweitung der Zivilgesellschaft ist. Zu einer Gemeinschaft gehören gemeinsame Werte: Je verbindlicher und je respektierter die gemeinsamen Werte sind, desto stärker ist die Gemeinschaft und desto höher ist der Grad des sozialen Vertrauens. Aber der wachsende Individualismus und der Wunsch nach einem Maximum an persönlicher Autonomie führen dazu, daß Autorität allenthalben in Frage gestellt wird, vor allem die Autorität großer Institutionen mit erheblicher Macht.

Die Amerikaner und die Europäer wollen heute Widersprüchliches. Sie sind zunehmend mißtrauisch gegenüber allen Autoritäten, politischen wie moralischen, die ihre persönliche Entscheidungsfreiheit einschränken könnten, aber sie wollen auch ein Gefühl von Gemeinschaftlichkeit und wollen die positiven Dinge, die eine Gemeinschaft vermittelt, wie wechselseitige Anerkennung, Partizipation, Zugehörigkeit und Identität. Sie suchen die Gemeinschaft anderswo, in kleineren und flexibleren Gruppen und Organisationen, bei denen Loyalitäten und Mitgliedschaften sich überlappen können und bei denen Eintritt und Austritt mit geringen Kosten verbunden sind. Auf diese Weise können die Menschen anscheinend ihre widersprüchlichen Wünsche nach Gemeinschaft und nach Autonomie in Einklang bringen. Aber dabei wird die Gemeinschaft kleiner und schwächer, als die Gemeinschaften in der Vergangenheit waren. Die Gemeinschaften bleiben mehr unter sich, und der Zusammenhalt ist weniger fest. Der Kreis der Menschen, die sich vertrauen, wird kleiner. Der Wertwandel, der im Mittelpunkt des Großen Bruchs steht, wäre demnach der Vormarsch des moralischen Individualismus und die nachfolgende Miniaturisierung von Gemeinschaft.

Die besondere Rolle
der Frauen

Kriminalität und – in geringerem Ausmaß – auch Mißtrauen können, wie wir dargelegt haben, mit den Veränderungen zusammenhängen, die sich in den familiären Strukturen ergaben. Daß die Familie in den letzten drei Jahrzehnten einem solchen dramatischen Wandel unterworfen war, hat ganz offenkundig mit den beiden wichtigsten Umwälzungen der sechziger und siebziger Jahre zu tun: der sexuellen und der feministischen Revolution. Diese Entwicklungen werden häufig so behandelt, als beträfen sie rein freiwillige kulturelle Entscheidungen. Die Rechte beklagt einen Verfall der familiären Werte, während die Linke traditionelle Normen lediglich als Problem von Männern ansieht, die »einfach nichts begreifen«. Der Wertwandel wurde jedoch durch wichtige technologische und ökonomische Entwicklungen stimuliert, die mit dem Ende des industriellen Zeitalters zusammenhängen, das allein wiederum den Zeitpunkt ihres Auftretens erklären kann. Das hat nichts damit zu tun, daß die Menschen nicht genügend Meinungs- oder moralische Entscheidungsfreiheit hätten. Moralische Entscheidungen werden jedoch innerhalb eines technologischen und ökonomischen Gesamtrahmens getroffen, in dem gewisse Ergebnisse in bestimmten Zeitabschnitten mit größerer Wahrscheinlichkeit auftreten als in anderen Perioden.

Geburtenraten

Die weitverbreitete Verfügbarkeit von Mitteln zur Empfängnisverhütung und die Legalisierung der Abtreibung in vielen entwickelten Ländern seit den sechziger Jahren bilden die Hintergrundbedingungen, anhand derer sich die seither auftretenden außerordentlich niedrigen Geburtenraten erklären lassen. Aber mit Geburtenkontrolle und Abtreibung läßt sich diese Entwicklung nur zum Teil begründen. In vielen Ländern, beispielsweise in Frankreich und Japan, war die Geburtenrate schon lange vor den sechziger Jahren rückläufig. Auch durch die bloße Verfügbarkeit von Empfängnisverhütung läßt sich nicht erklären, warum die Geburtenzahl auf ein bestimmtes Niveau sinkt. Warum fiel die Gesamtgeburtenrate in Italien in den neunziger Jahren nicht auf 0,2 Prozent statt auf 1,2 Prozent, da doch durch die Empfängnisverhütung die niedrigere Rate genauso möglich gewesen wäre wie die höhere, die sich schließlich ergab?

Demographen neigen dazu, zur Erklärung der Geburtenrate wirtschaftliche Modelle anzuführen. Einem verbreiteten Argument zufolge läßt sich der Kinderwunsch der Eltern mit dem Wunsch nach wirtschaftlichen Gütern vergleichen.[1] Natürlich schätzen und lieben sie ihre Kinder, aber sie lieben sie nicht so sehr, daß sie dafür alle anderen schönen Dinge im Leben aufgeben würden. Die Kosten, die ein Kind verursacht, setzen sich aus mehreren Komponenten zusammen: aus den direkten Kosten für Ernährung, Kleidung, Wohnung und Bildung und aus den Opportunitätskosten, die den Eltern – vor allem der Mutter – durch den Zeitaufwand und das entgangene Einkommen während der Kindererziehung entstehen. Das Kind zahlt ihnen diesen Einsatz zurück, indem es die Liebe und Zuneigung erwidert, die die Eltern ihm entgegenbringen, und vielleicht auch durch direkte Rückzahlungen der Kosten, wenn das Kind ein eigenes Einkommen erzielt und die Eltern unterstützt. Aber Kinder zu haben bedeutet einen Nettotransfer von Ressourcen von den Eltern zu den Kindern, ein Kostenfaktor, den die Eltern gegen andere Arten von Ausgaben abwägen.

In modernen, auf Information beruhenden Gesellschaften sind sowohl die direkten als auch die Opportunitätskosten der Kindererziehung substantiell angestiegen. Da sowohl der Reichtum – gemessen als Pro-Kopf-Einkommen – als auch die technologische Kompliziertheit der Gesellschaft zunehmen, werden Fertigkeiten und Bildung (oder das, was die Ökonomen mit dem Begriff

Humankapital bezeichnen) für die Lebenschancen eines jungen Menschen immer wichtiger. In einem armen Land wie Indien können Kinder wirtschaftliche Vermögenswerte darstellen, wenn sie im Alter von sieben oder acht Jahren zu arbeiten anfangen. In den Vereinigten Staaten gibt es hingegen nur wenige bezahlte Arbeiten, die ein achtjähriges Kind ausführen darf, und es gibt sogar für Jugendliche immer weniger Arbeit, wenn sie nur einen High-School-Abschluß vorweisen können. In den neunziger Jahren kann es gut über 100 000 Dollar kosten, einem einzigen Kind eine vierjährige College-Ausbildung zu ermöglichen. Außerdem sind die Eltern eines solchen Kindes – und vor allem die Mutter – mit größerer Wahrscheinlichkeit berufstätig und beziehen auch höhere Gehälter. Für die Frauen können sich die Kosten, die entstehen, wenn sie für die Kindererziehung mehrere Monate oder sogar Jahre aus dem Berufsleben ausscheiden, auf Zigtausende oder gar Hunderttausende Dollar belaufen. Aus biologischen Gründen möchten die Eltern ihren Fortpflanzungserfolg maximieren; sie handeln aber zugleich auch rational und wissen, daß ihre Kinder wahrscheinlich nur dann erfolgreich sein werden, wenn sie in angemessener Weise mit Fähigkeiten, Bildung und anderen Attributen des Lebens in einer modernen Gesellschaft ausgestattet werden.

Das mag zwar als allgemein befriedigende Begründung für die Geburtenraten gelten, aber es gibt noch viele andere spezifische Fakten und Anomalien, für die diese Erklärung nicht ausreicht. Warum setzte der Rückgang der Gesamtgeburtenzahlen in Frankreich schon im 19. Jahrhundert ein, lange bevor in anderen Ländern mit vergleichbarem Entwicklungsstand ein Rückgang der Geburtenrate eintrat? Warum kam es in Japan zu einem plötzlichen und drastischen Absinken der Geburtenraten, obwohl das Land in den fünfziger Jahren ein viel niedrigeres Bruttoinlandsprodukt pro Kopf aufwies als die Vereinigten Staaten, Großbritannien oder Kanada, die damals sogar einen Babyboom erlebten?[2] Warum kam es überhaupt zu einem Babyboom? Und warum funktionierte die schwedische Familienförderungspolitik in den achtziger Jahren, die durch wirtschaftliche Anreize dazu beitragen sollte, daß die Familien mehr

Kinder aufzogen, während sie im Verlauf der neunziger Jahre scheiterte?

Offenbar ist die Geburtenrate nicht nur durch ein wirtschaftliches Denkmodell zu erklären, sondern auch von einer Menge anderer Faktoren abhängig, darunter auch kulturellen Faktoren, die nur schwer quantifizierbar sind. Kultur kann sogar über wirtschaftliche Erwägungen triumphieren. In den Vereinigten Staaten gibt es Gemeinschaften, beispielsweise bestimmte Gruppen orthodoxer Juden und die Mormonen, deren Geburtenraten beträchtlich über dem nationalen Durchschnitt liegen, weil ihre religiösen Bekenntnisse große Familien vorschreiben.

Der Babyboom der Nachkriegszeit wird auch mit den aufgeschobenen Erwartungen der Kohorte erklärt, die während der Wirtschaftskrise und den Kriegsjahren Familien gegründet hatte, und mit ihrem Verlangen nach Sicherheit und Geborgenheit, das eine Folge der unruhigen Zeiten war, die sie hinter sich gebracht hatte.

Es ist aber auch kaum anzunehmen, daß der Rückgang der Geburtenrate im Verlauf der letzten Generation in Europa nicht auch mit bestimmten veränderten Präferenzen zusammenhängt, so daß dem Familienleben an sich im Vergleich zu anderen guten Dingen ein anderer Wert beigemessen wird; das betrifft nicht nur die auf die Kinder bezogene Kalkulation von Kosten und entgangenem Verdienst.[3] Vielen gebildeten Europäern und Amerikanern erscheint es einfach weniger modisch, Kinder zu bekommen und Familien zu gründen. So zitiert die *New York Times* eine junge Schwedin mit den Worten: »Manchmal glaube ich, daß mir etwas entgeht, wenn ich kein Kind bekomme… Aber heute haben die Frauen so viele Möglichkeiten, ein Leben zu führen, das ihnen zusagt. Sie reisen und arbeiten und lernen. Es ist aufregend und stellt Anforderungen. Ich kann aber nicht richtig erkennen, wie Kinder dazu passen sollen.«[4]

Mit den Trends in der Geburtenrate kann man wiederum auch in bestimmtem Maße den Anstieg der Scheidungsraten erklären, die den Großen Bruch kennzeichnen. Die Wahrscheinlichkeit der Trennung eines Paares ist während der ersten Ehejahre höher; in Ländern, in denen ein Babyboom eintrat, sind höhere Scheidungsraten zu erwarten, wenn die während des Booms Geborenen ihr drittes und viertes Lebensjahrzehnt erreichen. Außerdem bewirkt die gestiegene Lebensdauer, daß auch die Ehen länger halten müssen; im Durchschnitt betrachtet, steigt die Wahrscheinlichkeit, daß eine Ehe eher durch die Scheidung als durch den Tod eines Ehepartners aufgelöst wird. Deshalb war aufgrund des Musters von Geburten- und Sterberaten zu erwarten, daß in den siebziger und achtziger Jahren die Rate der auseinandergehenden Ehen steigen würde.

Das Ausmaß, in dem die Familien dann tatsächlich auseinanderbrachen, war jedoch sehr viel dramatischer, als aufgrund der demographischen Faktoren allein vermutet werden konnte. Wir müssen deshalb nach weiteren Ursachen suchen. Bevor wir jedoch diese sozialen Faktoren identifizieren, müssen wir uns mit dem biologischen Kontext befassen, in dem diese Veränderungen stattfinden.

Biologische Ursprünge der Familie

Einer der zentralen Grundsätze der Anthropologie seit Franz Boas lautet, daß es eine natürliche oder normale Familie bei den Menschen nicht gebe. Ein großer Teil der anthropologischen Disziplin befaßt sich mit der Untersuchung der enormen Vielfalt, die im Bereich der menschlichen Verwandtschaftssysteme besteht, und in der Tat fällt es schwer, eindeutige Familienmuster von universeller Gültigkeit festzustellen. Auf jeden Fall war die eheliche oder aus zwei Generationen bestehende Familie, von den Anthropologen Kernfamilie genannt, die in den Vereinigten Staaten in den fünfziger Jahren vorherrschte, damals für einen großen Teil der übrigen Welt nicht charakteristisch, und in vielen westlichen Gesellschaften war diese Form auch nicht in früheren historischen Entwicklungsstadien typisch. Der Zusammenbruch der Kernfamilie seit den sechziger Jahren in der westlichen Welt stellt also ipso facto keineswegs eine Abweichung von irgendeiner jahrhundertealten Norm dar.

Wenn wir andererseits menschliche Verwandtschaftsbeziehungen in den breiteren Kontext der Verwandtschaftsbeziehungen bei verschiedenen Tierarten stellen, erkennen wir, daß sie bei aller oberflächlichen Vielfalt immer gewissen evolutionären Zwecken dienen. Nur wenige Menschen würden die Vorstellung anzweifeln, daß die Beziehung zwischen einer Mutter und ihren Kindern biologisch begründet ist, wie das auch bei vielen Tierarten der Fall ist. Die Mutter produziert beim Klang des Babygeschreis Milch; instinktiv bettet sie das Baby in ihren linken Arm, wo ihr Herzschlag beruhigend wirkt.[5] Eine große Zahl von Untersuchungen zeigt, daß Mütter und ihre Kinder spontan kommunizieren und auf vielfältige Arten interagieren, die eher genetisch als kulturell bedingt scheinen.[6] Die Mütter sind entscheidend für das Wohlergehen der Kinder; viele Formen von soziopathologischem Verhalten, die im späteren Leben auftreten, lassen sich auf Störungen der Mutter-Kind-Beziehung in einem relativ frühen Lebensstadium zurückführen.[7]

Die Rolle des Mannes bei der Aufzucht der Abkömmlinge ist problematischer und zeigt auch bei anderen Spezies sehr starke Unterschiede. So sehr auch die Menschen die monogame Paarbeziehung bei Vögeln als natürliches Modell für Menschenfamilien ansehen möchten,[8] beschränkt sich doch in der großen Mehrheit der sich sexuell fortpflanzenden Spezies der Beitrag der Männer bei der Erzeugung und Aufzucht ihrer Kinder auf wenig mehr als ein einziges Spermium. Das trifft bei den engsten Verwandten der Menschen, den großen Menschenaffen, zu. Schimpansen beispielsweise sind promiskuitiv und bilden keine Paarbeziehungen über erkennbare Zeiträume. Zwar beteiligen sich die männlichen Schimpansen an der Verteidigung und Fütterung der Jungen in der Horde, aber im Grunde wachsen junge Schimpansen dennoch in einer Art Ein-Eltern-Familie auf. In jeder gegebenen Spezies wird der Grad der männlichen Beteiligung an den elterlichen Aufgaben von der Art der Ressourcen bestimmt, die in ihrer jeweiligen Umwelt für die erfolgreiche Aufzucht der Jungen erforderlich sind, und von der Fähigkeit der Männchen, zu diesen Ressourcen beizutragen.[9]

Im Falle der Menschen werden die Männer in widersprüchliche Richtungen gezogen. Einerseits erfordern Menschenkinder sehr viel mehr elterliche Zuwendung als die Abkömmlinge anderer Spezies, so daß sich für die Männer eine wichtige Rolle ergibt. Menschen haben sehr große Gehirne, und trotz der recht langen Schwangerschaft werden sie im Grunde vorzeitig geboren, wobei ein großer Teil des Reifungsprozesses, der bei anderen Spezies noch während der Schwangerschaft verläuft, bei den Menschen außerhalb des Mutterleibs stattfindet. Die neugeborenen Menschen sind deshalb bei der Geburt sehr viel hilfloser als die Neugeborenen der meisten großen Tierarten einschließlich sämtlicher Arten von Großaffen. Menschenkinder benötigen eine außerordentlich lange Zeit, um selbständig lebensfähig zu werden, und während dieser Zeit sind sie schwach, verletzlich und von ihren Eltern abhängig. Die Mütter sind natürlich die unerläßliche Bedingung für das Überleben ihrer Kinder, aber die Bedürfnisse des menschlichen Kindes sind so groß, daß den Männern wichtige Funktionen zuwachsen. Zu Zeiten der Jäger und Sammler, als sich das heutige menschliche Genom entwickelte, waren die Männer wichtig, um Protein in der Form von tierischem Fleisch zu beschaffen und die Gemeinschaften vor anderen Menschengruppen und der natürlichen Umwelt zu schützen. Es ist deshalb verständlich, daß eine Form von monogamer Paarbeziehung in menschlichen Gesellschaften sehr viel weiter verbreitet ist als bei vielen Tiergattungen.

Andererseits bleibt diese Beziehung stets gefährdet, weil die biologischen Faktoren, die dem Mann den Anreiz bieten, bei seinen Kindern zu bleiben, viel schwächer sind als die Faktoren, die bei der Frau wirksam sind. Jedes Tier ist dem grundlegenden biologischen Trieb unterworfen, seine Gene der nächsten und den nachfolgenden Generationen weiterzugeben. Wie für die meisten Mütter im Tierreich bedeutet dies auch für eine Menschenmutter, ihre Kinder beim Beginn ihres Lebens mit den bestmöglichen Genen und darüber hinaus auch mit den Ressourcen auszustatten, die sie für ihre Lebensfähigkeit und ihre eigene Fortpflanzung brauchen. Die Frauen müssen deshalb eine höhere »elterliche Investition« (wie es die Biologen nennen) erbringen als die Männer. Vor allem bei den Säugetieren müssen die Weibchen die Jungen austragen und säugen, die Nahrung für die Jungen beschaffen und häufig auch kämpfen, um sie gegen Raubtiere und gegen die Umwelt zu verteidigen. Die Menschenmänner investieren zwar mehr in die Aufzucht der Kinder als die Männer jeder anderen Spezies, aber die ihnen entstehenden Kosten für die Kinderaufzucht bleiben insgesamt geringer als im Falle der Frauen. So ist beispielsweise die Zahl der Kinder, die eine Frau während ihres Lebens gebären kann, recht niedrig im Vergleich zu der Zahl der Kinder, die ein Mann zeugen kann. Eine Menschenmutter kann im Verlauf ihres Lebens vielleicht ein Dutzend Kinder gebären, während ein Mann Tausende Kinder zeugen kann. Eine Frau vergrößert deshalb die Chancen, ihre Gene weitergeben zu können, wenn sie sich bei der Auswahl des Mannes sehr selektiv verhält – erstens, um sicherzustellen, daß ihre Kinder die besten verfügbaren Gene bekommen, und zweitens, um sicherzustellen, daß die Ressourcen des Mannes den Kindern nach der Geburt zur Verfügung stehen. Männer wiederum versuchen, ihre Chancen zur Weitergabe ihrer Gene zu maximieren, indem sie sich weniger wählerisch verhalten und sich mit so vielen Frauen wie möglich paaren.

Die Tatsache, daß Frauen bei der Auswahl ihrer Sexualpartner selektiver verfahren als Männer, ist eine Verallgemeinerung, die, wie sich herausstellte, nicht nur für praktisch alle bekannten menschlichen Zivilisationen gilt, sondern buchstäblich für alle Tiergattungen, die sich sexuell fortpflanzen. Der Biologe Robert Trivers stellt fest:

Bei den meisten Spezies verhalten sich die Frauen bei der Wahl der Sexualpartner sehr wählerisch, während die Männer weniger wählerisch sind. Eine Frau wird normalerweise von vielen Männern umworben und verweigert sich allen mit Ausnahme von einem oder wenigen. Diese Auswahl ist keineswegs zufällig. Alle Untersuchungen weiblicher Präferenzen in der Natur zeigten, daß Frauen ihre Wahl auf ganz spezifische Weise treffen. Die meisten Frauen einer Spezies treffen ihre Entscheidung in ähnlicher Weise, so daß das Ergebnis der weiblichen Auswahl darin besteht, einigen Männern viele Begattungen und vielen anderen Männern überhaupt keine Begattung zu ermöglichen... Im Gegensatz dazu umwerben die Männer viele Frauen und vereinigen sich mit den meisten oder allen, wenn sie akzeptiert werden. Darüber hinaus umwerben die Männer auch unangemessene Objekte. So hat man beispielsweise beobachtet, daß die Männchen andere Männchen umwerben, Weibchen der falschen Spezies, ausgestopfte Weibchen, Teile von ausgestopften Weibchen und unbelebte Gegenstände. Manchmal umwerben sie auch eine Kombination dieser Dinge.[10]

Trivers zufolge gibt es nur wenige bekannte Tierarten, in denen diese sexuellen Präferenzen in ihr Gegenteil verkehrt werden, darunter einzelne Arten von Watvögeln, von Grillen und von Seepferden.[11]

Mit anderen Worten: Die biologische Disposition der Männer bewirkt, daß sie bei ihrer Suche nach sexueller Befriedigung stärker promiskuitiv und weniger wählerisch sind als Frauen.* Dieses

---

* Man kann sich allerdings fragen, warum heterosexuelle Männer stärker promiskuitiv sein können als heterosexuelle Frauen, da doch für jeden Geschlechtsakt ein Partner des anderen Geschlechts erforderlich ist. Streng genommen trifft das auch zu; tendenziell zeigt sich aber in den meisten Gesellschaften, daß Männer mit Vermögen oder hohem Status sehr viel besseren Zugang zu Frauen (und damit auch viel mehr Partnerinnen und Kinder von diesen Partnerinnen) haben als Männer mit niedrigem Status. Männer mit niedrigem Status möchten dieses Maß an Zugangsmöglichkeiten ebenfalls haben, bekommen es aber nicht. In einigen ausgeprägt polygamen Gesellschaften (der Aztekenkaiser Montezuma soll viertausend Konkubinen gehabt haben, der indische Kaiser Udayama sechzehntausend und der chinesische Kaiser zehntausend) bedeutet das buchstäblich, daß ein signifikanter Teil der Männer mit niedrigem Status ihr gesamtes Leben ohne Aussicht auf Sex oder eigene Familien verbringen. In den modernen Gesellschaften wurde Polygamie verboten; dennoch verfügen Männer mit hohem Status nach wie vor über größere sexuelle Chancen. Der einzige Unterschied besteht darin, daß amerikanische Unternehmensführer ihre Frauen und Kinder nacheinander und nicht wie ottomanische Paschas oder chinesische Mandarine gleichzeitig haben. Auch wird der Geschlechtsakt von Frauen und Männern unterschiedlich interpretiert. Für die Männer bedeutet er eine weitere Eroberung, für die Frauen bedeutet er die Chance, einen Mann in eine engere Beziehung einzubinden. Selbst wenn beide nur Sex haben wollen, sind die Intentionen unterschiedlich, und der eine oder andere Partner wird sich schließlich getäuscht fühlen.

Ergebnis stimmt mit unserer alltäglichen Beobachtung der weiblichen und männlichen Sexualität überein und erklärt auch, warum Männer und nicht Frauen die Hauptkonsumenten von Prostitution und Pornographie sind. Und im Vergleich zu Heterosexuellen erklärt dieses Ergebnis auch, warum schwule Männer im Durchschnitt eine viel größere und lesbische Frauen eine viel kleinere Zahl von Partnern haben: Für die hohe Zahl der Partner bei den schwulen Männern ist nicht die Homosexualität entscheidend, sondern die Tatsache, daß ihre männliche Sexualität nicht durch weibliche Selektion eingeschränkt wird.[12]

Die Biologie lehrt uns also, daß sich für den Mann eine gewisse Rolle in der Familie ergibt, die in der Beschaffung von Ressourcen für die Frau und ihre Kinder besteht; sie lehrt uns aber auch, daß diese Rolle fragil und störungsanfällig ist. In welchem Maße die Männer in monogamen Paarbindungen bleiben und bei der Ernährung der Kinder eine aktive Rolle übernehmen, wird weniger vom Instinkt als vielmehr von sozialen Normen, Druck und Sanktionen abhängen, die von der Gemeinschaft auf sie einwirken. Wie die Anthropologen Lionel Tiger und Robin Fox erklären, könnten sich zwar in den verschiedenen Kulturen die Formen der menschlichen Verwandtschaft unterscheiden, aber die grundlegenden Strukturen blieben unverändert: »Unabhängig von seinen sonstigen Funktionen muß ein soziales System über bestimmte Mittel verfügen, die Sicherheit der Beziehung zwischen Mutter und Kind zumindest bis zu dem Zeitpunkt zu gewährleisten, an dem das Kind unabhängig und soweit überlebensfähig ist, daß es eine realistische Chance hat, das Erwachsenenalter zu erreichen.«[13] Das kann durch den Vater, die Brüder der Mutter oder andere Mitglieder der Gemeinschaft geschehen, aber irgend jemand muß dafür zuständig sein. Das Problem besteht darin, sicherzustellen, daß diese Funktion wahrgenommen wird: »Die meisten Gesellschaften schaffen komplizierte und eindrucksvolle Regelwerke, um die Paare zusammenzuhalten, wenn sie sich einmal vereinigt haben. Diese Regeln sind weit davon entfernt, die inhärente Normalität der Paarbeziehung widerzuspiegeln; vielmehr zeigt sich darin, wie gefährdet sie tatsächlich ist. Die große Vielfalt und Tiefe der um Verwandtschaft und Ehe entwickelten Gepflogenheiten sind nicht Ausdruck einer angeborenen und großen Bereitschaft, Familien zu bilden; sie sind Instrumente, die Mutter-Kind-Einheit angesichts der potentiellen Zerbrechlichkeit der Paarbeziehung zu schützen.«[14] Die widersprüchlichen biologischen Anreize, die auf die Männer einwirken, nämlich in ihre Familien zu investieren und den familiären Bindungen zu entkommen, können die Vielfalt der Familienformen und die komplexe Herkunft der Kernfamilie erklären. Die Kernfamilie ist historisch weder eine so neuartige noch eine so vergängliche Entwicklung, wie ihre Kritiker meinen, und sie ist auch nicht so universal und natürlich, wie ihre Befürworter gerne glauben möchten. Einerseits wurde im 19. Jahrhundert allgemein argumentiert – und daran halten auch heute noch viele fest –, daß die Kernfamilie eine Erfindung der Moderne sei, die sich erst nach der Industrialisierung entwickelt habe.[15] Dieser Überzeugung zufolge habe man vor dieser Zeit in viel größeren Verwandtschaftsgruppen wie Stämmen oder Abstammungsgruppen gelebt, in denen Kernfamilien nur kleine, untergeordnete Teile darstellten. Solche Abstammungslinien sind noch heute in Südchina, im Nahen Osten und anderen Teilen der dritten Welt zu beobachten. Im Laufe der Zeit lösten sich diese Abstammungsgruppen in Familienzusammenschlüsse oder erweiterte Familien auf, wobei drei oder mehr Generationen in einem erweiterten Haushalt leben. Mit der industriellen Revolution entwickelten sich die erweiterten Haushalte zu Kernhaushalten. Nach dieser Auffassung ist die Kernfamilie nur eine evolutionäre Zwischenstation und könnte in der Zukunft sehr wohl der Ein-Eltern-Familie oder freieren Formen von Vereinigungen in einem Haushalt weichen.

Tatsächlich war die Kernfamilie in der Menschheitsgeschichte, wenn auch nicht überall auf der Welt, sehr viel weiter verbreitet, als diese Sichtweise vermuten ließe. Sie war zu Zeiten der Jäger und Sammler die vorherrschende Verwandtschaftsform.[16] Der Anthropologe Adam Kuper stellt fest: »Heutige Sozialanthropologen sind skeptisch in bezug auf die bis vor kurzem gebräuchlichen Modelle, denen zufolge afrikanische, amerikanische und pazifische Gesellschaften als Verbindungen großer Verwandtschaftskörperschaften gesehen werden, die die Familie und das Individuum als Bestandteile eines großen Kollektivs von Blutsverwandten betrachten. Kernfamilien werden im Gegenteil überall sichtbar, und sie sind gewöhnlich die wichtigsten gesellschaftlichen Institutionen, ihre Oberhäupter treffen pragmatische Entscheidungen über die politische Ausrichtung.«[17] Die Aborigines in Australien, die Trobriand-Insulaner im Südpazifik, die Pygmäen, die Buschleute der Kalahari und die Ureinwohner am Amazonas organisieren sich alle in Kernfamilien.[18] Die großen, verschiedenartigen Verwandtschaftssysteme, die von den Anthropologen untersucht wurden, lassen sich in ihren Ursprüngen anscheinend auf die Entdeckung der Landwirtschaft zurückführen. In gewissem Sinne markiert die Wiederentdeckung der Kernfamilie, die dem Historiker Peter Laslett zufolge lange vor der industriellen Revolution erfolgte, eine Rückkehr zu einem sehr alten Muster.[19]

Monogame Paarbindungen und die Kernfamilie sind also nicht unbedingt Erfindungen der jüngeren Geschichte. Doch während der Vater in der menschlichen Verwandtschaft eine klare Rolle zu spielen hat, die viel wichtiger und enger mit seinen Kindern verbunden ist als bei jeder Großaffenart, weist die genaue Beschaffenheit dieser Rolle im Verlauf der geschichtlichen Entwicklung und in den verschiedenen menschlichen Gesellschaften gewaltige Unterschiede auf. Anders ausgedrückt läßt sich die Rolle der Mutter mit einiger Sicherheit als biologisch begründet darstellen, während die Rolle des Vaters in einem sehr viel größeren Maß sozial konstruiert wurde.[20] Margaret Mead führt dazu aus: »Irgendwann während der Dämmerung der Menschheitsgeschichte fand eine soziale Erfindung statt, die dazu führte, daß die Männer für die Ernährung ihrer Frauen und Jungen zu sorgen hatten.« Die Rolle des Mannes war auf die Beschaffung von Lebensnotwendigkeiten gerichtet, »der überall bei den Menschen dazu beiträgt, Nahrung für Frauen und Kinder zu besorgen«. Da es sich jedoch um ein erlerntes Verhalten handelt, ist die Rolle des Mannes bei der Ernährung der Familie störungsanfällig: »Aufgrund der Belege sollten wir den Sachverhalt für Männer und Frauen unterschiedlich formulieren – daß nämlich die Männer lernen müssen, für andere sorgen zu wollen, und daß dieses Verhalten, da es erlernt wird, störungsanfällig ist und unter sozialen Bedingungen, in denen es nicht mehr wirkungsvoll gelehrt wird, leicht wieder verschwinden kann.«[21] Anders ausgedrückt ist die Rolle des Vaters je nach Kultur und Tradition sehr unterschiedlich – von intensiver Einbeziehung in die Ernährung und Erziehung der Kinder über eine ferne Präsenz als Schützer und Züchtiger bis hin zu einem weitgehend abwesenden Geldbeschaffer. Es ist normalerweise sehr schwierig, eine Mutter von ihrem Neugeborenen zu trennen; im Gegensatz dazu ist es gewöhnlich sehr schwierig, einen Vater dazu zu bringen, sich mit seinem Kind zu beschäftigen.

Empfängnisverhütung und berufstätige Frauen

Stellen wir Verwandtschaft und Familie in einen biologischen Kontext, wird leichter verständlich, warum die Kernfamilie in den letzten beiden Generationen in solchem Umfang auseinanderzubrechen begann. Die Familienbindung ist relativ fragil und beruht auf der Wechselbeziehung zwischen der Fruchtbarkeit der Frau und den Ressourcen des Mannes. Schon vor dem Großen Bruch war in allen westlichen Gesellschaften eine komplexe Reihe von formalen und informellen Gesetzen, Regeln, Normen und Pflichten eingeführt worden, die zum Ziel hatten, die Mutter-Kind-Bindung zu schützen und die Freiheit des Vaters einzugrenzen, eine Familie fallenzulassen und eine neue zu gründen. In der Eheschließung sieht man heute einen Akt, durch den eine sexuelle und emotionale Vereinigung zwischen zwei Erwachsenen feierlich und öffentlich besiegelt wird, und aus diesem Grunde werden jetzt in den Vereinigten Staaten und in anderen entwickelten Ländern auch Ehen zwischen Homosexuellen für möglich gehalten. Es steht jedoch fest, daß in historischer Sicht die Institution Ehe entstand, um der Mutter-Kind-Einheit rechtlichen Schutz zu geben und zu gewährleisten, daß der Vater angemessene Ressourcen zur Verfügung stellt, damit die Kinder zu überlebensfähigen Erwachsenen heranreifen können. Diese rechtlichen Schutzbestimmungen wurden durch eine Menge informeller Normen ergänzt.

Welche Ursachen sind für das Zerbrechen der Normen und der Übereinkunft zu nennen, auf denen die Familie beruht und durch die das Verhalten der Männer eingeschränkt wird? Irgendwann in der frühen Nachkriegszeit kam es zu zwei sehr wichtigen Veränderungen. Die erste Veränderung betraf die Fortschritte in der Medizin – vor allem die Pille zur Empfängnisverhütung, die es den Frauen ermöglichte, ihre Fortpflanzungszyklen besser zu kontrollieren. Die zweite Veränderung bezieht sich auf den Eintritt der Frauen in die Erwerbstätigkeit, der in den meisten industrialisierten Ländern erfolgte, und auf den Anstieg ihrer Einkommen, der in den folgenden 30 Jahren stattfand – und dieser Zuwachs betraf sowohl die Stundenlöhne und das Durchschnitts- und Lebenseinkommen als auch das Verhältnis zum Einkommen der Männer.

Die Bedeutung der Empfängnisverhütung lag nicht einfach darin, daß sie die Geburtenrate verringerte, denn diese war in manchen Gesellschaften schon im 19. Jahrhundert zurückgegangen, als weder Empfängniskontrolle noch Abtreibung verbreitet waren.[22] Wenn die Wirkung der Empfängnisverhütung darin besteht, die Zahl der ungewollten Schwangerschaften zu verringern, dann dürfte es in der Tat schwerfallen zu erklären, warum ihre Einführung von einer explosionsartigen Zunahme der außerehelichen Geburten und einem Anstieg der Abtreibungszahlen begleitet war[23] und warum überall in den Mitgliedsländern der OECD Empfängnisverhütung positiv mit Unehelichkeit korreliert.[24]

Die Hauptwirkung der Pille und der darauf folgenden sexuellen Revolution bestand darin, wie die Ökonomen Janet Yellen, George Akerlof und Michael Katz zeigten, daß sich das mit dem Geschlechtsverkehr verbundene Risikokalkül dramatisch veränderte und daß sich damit auch das Verhalten *der Männer* änderte.[25] Daß die Benutzungsquote von Mitteln zur Empfängnisverhütung, die Abtreibungsrate und die Quote unehelicher Geburten gemeinsam anstiegen, hat seine Ursache darin, daß eine vierte Quote – die Zahl der Mußehen – gleichzeitig sehr stark zurückging. Nach den Berechnungen der erwähnten Ökonomen waren im Zeitabschnitt 1965–1969 rund 59 Prozent der weißen und 25 Prozent der farbigen Bräute bereits schwanger, als sie vor den Altar traten. Damals hatten die jungen Leute offensichtlich recht viel vorehelichen Sex, aber die gesellschaftlichen Konsequenzen wie uneheliche Schwangerschaften wurden durch Normen gemildert, die die Verantwortlichkeit der Männer für die von ihnen gezeugten Kinder regelten. Im Zeitraum 1980–1984 waren diese Raten auf 42 beziehungsweise 11 Prozent zurückgegangen. Da Pille und Abtreibung den Frauen zum erstenmal Geschlechtsverkehr ermöglichten, ohne sich wegen der Folgen sorgen zu müssen, fühlten sich die Männer von den Normen befreit, denen zufolge sie sich um die Frauen kümmern mußten, die sie geschwängert hatten.

Der zweite Faktor, der das Verhalten der Männer veränderte, ist der Eintritt der Frauen in die Erwerbstätigkeit. Das Argument, daß das Einkommen der Frauen mit dem Zusammenbruch der Familien zusammenhänge, wird von vielen Ökonomen akzeptiert und von Gary Becker in *A Treatise on the Family* am ausführlichsten behandelt.[26] Die dieser Beziehung zugrundegelegte Annahme lautet, daß viele Eheverträge auf der Basis unvollständiger Informationen geschlossen werden: Sind sie erst einmal verheiratet, müssen viele Ehemänner und -frauen entdecken, daß das Leben nicht aus ewigen Flitterwochen besteht, daß sich das Verhalten des Partners gegenüber seinem Verhalten vor der Ehe ändert oder daß sich die eigenen Erwartungen an den Partner wandeln. Viele Frauen waren nicht in der Lage, für den eigenen Lebensunterhalt zu sorgen, da sie nicht über berufliche Qualifikationen oder Erfahrungen verfügten. Sie hatten deshalb auch nur eingeschränkte Möglichkeiten, ihren Ehemann gegen einen anderen Mann auszutauschen, der ihnen besser gefiel, oder einen Partner loszuwerden, von dem sie sich mißhandelt fühlten. Mit dem Anstieg der weiblichen Einkommen sind die Frauen besser in der Lage, den eigenen Lebensunterhalt zu sichern und die Kinder auch ohne Ehemann aufzuziehen. Durch die steigenden Einkommen der Frauen erhöhen sich auch die Opportunitätskosten der Kindererziehung, dadurch verringert sich die Geburtenrate.

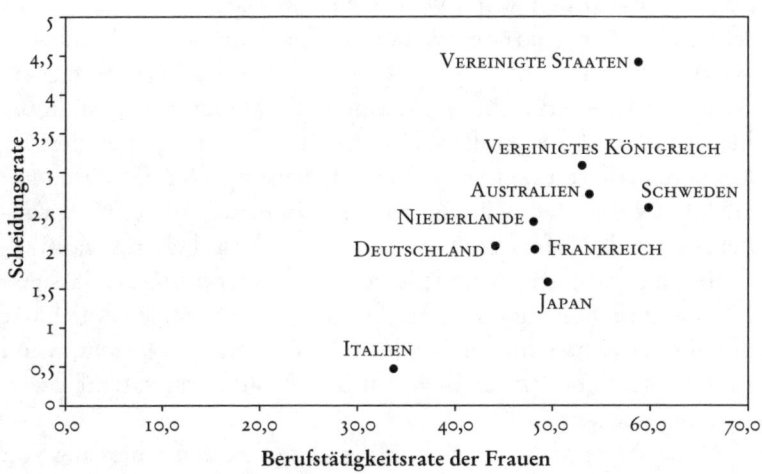

ABBILDUNG 5.1

Scheidungen und Berufstätigkeit der Frauen, 1994

Quelle: International Labor Organization, Bureau of Statistics, *The Economically Active Population, 1950–2010,* Genf 1996; Scheidungsstatistiken: Siehe Anhang.

Weniger Kinder bedeuten ein geringeres gemeinsames Ehekapital, wie Becker es nennt, und dadurch wird auch eine Scheidung leichter.

Substantielle empirische Belege zeigen eine Beziehung zwischen dem Einkommen der Frauen und Scheidungen sowie unehelichen Schwangerschaften.[27] Abbildung 5.1 zeigt die Quote der weiblichen Berufstätigkeit im Verhältnis zur Scheidungsrate im Jahr 1994 in einer Reihe von OECD-Ländern. Die Punkte liegen entlang einer Südwest-Nordwest-Achse, wobei Japan und Italien eine geringere weibliche Erwerbsbeteiligung und niedrige Scheidungsraten aufweisen, während skandinavische Länder wie Schweden in beiden Aspekten hohe Raten haben. Ähnliche Ergebnisse lassen sich ermitteln, wenn die weibliche Berufstätigkeit in Beziehung zu unehelichen Schwangerschaften gesetzt wird.

Eine weniger deutliche Folge des Eintritts der Frauen in die Erwerbsbevölkerung war, daß sich die Norm männlicher Verantwortung weiter abschwächte und daß sich der Trend verstärkte, der durch den leichten Zugang zu Empfängnisverhütungsmitteln geschaffen worden war. Wenn sich ein Mann von seiner Frau scheiden ließ, wurde er entweder mit der Zahlung von Alimenten konfrontiert oder mußte zusehen, wie seine Kinder unter die Armutsschwelle rutschten. Nachdem die Frauen heute Einkommen erzielen, die sich mit den Verdiensten der Ehemänner messen können, verliert dieses Problem an Bedeutung. Die sich abschwächende Norm der männlichen Verantwortung verstärkte wiederum das Bedürfnis der Frauen, sich mit beruflichen Qualifikationen zu wappnen, um nicht von zunehmend unzuverlässigen Ehemännern abhängig zu sein. Da eine hohe Wahrscheinlichkeit besteht, daß Ehen mit der Scheidung enden, wäre es töricht, wenn sich die heutigen Frauen nicht für die eigene Berufstätigkeit vorbereiten würden.

Nun gibt es natürlich viele Möglichkeiten, den Übergang von einer Industriegesellschaft zu einer Gesellschaft des Informationszeitalters zu beschreiben; eines der wichtigsten Kennzeichen dürfte jedoch der Wandel der Arbeit sein. Eine Informationswirtschaft ersetzt materielle Produkte durch Information: Anstatt weitere Autobahnen zu bauen, werden die Autofahrer durch ein ausgeklügeltes Verkehrssystem effizienter durch das bestehende Autobahnnetz gelotst. Statt große Rohstofflager zu unterhalten, wird in der Just-in-time-Produktion die Zulieferung der richtigen Menge genau zum richtigen Zeitpunkt koordiniert. In einer solchen Welt macht die Dienstleistung einen immer größeren Teil der Volkswirtschaft aus, während die traditionelle Produktion schrumpft. Humankapital wird mit immer höheren Einkommen belohnt. Die großen Gehälter werden nicht dem niedrigqualifizierten Angestellten gezahlt, der an der Registrierkasse im Wal-Mart die Waren über den Streifencodeabtaster führt, sondern dem Programmierer, der an der Entwicklung des Abtastergeräts arbeitet.

In einer Zeit, in der die Automatisierung jeden Aspekt der Arbeitswelt durchdringt, gerät leicht in Vergessenheit, wie körperlich anstrengend die Arbeit während der industriellen Revolution war. Shoshana Zuboff schrieb einen informativen Bericht

über den Übergang von einer Industrie- zu einer Informationswirtschaft. Ihr zufolge war den Arbeitern während der industriellen Revolution sehr viel deutlicher bewußt, wie wichtig ihre
Körper waren:

Kohle wurde mit Pickel und Schaufel abgebaut – »Werkzeuge der primi-
tivsten Machart, die äußerste körperliche Anstrengung erforderten«. Bei
der Gewinnung von Ton wurde mit einem schweren Pickel gearbeitet.
Der Schlick mußte massenweise gerührt und gestampft werden, damit er
die richtige Konsistenz bekam. Das Brot wurde in den Bäckereien fast
ausschließlich durch körperliche Arbeit produziert, wobei die Vorbereitung des Teigs die schwerste Arbeit darstellte, »die gewöhnlich in einer
dunklen Kellerecke von einem bis zur Taille nackten Mann durchgeführt
wurde, der seine Fäuste ständig in eine klebrige Masse trieb, von der er
dann seine Finger befreien mußte«.[28]

Die einfachen Arbeiten waren körperlich schwer, und solche Jobs
standen reichlich zur Verfügung. 1914 verdoppelte Henry Ford
den in seinen Autofabriken gezahlten üblichen Stundenlohn auf
fünf Dollar pro Tag, weil er mehr unqualifizierte Arbeiter benö-
tigte. Detroit wurde von neuen Arbeitern überflutet; die Stadt
wuchs in den ersten Jahrzehnten des neuen Jahrhunderts um ein
Mehrfaches. Am Beginn des Jahrhunderts konnte man kein großes Einkommen erwarten, wenn man eine College-Ausbildung
vorzuweisen hatte. Die Gehälter von College-Absolventen waren
nicht viel höher als die der Menschen mit High-School-Diplom,
aber die College-Absolventen verloren durch ihre Ausbildung
vier Jahre an Einkommen und Sozialleistungen.[29] Die zunehmende gewerkschaftliche Organisation sicherte ständig steigende
Realeinkommen, so daß die vierziger und fünfziger Jahre zur
Blütezeit von Automobilbau, Stahl-, Verpackungsindustrie und
ähnlichen Branchen wurde.
  Diese Welt der im Überfluß verfügbaren ungelernten Arbeiter
verschwand während der siebziger und achtziger Jahre. Als Folge
des internationalen Wettbewerbs, der Deregulierung und (was am
wichtigsten war) des technologischen Wandels entstanden viele
neue hochqualifizierte Tätigkeiten, während viele geringqualifi-
zierte Jobs verschwanden. Die Bedeutung von Bildung stieg wie-

TABELLE 5.I

**Beschäftigung im verarbeitenden Sektor in Prozent der
Gesamtbeschäftigung in den Staaten der G-7**

	Verei-nigte Staaten	Verei-nigtes König-reich	Italien	Deutsch-land	Japan	Kanada	Frank-reich
1970	25,9	38,7	27,3	38,6	26	19,7	27,7
1990	17,5	22,5	21,8	32,2	23,6	14,9	21,3

Quelle: Manuel Castells, *The Rise of the Network Society,* Malden, Mass. 1996.

der an; der Abstand zwischen jenen, die eine vier- oder fünf-
jährige höhere Bildung durchliefen, und den Absolventen, die
lediglich ein High-School-Diplom oder einen noch geringeren
Abschluß erwarben, wurde ständig größer. Tabelle 5.1 zeigt den
starken Rückgang der Beschäftigung in der verarbeitenden Industrie, der zwischen 1970 und 1990 in den Ländern der G-7 (Gruppe
der sieben wichtigsten Industrieländer) eintrat und der in den
Vereinigten Staaten und im Vereinigten Königreich besonders
dramatisch verlief.

Ganz grundsätzlich ausgedrückt wird in der Gesellschaft des
Informationszeitalters physische Arbeit durch geistige Arbeit
ersetzt. In einer solchen Welt kommt Frauen eine größere Rolle
zu. Zwischen 1960 und 1995 stieg der Gesamtanteil der Frauen an
der Erwerbsbevölkerung in den Vereinigten Staaten von 35 auf 55
Prozent; der entsprechende Anteil der Frauen im geburtsfähigen
Alter zwischen 20 und 39 Jahren stieg von 40 auf 68 Prozent.
Andererseits nahm der Anteil der Männer an der Erwerbsbevölkerung von 79 auf 71 Prozent leicht ab. Diese Veränderungen fanden
in der gesamten industrialisierten Welt statt (siehe Abbildung 5.2),
vor allem in Skandinavien. In Japan lag der Anteil der Frauen an
der Erwerbsbevölkerung am Beginn des Zeitabschnitts höher als
in den meisten westlichen Ländern (was wahrscheinlich dem
Mangel an Männern in der Folge des Pazifikkrieges zuzuschreiben war), wuchs aber danach sehr viel langsamer.

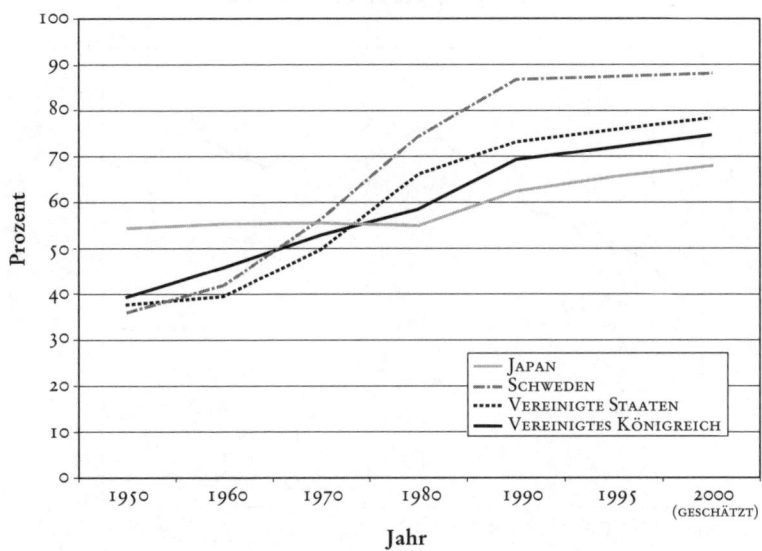

ABBILDUNG 5.2

Berufstätigkeit der Frauen (20–39 Jahre), 1950–2000

JAPAN
SCHWEDEN
VEREINIGTE STAATEN
VEREINIGTES KÖNIGREICH

Jahr

Quelle: International Labor Organization, Bureau of Statistics, *The Economically Active Population, 1950–2010*, Genf 1996.

Doch es traten nicht nur mehr junge Frauen in die Erwerbsarbeit ein, auch die weiblichen Einkommen stiegen. Abbildung 5.3 zeigt die Medianeinkommen von Männern und Frauen sowie den prozentualen Vergleichswert beider Einkommen in den Vereinigten Staaten für den Zeitraum zwischen 1947 und 1995. Während der gesamten Periode wuchs das Einkommen der Frauen kontinuierlich, auch wenn in den neunziger Jahren eine leichte Nivellierungstendenz eintrat. Ökonomen, die sich mit dem Phänomen befassen, führen eine Reihe von Faktoren für die steigenden weiblichen Einkommen an, darunter die zunehmende Arbeitserfahrung, höhere Bezahlung für diese Erfahrung und die unterschiedlichen Karrierearten, für die sich Frauen entscheiden (sie werden beispielsweise Anwältinnen und nicht Lehrerinnen).[30] Der erstgenannte Faktor ist wahrscheinlich der wichtigste. Statt aufgrund der Kindererziehung mehrere Jahre aus dem Arbeits-

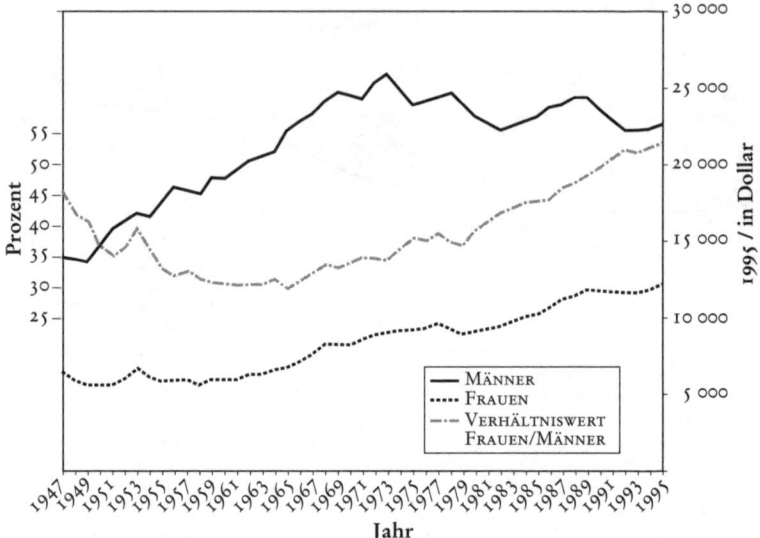

ABBILDUNG 5.3

Medianeinkommen von Männern und Frauen in den
Vereinigten Staaten, 1947–1995

Quelle: Homepage des U.S. Bureau of the Census [http://www.census.gov:80/hhes/
income/histinc/p02.htm].

leben auszuscheiden und damit Aufstiegschancen, Arbeitserfahrung und Zugangsmöglichkeiten zu anspruchsvolleren Jobs ein-
zubüßen, entschieden sich die Frauen dafür, weniger Kinder zu
bekommen und ihre Berufstätigkeit auch während der Zeit der
Kindererziehung nicht aufzugeben. Und statt sich in traditionell
weibliche Berufe wie Schreibkraft oder Angestellte drängen zu
lassen, konnten sie nun auf den aufwärtsgerichteten Karrierewe-
gen in direkten Wettbewerb mit den Männern treten.

Für die amerikanischen Männer hatte sich die Periode vom
Ende des Zweiten Weltkriegs bis zu den frühen siebziger Jahren
im allgemeinen als guter Zeitabschnitt erwiesen; ihre Realeinkommen erreichten 1973 ihren höchsten Stand. In der Tat gewan-
nen sie während des frühen Babybooms Ende der vierziger und
zu Beginn der fünfziger Jahre im Verhältnis zu den weiblichen

Einkommen wieder an Boden, so daß sich der Verhältniswert der weiblichen zu den männlichen Einkommen zugunsten der Männer veränderte. Nach 1973 jedoch ging die Position der Männer wieder zurück, und bis Mitte der neunziger Jahre waren ihre realen Medianeinkommen um über 13 Prozent gesunken.[31] Die Gründe für diesen Rückgang wie auch für den Rückgang der Erwerbsbeteiligung der Männer sind komplex. Die niedrigeren Beteiligungsraten hatten teilweise ihre Ursache darin, daß mehr Männer bis zum Rentenalter am Leben blieben und deshalb am Ende ihres Berufslebens die Erwerbsbevölkerung freiwillig verließen. Aber die Arbeitsökonomen weisen auch auf eine weitere wichtige Komponente des Rückgangs hin: Junge Männer, vor allem solche mit geringer Qualifikation und Bildung, hielten sich zunehmend von der Erwerbsbevölkerung fern, auch wenn entsprechende Jobs vorhanden waren.[32] Tatsächlich traf die Krise die Männer dieser Gruppe schwerer als die aggregierten Daten zeigen. Die wachsende Einkommensungleichheit traf die Männer härter als die Frauen, und obwohl die Männer an der Spitze der Skala der Einkommensverteilung wie Räuber absahnen konnten, mußten die Männer am unteren Skalenende erleben, daß ihre Realeinkommen in teilweise erstaunlichem Maße sanken.[33] Das Phänomen der Deindustrialisierung betraf größtenteils die Männer, was sich darin zeigt, daß am Ende der achtziger Jahre noch immer 41 Prozent der Männer Arbeiter waren, aber nur 9 Prozent der Frauen.[34] Die Rückschläge, die die Männer betrafen, hingen in der Tat direkt mit den Gewinnen zusammen, die die Frauen verzeichneten. Vor allem in den unteren Bereichen des Arbeitsmarktes erwiesen sich die neu in die Erwerbsbevölkerung eintretenden Frauen als geschickter, härter und ehrgeiziger und verdrängten die Männer im Wettbewerb um die Arbeitsplätze.[35] Zwar werden das nur wenige Personalmanager offen zugeben, doch wenn sich ein Mann und eine Frau mit identischen formalen Qualifikationen um einen Arbeitsplatz bewerben, für den nur geringe Qualifikationen und geringer körperlicher Einsatz erforderlich sind, werden sie wahrscheinlich die Frau bevorzugen, weil sie wissen, daß sie weniger Verhaltensprobleme aufwerfen wird als der Mann.

Die Wirkung dieser Verlagerung auf die Arbeiterehen war offenkundig. Im Gegensatz zur verbreiteten Auffassung waren die Frauen, die in den siebziger und achtziger Jahren hohe Beschäftigungs- und Einkommensgewinne erzielten, nicht hochbezahlte Nachrichtensprecherinnen oder Rechtsanwältinnen, sondern relativ niedrig qualifizierte Frauen in der unteren Hälfte der Einkommensverteilung.[36] Der relative Wert eines Arbeiterehemannes fiel plötzlich in den Keller. Viele Frauen entdeckten, daß in ihren Lohntüten mehr Geld war als in denen ihrer Ehemänner oder Partner – in scharfem Gegensatz zur vorhergehenden Generation. Diese Situation wurde wahrscheinlich durch die Tatsache verschärft, daß sich Frauen mit größerer Wahrscheinlichkeit als Männer durch Heirat in der sozialen Hierarchie nach oben verändern, so daß den Männern weniger passende Partner zur Verfügung stehen. Die relative Bedeutung der industriellen Produktion kann teilweise ebenfalls zur Erklärung der Varianzen bei den Vergleichswerten für gescheiterte Ehen angeführt werden. Die Vereinigten Staaten und Großbritannien wurden von der Deindustrialisierung viel stärker erfaßt als Deutschland und Japan und zeigten auch stärkere Zuwächse bei den Raten der Scheidungen und unehelichen Geburten.

Die Krise traf junge farbige Männer besonders schwer. Die Jugendarbeitslosigkeit veränderte sich traditionell mit dem zyklischen Auf und Ab der Wirtschaftsentwicklung. Nach den wirtschaftlichen Störungen der siebziger Jahre stiegen jedoch die Arbeitslosenraten der jungen farbigen Männer und sanken nicht mehr so schnell, wie zu erwarten gewesen wäre, als in den achtziger Jahren wieder mehr Jobs zur Verfügung standen. Abbildung 5.4 zeigt die Arbeitslosenraten für farbige und weiße Teenager. Während des größten Teils der siebziger Jahre war die Arbeitslosigkeit der farbigen Männer geringer als die der farbigen Frauen; in den neunziger Jahren jedoch lag sie beträchtlich darüber.

Die Arbeitslosigkeit und stagnierende Einkommensentwicklung bei jungen farbigen Männern ist die eine Seite der Medaille; die andere sind die bemerkenswerten Verbesserungen bei den farbigen Frauen. Gegen Ende der neunziger Jahre hatten farbige

ABBILDUNG 5.4

Arbeitslosenraten weißer und farbiger Frauen und Männer (16–19 Jahre) in den Vereinigten Staaten, 1972–1996

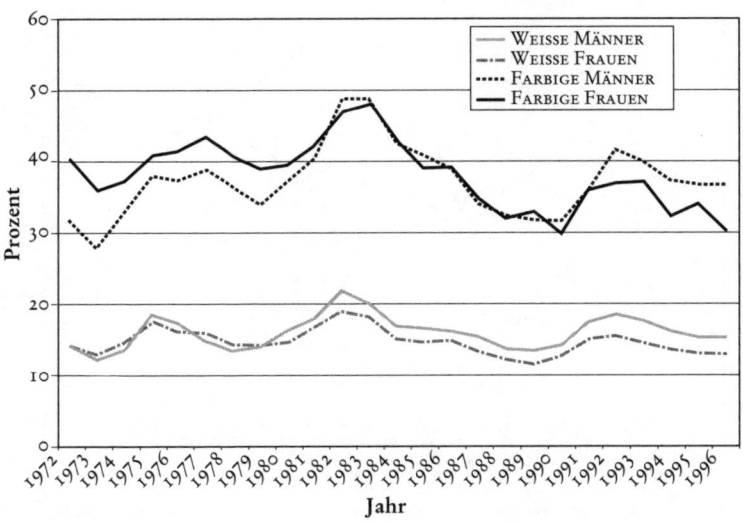

Quelle: Homepage des U.S. Bureau of the Census [http://www.census.gov:80/hhes/income/histinc/p02.htm].

Frauen im großen und ganzen im Hinblick auf Einkommen, Bildungsniveau, Lebenserwartung und ähnliche Faktoren zu den weißen Frauen aufgeschlossen, während sich die Kluft zwischen farbigen und weißen Männern weiter verbreiterte. Warum das eintraf – ob es die Folge war von Rassismus, strukturellen Lücken in der Wirtschaft oder kulturellen Problemen, die nur auf afroamerikanische Männer zutrafen –, bleibt eines der großen Geheimnisse dieser Periode.[37] (Dieses Problem ist auch bei weißen männlichen Teenagern zu beobachten, allerdings war es bei dieser Gruppe weniger ausgeprägt.) Von kulturellen Faktoren abgesehen, gibt es keine Hinweise auf andere Erklärungen für die hohe Rate der Einbindung farbiger Frauen in die Arbeitsbevölkerung.[38]

Wie die Arbeit von Herbert Gutman zeigte, ist die familiäre Instabilität bei Farbigen höher als bei Weißen, aber ein Zusam-

151

ABBILDUNG 5.5

Verhältnisraten des Medianeinkommens von Frauen
und Männern, 1951 – 1995, in Prozent

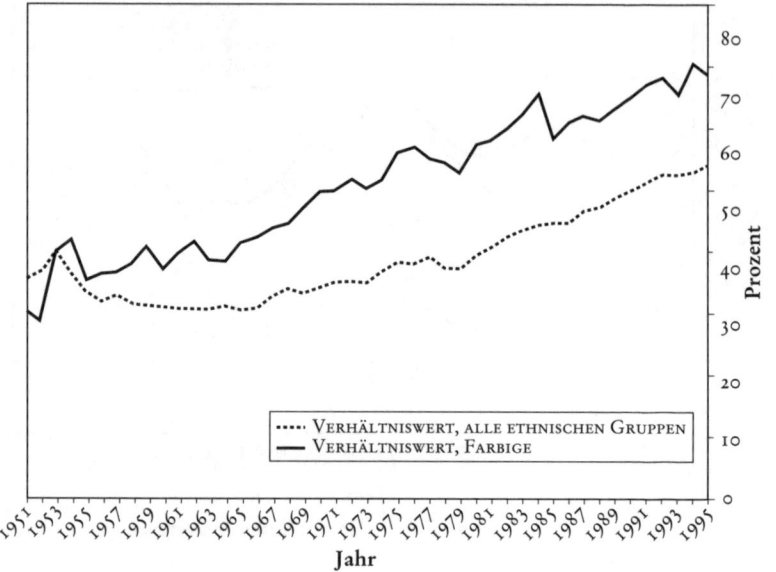

Quelle: Homepage des U.S. Bureau of the Census [http://www.census.gov:80/hhes/income/histinc/p02.htm]

menbruch der Familien in diesem Ausmaß ist historisch ohne Beispiel.[39] Analytiker wie der Soziologe William Julius Wilson heben die hohen Arbeitslosenraten junger farbiger Männer als Erklärung für das Auseinanderbrechen der Familien in den städtischen Bezirken hervor, und wie die früheren Daten zur Arbeitslosenrate zeigen, spricht einiges dafür.[40] Obwohl sich jedoch familiäre Instabilität besonders auf arme Afroamerikaner konzentriert, betrifft sie auch farbige Familien der Mittelschicht. Im Falle der farbigen Mittelschicht könnte das Einkommensverhältnis von Frauen und Männern einen wichtigeren Faktor darstellen als die relativen Quoten der Arbeitslosigkeit. Abbildung 5.5 zeigt, wie sich die Verhältniswerte des Medianeinkommens von farbigen Männern und Frauen in den Vereinigten Staaten im

Vergleich zu den entsprechenden Werten aller amerikanischen abhängig Erwerbstätigen zwischen 1951 und 1995 veränderten. Der Verhältniswert der farbigen Bevölkerungsgruppe veränderte sich sehr viel schneller zugunsten der farbigen Frauen als der entsprechende Wert für alle ethnischen Gruppen. In der frühen Nachkriegszeit lagen die Werte für die farbige und für die Gesamterwerbsbevölkerung ungefähr auf demselben Niveau; gegen Ende des erfaßten Zeitabschnitts lag das Einkommensverhältnis farbiger Frauen gegenüber farbigen Männern um 15 Prozentpunkte höher als der entsprechende Verhältniswert in der Gesamtbevölkerung. Verbindet man diese Verlagerung der relativen Einkommen für Beschäftigte mit dem Anstieg der Arbeitslosigkeit farbiger Männer im Verhältnis zu farbigen Frauen, dann wird deutlich, daß die farbigen Männer als Gruppe in der letzten Generation gewaltig an Boden verloren haben.

In Übereinstimmung mit einer ökonomischen Theorie der Familie zeichnet der in Abbildung 5.3 wiedergegebene Verhältniswert der weiblichen zu den männlichen Einkommen die Entwicklungslinien der amerikanischen Familie nach. In den späten vierziger und in den fünfziger Jahren – der Zeit des Babybooms, steigender Geburtenraten und der Rückorientierung auf die Häuslichkeit nach den kriegsbedingten Störungen – veränderte sich der Verhältniswert zugunsten der Männer. Seit der Mitte der sechziger Jahre jedoch verlagerte sich der Verhältniswert zugunsten der Frauen. Dieser mehr oder weniger kontinuierliche Anstieg setzte sich bis zur Mitte der neunziger Jahre fort, begann dann aber leicht zu fallen – aus Gründen, die den meisten Beobachtern rätselhaft bleiben.[41] Deshalb ist es sicherlich gerechtfertigt, die Periode um die Mitte der sechziger Jahre als Zeitraum für den Beginn des Großen Bruchs anzunehmen.

6

Folgen des
Großen Bruchs

An den Beginn dieses Buches stellte ich die Überlegung, daß Kriminalität, das Auseinanderbrechen von Familien und verringertes Vertrauen negative Maßstäbe für Sozialkapital seien.

Die Folgen des Geburtenrückgangs
für die sozialen Beziehungen

Die rückläufigen Geburtenraten werden primär im Kontext des Systems der sozialen Sicherheit diskutiert, und zwar mit Blick auf die Verpflichtungen, die entstehen, wenn die Mitglieder früherer Geburtskohorten in den Ruhestand treten und durch eine immer kleiner werdende Zahl von jüngeren Erwerbstätigen unterhalten werden müssen.[1] So wichtig diese Frage auch ist, so steht doch in diesem Buch das Anliegen im Mittelpunkt, welche Wirkungen der Rückgang der Geburtenrate auf das Familienleben und das Sozialkapital hat. Diese Konsequenzen sind nicht nur schwer vorauszusagen, sondern auch potentiell widersprüchlich. Eigentlich sollte sich durch den Geburtenrückgang das allgemeine Niveau der gesellschaftlichen Ordnung erhöhen, da gesellschaftliche Störungen typischerweise von hitzköpfigen jungen Männern hervorgerufen werden, die dann einen immer kleineren Anteil der Bevölkerung ausmachen. Innerhalb von zwei Generationen wird die Hälfte der Bevölkerung Europas und Japans älter als 50 Jahre sein. Die Altersgruppe der über 50jährigen neigte nie zu revolutionären Energien oder zu Kriminalität. Auch ökonomisch sind die Kosten des Bevölkerungsrückgangs nicht unmittelbar einsichtig: Das Bruttoinlandsprodukt mag zwar abnehmen, aber das Pro-Kopf-Einkommen wird sich substantiell erhöhen. Mit ihren zahlenmäßig geschrumpften Bevölkerungen und ihren rückläufigen Volkseinkommen werden diese Länder zwar weniger Macht und internationalen Einfluß ausüben können, aber der internationale Ehrgeiz ihrer überalterten Bevölkerungen dürfte ohnehin kaum auf Weltreiche oder Eroberungen gerichtet sein.

Die zunehmende Langlebigkeit, die eine der Ursachen der demographischen Situation der Industriegesellschaften darstellt, wird den Bestand an Sozialkapital auch in anderer Hinsicht erhöhen. Vor einigen Jahren argumentierte der französische Soziologe Jean Fourastié, daß sich aufgrund der zunehmenden Lebenserwartung die Zahl der Menschen sehr stark erhöhen werde, die alt genug werden, um gute Ausbildungen zu durchlaufen und ein hochkreatives Leben führen zu können, was Fourastié zufolge im fünften und sechsten Lebensjahrzehnt der Fall sei.[2] Da die modernen Gesellschaften nicht mehr gezwungen sind, das Angebot an hochqualifizierender Bildung zu rationalisieren, wird heute ein sehr viel größerer Teil der Bevölkerung alt genug, um die Blütezeit eines »tertiären Lebens« zu erleben – also das Leben als ein voll ausgebildeter Erwachsener. Sozialkapital wird auf vielfache Weise durch Bildung geschaffen, da die Auszubildenden nicht nur Fähigkeiten und Wissen erwerben, sondern auch für die Anforderungen der verschiedenen Branchen und Berufe sozialisiert werden. Deshalb durchlaufen Bevölkerungen mit höherem Durchschnittsalter eine gründlichere Sozialisation, nicht nur, weil ihnen die jugendlichen Hormone fehlen, sondern auch, weil sie durch ihre Gesellschaften besser geformt werden.

Andererseits wirft der Geburtenrückgang schwerwiegende Probleme für den gesellschaftlichen Zusammenhalt auf, weil dadurch auch die Verwandtschaftsbeziehungen als Quelle von Sozialkapital geschwächt werden. Die größere Lebenserwartung ist ein weiterer Grund für die steigenden Scheidungsraten während des Großen Bruchs. Die Eheverträge müssen heute sehr viel länger gelten als fruher. Heutzutage ist es nicht ungewöhnlich, daß ein unglücklich verheiratetes Paar mit der Scheidung wartet, bis die Kinder herangewachsen sind und das Elternhaus verlassen haben. Im 19. Jahrhundert lebten die meisten Paare gar

Alleinlebende in Prozent aller Haushalte

Land	Haushalte	Jahr
Dänemark	50,3	1997
Vereinigtes Königreich	12,0	1995
Irland	21,3	1996
Niederlande	31,8	1996
Norwegen	45,6	1997
Österreich	29,2	1993
Schweiz	32,4	1990
Vereinigte Staaten	25,1	1997

Quelle: Verschiedene nationale Ämter für Statistik, siehe Anhang.

nicht so lange; die Trennung eines Paares erfolgte häufig bevor die Kinder erwachsen wurden, weil einer der Ehepartner starb. Die Familien werden kleiner, und dieser Trend wird sich auch in der nächsten Zukunft fortsetzen. In ein paar Generationen könnte es sein, daß die meisten Europäer und Japaner nur noch mit ihren Vorfahren verwandt sind. Zum erstenmal in der Menschheitsgeschichte könnte es zur Normalität werden, daß in den Familien drei Generationen von Erwachsenen gleichzeitig leben. Der Demograph Nicholas Eberstadt hat die heutigen Muster der Geburtenraten für die beiden nächsten Generationen vorausberechnet. Er stellte fest, daß drei Fünftel der italienischen Kinder keine Geschwister, Cousins, Tanten oder Onkel haben werden; nur 5 Prozent aller Kinder werden sowohl Geschwister als auch Cousins haben.[3] Das Leben in einer Kultur wie der Italiens, in der Familienbeziehungen sehr große Bedeutung haben, wird sich völlig verändern. Die Zahl der Alleinlebenden hat sich sehr stark erhöht, wozu auch die Tatsache beiträgt, daß Frauen sehr viel länger leben als Männer (siehe Tabelle 6.1). In Skandinavien, wo der größte Rückgang der Kernfamilie festzustellen ist, scheint auch die größte Einsamkeit zu herrschen, denn dort machen Einpersonenhaushalte fast die Hälfte aller Haushalte aus. (In Oslo beträgt der Anteil der Alleinlebenden etwa 75 Prozent aller Haushalte.[4]) Manche Länder geraten in Versuchung, den Rückgang der ursprünglichen Bevölkerung dadurch auszugleichen, daß sie die Einwanderung fördern. Während jedoch die Vereinigten Staaten und Kanada ein gewisses Geschick beim Umgang mit kulturell andersartigen Ausländern entwickeln konnten, wird ihre Anwesenheit in Europa und Japan sehr wahrscheinlich soziale Instabilität und Übergriffe zur Folge haben. Auch innerhalb der eingeborenen Bevölkerung kann es zu neuen Konfliktformen kommen – beispielsweise Auseinandersetzungen zwischen den Generationen, wenn die Kohorten der älteren Menschen sich weigern, den jüngeren Generationen zu weichen. Welche weiteren Konsequenzen sich für Gesellschaften ergeben werden, die sich im Grunde weigern sich fortzupflanzen, können wir uns kaum vorstellen.

Konsequenzen des Auseinanderbrechens der Familie

Der Niedergang der Kernfamilie im Westen hatte ausgeprägte negative Wirkungen auf das Sozialkapital und hing mit der wachsenden Armut der Menschen am unteren Ende der gesellschaftlichen Hierarchie, zunehmender Kriminalität und letztlich mit dem Verfall des Vertrauens zusammen.

Eine der wichtigsten Folgen des Verfalls des Sozialkapitals in Familien ist die Abnahme des Humankapitals verschiedener aufeinanderfolgender Generationen. Der Coleman-Report von 1966 war eine umfassende Untersuchung der Leistung im Bildungswesen, die vom amerikanischen Department of Health, Education and Welfare in Auftrag gegeben worden war. In dem Bericht wurde festgestellt, daß die Familie und die Gleichaltrigen eine viel größere Wirkung auf das Ergebnis des Bildungsprozesses haben als die politisch kontrollierbaren Inputs wie beispielsweise die Lehrergehälter, die Größe der Klassenzimmer und die Ausgaben für die Ausstattung.[5] Die Ergebnisse des Coleman-Reports wurden seit seinem Erscheinen von vielen anderen Untersuchungen bestätigt. Die katastrophale Verschlechterung der Ergebnisse in den Tests, die in den Vereinigten Staaten in der Periode des

Großen Bruchs eintrat, ist teilweise der Tatsache zuzuschreiben, daß Familien zerbrachen, zerrüttet wurden, verarmten oder ihre Fähigkeit auf andere Weise abnahm, Fähigkeiten und Wissen weiterzuvermitteln. Umgekehrt könnte das gute Abschneiden asiatisch-amerikanischer Kinder die Tatsache widerspiegeln, daß die Familienstrukturen in dieser Bevölkerungsgruppe verhältnismäßig häufiger intakt bleiben und daß in dieser Gemeinschaft auf der Familie basierende kulturelle Traditionen vorherrschen.

Die Wirkungen von Scheidung, außerehelicher Geburt und Ein-Eltern-Familien auf die Wohlfahrt der in solchen Haushalten heranwachsenden Kinder – also auf das Human- und Sozialkapital, das von einer Generation auf die nächste übertragen wird – wurden seit dem Erscheinen des Moynihan-Reports im Jahr 1965 bis zum Überdruß erforscht und durchdiskutiert.[6] Daniel Patrick Moynihan verfaßte diesen Bericht während seiner Tätigkeit im Arbeitsministerium unter der Regierung Johnson. Er stellte fest, die Familienstruktur sei eine entscheidende Variable, mit der sich die Armut unter amerikanischen Farbigen erklären lasse. Der Bericht rief eine äußerst heftige Kontroverse hervor; seine Kritiker argumentierten, entweder wolle Moynihan »die Schuld den Opfern zuweisen« oder die Werte der weißen Mittelklasse einer Minderheit überstülpen, deren Familienstrukturen zwar anders, aber nicht unbedingt schlechter als die der Weißen seien.[7]

Dieser Debatte läßt sich heute wahrscheinlich wenig Neues hinzufügen – außer der Anmerkung, daß Moynihans Aussagen fast 35 Jahre später gerechtfertigt erscheinen. Ich glaube, jede unvoreingenommene Lektüre der Literatur zu diesem Thema muß zu der Folgerung führen, daß es unter vergleichbaren Bedingungen viel besser ist, in einer traditionellen Zwei-Eltern-Familie heranzuwachsen als in einer Familie mit nur einem Erzieher oder gar keinen Eltern. Wenn manche auf dem Argument beharren, die Familienstruktur spiele für das Wohlergehen der Kinder keine sehr große Rolle, so hat dies seinen Grund darin, daß zerbrochene oder Ein-Eltern-Familien in hohem Maße mit einer Reihe anderer gesellschaftlicher Mißstände korrelieren, von Armut über schlechte Schulen und gefährliche Wohnbezirke bis hin zu Drogenkonsum. Selbst durch die ausgeklügeltste statistische Analyse lassen sich die Kausalitätsstränge nur schwer entwirren, die diese Phänomene miteinander verbinden, und man kann aufzeigen, daß unter Berücksichtigung des sozioökonomischen Status – diesen Ausdruck benutzt der Sozialwissenschaftler für das Einkommen und die Bildung der Eltern – die Wirkung nicht allzugroß ist, die von einer Scheidung oder einer Ein-Eltern-Familie auf das kindliche Wohlergehen ausgeht.[8]

Anders ausgedrückt kann Geld einen großen Teil des Defizits an Human- und Sozialkapital aufheben, das durch das Auseinanderbrechen von Familien entsteht. Vermutlich kennen viele Leser Kinder, die Erfahrungen wie Scheidungen oder unglückliche häusliche Situationen durchlebten, die sich aber, nachdem sie das persönliche Durcheinander hinter sich gebracht hatten, völlig in Ordnung fühlten und zu gesunden Erwachsenen reiften. Viele große Persönlichkeiten der Geschichte wurden von Ammen oder Kindermädchen großgezogen oder wuchsen unter bizarren oder anscheinend ungesunden häuslichen Bedingungen heran. Sind jedoch genügend Lehrer, gute Schulen und die richtigen Freunde vorhanden, erweisen sich diese häuslichen Situationen nur als unbedeutende Hindernisse oder können sich später sogar als nützlich für die Charakterbildung des Kindes herausstellen.

Bei dieser Sichtweise stellen sich drei Probleme. Erstens hat nicht jeder Geld. Das Auseinanderbrechen der Familien der Armen läßt sich nur durch die Intervention seitens des Wohlfahrtsstaates mildern, der dann eigentlich die Funktion des Vaters übernimmt. Das verlagert die Last ungerechterweise vom abwesenden Vater auf den Steuerzahler. Obwohl der Staat das Armutsproblem der mittellosen Ein-Eltern-Familie bis zu einem gewissen Grad abschwächen kann, sind solche Maßnahmen teuer und rufen auch moralische Gefahren hervor, weil gerade jenes Verhalten ermutigt wird, das dadurch eigentlich verbessert werden sollte. Es kann sein, daß Charles Murray die Auswirkungen des Wohlfahrtsstaates auf den Zusammenbruch der Familie übertreibt, aber dieser hat mit Sicherheit zu dem Problem beigetragen.

Das zweite Problem betrifft die Tatsache, daß das Zerbrechen der Familie selbst eine Armutsursache ist. In einer Reihe von Untersuchungen konnte nachgewiesen werden, was schon der gesunde Menschenverstand ahnt: Ein-Eltern-Haushalte büßen Größenvorteile ein, verfügen im Vergleich zur Zwei-Eltern-Familie nur über die Hälfte des Einkommens, der Arbeitsleistung und des Sozialkapitals und können auch die Arbeitsteilung zwischen den Eltern nicht mehr ausnützen. Empirische Studien zeigen, daß Haushalte mit Kindern nach der Scheidung gravierende Einkommenseinbußen erleiden, und zwar unabhängig vom sozioökonomischen Status der Eltern vor der Scheidung.[9] Das wirkt sich fast immer nachteilig auf die Frauen aus: In Familien, die nicht unter der Armutsschwelle liegen, beziehen die Mutter und die Kinder nach der Scheidung im Durchschnitt weniger als 50 Prozent des Gesamteinkommens, das vor der Trennung zur Verfügung stand, während sich das verfügbare Einkommen des Vaters sogar erhöht.[10] Der sozioökonomische Status ist deshalb eine von den Sozialwissenschaftlern sogenannte abhängige und nicht eine unabhängige Variable.

Das dritte Problem besteht darin, daß statistische Analysen gewöhnlich wichtige qualitative Elemente der Kindererziehung und Sozialisation nicht erfassen können, vor allem die Rolle des Vaters bei der Kindererziehung. Wie wir dargelegt haben, ist die Rolle des Vaters in sehr viel höherem Maße gesellschaftlich konstruiert als die der Mutter; sie variiert von Gesellschaft zu Gesellschaft – von der minimalistischen Funktion eines Lieferanten von Samen und Einkommen bis zum fürsorglichen Elternteil, der die Führung bei der Erziehung und Sozialisation der Kinder übernimmt. Zumindest ermöglichen es im Haushalt lebende Väter, daß die Mutter mehr Zeit für die Kinder aufwenden kann.[11] Aber es widerspricht dem gesunden Menschenverstand anzunehmen, daß der Vater für die Kinder nur die eine positive Funktion habe, für das Einkommen zu sorgen. Für die Söhne sind die Väter wichtige Vorbilder: Männliche Aggression wird zur männlichen Tugend, wenn die älteren Männer den jüngeren zeigen, wie sie konkurrieren und einander beherrschen können. Die Väter wirken auch entscheidend mit, die Erwartungen der Töchter im Hinblick auf die Männer zu formen. Wird der Mutter von ihrem Ehemann oder gar von ihren männlichen Freunden wenig Achtung gezeigt, wird die Tochter wahrscheinlich keine hohen Erwartungen im Hinblick auf ihre eigene Partnerwahl entwickeln. Die Überzeugung, daß die Väter ihrer Verantwortung nicht mehr gerecht werden, hat sich in den neunziger Jahren in den Vereinigten Staaten immer weiter ausgebreitet,[12] und zwar zu Recht, wenn man die Fragilität der Vaterrolle in Betracht zieht.[13]

Der Zusammenbruch der Familie stellt zwar an sich einen Verlust von Sozialkapital dar, aber dieses Zerbrechen kann tatsächlich auch dazu beitragen, daß sich die Familienmitglieder stärker mit Menschen und Gruppen außerhalb der Familie verbinden, ob mit Freunden, Selbsthilfegruppen oder Organisationen für Frauen- oder Männerrechte. Die starken Verwandtschaftsbande in den familistischen Gesellschaften Chinas oder Lateinamerikas können ein Vertrauensdefizit gegenüber Fremden hervorrufen; im Westen könnte die Abschwächung von Bindungen in den heutigen Familien zu einer Zunahme der gesellschaftlichen Bindungen außerhalb der Familie führen.

Es lassen sich noch weitere Wirkungen des Wandels der Familie auf die Zivilgesellschaft anführen. Die meisten Umfragedaten deuten darauf hin, daß Frauen, die außer Haus arbeiten, in einer größeren Zahl von Organisationen mitwirken als Frauen, die zu Hause bleiben.[14] Das dürfte kaum überraschen: Eine der Hauptklagen der Hausfrauen in amerikanischen Vorortbezirken lautete schon in den fünfziger Jahren, daß sie sich gesellschaftlich isoliert fühlten – in höherem Maße als Frauen früherer Generationen, die in den ländlichen Gegenden oder Dorfgemeinschaften traditionelle Funktionen übernommen hatten, wobei aber die Männer und Nachbarn immer nahe waren. Vermutlich schließen sich heute berufstätige Frauen auch anderen Arten von Organisationen an. Statt sich in einer Kirche oder Schule ehrenamtlich zu betätigen, treten Frauen heutzutage in Gewerkschaften, Berufsverbände und andere Formen von berufsbezogenen Gruppierungen ein. Während jedoch die Arbeit außerhalb des Hauses zur Verbesserung der sozialen Einbindung der Frauen beiträgt, werden diese Bindungen beeinträchtigt, wenn eine Frau Alleinerziehende ist – einfach weil die Kindererziehung einen großen Teil ihrer Zeit beansprucht. Doch auch das ist ein Problem, das sich bis zu einem bestimmten Grad durch Geld lösen läßt, wenn auch nicht vollständig. Selbst Kinder reicher Eltern beanspruchen die Zeit ihrer Mütter und Väter.

Auf das Sozialkapital ergeben sich aus diesen Veränderungen in den westlichen Familien komplexe Auswirkungen. Ganz eindeutig wird das Sozialkapital verringert, das in den Familien selbst verkörpert wird, doch sind die Wirkungen der Veränderungen auf das Vertrauen und die sozialen Bindungen außerhalb der Familie neutral oder möglicherweise sogar positiv.

Der Niedergang der Verwandtschaftsbeziehungen könnte jedoch zu einer wichtigen Veränderung der *Qualität* der Beziehungen führen. Das Sprichwort »Freunde kann man sich aussuchen, Verwandte aber nicht« zeigt, daß die Menschen ihre Verwandten möglicherweise nicht besonders mögen, sich ihnen aber dennoch in besonderer Weise verpflichtet fühlen. Führen wir doch einmal den Pflegeheimtest durch. Dabei setzen wir voraus, daß eine Ihnen bekannte Person in ein Pflegeheim oder eine andere Einrichtung aufgenommen werden muß, weil sie körperlich oder geistig erkrankt ist. Diese Person ist nicht mehr attraktiv oder lebhaft; es ist kein großes Vergnügen, mit ihr zusammen zu sein, und sie kann auch nichts mehr für Sie tun. Die Person ist also in eine Art von kindlicher Abhängigkeit zurückgefallen, ist aber nicht so niedlich wie ein Kind. Bei welchem Kreis von Personen wären Sie bereit, eine solche Person im Pflegeheim zu besuchen, Wochenende für Wochenende, Jahr um Jahr, auf nicht absehbare Zeit? Wahrscheinlich würden nur Verwandte – Eltern, Geschwister, möglicherweise auch der Ehepartner – diesen Test bestehen. Von den Hunderten oder sogar Tausenden unserer anderen Freunde und Bekannten verlangen wir gewöhnlich als Gegenleistung irgendeinen Aufmerksamkeitsbeweis; wird er nicht erbracht, verlieren wir das Interesse und kommen zu dem Entschluß, daß unsere Zeit einfach zu wertvoll ist.

Betrachten wir nun einmal die Situation, in der sich eine ältere, hinfällig oder senil gewordene Person in Europa oder Nordamerika im frühen 21. Jahrhundert befindet, und vergleichen wir diese Situation mit der einer alten Person vor 300 Jahren, also um den Beginn des 18. Jahrhunderts. Damals galt es schon als gewaltige Leistung, wenn man älter als 70 oder 80 Jahre wurde;

die Hälfte aller Kinder starb vor dem 15. Lebensjahr, und nur eine kleine Minderheit konnte erwarten, das reife und hohe Alter von 52 Jahren zu erreichen. Jean Fourastié wies darauf hin, daß eine solche Person mit vollem Recht als bemerkenswert angesehen wurde, denn dieses fortgeschrittene Alter zu erreichen, galt als ungewöhnliche Leistung. Im Gegensatz dazu können sich zwar auch Menschen, die im 21. Jahrhundert über 52 Jahre alt sind, als »Langlebende« betrachten, aber sie bilden heute die absolute Mehrheit der Gesellschaft. Eine ältere Person in der früheren Zeit starb mit hoher Wahrscheinlichkeit zu Hause, umgeben von zwei, drei oder sogar noch mehr Generationen von Sprößlingen und Verwandten, mit denen sie den größten Teil ihres Lebens gemeinsam verbracht hatte. Das Leben dieser Person wurde durch große und kleine Rituale bestimmt, von täglichen Gebeten und Zeremonien am Familientisch bis zum traditionellen Familientrauerzug am Ende des Lebens.

Im Gegensatz dazu verbringt die ältere Person des frühen 21. Jahrhunderts – das könnte dann beispielsweise ein in die Jahre gekommener Babyboomer sein – die Jahre ihres ausklingenden Lebens einsam in einem Heim oder einem Appartement, wo sie gelegentlich vom Sohn oder der Tochter besucht wird, die selbst schon das Rentenalter erreicht haben und mit eigenen Gesundheitsproblemen zu kämpfen haben. Die Alten führten in jüngeren Jahren ein langes und unruhiges Leben – verschiedene Ehe- und Sexualpartner, die Trennung der Haushalte, Streitereien über die Aufteilung von Gütern und über das Sorgerecht für die Kinder. Deshalb dürften die Beziehungen zwischen diesen Verwandten recht angespannt sein, gefühlsbestimmt zwar, aber dennoch leicht entfremdet. Diese Beziehungen müssen nun mit den Anforderungen der physischen Ferne und mit Aktivitäten konkurrieren, die angenehmer sind als die familiären Pflichten. Es kann natürlich vorkommen, daß ein Enkelkind oder ein ehemaliger Ehepartner ein plötzliches Interesse an der Situation oder dem Wohlergehen der älteren Person entwickelt, aber das ist dann reiner Zufall. Die ältere Person, die im Zeitalter der Computernetzwerke aufgewachsen ist, verfügt über einen riesigen Freundeskreis und über Kontakte am Ort und in weit entfernten Ländern. Sie steht täglich mit Menschen in Kontakt, mit deren Interessen in wichtigen und trivialen Dingen sie übereinstimmt, von Politik und Religion über Kochen bis zur Gartenarbeit. Aber genau der Aspekt, der die moderne Kommunikation so attraktiv machte – die angebliche Aufhebung der Distanz und die Erosion der kulturellen und politischen Grenzen –, wirkt sich nun zunehmend als Nachteil aus. Zieht diese Person in ein Altenpflegeheim, ist sie plötzlich von Fremden umgeben; die Freunde und Bekannten, die sie über das Netzwerk erreicht, drücken zwar ihr Mitgefühl und ihre Besorgnis aus, finden aber einen Besuch zu beschwerlich. Das Leben wird völlig von den gewohnten Ritualen befreit. Die verschiedenen Übergänge von einer Lebensphase zur anderen werden nicht mehr von familiären und vertrauten Zeremonien begleitet, die den einzelnen früher mit den vorangegangenen und nachfolgenden Generationen verbanden, sondern werden zu einer Frage der Improvisation. Die Fähigkeit, sich selbst ständig zu erneuern und neu zu formen, die in früheren Lebensphasen als wertvoller Wesenszug erschien, führt jetzt nur noch zu unglaublicher Einsamkeit. Wenn dann endlich das Ende kommt, ist man allein.

Cui bono?

Wenn man auf die negativen Folgen für das Sozialkapital hinweist, die sich durch den Wandel der Familie ergeben, so heißt das nicht, daß damit die Schuld den Frauen zugeschoben wird. Der Eintritt der Frauen in das Berufsleben, die stetige Verringerung der Einkommensdifferenz zu den Männern und die bessere Verfügbarkeit von Empfängnisverhütungsmitteln für die Frauen sind im großen und ganzen positive Entwicklungen. Die wichtigste normative Veränderung betraf jene Norm, die die Verantwortlichkeit des Mannes für Ehefrau und Kinder regelte. Selbst wenn der Wandel der Normen durch Geburtenkontrolle und steigende Einkommen der Frauen ausgelöst wurde, mußte man doch den Männern die Schuld für die Folgen zuweisen, die sich daraus ergaben. Und das bedeutet auch nicht, daß sich die Männer früher besser benahmen. Für die Stabilität der traditionellen Familien wurde ein hoher Preis in Form von emotionalem und physischem Kummer wie auch von verpaßten Gelegenheiten gezahlt – Kosten, die überproportional den Frauen aufgebürdet wurden.

Andererseits stellten diese grundlegenden Veränderungen der Geschlechterrollen keineswegs eine so eindeutig gute Entwicklung dar, wie manche Feministinnen behaupten. Den Gewinnen standen immer auch Verluste gegenüber, und diese Verluste wurden überproportional den Kindern aufgebürdet. Das dürfte niemanden überraschen. Angesichts der Tatsache, daß die weiblichen Rollen traditionell auf Fortpflanzung und Kinder orientiert sind, durften wir kaum erwarten, daß der Auszug der Frauen aus dem Haushalt und ihr Eintritt in die Berufstätigkeit für die Familien folgenlos bleiben würden.

Außerdem waren die Frauen selbst bei diesem Handel häufig die Verlierer. Der größere Teil der Arbeitsmarktgewinne der Frauen in den 1970er und achtziger Jahren fand nicht in den glamourösen Murphy-Brown-Berufen statt, sondern in den niedrigen Dienstleistungsjobs. Die finanzielle Unabhängigkeit vieler Frauen verbesserte sich nur wenig, und zum Ausgleich dafür sahen sie sich auch noch von den Ehemännern verlassen, die sich jüngere Ehefrauen oder Freundinnen suchten. Aus unmittelbar biologischen Gründen (Männer bleiben auch im reiferen Alter sexuell attraktiver als Frauen) hatten die Frauen viel geringere Chancen als ihre ehemaligen Männer, sich neu zu verheiraten. War bei den Männern eine immer breiter werdende Kluft zwischen reichen und armen festzustellen, so gab es auch bei den Frauen eine Entsprechung: Gebildete, ehrgeizige und talentierte Frauen durchbrachen die Barrieren, bewiesen, daß sie in männlichen Berufen erfolgreich sein konnten und bezogen immer höhere Einkommen. Aber viele ihrer weniger gebildeten, weniger ehrgeizigen und weniger talentierten Geschlechtsgenossinnen mußten feststellen, daß ihnen der Boden unter den Füßen weggezogen wurde, während sie in schlechtbezahlten, aussichtslosen Jobs oder im Falle der Armen mit Sozialhilfen versuchten, allein ihre Kinder großzuziehen. Diesen ganzen Prozeß nahmen wir nur verzerrt wahr. Das ist der Tatsache zuzuschreiben, daß die öffentliche Debatte über das Verhältnis der Geschlechter zueinander durch Reden und Schriften von Feministinnen geprägt wird, die fast ausschließlich der erstgenannten Kategorie von Frauen angehören.

Im Gegensatz dazu blieb die Bilanz für die Männer im wesentlichen unverändert. Zwar haben viele Männer beträchtliche Einbußen an Status und Einkommen hinnehmen müssen, doch sahen sich andere (und manchmal handelte es sich um dieselben Personen) in der recht glücklichen Situation, von der lästigen Verantwortung für ihre Frauen und Kinder befreit worden zu sein. Der Lebensstil des Playboys wurde nicht erst von Hugh Hefner in den fünfziger Jahren erfunden; vielmehr haben mächtige, reiche und gutsituierte Männer diesen Lebensstil während der gesamten Geschichte genossen – er ist sogar geradezu eines der Hauptmotive für ihr Streben nach Macht, Reichtum und hohem Status. Die Veränderungen, die seit den fünfziger Jahren stattfanden, bestanden darin, daß es jetzt auch vielen recht gewöhnlichen Männern möglich wurde, ihre Traumgespinste von einem hedonistischen Leben und sexueller Polygamie tatsächlich auszuleben, die früher nur einer winzigen Gruppe von Männern an der obersten Spitze der Gesellschaft vorbehalten waren. Eine der größten Lügen, die während des Großen Bruchs verbreitet wurden, war die Behauptung, daß die sexuelle Revolution geschlechtsneutral verlaufen sei, daß sie also Männern und Frauen in gleichem Maße genutzt habe und daß sie irgendwie auch mit der feministischen Revolution verwandt sei. Tatsächlich diente die sexuelle Revolution den Interessen der Männer und begrenzte letztlich auch die Gewinne sehr drastisch, die die Frauen von ihrer Befreiung aus den traditionellen Rollen eigentlich hätten erwarten können.

Folgen der Kriminalität für das Sozialkapital

Hohe Kriminalitätsraten können sich im Fehlen von Sozialkapital widerspiegeln; die Kausalbeziehung könnte aber auch andersherum wirksam sein. Das heißt, hohe Kriminalitätsraten könnten dazu führen, daß sich ansonsten gesetzes- und normentreue Mitglieder einer Gemeinschaft gegenseitig mißtrauen und daß sie deshalb weniger geneigt sind, auf den unterschiedlichsten Ebenen zusammenzuarbeiten. James Q. Wilson stellt fest:

Durch Raubkriminalität werden nicht einfach einzelne Personen zu Opfern; vielmehr behindert – und im Extremfall verhindert – sie, daß Gemeinschaftlichkeit gebildet und erhalten werden kann. Indem Kriminalität das delikate Geflecht von formellen und informellen Bindungen zerstört, durch das wir mit unseren Nachbarn verbunden sind, zerbricht sie auch die Gesellschaft in kleinste Teile und läßt ihre Mitglieder zu berechnenden Individuen werden, die ständig nur ihre eigenen Vorteile abschätzen, vor allem mit Blick auf ihr Überleben inmitten der anderen. Gemeinsame Unternehmungen werden schwierig oder unmöglich, ausgenommen für jene, die sich von einem gemeinsamen Verlangen nach Schutz motivieren lassen.[15]

Menschen, die sich vor Verbrechen so sehr fürchten, daß sie sich nachts nicht mehr aus dem Haus wagen, werden wahrscheinlich kaum noch an freiwilligen Organisationen wie den Lehrer-Eltern-Verbänden oder der Pfadfinderschaft teilnehmen (die Ausnahme bilden, wie Wilson feststellt, die nachbarschaftlichen Wachdienste). Wie schon weiter oben festgestellt wurde, gibt es eine starke Korrelation zwischen der Viktimisierung durch Kriminalität und dem Vertrauen: Der Anstieg der Kriminalitätsraten seit den sechziger Jahren ist einer der wichtigsten Erklärungsfaktoren für den Schwund des Vertrauens. Selbst in physisch ungefährlichen Wohnbezirken (das ist die überwältigende Mehrheit der amerikanischen Wohnbezirke) trägt das durch lokale Fernsehberichterstattung angeheizte Bewußtsein steigender Kriminalitätsraten beträchtlich dazu bei, daß der Zynismus der Bürgerinnen und Bürger zunimmt. In dieser Beziehung spielen die Medien häufig eine wichtige, aber wenig hilfreiche Rolle.

Wie die Kriminalitätsraten die Bereitschaft der Bürgerinnen und Bürger beeinträchtigen, sich zusammenzuschließen, wird in der Frage des Kindesmißbrauchs deutlich. In Kapitel 4 haben wir bereits darauf hingewiesen, daß es klare Belege für eine Zunahme der Raten des Kindesmißbrauchs im Verlauf der letzten Generation in den Vereinigten Staaten, in Großbritannien und möglicherweise in anderen Industrieländern gibt. Doch in den Vereinigten Staaten wurde die öffentliche Wahrnehmung der Größenordnung dieses Problems in hohem Maße durch eine Reihe von sensationellen Fällen in den achtziger Jahren förmlich überrollt, darunter der Prozeß (und später der Freispruch) der Mitarbeiter einer Kindertagesstätte in Manhattan Beach, Kalifornien, der Amirault-Fall in Massachusetts und der Snowden-Fall in Miami. Dorothy Rabinowitz hat im Laufe der Jahre darüber sehr gewissenhaft im *Wall Street Journal* berichtet. Sie glaubt, daß viele dieser Fälle, darunter auch solche, die mit einer Verurteilung endeten, von übereifrigen Anklägern vorangetrieben wurden und wahrscheinlich dazu führten, daß viele unschuldige Menschen ins Gefängnis kamen.[16] Die Medienberichterstattung über diese Fälle verbreitete in der Öffentlichkeit die Überzeugung, daß im ganzen Land eine Epidemie des Kindesmißbrauchs ausgebrochen sei. Diese Überzeugung hatte weitreichende Auswirkungen auf die Verhaltensmaßregeln der Eltern gegenüber ihren Kindern. Am Ende der achtziger Jahre hatte jedes Vorschulkind die Botschaft eingedrillt bekommen, allen Fremden grundsätzlich zu mißtrauen.

Die Nettowirkung der Wahrnehmung, daß die Quote der Kindesmißhandlungen zugenommen habe, bestand darin, daß die Sozialisation der Kinder zu einer mehr individualistischen Angelegenheit wurde. In eng geknüpften traditionellen Gemeinschaften liegt die Sozialisation der Kinder gewöhnlich in der Verantwortung der Gemeinschaft. Selbst im liberal-individualistischen Amerika wird das Verhalten der Kinder nicht nur von den eigenen Eltern, sondern auch von anderen Erwachsenen beaufsichtigt, überwacht, belohnt und sogar bestraft. Die Autorität der Erwachsenen außerhalb der Familie nahm im Verlauf der Verstädterung und der zunehmenden Anonymität der Wohnbezirke in Amerika ab. Seit den sensationellen Fällen von Kindesmißbrauch in den achtziger Jahren jedoch werden die Eltern eines Kindes, die beobachten, daß ein Fremder das Kind bestraft, wahrscheinlich eher die Polizei anrufen als darin einen legitimen Akt der gemeinschaftlichen Autorität sehen. Eine weitere Wirkung besteht darin, daß Zuneigung nicht mehr gezeigt wird. Wie berichtet wird, vermeiden es die Lehrer, Kinder in den Arm zu nehmen, nachdem eine Reihe von Lehrern wegen sexuellen Mißbrauchs angezeigt worden war.[17] Das Verständnis der Beziehung zwischen Sozialkapital und Kriminalität führte während der achtziger und neunziger Jahre zu einigen hochgradig produktiven Innovationen in den amerikanischen Polizeipraktiken. Seit den sechziger Jahren und mit einem Höhepunkt in den späten achtziger Jahren kam es in vielen amerikanischen Städten neben einem Anstieg der Zahl schwerer Verbrechen auch zu einer gewaltigen Zunahme sogenannter »Ordnungswidrigkeiten« – kleine Vergehen wie Graffitisprühen, Stadtstreicherei und leichter Vandalismus. Diese Zunahme wurde gefördert durch die Entkriminalisierung der Verstöße gegen die öffentliche Ordnung und durch die Tatsache, daß immer mehr psychisch Kranke aus den Pflegeanstalten entlassen wurden. Während der achtziger Jahre gab es eine Zeit, in der praktisch jeder Quadratzentimeter der Zugwände in der New Yorker Untergrundbahn mit Graffiti besprüht war. Die offenkundige Unfähigkeit der öffentlichen Behörden, das zu verhindern, vermittelte den Menschen das deutliche Gefühl, daß ihre Gesellschaft außer Kontrolle geraten sei.

In einem Aufsatz, der die Diskussion beeinflußte, stellten George Kelling und James Q. Wilson 1982 fest, daß die Polizei nicht nur auf die üblichen Vergewaltigungen, Morde und bewaffneten Überfälle achten dürfe, die die Schlagzeilen beherrschten, sondern auch auf die Ordnungswidrigkeiten.[18] Sie argumentierten, daß die Kriminalität auch dann gefördert werde, wenn in einem Gebäude die zerbrochenen Fenster nicht repariert würden, weil damit die Botschaft vermittelt würde, die dort lebenden Bewohner kümmerten sich nicht um das physische Erscheinungsbild des Hauses und seien demzufolge auch nicht an der Durchsetzung anderer Normen interessiert. Kelling und Wilson erklärten, daß dieser Ansatz, auch wenn sich dadurch das Ausmaß der schweren Vergehen nicht verringern lasse, doch den Menschen ein besseres Gefühl bezüglich ihrer Wohngegend vermitteln und daher zum Aufbau von Gemeinschaftlichkeit und von mehr Sozialkapital beitragen könne.

Aus solchen Gedanken entstanden auch Ansätze wie das »community policing«, die Ende der neunziger Jahre bereits in der Mehrzahl der amerikanischen Gemeinden verwirklicht worden waren.[19] Die Bewegung entstand aus den Bemühungen, die Polizisten aus ihren Streifenwagen herauszuholen und den Streifengang zu Fuß durch die Straßen einzuführen, wo sie unmittelbarer mit der Bürgerschaft kommunizieren konnten. In der anspruchsvolleren Form hilft die Polizei mit, Freiwillige aus den Gemeinden zu Wachdiensten und Sportligen in den Wohnbezirken zu organisieren. Die Polizei widmete sich auch stärker einer Fülle von kleineren Problemen wie übertriebenem Partylärm oder Hundebellen. In den achtziger Jahren begann New York City, mehr Finanzmittel für die Beseitigung der Graffiti in den Untergrundzügen bereitzustellen, Obdachlose aus den Parks zu vertreiben, in denen sie praktisch ihren Wohnsitz aufgeschlagen hatten, und andere Maßnahmen zu ergreifen, um den Einwohnern zu zeigen, daß die Befolgung der Regeln überall durchgesetzt würde. Der frühere Trend der Polizeipraktiken, der vom Los Angeles Police Department unter der Leitung von Daryl Gates beispielhaft verwirklicht wurde, hatte dazu geführt, daß die Polizei erst in den Wohnbezirken auftauchte, wenn etwas passiert war, und auch dann nur bei schwersten Verbrechen. Damit konnten zwar Personal und andere Polizeiressourcen eingespart werden, aber es trug auch dazu bei, daß der Streifenpolizist keine Verbindung zum Wohnviertel mehr hatte. Die Behörden hatten damit keinen Zugang mehr zu Informationen, die sich aus einer Vertrauensbeziehung mit den Bewohnern ergeben.[20] Die traditionelleren Polizeiabteilungen glaubten, daß diese Polizeiarbeit den Polizisten zum Sozialarbeiter machte, und standen ihr skeptisch oder sogar ablehnend gegenüber, doch im Verlauf der neunziger Jahre wurden die positiven Ergebnisse der gemeinschaftsorientierten Polizeiarbeit immer deutlicher sichtbar.[21]

Es könnte sein, daß sich die Veränderungen des Strafrechts und der Polizeipraktiken sehr viel stärker auf das Sozialkapital ausgewirkt haben, als wir bisher angenommen haben. Natürlich gab es viele legitime Gründe dafür, den Tatbestand der Ordnungswidrigkeit zu entkriminalisieren, und diese Gründe haben ihre

Ursache in der im amerikanischen System verwurzelten Achtung für die Rechte und Würde des einzelnen. Die American Civil Liberties Union (ACLU) und andere Interessenvertretungen der Benachteiligten argumentierten, daß Gesetze, die Verhaltensweisen wie Obdachlosigkeit kriminalisierten, in Wirklichkeit die Armut kriminalisierten. Daß sich die Angehörigen der Mittelschichten von schmutzigen und stark riechenden Obdachlosen belästigt fühlten oder daß ihre Kinder Angst vor Obdachlosen hätten, die Selbstgespräche führten, stellt nach dieser Auffassung kein hinreichend zwingendes Gemeinschaftsinteresse dar, sie zu verhaften oder aus den öffentlichen Straßen und Parks zu verbannen. Man behauptete auch, Graffiti in Untergrundbahnen stellten ein Vergehen dar, bei dem es keine Tatopfer gebe; wer die Sprühereien nicht möge, beweise damit lediglich die eigene kulturelle Voreingenommenheit. Bei Aktivitäten, die in die Kategorie »Ordnungswidrigkeit« fielen, handle es sich im Grunde um Trivialitäten. Diese Argumente wurden nicht nur von Interessengruppen und liberalen Reformern vorgetragen, sondern auch von stahlharten Polizisten, die gegen eine anschwellende Flut von Morden, Vergewaltigungen und Drogenmißbrauch ankämpfen mußten.

Ordnungswidrigkeiten haben jedoch langfristig sehr viel tiefer greifende Wirkungen, vor allem mit Blick auf das Sozialkapital in den Städten. George Kelling und Catherine Coles verweisen auf zahlreiche Umfragen, die belegen, daß Ordnungswidrigkeiten und nicht Schwerverbrechen zu den wichtigsten Gründen für den Auszug der Mittelschichten aus den Innenstadtbezirken zählten – daß man einen öffentlichen Park nicht durchqueren könne, ohne von einem Schnorrer angebettelt zu werden, daß die Kinder nicht an Sexshops und Prostituierten vorbeigehen müßten und ähnliches.[22] Natürlich gibt es viele andere Gründe für die Flucht in die Vorstädte, darunter auch Rassenfragen und das Schulwesen. Aber eine der wichtigsten unbeabsichtigten Folgen der verringerten Kontrolle über die Ordnungswidrigkeiten war, daß gerade jene respektablen Bürger der Mittelschichten zum Auszug aus vielen städtischen Wohnbezirken veranlaßt wurden, die ein starkes Interesse daran hatten, die Verhaltensstandards in der Gemeinschaft zu erhalten. Dieser Prozeß fand in afroamerikanischen Wohnbezirken wie auch in denen der Weißen statt, vor allem nach der Abschaffung der Rassensegregation im Wohnungswesen in den sechziger Jahren. Viele amerikanische urbane Zentren wie Harlem, Roxbury in Boston und South Side in Chicago wurden buchstäblich entvölkert, als die erfolgreicheren Bewohner in die Vorstädte oder in sicherere Wohnbezirke zogen.[23] Zurück blieben die ärmeren, weniger gebildeten und für Vergehen anfälligeren Gemeinschaftsmitglieder. Da diese einen steigenden Anteil der Einwohnerschaft ausmachten, begannen die dem Sozialkapital zugrundeliegenden Gemeinschaftswerte schnell zu verfallen. Durch einen Zirkelschluß führten kleine Ordnungswidrigkeiten zu gefährlicheren Formen kriminellen Verhaltens und zur Desintegration der Wohnbezirksgemeinschaften.

Eingezäunte und bewachte Wohnparks der Art, wie sie in den Vororten während der siebziger und achtziger Jahre wie Pilze aus dem Boden schossen, können sicherlich zutreffend als konkrete Symbole eines mißtrauischen, atomisierten und isolierten Amerika angesehen werden, dem Amerika des »Bowling Alone«. Statt über die von Jane Jacobs für das kleinstädtische Amerika beschriebenen belebten Gehwege in den Städten zu spazieren oder an zur Straße hin offenen Eingangstüren vorbeizugehen, müssen die Bewohner bewachter Wohnviertel die Sicherheitskontrollen an den Toren passieren; sie begeben sich direkt von ihren Autos zur Couch vor dem Fernseher, wenn sie abends nach Hause kommen, und sie müssen nicht einmal ihre unmittelbaren Nachbarn zur Kenntnis nehmen. Aber die Ursache dafür, daß diese Art von Gemeinschaft überhaupt entstehen konnte, ist nicht im Automobil, in billigem Benzin oder in der Bösartigkeit eines Teils ihrer Bürger zu sehen. Der bewachte Wohnpark sollte innerhalb der eigenen Mauern jene Art von physischer Sicherheit wiederherstellen, die einst in den städtischen Wohnbezirken oder Kleinstädten vorhanden gewesen war, in denen viele der Vorstadtbewohner aufgewachsen waren. Wenn sich die öffentlichen Behörden gegen Schnorrer und Graffitikünstler nicht mehr wehrten, mußten das die Einwohner eben selbst tun, wobei sie sich zugleich von der übrigen Gesellschaft abschotteten. Als öffentliche Sicherheit und soziale Ordnung wieder gesichert erschienen, kehrten die Menschen in den späten achtziger und neunziger Jahren in die Städte zurück, denn Städte sind letztlich doch viel interessantere Wohnorte. In dieser Hinsicht könnten das »community policing« und andere innovative Ansätze der öffentlichen Politik eine sehr viel größere Wirkung auf die Wiederbelebung New Yorks und anderer amerikanischer Städte haben, als sich aus den Kriminalitätsstatistiken allein ablesen läßt.

7

War der Große Bruch
unvermeidlich?

Wie wir festgestellt haben, war das amerikanische Rechtssystem während der siebziger und achtziger Jahre nicht bereit, geringere Ordnungswidrigkeiten zu verfolgen. Dieser Sachverhalt trug zum Schwund des Sozialkapitals bei. Aufgrund dieser Entwicklung sowie der Chance, das Vertrauen durch die Einführung des »community policing« wiederherzustellen, kann man vermuten, daß die öffentliche Politik zwar bei der Unterminierung von Gemeinschaftswerten eine Rolle spielt, aber auch bei ihrer Durchsetzung mitwirken kann. In welchem Maße unterlag der Große Bruch also der Kontrolle durch die Gesellschaft und in welchem Grad ist er das unvermeidliche Nebenprodukt eines übergreifenden wirtschaftlichen und technologischen Fortschritts?

Wenn wir feststellen, daß eine Entwicklung unter gesellschaftlicher Kontrolle abläuft, kann damit zweierlei gemeint sein. Erstens kann eine Gesellschaft versuchen, Entwicklungen direkt durch die öffentliche Politik zu beeinflussen, das heißt durch formale Interventionen einer staatlichen Autorität, die darauf gerichtet sind, bestimmte erwünschte gesellschaftliche Ergebnisse zu erzielen. Zweitens kann eine Gesellschaft auf die sozialen Gegebenheiten auch kulturell einwirken, nämlich durch informelle Regeln und Gewohnheiten, über die niemand eine formale Kontrolle ausübt. Häufig wirken beide Möglichkeiten zusammen: Öffentliche Politik wird so gestaltet, daß sie kulturelle Präferenzen fördert. Das geschieht zum Beispiel dann, wenn katholische Parlamentsabgeordnete Scheidungen oder Abtreibungen erschweren wollen. Aber ebenso häufig wirken die beiden Verfahrensweisen nicht zusammen; der öffentlichen Politik werden durch die Kultur Zwänge auferlegt, oder die Politik formt die Kultur.

Wir wollen versuchen, zwei häufig begangene Fehler zu vermeiden, indem wir uns zunächst mit der Frage befassen, welche sozialen Ergebnisse auf den tiefgreifenden technologischen und ökonomischen Wandel zurückzuführen sind und welche unter ausgeprägter gesellschaftlicher Kontrolle zustande kommen. Der erste Fehler wird gewöhnlich von der politischen Linken begangen und bezieht sich auf die Überzeugung, daß alle gesellschaftlichen Probleme durch öffentliche Politik gelöst werden können. Als in den sechziger Jahren die Kriminalität zunahm, zogen die Regierungen Johnson und Nixon Sozialwissenschaftler zu Rate, die Lösungen erarbeiten sollten. Viele dieser Experten wiesen auf die Wurzeln des Problems hin, die wir in den früheren Kapiteln dieses Buches anführten: das Zerbrechen von Familien, Armut, geringe Bildung und so weiter. So weit war alles gut und schön. Doch die Wissenschaftler schlugen auch vor, daß die Bundesregierung diese Ursachen bearbeiten solle, ein Vorstoß, der letztlich während der Johnson-Administration zu dem Programm »War on Poverty« führte.[1] Dieses phantastisch ehrgeizige Projekt kratzte nicht einmal an der Oberfläche des Armutsproblems, ganz zu schweigen von einer Reduzierung der Kriminalitätsraten. Es war sehr teuer, wirkte häufig kontraproduktiv, und dementsprechend fiel die Quittung der Wähler aus. James Q. Wilson wies darauf hin, daß ein gewaltiger Unterschied bestehe zwischen den Sozialwissenschaften und der öffentlichen Politik – die Sozialwissenschaften versuchen, die tief verwurzelten und grundlegenden Ursachen des sozialen Verhaltens zu verstehen, die fast prinzipiell für eine Bearbeitung durch die öffentliche Politik nicht in Frage kommen. Man kann mit Sicherheit behaupten, daß heute, 30 Jahre später, die öffentliche Politik sehr viel weniger ehrgeizig und viel realistischer ist. Initiativen wie das »community policing« können in ihren jeweiligen begrenzten Bereichen eine Menge Gutes bewirken, aber niemand sollte sich dazu verleiten lassen anzunehmen, daß sie an die Wurzeln des Problems auch nur rühren könnten.

Der zweite der häufigen Fehler wird gewöhnlich von den Konservativen begangen und betrifft die Überzeugung, daß unerwünschte gesellschaftliche Veränderungen die Folge einer moralischen Erschlaffung seien und daß man sie korrigieren könne, wenn man nur genügend Einschüchterung betreibe und an die richtigen Werte appelliere. Die Menschen sind zu freien moralischen Entscheidungen durchaus in der Lage, und in den letzten 40 Jahren ist in der Tat eine große moralische Nachlässigkeit entstanden. Aber wenn Menschen mit unterschiedlichen ökonomischen Anreizen konfrontiert werden, treffen sie eben vielfach auch andere moralische Entscheidungen, und kein noch so großes Maß an Predigten und kulturellen Argumenten wird ausreichen, um die gesamte Richtung des Wandels mehr als nur sehr geringfügig zu beeinflussen, solange man diese Anreize nicht verändert.

Die Tatsache, daß sich der Große Bruch in so vielen unterschiedlichen entwickelten Gesellschaften mit hoher Geschwindigkeit und ungefähr zum selben Zeitpunkt in der Weltgeschichte ereignete, deutet darauf hin, daß die Ursachen sehr verbreitet und tiefgreifend sind. Am Anfang dieses Buches stellte ich die Vermutung an, daß der Große Bruch die aktuelle Version des Übergangs von der Gemeinschaft zur Gesellschaft sei, der sich im 19. Jahrhundert ereignete, nur findet der Übergang dieses Mal nicht statt, während wir von einer Agrar- zu einer Industriewirtschaft übergehen, sondern im Verlauf unserer Transformation von einer Industrie- zu einer Informationswirtschaft. In Kapitel 5 argumentierten wir, daß die Grundlagen für die enormen Veränderungen in den Geschlechterrollen durch die technischen Veränderungen gelegt worden seien, die in der zweiten Hälfte des 20. Jahrhunderts stattfanden – die Verdrängung der physischen durch die geistige Arbeit, der materiellen Produkte durch Informationen und der Produktion durch Dienstleistungen. Hier ist auch der medizinische Fortschritt zu erwähnen, der den Menschen ein längeres Leben und die Geburtenkontrolle ermöglicht.

Vor einigen Jahren argumentierte der Demograph Kingsley Davis, daß die feministische Revolution einfach aufgrund der Tatsache unvermeidlich gewesen sei, daß die menschliche Lebensdauer zugenommen habe.[2] Um das Jahr 1900 verbrachte die

Durchschnittsfrau in Europa oder Amerika fast keine Zeit außerhalb einer Familie: Aus ihrem eigenen Elternhaus zog sie im Alter von 22 Jahren direkt in die mit ihrem Ehemann neugegründete Familie. Angesichts der weiblichen Lebenserwartung von 65 Jahren starb sie kurze Zeit, nachdem ihr letztes Kind das Haus verlassen hatte. Um das Jahr 1980 lebte die Durchschnittsfrau noch 32,5 Jahre außerhalb ihres eigenen Elternhauses und frei von den Pflichten der Kindererziehung – mehr als die Hälfte ihres Erwachsenenlebens.

Selbst wenn sich eine Frau voll der Familie widmen würde und selbst wenn sich durch das Informationszeitalter nicht so viele neue Karrieremöglichkeiten eröffnet hätten, stellte sich dennoch die Frage, was sie mit all der zusätzlich gewonnenen Zeit anfangen sollte? Bis die Biotechnologie die Frau von der Notwendigkeit befreit, Kinder zu gebären, werden sich Frauen immer intensiver als Männer mit Familien und Kindern zu befassen haben. Das bedeutet, daß der Grad der weiblichen Beteiligung an der Erwerbstätigkeit niemals dem der Männer entsprechen wird; auch der Einkommensunterschied wird niemals völlig beseitigt werden können. Aber die Lücke wird sich schließen, und die Frauen werden dann noch stärker in die Erwerbsbevölkerung eingebunden.

Da aber in bestimmten Industrieländern viele Aspekte des Großen Bruchs nicht oder nur in deutlich abgeschwächtem Maße sichtbar wurden, kann man vermuten, daß der Große Bruch keineswegs ein unvermeidliches Ergebnis des ökonomischen und technologischen Wandels war und daß Kultur und öffentliche Politik eine wichtige Rolle bei der Gestaltung der Normen spielen. Die asiatischen Gesellschaften mit hohem Einkommen – Japan, Korea, Taiwan, Singapur und Hongkong – bilden einen interessanten Gegensatz zur übrigen entwickelten Welt: Diesen Ländern gelang es offenbar, viele der Auswirkungen des Großen Bruchs zu vermeiden. Auch aufgrund dieser Tatsache kann man annehmen, daß der Große Bruch nicht das unvermeidliche Produkt eines gewissen Stadiums der sozioökonomischen Modernisierung darstellte, sondern vielmehr weitgehend von der Kultur beeinflußt wurde. Aber auch die Kultur wird letztlich den

Beginn des Großen Bruchs in den asiatischen Gesellschaften lediglich hinauszögern, aber nicht völlig verhindern können.

Asiatische Werte und asiatische Ausnahmeerscheinungen

Der frühere Premierminister von Singapur, Lee Kuan Yew, beschrieb Anfang der neunziger Jahre, worin sich asiatische Werte von den Werten anderer Kulturkreise unterschieden. Er wollte damit den damaligen wirtschaftlichen Erfolg Asiens erklären, zugleich wollte er aber auch seine eigene Form der autoritären Bevormundung rechtfertigen. Lee behauptete, die asiatische Kultur werde durch den Gehorsam gegenüber der Gruppenautorität, harte Arbeit, Familie, Sparen und Bildung geprägt; sie sei entscheidend für das schnelle und beispiellose Wirtschaftswachstum in der Nachkriegszeit in Asien gewesen. Die politische Komponente des Wertesystems bestehe in den sanften autoritären Regimes, die in Südostasien vorherrschten. Diese Werte rechtfertigten das Fehlen einer westlichen Form von Demokratie in Singapur, Malaysia und Indonesien. Lee zufolge spiegelten sich die Werte auch darin wider, daß in Asien im Vergleich zu den Vereinigten Staaten – und zunehmend auch zu anderen entwickelten westlichen Ländern – niedrigere Raten der Kriminalität, des Drogenmißbrauchs, der Armut und der zerbrochenen Familien festzustellen seien.[3] Auch der Premierminister von Malaysia, Mahathir bin Muhammed, trug die Überzeugung vor, daß asiatische Werte überlegen seien.

In der Folge der asiatischen Wirtschaftskrise, die 1997 einsetzte, wird allerdings das Argument des asiatischen Wertesystems auf beiden Seiten des Pazifik nicht mehr mit sonderlich großem Enthusiasmus vorgetragen. Die asiatischen Werte hinderten offenbar Länder in allen Teilen der Region nicht daran, eine ganze Reihe von lang- oder auch kurzfristig wirkenden wirtschaftspolitischen Fehlern zu begehen. Daraus folgte eine ernste wirtschaftliche Rezession, die zu einer Verringerung des Volksvermögens um bis zu 50 Prozent (in Dollarwerten) in vielen asiatischen Ländern führte. Da die asiatischen Werte ihre Legitimation im wesentlichen aus der wirtschaftlichen Leistung bezogen, reichte schon das Ende der Wachstumsphase aus, um das Argument als Ganzes zu untergraben.[4]

Es ist allerdings offensichtlich, daß sich das asiatische Wertesystem sehr stark vom westlichen Wertesystem unterscheidet, auch wenn seine Beziehung zum ökonomischen Erfolg keineswegs so eindeutig ist, wie Lee und Mahatir behaupteten. Auch wenn man davon ausgeht, daß sich die asiatischen Gesellschaften voneinander unterscheiden, zeigt sich doch bei allen ein ganz andersartiges Muster der gesellschaftlichen Anpassung an die ökonomische Modernisierung. In der folgenden Darstellung dieser Diskussion konzentrieren wir uns auf zwei asiatische OECD-Mitgliedsländer, Japan und Korea, weil uns für diese Staaten das umfangreichste Datenmaterial vorliegt und weil ihre Werte und gesellschaftlichen Grundmuster in vielerlei Hinsicht nicht nur Ähnlichkeiten zueinander aufweisen, sondern sich auch deutlich von vergleichbaren westlichen Gesellschaften unterscheiden.

Japan und Korea unterscheiden sich vom Westen in mehreren Bereichen.[5] In beiden Ländern sind die Kriminalitätsraten im Vergleich zu Europa und insbesondere zu den Vereinigten Staaten sehr niedrig. In Japan sind die meisten Verbrechensarten seit etwa 40 Jahren sogar rückläufig (siehe Kapitel 2 und Anhang). Das Korea der Nachkriegszeit war dagegen für politische Gewalt immer anfälliger als Japan, und die Koreaner werden mitunter wegen ihrer Streitlust als »Iren des Ostens« bezeichnet. Die Kriminalitätsraten begannen 1982 leicht zu steigen, offenbar im Zusammenhang mit den Aufständen von Kwangju und der politischen Repression unter dem Regime von Chun Doo Hwan. Doch insgesamt verlief die Entwicklung der Kriminalitätsraten in Korea bemerkenswert flach. Die niedrigen Kriminalitätsraten in diesen beiden Ländern widerlegen ipso facto die verbreitete theoretische Annahme, daß Urbanisierung und Industrialisierung unvermeidlich zu einer Steigerung des kriminellen Verhaltens beitrügen.

Ein ähnliches Ergebnis zeigt sich mit Blick auf die Stabilität der Kernfamilie. Seit etwa 40 Jahren steigen die Scheidungsraten sowohl in Japan als auch in Korea leicht an, aber in keiner der beiden Gesellschaften kam es zu einer solchen Explosion der Zahl zerbrochener Familien wie in den meisten westlichen Ländern seit 1965. Die Stabilität der Kernfamilie wird auch in den außerordentlich niedrigen Raten unehelicher Geburten deutlich, die in beiden Ländern festzustellen sind.

Es ist nicht klar, worauf genau die niedrigen Kriminalitätsraten in diesen beiden Ländern zurückzuführen sind. Möglicherweise gibt es für beide Länder unterschiedliche Antworten. Während die japanische Gesellschaft dazu neigt, abweichendes Verhalten unter einem dichten Gewebe von informellen, lokal wirksamen Normen und Pflichten zu ersticken, waren die Koreaner eher bereit, durch Anwendung nackter staatlicher Gewalt zu verhindern, daß die Bürger aus der Reihe tanzten. Auch seit der 1987 einsetzenden Demokratisierung Koreas blieb die Polizeigewalt stark, um notfalls die öffentliche Ordnung aufrechterhalten zu können.

Die Gründe für die sehr viel größere Stabilität der Kernfamilie sind jedoch deutlicher erkennbar und scheinen mit der Stellung der Frauen in den beiden Gesellschaften zu tun zu haben. Obwohl in Japan und Korea die Erwerbsbeteiligung der Frauen ständig zunimmt, liegt sie doch noch immer am unteren Ende der Skala der OECD-Länder. Wichtiger ist allerdings die Tatsache, daß diese beiden Länder (wie auch die weniger entwickelten südostasiatischen Gesellschaften) auch weiterhin eine M-förmige Kurve der weiblichen Erwerbsbeteiligung aufweisen: Junge Frauen treten in leichten Industrie- oder Dienstleistungsberufen in das Erwerbsleben ein, geben ihre Berufe aber um die Mitte ihres dritten Lebensjahrzehnts wieder auf, um zu heiraten und Kinder aufzuziehen, und kehren erst wieder ins Erwerbsleben zurück, wenn die Kinder herangewachsen sind.

Die geringere Einbindung der Frauen in die Erwerbsbevölkerung in Japan und Korea findet in der relativ niedrigen Verhältnisquote von weiblichen und männlichen Einkommen eine Parallele. Diese Verhältnisquote hat sich in den meisten entwickelten Ländern im Laufe der Zeit erhöht; die japanische Quote ist jedoch aus zwei Gründen auffallend: Sie ist beträchtlich niedriger als in jedem anderen OECD-Land und nahm auch zwischen 1970 und

1995 nur geringfügig zu.[6] Ein wesentlicher Teil der weiblichen Erwerbstätigkeit in Japan ist zeitlich begrenzt und in Wirklichkeit eine Form von Unterbeschäftigung. Ein Beispiel hierfür sind die Legionen junger Frauen, die zur Begrüßung an den Türen der Kaufhäuser oder an den Liften stehen. Die Arbeitsgesetze in Japan und Korea behandeln Frauen und Männer noch immer sehr unterschiedlich. Im Westen würde man dies als Geschlechtsdiskriminierung bezeichnen; in Asien sieht man darin eher den Versuch, die Frauen zu schützen. Ein japanisches Arbeitsschutzgesetz (das Labor Standards Law von 1947) verbot Frauen über 18 Jahren, mehr als sechs Überstunden pro Woche zu leisten oder an Feiertagen oder nachts zu arbeiten. Angesichts der notorischen Arbeitssucht japanischer Arbeitnehmer wurde damit effektiv verhindert, daß Frauen in vollem Umfang in bestimmten Berufen arbeiten und sich lebenslang in das Beschäftigungssystem integrieren konnten. Diese Einschränkungen wurden mit dem Gesetz von 1986 über die Chancengleichheit im Erwerbsleben für Manager und bestimmte Angestelltenberufe beseitigt, aber diese Veränderung hatte angesichts der niedrigen Zahl weiblicher Manager in Japan nur relativ geringe Auswirkungen.[7] Eine Gesetzgebung, mit der die Einschränkungen auch für die Arbeiterberufe aufgehoben werden, wurde erst 1997 verabschiedet und soll im Verlauf der folgenden drei Jahre durchgesetzt werden.[8]

Obwohl solche Gesetze von japanischen und koreanischen Feministinnen als diskriminierend empfunden werden, ist keineswegs klar, ob auch eine Mehrheit der japanischen Frauen dieser Meinung ist. In einer Reihe von Umfragen erklärten japanische Frauen mehrheitlich, daß sie es vorzögen, die Arbeit bei Verheiratung und Geburt der Kinder aufzugeben und erst wieder ins Berufsleben zurückzukehren, wenn die Kinder groß sind.[9] Die Tatsache, daß damit ihre Einkommen wahrscheinlich nicht mit den Einkommen der Männer Schritt halten könnten, scheint sie weniger zu beunruhigen, als dies bei westlichen Frauen der Fall ist. Die Arbeitsteilung zwischen den Geschlechtern spiegelt offenbar tiefere kulturelle Werte wider und läßt sich nicht einfach durch eine neue Arbeitsgesetzgebung verändern.

In Korea ist die Situation ähnlich, wenn auch aufgrund der späteren Industrialisierung des Landes zeitlich etwas versetzt. Die Erwerbsbeteiligung koreanischer Frauen stieg zwar von 34,4 Prozent im Jahr 1963 auf 40,4 Prozent im Jahr 1990, ist aber im OECD-Vergleich noch immer gering. Wie die japanischen Frauen scheiden auch die koreanischen aus dem Erwerbsleben aus, wenn sie Kinder großziehen. Unter den Militärregimes der Nachkriegszeit waren die koreanischen Arbeiter schlechter geschützt als die japanischen, und die Diskriminierung der Frauen am Arbeitsplatz war weit verbreitet. 1988 jedoch, nur ein Jahr nach dem Ende der Militärherrschaft, wurde das Gesetz über die Gleichstellung in der Beschäftigung verabschiedet, in dem das Prinzip der gleichen Bezahlung für gleiche Arbeit sowie die Beendigung diskriminierender Arbeitspraktiken festgeschrieben wurde.[10] Koreanische Feministinnen beklagen, daß dieses Gesetz vom Arbeitsministerium nicht hinreichend durchgesetzt werde. Wie in Japan scheinen es auch viele Frauen in Korea vorzuziehen, während der Kindererziehung nicht zu arbeiten.

Ein weiterer Unterschied zwischen Japan und Korea einerseits und den Vereinigten Staaten und anderen entwickelten westlichen Ländern andererseits besteht darin, daß in den beiden asiatischen Ländern der produzierende Sektor noch immer einen größeren Teil des Bruttoinlandsprodukts ausmacht. Der industrielle Sektor ist in allen entwickelten Gesellschaften Asiens wie im Westen in der zweiten Hälfte des 20. Jahrhunderts primär ein männlicher Beschäftigungsbereich,[11] und nur in den neunziger Jahren war auch hier jener »Aushöhlungsprozeß« festzustellen, von dem der amerikanische »Industriegürtel« in den siebziger und achtziger Jahren betroffen war. Wie Tabelle 5.1 zeigte, nahm die Beschäftigung im Industriesektor in Japan nur relativ geringfügig ab, und zwar von 26,0 auf 23,6 Prozent der Gesamtbeschäftigung, während dieser Anteil in den Vereinigten Staaten zwischen 1970 und 1990 von 25,9 auf 17,5 Prozent zurückging. Daraus läßt sich eine weitere Erklärung für die Frage ableiten, warum die relativen Löhne der Frauen nicht schneller zu denen der Männer aufgeschlossen haben. Während der neunziger Jahre war die japanische Wirtschaft denselben Zwängen wie die westlichen Gesellschaften ausgesetzt, industrielle Jobs ins Ausland zu verlagern und die Arbeiter durch Technologie zu ersetzen. Die schnellere Verlagerung in den Dienstleistungsbereich, eine Folge der Rezession der späten neunziger Jahre, wird in Verbindung mit einer rückläufigen Bevölkerungszahl wahrscheinlich zu einer Zunahme des Frauenanteils an der Erwerbsbevölkerung führen.

Bei der Darstellung der Gründe für den Zusammenbruch der Kernfamilie im Westen wurden die Geburtenkontrolle und die weiblichen Einkommen als Faktoren angeführt, die wesentlich zur Veränderung der Norm der männlichen Verantwortung beitrugen. Interessanterweise wurde die Pille in Japan sogar 1999 noch nicht voll akzeptiert. Die wichtigsten Formen der Geburtenkontrolle sind noch immer Abtreibung (diese Möglichkeit stand den Frauen seit den frühen fünfziger Jahren uneingeschränkt offen), Kondome und die Knaus-Ogino-Methode. Obwohl die Abtreibung in Japan viel leichter ist als im Westen, haftet ihr dennoch ein Stigma an. (Abtreibungen werden sowohl vom Buddhismus als auch vom Shintoismus mißbilligt; japanische Tempel machen gute Geschäfte mit dem Aufstellen von Schreinen für abgetriebene Fetusse.[12]) In Japan kam es nicht im selben Maße wie im Westen zu einer Trennung von Sex und Fortpflanzung.

Die größere Beständigkeit der Kernfamilie in Japan und Korea läßt sich also weitgehend durch mehrere Faktoren erklären: Es ist sehr viel wahrscheinlicher, daß Frauen aus dem Erwerbsleben ausscheiden, um Kinder großzuziehen; ihre Möglichkeiten sind stärker eingeschränkt, ein eigenes Einkommen zu erzielen, und außerdem sind Sex und Ehe sehr viel stärker miteinander verbunden. In beiden Gesellschaften betrachten sich die Frauen im großen und ganzen nicht als »Gebärmaschinen«, wie manche westliche Feministinnen abfällig formulieren. Wenn Kinder aus beiden Gesellschaften bei internationalen Tests gut abschneiden, so erklärt sich dies teilweise auch aus den Investitionen ihrer Mütter in die Kindererziehung. Andererseits sind ihre Karrieremöglichkeiten im Vergleich zu den Frauen im Westen sehr viel stärker eingeschränkt. Und japanische und koreanische Ehen mögen zwar sehr viel stabiler als amerikanische Ehen sein, es herrscht darin aber offenbar auch eine größere emotionale Distanz.[13]

Betrachten wir die anderen asiatischen Staaten, so zeigt sich ein völlig andersartiges Bild, das anscheinend viele der am weitesten verbreiteten Theorien über den Einfluß der ökonomischen Modernisierung auf das Familienleben widerlegt. Auf der malayischen Halbinsel und in weiten Teilen Indonesiens war die Scheidungsrate in der muslimischen Malayen-Bevölkerung in der ersten Hälfte des 20. Jahrhunderts extrem hoch, ging aber mit der Modernisierung drastisch zurück und fiel in den siebziger Jahren unter die westlichen Scheidungsraten.[14] Die hohe Scheidungsrate der Zeit vor der Modernisierung war der dort praktizierten Form des Islam zuzuschreiben, die auch Polygamie zuließ und Scheidungen relativ leicht machte. Im Europa des 20. Jahrhunderts findet sich keine Parallele dafür, daß das Wirtschaftswachstum von einer solchen Zunahme der Stabilität der Ehen begleitet gewesen wäre.

Es ist fraglich, ob die Frauen in Japan und Korea auch weiterhin weniger arbeiten und weniger verdienen werden. Aufgrund eines scharfen Einbruchs der Geburtenrate ist Japan mit einer schrumpfenden Erwerbsbevölkerung konfrontiert: In den späten neunziger Jahren kam es erstmals zu einer Abnahme der japanischen Erwerbsbevölkerung in absoluten Zahlen. Wie bereits dargestellt, wird die Gesamtbevölkerung Japans, sofern es nicht zu einem unvorhergesehenen Anstieg der Geburtenrate kommt, ab dem Beginn des neuen Jahrhunderts jährlich um mehr als ein Prozent abnehmen. Die alternde Gesamtbevölkerung Japans und die rückläufige Verhältnisquote von Personen im erwerbsfähigen Alter und Rentnern bewirken, daß in der Zukunft eine gewaltige Last auf das System der sozialen Sicherheit zukommt, und diese Last verringert auch die Möglichkeit, daß sich Japan von den Folgen der Rezession von 1998/99 freikauft. Eine Methode, diese Situation abzumildern, könnte darin bestehen, mehr Gastarbeiter ins Land zu lassen – eine Lösung, der sich Japan bislang vehement widersetzte. Die andere Möglichkeit besteht darin, mehr japanische Frauen zum Eintritt in die Erwerbsbevölkerung zu ermutigen, nicht nur kurz vor der Eheschließung, sondern während ihres gesamten Erwerbslebens. Es scheint, als würden sich die japanischen Entscheidungsträger sehr viel eher für die letztere als für die erstgenannte Lösungsmöglichkeit entscheiden. Sollte es tatsächlich dazu kommen, so könnte es sein, daß die Stabilität der japanischen Familie abnimmt und daß das Land soziale Probleme kennenlernt, die mit den Problemen im Westen vergleichbar sind.[15]

Kultur über alles?

Die Tatsache, daß Japan und Korea bislang dem Großen Bruch widerstehen konnten, ist ein Beleg für den großen Einfluß der Kultur auf ökonomische Entscheidungen. In beiden Ländern zeigt sich eine starke kulturelle Präferenz für die eher traditionellen weiblichen Rollen, und beide Staaten halten darüber hinaus an diskriminierenden Gesetzen fest, die den Eintritt der Frauen in das Erwerbsleben erschweren. Vor allem in Korea stützt der Konfuzianismus die patriarchalische Familie. Auch in Europa spielt die Kultur eine wichtige Rolle. Italien, Spanien und Portugal fallen im Hinblick auf den Grad der Veränderungen in der Familienstruktur aus dem Rahmen. (Interessanterweise haben Spanien und Italien die niedrigsten Geburtenraten Europas, obwohl in beiden Ländern die Raten für Scheidungen und uneheliche Geburten relativ niedrig sind. Ohne konkrete Belege anführen zu können, ließe sich doch spekulieren, daß die spanischen und italienischen Frauen, da ihnen das Kontrollinstrument Scheidung nur eingeschränkt zur Verfügung steht, diese Kontrolle durch eine geringere Zahl von Geburten auszuüben versuchen.) Der Katholizismus konnte hier stärker als im nördlichen Europa dazu beitragen, die Familie intakt zu halten – zumindest in formaler Hinsicht.[16] Deutschland und die Niederlande weisen hohe Anteile an Katholiken in der Bevölkerung auf und liegen im internationalen Vergleich irgendwo zwischen Italien und Japan einerseits und den englischsprachigen und skandinavischen Ländern andererseits.

In der Tat könnte man argumentieren, daß Kultur und staatliche Politik bei der Ausformung von Arbeits- und Familiennormen sehr viel wichtiger sind, als es bei oberflächlicher Betrachtung erscheinen mag, und daß sich ihr Einfluß durchaus mit dem der Technologie vergleichen läßt. Die Frauen sind nicht automatisch in die Berufe eingerückt, die man heute für traditionell weibliche Berufe hält, wie Sachbearbeiterin oder Schreibkraft, als diese Tätigkeiten während des 19. Jahrhunderts in großer Zahl entstanden. Die Frauen und ihre Familien mußten sich zuerst selbst überzeugen, daß dies angebracht war. Zwar trifft es zu, daß Männer im Durchschnitt beträchtlich größere Kraft im Oberkörper besitzen, doch hindert dies die Frauen nicht unbedingt daran, zahlreiche physisch anstrengende Berufstätigkeiten ausüben zu können. In Amerika und in der Sowjetunion arbeiteten Frauen während des Zweiten Weltkriegs auf staatliche Anordnung in der Schwerindustrie und in der Landwirtschaft, die traditionell als Bereiche der Männerarbeit gegolten hatten, und den vorliegenden Berichten zufolge machten sie ihre Sache gut. Es stellt sich also folgende Frage: Verlaufen Prozesse wie die Deindustrialisierung und die Verlagerung vom Industrie- zum Dienstleistungssektor notwendigerweise zum Vorteil der Frauen, oder sind sie zufällige historische Nebenprodukte der Tatsache, daß die Männer in den Arbeiterberufen stärker repräsentiert waren? Können die Gesellschaften die Folgen des technologischen Wandels dadurch abmildern, daß sie beispielsweise die Jobs von Familienvätern schützen, wie es in vielen europäischen Ländern und auch in Japan versucht wird?

Die technologische und kulturelle Ursächlichkeit zu entwirren, erweist sich als sehr schwierig, denn das Zusammenwirken der beiden Faktoren ist hochgradig komplex. Die Kultur scheint zumindest auf die Geschwindigkeit des Normenwandels sehr stark einzuwirken; die Gesellschaften können das Ausmaß zu kontrollieren versuchen, in dem sich soziale Beziehungen als Folge des Wandels der Technologie und der Arbeitsmärkte verändern. Die zahllosen Taktiken, mit denen die japanische Gesundheitsbürokratie die Zulassung der empfängnisverhütenden Pille mehr als 30 Jahre lang aufzuhalten suchte, bilden nur ein Beispiel hierfür. Die Verabschiedung von Gesetzen, die eine Scheidung ohne Schuldspruch ermöglichten, erfolgte zuerst in Skandinavien und dann auch in den englischsprachigen Ländern; diese Gesetze sind zwar nicht als Ursache der hohen Scheidungsraten anzusehen, aber in katholischen Ländern wie Italien und Irland wurde das Auseinanderbrechen von Familien dadurch verlangsamt, daß legale Scheidungsmöglichkeiten fehlten. Bestimmte Einzelstaaten in den Vereinigten Staaten ließen in den neunziger Jahren die sogenannten »covenant marriages« gesetzlich zu. Dabei können sich die Paare bei der Eheschließung entscheiden, ob sie Eheverträge abschließen wollen, die schwerer aufzuheben sind. Diese neue Regelung wird zwar die Scheidungsrate nicht auf das Niveau der fünfziger Jahre absenken, könnte aber die Paare zu größerer Selbstbeherrschung veranlassen und damit manche Ehen stabilisieren.

Die Rekonstruktion der gesellschaftlichen Ordnung

Die Frage bleibt, wie wir das Sozialkapital in der Zukunft wieder aufbauen können. Die Tatsache, daß Kultur und staatliche Politik den Gesellschaften ein gewisses Maß an Kontrolle über die Geschwindigkeit und das Ausmaß des Großen Bruchs verschaffen können, ist langfristig keine Antwort auf die Frage, wie sich die gesellschaftliche Ordnung am Beginn des 21. Jahrhunderts errichten läßt. Japan und manche katholischen Länder konnten länger an den eher traditionellen Familienwerten festhalten als Skandinavien oder die englischsprachige Welt, wodurch den erstgenannten Gesellschaften die sozialen Kosten möglicherweise zum Teil erspart blieben, die in den letztgenannten Ländern anfielen. Man kann sich aber nur schwer vorstellen, daß sie in der Lage sein werden, diese Stellung über die kommenden Generationen hinweg zu verteidigen oder gar etwas Ähnliches wie die Kernfamilie der industriellen Ära wiederherzustellen, in der der Vater arbeitete und die Mutter zu Hause blieb und die Kinder erzog. Dieses Ergebnis wäre nicht wünschenswert, selbst wenn es möglich wäre.

Wir befinden uns also offenbar in einer unangenehmen Lage:

Gehen wir in dieser Richtung weiter, so scheint das zu immer größerer gesellschaftlicher Ordnungslosigkeit und Zersplitterung zu führen; gleichzeitig ist aber auch unser Rückweg abgeschnitten. Heißt das also, daß die heutigen liberalen Gesellschaften dazu verdammt sind, in bezug auf Moral und soziale Anarchie immer weiter abzusteigen, bis sie irgendwann implodieren? Hatten Kritiker der Aufklärung wie Edmund Burke recht, daß diese Art von Anarchie das unvermeidliche Ergebnis der Bemühungen darstelle, Tradition durch Vernunft zu ersetzen?

Meiner Meinung nach lautet die Antwort: nein, und zwar aus dem einfachen Grund, daß wir Menschen von Natur aus dazu geschaffen sind, für uns selbst moralische Regeln und soziale Ordnungen zu entwerfen. Die Situation der Normenlosigkeit – die Durkheim mit dem Begriff Anomie bezeichnete – erscheint uns äußerst unangenehm; wir werden immer versuchen, die untergrabenen Regeln durch neue zu ersetzen. Wenn der technische Fortschritt dazu führt, daß bestimmte alte Formen von Gemeinschaftlichkeit nur mühsam aufrechterhalten werden können, werden wir uns neue Formen suchen, und wir werden unseren Verstand dazu benutzen, verschiedene Arrangements auszuhandeln, die unseren grundlegenden Interessen, Bedürfnissen und Vorlieben entsprechen.

Wenn wir begreifen wollen, warum unsere gegenwärtige Situation keineswegs so hoffnungslos ist, wie es scheinen mag, müssen wir die Ursprünge der gesellschaftlichen Ordnung auf einer abstrakteren Ebene untersuchen. In vielen Diskussionen über die Kultur behandelt man die soziale Ordnung wie ein statisches Regelwerk, das von früheren Generationen auf uns überkommen sei. Wenn man also in einem Land mit geringem Sozialkapital und geringem Vertrauen festsaß, so konnte man nichts dagegen tun. Natürlich trifft es zu, daß die Möglichkeiten der staatlichen Politik begrenzt sind, die Kultur zu manipulieren, und daß die beste öffentliche Politik jene ist, in der das Bewußtsein einer kulturellen Selbstbeschränkung vorherrscht. Die Kultur ist jedoch eine dynamische Kraft, die sich ständig neu herausbildet, wenn nicht durch die Regierungen, dann durch die Interaktionen Tausender dezentralisierter einzelner, aus denen sich die Gesellschaft zusammensetzt. Zwar entwickelt sich die Kultur weniger schnell als die formalen gesellschaftlichen und politischen Institutionen; sie paßt sich aber dennoch den sich wandelnden Bedingungen an.

Wir stellen also fest, daß Ordnung und Sozialkapital auf zwei breiten Fundamenten ruhen. Das eine Fundament ist biologischer Art und ergibt sich aus der Natur des Menschen. In den Wissenschaften, die sich mit dem Leben befassen, hat es in der jüngeren Zeit wichtige Fortschritte gegeben. Ihre kumulative Wirkung besteht darin, daß sich die klassische Sichtweise wieder durchsetzt, wonach Menschen durch ihre spezifische Natur zu gesellschaftlichen und politischen Lebewesen werden, die mit großen Fähigkeiten ausgestattet sind, gesellschaftliche Regeln zu entwikkeln. Diese Forschungen mögen uns zwar nichts mitteilen, das Aristoteles nicht auch schon wußte, aber sie ermöglichen es uns, die menschliche Soziabilität sehr viel genauer zu erfassen und zu verstehen, was im Genom des Menschen angelegt ist und was nicht.

Die zweite Grundlage der gesellschaftlichen Ordnung ist der Verstand des Menschen und seine Fähigkeit, spontane Lösungen für Probleme zu entwickeln, die sich im gesellschaftlichen Zusammenwirken stellen. Aus den naturgegebenen Fähigkeiten der Menschheit, Sozialkapital zu erzeugen, läßt sich noch nicht erklären, wie Sozialkapital unter bestimmten Umständen entsteht. Gewisse Verhaltensregeln hervorzubringen, fällt in den Bereich der Kultur und nicht der Natur, und im kulturellen Bereich stellen wir fest, daß Ordnung häufig das Ergebnis eines horizontalen Prozesses von Verhandlung, Argument und Dialog zwischen Individuen ist. Ordnung muß sich nicht unbedingt von oben nach unten durchsetzen, etwa von einem Gesetzgeber (in heutiger Begrifflichkeit der Staat), der Gesetze erläßt, oder von einem Priester, der das Wort Gottes verbreitet.

Weder die natürliche noch die spontane Ordnung an sich reichen aus, um die Gesamtheit der Regeln hervorzubringen, die eine soziale Ordnung ausmachen. Vielmehr müssen die Regeln an den entscheidenden Kreuzungen durch hierarchische Autorität ergänzt werden. Blicken wir jedoch auf die Geschichte der Menschheit zurück, so erkennen wir, daß dezentralisiert handelnde Individuen ständig selbst Sozialkapital hervorbrachten und daß sie es außerdem schafften, sich einem technologischen und ökonomischen Wandel anzupassen, der größer war als der Wandel, der sich in den westlichen Gesellschaften in den vergangenen zwei Generationen ereignete. Und wie wir noch sehen werden, bringen Menschen heute sogar in den Jobs und Unternehmen mitten im Zentrum der High-Tech-Branche Sozialkapital hervor.

Wir müssen uns deshalb den beiden fundamentalen Ursachen der gesellschaftlichen Ordnung zuwenden: der Natur des Menschen und dem Prozeß der spontanen Selbstorganisation.

TEIL ZWEI

Über die Genealogie
der Moral

8

Woher kommen
Normen?

Wegschnecken

Einige Kilometer von meiner Wohnung in einem Vorort der Bundeshauptstadt Washington entfernt, vollzieht sich allmorgendlich an Werktagen ein seltsames Ritual.[1] Vor Bob's Restaurant an der Ecke Bland Street und Old Keene Mill Road in Springfield im Bundesstaat Virginia sammelt sich zur Rush-hour eine Menschenschlange. Ein Auto fährt vor, zwei oder drei Pendler steigen ein – Fahrer und Insassen kennen sich nicht –, und zusammen fahren sie weiter ins Zentrum von Washington. Am Abend wiederholt sich das Ritual gewissermaßen in umgekehrter Reihenfolge: Mit lauter fremden Menschen besetzte Autos kommen aus der Stadt zurück, die Passagiere steigen aus, nehmen ihre eigenen Fahrzeuge und machen sich auf den Heimweg.

Die Menschen, die sich dort zu Fahrgemeinschaften zusammenfinden, nennen sich selbst Wegschnecken. Das Ganze begann 1973, als die Regierung unter dem Eindruck der Ölkrise die Interstate 95 von den südlichen Vororten in den District of Columbia zu einer Straße der Kategorie HOV-3 erklärte. HOV steht für »high-occupancy vehicle«, Fahrzeug mit mehreren Insassen, und bedeutet, daß die betreffende Straße zur Hauptverkehrszeit nur von Fahrzeugen mit mindestens drei Insassen benutzt werden darf. Die I-95 ist als die chronisch am schlimmsten verstopfte Verkehrsader in der Region um Washington berüchtigt. Wenn die Autofahrer die I-95 unter den Bedingungen der HOV-Regelung benutzen, sparen sie gegenüber anderen Strecken 40 Minuten Fahrzeit.

Die Wegschnecken haben im Laufe der Jahre ein differenziertes System von Regeln entwickelt. Autos und Pendler warten jeweils in einer Schlange, die Fahrgemeinschaften bilden sich eine nach der anderen, keiner drängelt sich vor. Die Pendler können es ablehnen, in ein bestimmtes Auto zu steigen, Rauchen und Geld anzunehmen sind verboten, und die Etikette der Fahrgemeinschaften verlangt, daß keine heiklen Gesprächsthemen wie Sex, Religion und Politik berührt werden. Alles läuft bemerkenswert geordnet ab. In den letzten dreizehn Jahren hat es nur zwei kriminelle Vorfälle gegeben, beide ereigneten sich an dunklen Wintermorgen, als nur wenige Menschen warteten. Eine Folge davon ist, daß niemand eine Frau allein in einer Schlange warten lassen wird.

Die Fahrgemeinschaften haben soziales Kapital erzeugt. Sie haben sich auf bestimmte Regeln der Zusammenarbeit geeinigt, die es ihnen erlauben, etwas schneller zur Arbeit zu gelangen. Interessant an der Kultur der Fahrgemeinschaften ist, daß sie von niemandem gezielt geschaffen wurde. Keine staatliche Verwaltung, keine historische Tradition, kein charismatischer Führer hat irgendwann die Regeln festgelegt, wo man zusammenkommt und wie man sich zu verhalten hat; die Fahrgemeinschaften entstanden einfach aus dem Wunsch der Pendler, schneller in die Stadt zu gelangen. Natürlich ist in gewisser Weise die Regierung für ihre Existenz verantwortlich. Hätte sie die I-95 nicht zu einer Straße der Kategorie HOV-3 erklärt, hätten sich die Fahrgemeinschaften nie gebildet, und sie könnte schlagartig das Ende der Fahrgemeinschaften herbeiführen, wenn sie, wie einige Stimmen fordern, die I-95 von HOV-3 auf HOV-2 herunterstufen würde. Die Fahrgemeinschaften haben sich spontan in der ökologischen Nische entwickelt, die durch die Entscheidung der Regierung entstanden ist – ein Stück soziale Ordnung wurde gewissermaßen von unten geschaffen von Menschen, die ihr eigenes Interesse verfolgten, schneller zur Arbeit zu kommen.

Zu den Fahrgemeinschaften ist noch mehr zu sagen. Zwar wurden sie von niemandem planvoll gegründet, dennoch konnten sie nicht überall entstehen. Es gibt viele Wohngegenden in der Region Washington, wo so etwas mit ziemlicher Sicherheit nicht funktionieren würde. Manche Gegenden sind zu gefährlich, als daß Menschen auf der Straße warten würden; in anderen wechseln die Bewohner zu häufig oder sind kulturell zu verschieden, als daß sie gemeinsame Regeln akzeptieren würden. Die Wegschnecken sind bereit, zu vollkommen fremden Menschen ins Auto zu steigen – ihnen zu *vertrauen* –, weil sie, wie ein Pendler es einmal ausdrückte,»für die Regierung arbeiten... Sie sind harmlos.«[2]

Das Universum der Normen

Die Fahrgemeinschaften scheinen weit entfernt von solchen Themen wie Verbrechen, Zerfall der Familie und wachsendem Mißtrauen, die wir in Teil eins des vorliegenden Buches behandelt haben. Aber sie sind in unserem Zusammenhang wichtig, denn an ihrem Beispiel können wir sehen, wie Sozialkapital entsteht. Sozialkapital ist nicht, wie es gelegentlich beschrieben wird, ein kostbarer kultureller Besitz, der von Generation zu Generation weitergegeben wird – etwas, das, einmal verloren, nie wiedergewonnen werden kann. Sozialkapital wird vielmehr jederzeit von den Menschen geschaffen, wenn sie ihrem alltäglichen Leben nachgehen. Es wurde in traditionellen Gesellschaften erzeugt, und es wird heute Tag für Tag von einzelnen und von Organisationen in der modernen kapitalistischen Gesellschaft erzeugt. Das Sozialkapital wird sogar zunehmend wichtiger, je weiter die Technik voranschreitet, je mehr Organisationen ihre internen Hierarchien abbauen und je häufiger in der Geschäftswelt Netzwerke die Hierarchien ersetzen.

Die Fahrgemeinschaften sind aufschlußreich als ein kleines Beispiel dafür, wie ein bestimmter Grad von sozialer Ordnung – ein begrenzter, aber effektiver – sich gewissermaßen von unten entwickeln kann. Das widerspricht den Vorstellungen der meisten Menschen über soziale Ordnung. Wenn man sie fragt, antworten sie überwiegend, soziale Ordnung komme dadurch zustande, daß jemand sie einer Gesellschaft auferlege. Thomas Hobbes, einer der Väter der neuzeitlichen politischen Philosophie, hat gesagt, der Naturzustand des Menschen sei ein Kampf aller gegen alle und der mächtige Leviathan, der Staat, müsse geschaffen werden, damit die Anarchie ein Ende habe und Ordnung durchgesetzt werden könne. Weil dieses Bild im Hintergrund vorhanden ist, mögen viele Menschen den Begriff *soziale Ordnung* nicht besonders. Vor allem in amerikanischen Ohren klingt er vage autoritär und bedrohlich. Andererseits wandeln sich die Menschen rasch zu Hobbes-Anhängern, wenn sie mit der Aussicht auf Unordnung konfrontiert werden. Die Progressiven, die dem »freien Spiel der Marktkräfte« skeptisch gegenüberstehen, wollen, daß der Staat als regulierende Instanz für Ordnung sorgt, und die traditionell Konservativen möchten in der Regel, daß die Menschen sich dem Diktat einer religiösen Autorität beugen.

Die systematische Untersuchung, wie Ordnung und damit Sozialkapital spontan und dezentralisiert entstehen kann, ist eines der wichtigsten Themen am Ende des 20. Jahrhunderts. Führend bei der Erörterung waren bisher die Ökonomen – was nicht verwundern dürfte, da die Ökonomie sich mit Märkten befaßt und Märkte erstrangige Beispiele für spontane Ordnung sind. Friedrich von Hayek hat das Programm zur Erforschung der, wie er es nannte, »erweiterten Ordnung menschlichen Zusammenwirkens« aufgestellt, das heißt der Summe aller Regeln, Normen, Werte und Gepflogenheiten, die es Menschen ermöglichen, in einer kapitalistischen Gesellschaft zusammenzuarbeiten.[3] Hayek ist bekannt für seine anti-etatistische, kompromißlos marktwirtschaftliche Einstellung, aber er glaubte fest an die Notwendigkeit von Ordnung, und ein Großteil seines Forschungsprogramms handelte davon, wie ohne zentralisierte, hierarchische Einrichtungen, wie es Staaten sind, Ordnung entstehen kann.

Doch den Begriff der spontanen Ordnung gibt es nicht nur in der Ökonomie. Seit Darwin sind die Naturwissenschaftler überzeugt, daß der hohe Grad an Ordnung in der biologischen Welt nicht auf Gott oder einen anderen Schöpfer zurückgeht, sondern aus der Interaktion einfacherer Einheiten entstanden ist. Kevin Kelly, der Chefredakteur der Zeitschrift *Wired*, hat darauf hingewiesen, daß ein Bienenschwarm sehr komplexe Verhaltensweisen an den Tag legt, ohne daß er von der Königin oder einer anderen

Biene irgendwie angeleitet wird; das Verhalten des Schwarms kommt vielmehr dadurch zustande, daß die einzelnen Bienen recht einfachen Verhaltensregeln folgen (zum Beispiel zu Nektarquellen hinfliegen, Hindernissen ausweichen und in der Nähe von anderen Bienen bleiben).[4] Die kunstvollen Hügel verschiedener afrikanischer Termitenarten – mehr als mannshoch und mit Heizungs- und Lüftungssystemen ausgestattet – wurden von niemandem entworfen und ganz gewiß nicht von den in neurologischer Hinsicht einfachen Wesen, die sie erbaut haben. Diese und viele andere Beispiele in der Natur zeigen, wie Ordnung durch den blinden, irrationalen Prozeß der Evolution und der natürlichen Selektion geschaffen wird.[5] Computer können komplexes Verhalten simulieren, nicht indem sie umfangreiche, hierarchisch strukturierte Programme ausführen, die alle Aspekte des Verhaltens definieren, sondern indem sie einfache Agenten entwerfen, die einfachen Regeln folgen, und abwarten, welches Ergebnis herauskommt. In den achtziger Jahren wurde das Santa Fe Institute gegründet, um genau solche Phänomene zu untersuchen – sogenannte komplexe adaptive Systeme.[6]

Niemand wird bestreiten, daß soziale Ordnung oft hierarchisch geschaffen wird. Aber es ist nützlich, sich klarzumachen, daß Ordnung aus einem ganzen Spektrum von Quellen entstehen kann, von hierarchischen und zentralisierten Formen der Autorität bis zu vollkommen dezentralisierten und spontanen Interaktionen von Individuen. Abbildung 8.1 illustriert dieses Kontinuum. Eine hierarchische Autorität kann unterschiedliche Formen haben, von transzendenten (zum Beispiel Mose, der mit den Zehn Geboten vom Berg Sinai herabsteigt) bis zu durch und durch weltlichen (etwa wenn der Leiter eines Unternehmens eine neue Unternehmensphilosophie für den Umgang mit Kunden verkündet). Spontane Ordnung hat ähnlich unterschiedliche Quellen, von der blinden Interaktion von Naturkräften (wie beim weiter unten beschriebenen Inzesttabu) bis zu hochgradig strukturierten Verhandlungen zwischen Anwälten über Grundwasserrechte. In der Regel sind die Normen, die spontan geschaffen werden, informell, das heißt, sie werden nicht niedergeschrieben und veröffentlicht; hingegen begegnen uns die Regeln und

ABBILDUNG 8.1

Ein Kontinuum von Normen

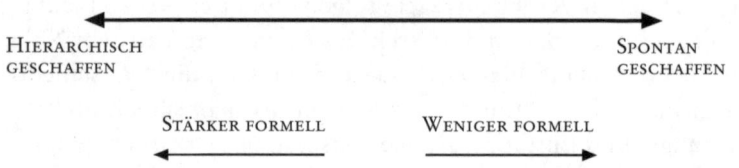

Normen, die auf hierarchische Quellen der Autorität zurückgehen, meist als Gesetze, Verfassungen, Vorschriften, heilige Texte oder Organisationspläne. In manchen Fällen verschwimmt die Grenze zwischen spontaner und hierarchischer Ordnung. Beispielsweise entwickelt sich in englischsprachigen Ländern wie Großbritannien und den Vereinigten Staaten das Common Law spontan durch die Interaktion von Heerscharen von Richtern und Anwälten, aber es wird als genauso verbindlich wie das formelle Rechtssystem anerkannt.

Wir können soziale Normen auf einem Kontinuum von hierarchisch erzeugt bis spontan entstanden einordnen, und darüber können wir ein weiteres Kontinuum legen, das von Normen als Produkt rationaler Entscheidung bis zu Normen reicht, die gesellschaftlich ererbt wurden und nichtrationalen Ursprungs sind. Wir erhalten so eine vierfeldrige Matrix möglicher Typen von Normen, wie in Abbildung 8.2 dargestellt. *Rational* bedeutet in diesem Zusammenhang nur, daß verschiedene Normen bewußt erörtert und im vorhinein verglichen werden. Natürlich kann am Ende der Diskussion eine schlechte Entscheidung stehen, die nicht im wahren Interesse derjenigen liegt, die sie getroffen haben, und umgekehrt können sich nichtrationale Normen als funktional erweisen, etwa wenn der religiöse Glaube die soziale Ordnung stützt und das wirtschaftliche Wachstum fördert.

Die Unterscheidung zwischen rational und nichtrational entspricht in vielerlei Hinsicht der Fachgrenze zwischen Soziologie und Ökonomie. Die Soziologie ist letztlich eine Disziplin, die soziale Normen erforscht. Soziologen gehen davon aus, daß Menschen im Laufe des Heranwachsens und Älterwerdens für

ABBILDUNG 8.2

Das Universum der Normen

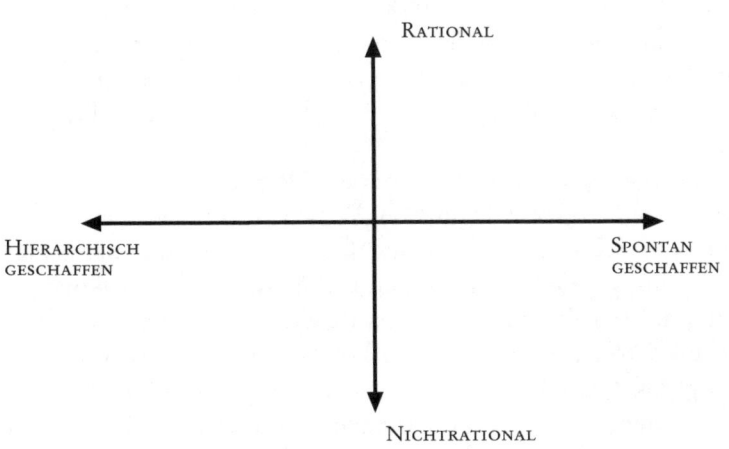

eine ganze Reihe von Rollen und Identitäten sozialisiert werden – jemand ist Katholik, Arbeiter, Außenseiter, Mutter, Bürokrat –, jede Rolle und Identität wird durch eine Reihe komplexer Normen und Regeln definiert. Die Normen halten Gemeinschaften zusammen und werden von den Gemeinschaften streng durchgesetzt, sie begrenzen die Wahlmöglichkeiten der Menschen hinsichtlich ihrer Lebensführung. Von Müttern wird erwartet, daß sie ihre Kinder lieben; wenn sie sie mit dem Auto ertränken, wie es Susan Smith 1994 in South Carolina tat, verhängt die Gemeinschaft eine drakonische Strafe durch formelles Recht und durch moralische Ächtung.

Emile Durkheim meinte, daß die Soziologie bei dem Vorhaben, zur tiefsten Schicht menschlicher Motivation vorzudringen, den Sieg über die Ökonomie davontragen werde. Ökonomen sehen es so, daß die Menschen, wenn sie sich treffen, Güter auf Märkten tauschen. Durkheim argumentierte nun, daß der Austausch auf Märkten nichtökonomische soziale Normen voraussetzt, die zum Beispiel regeln, daß Käufer und Verkäufer friedlich miteinander verhandeln und nicht etwa Waffen zücken und versuchen, einander auszurauben und umzubringen.[7] Die Annahme der Ökonomen, daß die Anhebung des Stücklohns die Arbeitsleistung steigern würde, ist Max Weber zufolge falsch, denn die Nutzenmaximierung ist eine historisch bedingte soziale Norm. In manchen traditionellen Gesellschaften bedeutete höherer Stücklohn, daß die Bauern früher mit der Arbeit aufhörten, weil sie nur so viel verdienen wollten, daß ihr Überleben von einem Tag zum anderen gesichert war.[8]

Daß die Soziologen die sozialen Normen so sehr betonen, könnte den Betrachter auf den Gedanken bringen, der Unterschied zwischen Soziologie und Ökonomie bestehe darin, daß die Soziologie sich mit Zwängen beschäftige und die Ökonomie von Wahlfreiheit handle. In einem vielzitierten Aufsatz beklagte Dennis Wrong, seine Soziologenkollegen würden ihre Wahrnehmung des Menschen »übersozialisieren«: Wenn Menschen nur aus Normen und Einschränkungen bestünden, wie könne man dann erklären, daß einzelne sich von allein aufmachen und Unternehmer werden, Erfinder oder Kriminelle?[9] Umgekehrt gründet die moderne neoklassische Ökonomie auf einem Modell von rationaler Nutzenmaximierung, in dem die Entscheidungsfreiheit ganz im Mittelpunkt steht. Menschen entscheiden sich, anders ausgedrückt, bestimmte Dinge zu tun, weil sie ein rationales Eigeninteresse daran haben. Bei manchen neoklassischen Ökonomen klingt es so, als wäre menschliches Verhalten eine reine Abfolge rationaler Entscheidungen, jeweils als Reaktion auf sich verändernde Umweltbedingungen, und als spielten internalisierte soziale Verhaltensregeln so gut wie keine Rolle.

Die jüngste Generation der Ökonomen widmet jedoch der Bedeutung von Normen und Regeln im Wirtschaftsleben verstärkt Aufmerksamkeit.[10] Ronald Heiner hat darauf hingewiesen, daß rationale Menschen schlichtweg nicht jeden Tag in ihrem Leben ausschließlich rationale Entscheidungen treffen können. Wenn wir es könnten, wäre unser Verhalten gleichzeitig unvorhersehbar und paralysiert, denn wir wären beständig damit beschäftigt zu kalkulieren, ob wir nun dem Kellner ein Trinkgeld geben sollen oder nicht, ob wir den Taxifahrer übers Ohr hauen sollen oder nicht, ob wir jeden Monat einen bestimmten Teil unseres Gehalts für das Alter zurücklegen sollen oder nicht.[11]

Tatsächlich ist es rational, daß Menschen ihr Verhalten durch Regeln strukturieren, selbst wenn die Regeln nicht in allen Situationen zur richtigen Entscheidung führen, weil Entscheiden aufwendig ist und oft mehr und bessere Informationen verlangt, als zur Verfügung stehen. Selbstauferlegte Regeln von der Art: »Kaufe nie etwas aus einem Impuls heraus« oder »Erlaube ihm nicht, daß er dich gleich am ersten Abend *da* anfaßt« können dann falsch sein, wenn im Schaufenster ein wunderschöner Pullover zu einem einmaligen Preis liegt oder wenn man mit dem Mann seines Lebens ausgeht, aber alles in allem und auf lange Sicht finden die Menschen, daß es ihren Interessen mehr dient, wenn sie sich bei Entscheidungen an klare Regeln halten. Wie wir noch sehen werden, gibt es auch eine solide biologische Grundlage dafür, daß Menschen Regeln folgen: Die Menschen wollen Regeln gehorchen, und sie wollen, daß andere Menschen Regeln gehorchen. Sie fühlen sich schuldig, wenn es ihnen nicht gelingt, sich an Regeln zu halten, und sie sind ärgerlich, wenn andere sich nicht an Regeln halten.

Die gesamte wirtschaftswissenschaftliche Teildisziplin des »neuen Institutionalismus« basiert auf der Beobachtung, daß Regeln und Normen für rationales ökonomisches Verhalten unverzichtbar sind.[12] Wenn der Wirtschaftshistoriker Douglass North von »Institution« spricht, meint er eine Norm oder eine Regel, eine formelle oder informelle, die soziale Interaktionen zwischen Menschen kontrolliert.[13] Er betont, daß Normen von ausschlaggebender Wichtigkeit sind, um Transaktionskosten zu reduzieren. Wenn wir keine Normen hätten – die beispielsweise die wechselseitige Achtung der Eigentumsrechte verlangen –, müßten wir in jedem Einzelfall die Spielregeln für die Eigentumsverhältnisse neu aushandeln, und dann gäbe es weder Austausch auf Märkten noch Investitionen noch Wirtschaftswachstum.

Die Ökonomen betonen somit genau wie die Soziologen die Bedeutung von Normen. Sie unterscheiden sich von den Soziologen darin, daß sie meinen, sie könnten die Ursprünge von Normen und Regeln identifizieren. Soziologen (genau wie Anthropologen) verstehen sich im großen und ganzen besser darauf, soziale Normen zu beschreiben, als zu erklären, wie sie zustande gekommen sind. Viele Soziologen entwerfen ein hochgradig statisches Bild der menschlichen Gesellschaft, zum Beispiel wenn sie feststellen, Unterschichtjungen in italienischen Wohnvierteln in New York würden durch »Druck der Gleichaltrigengruppe« dahingehend sozialisiert, daß sie sich Banden anschließen.[14] Aber derartige Behauptungen umgehen einfach die eigentliche Frage, woher die Normen der Gleichaltrigengruppe ursprünglich stammen. Wir können sie eine oder zwei Generationen in die Vergangenheit zurückverfolgen, aber letzten Endes haben wir keinerlei Hinweise auf ihre weiter zurückliegenden Ursprünge. Eine Zeitlang gab es in der Soziologie und der Anthropologie eine »funktionalistische« Schule, die versuchte, noch für die seltsamsten sozialen Regeln rational-utilitaristische Gründe zu finden. Beispielsweise wurde das hinduistische Verbot, Kühe zu schlachten, auf den Umstand zurückgeführt, daß Kühe Ressourcen seien und für andere Zwecke benötigt würden wie Pflügen und Milchwirtschaft. Damit konnte man allerdings nicht erklären, warum die Muslime in Indien in derselben ökologischen und ökonomischen Situation mit Appetit Fleisch von Kühen aßen oder warum das Verbot auch heute noch gilt, obwohl es mittlerweile ein McDonald's-Restaurant in Neu Delhi gibt, das beliebig viel Rindfleisch aus Australien oder Argentinien importieren kann.[15]

Dort, wo die Soziologen nicht mehr weiterwußten, sind die Ökonomen in die Bresche gesprungen, die ihr methodisches Instrumentarium nur zu gern auf alle erdenklichen Aspekte des Sozialverhaltens anwenden. Der große und gut entwickelte Zweig der Ökonomie, der als Spieltheorie bekannt ist, versucht zu erklären, wie soziale Normen und Regeln zustande kommen.[16] Die Ökonomen bestreiten nicht, daß menschliches Handeln durch Regeln und Normen eingegrenzt wird. Wie die Menschen zu den Normen gelangen, ist für sie jedoch ein rationaler und darum erklärbarer Vorgang.

Stark vereinfachend ausgedrückt, geht die Spieltheorie von der Prämisse aus, daß wir alle nicht als Dennis Wrongs übersozialisierte Gemeinschaftsmitglieder mit vielen gegenseitigen sozialen Bindungen und Verpflichtungen geboren werden, sondern vielmehr als isolierte Individuen mit Bündeln eigensüchtiger Wünsche und Vorlieben. In vielen Fällen können wir allerdings diese Wünsche und Präferenzen besser befriedigen, wenn wir mit anderen Menschen zusammenarbeiten, und darum handeln wir letzten Endes kooperative Normen aus, die das soziale Miteinander regeln. Die Menschen können nach dieser Sichtweise zwar durchaus altruistisch sein, aber nur, weil sie auf einer bestimmten Ebene kalkuliert haben, daß der Altruismus für sie von Nutzen ist (mutmaßlich weil andere Menschen sich dann auch altruistisch verhalten). Die mathematische Spieltheorie versucht Formeln dafür aufzustellen, durch welche Strategien die Menschen von eigensüchtigen Interessen zu kooperativen Ergebnissen kommen können.

Die Sicht der Ökonomen, die der Spieltheorie anhängen, auf die Ursprünge von sozialen Normen ist im wesentlichen eine Weiterentwicklung der Auffassungen, welche die klassischen Liberalen wie Hobbes, Locke und Rousseau von den Anfängen der Gesellschaft hegten. Jeder dieser drei Denker beschrieb die Menschen im Naturzustand als isolierte, egoistische Individuen.[17] Für Hobbes entstand die bürgerliche Gesellschaft in dem Augenblick, als die Individuen untereinander einen Vertrag aushandelten und damit den großen Leviathan schufen – den Staat, der Ordnung herstellt und die Rechte garantiert, welche die einzelnen im Naturzustand zwar besaßen, aber nur unzureichend genießen konnten. Lockes Vision des Naturzustandes ist zwar weniger gewalttätig als Hobbes' Krieg aller gegen alle, aber genau wie Hobbes postuliert er keinerlei natürliche soziale Instinkte der Menschen außerhalb der Familie. Bei Rousseau ist die Isolation der Menschen im Urzustand sogar noch extremer: Sexualität ist natürlich, die Familie nicht. Die Gesellschaft wird erst später geschaffen, und zwar von Menschen, die in geschichtlicher Zeit interagieren. Dieser »methodische Individualismus« beherrscht bis heute das Denken der Erben jener Tradition,[18] auch von Spieltheoretikern und Ökonomen wie Gary Becker und James Buchanan, die sich bemühen, ihre wissenschaftliche Disziplin für die Untersuchung nicht-ökonomischer Aspekte des sozialen Lebens wie Politik, Rassenbeziehungen und die Familie zu öffnen.

ABBILDUNG 8.3

Quellen der Ordnung

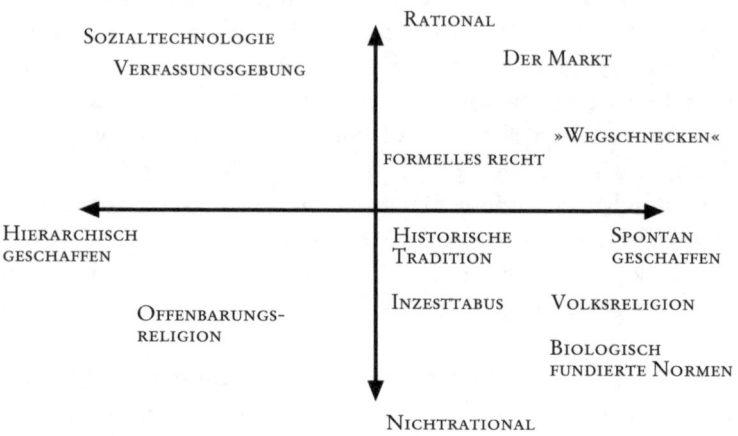

RATIONAL

SOZIALTECHNOLOGIE
VERFASSUNGSGEBUNG

DER MARKT

»WEGSCHNECKEN«
FORMELLES RECHT

HIERARCHISCH
GESCHAFFEN

HISTORISCHE
TRADITION

SPONTAN
GESCHAFFEN

OFFENBARUNGS-
RELIGION

INZESTTABUS

VOLKSRELIGION

BIOLOGISCH
FUNDIERTE NORMEN

NICHTRATIONAL

Wenn wir versuchen, die unterschiedlichen Typen von Normen auf unserer weiter oben skizzierten vierfeldrigen Matrix zu verorten, gelangen wir zu einer Darstellung wie in Abbildung 8.3. Die Regeln für die Fahrgemeinschaften, mit denen wir das Kapitel begonnen haben, gehören in den Quadranten »rational und spontan geschaffen«. Die Regeln haben sich in dezentralisierter Weise weiterentwickelt, aber vermutlich nach einiger Diskussion und nach verschiedenen Vorstößen seitens der Beteiligten. Das gesetzte Recht, gleichgültig ob es von Demokratien oder von Diktaturen verkündet wird,[19] gehört in den Quadranten »rational und hierarchisch«, genau wie die Niederschrift einer Verfassung, wie Sozialtechnologie und alle anderen Bemühungen, Gemeinschaften von oben zu steuern. Das Common Law hingegen entsteht wie die Regeln der Fahrgemeinschaften spontan und rational. Organisierte Offenbarungsreligionen entstammen gewöhnlich einer hierarchischen Quelle – genaugenommen der unhintergehbaren hierarchischen Autorität, nämlich Gott –, und ihre Regeln werden im allgemeinen nicht im Zuge einer rationalen Debatte übernommen. Einige Volksreligionen (zum Beispiel der Taoismus und der Shintoismus in Ostasien) und quasireli-

ABBILDUNG 8.4

Die Arbeitsteilung zwischen den Disziplinen

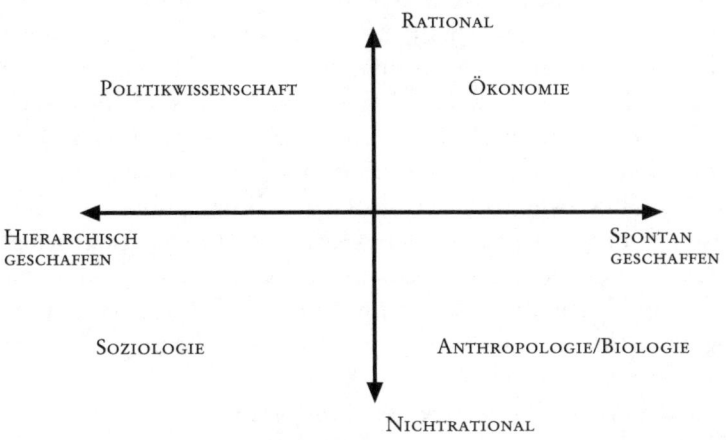

giöse kulturelle Gepflogenheiten können sich in nichtrationaler, dezentralisierter Weise entwickelt haben. In moderner Zeit ist an die Stelle der Volksreligion ein freiwilliges Gruppensektierertum getreten, das sich weniger an hierarchischen Autoritäten orientiert als an den kollektiven Überzeugungen kleiner Gemeinschaften. Diese Formen religiöser Normen gehören deshalb je nachdem in den linken unteren oder den rechten unteren Quadranten. Schließlich gründen bestimmte Normen in der Biologie und gehören eindeutig in den Quadranten, der mit »nichtrational und spontan geschaffen« bezeichnet ist. In diese Kategorie fällt das Inzesttabu. Die neuesten Forschungen deuten darauf hin, daß das Inzesttabu zwar eine Konvention darstellt, aber auf ein natürliches Widerstreben der Menschen gegen sexuelle Kontakte mit engen Verwandten zurückgeht. Bestimmte Versionen des Inzesttabus würden höchstwahrscheinlich auch existieren, wenn die Kultur sie nicht eindeutig unterstützte.

Schließlich kann man auch die verschiedenen Sozialwissenschaften in dieser Matrix unterbringen (siehe Abbildung 8.4). Die Ökonomie, das Studium der Märkte, befaßt sich hauptsächlich mit den Regeln für rationalen, spontanen Austausch. Die

Politikwissenschaft, das Studium des Staates, konzentriert sich auf Gesetze und formelle Regierungsinstitutionen. Die Soziologie handelt zu einem großen Teil von Religion und anderen hierarchischen, nichtrationalen Normen, während die Anthropologie und zunehmend die Biologie sich mit Normen beschäftigen, die nichtrational und nichthierarchischer Herkunft sind. Natürlich will jede Disziplin über die Grenzen ihres angestammten Quadranten hinausgreifen. Soziologen erforschen Gesetze und Wirtschaft, Politikwissenschaftler befassen sich mit politischer Kultur und anderen nichtrationalen, nichthierarchischen politischen Normen, und die Ökonomen versuchen in jüngster Zeit, ihr großartiges methodisches Instrumentarium der rationalen Entscheidungsfindung auf nahezu alle Aspekte des menschlichen Verhaltens zu übertragen.

Nachdem wir nun vier große Kategorien von Normen identifiziert haben, können wir uns der Frage zuwenden, wie sie zustande kommen.

9

Menschliche Natur
und soziale Ordnung

Erstaunlicherweise teilen die Ökonomen, die in der Regel politisch eher rechts stehen, mit den Soziologen, die im großen und ganzen links stehen, die Auffassung, daß Normen soziale Konstrukte sind. Doch den Vorgang, wie Normen zustande kommen, interpretieren sie anders. Die Ökonomen sehen ihn als rationales Aushandeln zwischen mehr oder weniger gleichen Individuen, während in den Augen der Soziologen oft der Stärkere (ob nun definiert durch soziale Klasse, Geschlecht, Rasse oder ein anderes Statusmerkmal) die Regeln so festlegt, daß er den Schwächeren beherrschen kann. Die meiste Zeit in unserem Jahrhundert dominierte in den Sozialwissenschaften die Annahme, daß soziale Normen soziale Gebilde sind und daß »soziologische Tatbestände nur durch soziologische Tatbestände« erklärt werden können, wie Durkheim es formuliert hat, und nicht durch Rückgriff auf die Biologie oder das genetische Erbe.[1] Die Sozialwissenschaftler bestreiten nicht, daß die menschliche Physis stärker durch die Natur (»nature«) als durch die Erziehung (»nurture«) geprägt ist. Aber das sogenannte Standardmodell der Sozialwissenschaften geht davon aus, daß die Biologie nur für den Körper zuständig ist; der Geist, die Quelle von Kultur, Werten und Normen, ist ein vollkommen anderes Reich.[2]

Das Reich des Geistes wird durch eine Reihe von Annahmen über die Natur menschlicher Wahrnehmung definiert. In einer Tradition, die von John Locke, dem Philosophen aus dem 17. Jahrhundert, bis zur behavioristischen Schule eines John Watson und B. F. Skinner reicht, ist der Geist eine Tabula rasa, ein leeres Blatt, und besteht aus wenig mehr als der Fähigkeit, Berechnungen anzustellen, Dinge zu verbinden und zu behalten. Alles

Wissen, alle Gewohnheiten, alle Assoziationen und was ansonsten noch in einem erwachsenen Geist vorhanden ist, all das ist erst nach der Geburt dorthin gekommen und beruht ganz und gar auf Erfahrung. Zu den Regeln, die unsere Wahlmöglichkeiten beschränken, sind wir entweder durch rationale Entscheidung gelangt (so sehen es die Ökonomen) oder durch unsere Sozialisation in der frühen Kindheit (so sehen es die Soziologen und die Anthropologen).

Es gibt jedoch immer mehr Hinweise aus den Biowissenschaften, daß das Standardmodell der Sozialwissenschaften inadäquat ist und daß den Menschen kognitive Strukturen und altersspezifische Lernmöglichkeiten angeboren sind, die sie natürlicherweise in ein soziales Leben lenken. Oder anders ausgedrückt: Es existiert tatsächlich so etwas wie eine menschliche Natur. Für Soziologen und Anthropologen bedeutet dies, daß der kulturelle Relativismus überdacht werden muß und daß es möglich ist, kulturelle und moralische Universalien zu identifizieren, die, wenn sie klug eingesetzt werden, dazu verwendet werden könnten, bestimmte Gepflogenheiten innerhalb von Kulturen zu bewerten. Darüber hinaus bedeutet es, daß das menschliche Verhalten bei weitem nicht so formbar und damit auch nicht so manipulierbar ist, wie in den beiden Disziplinen über den Großteil unseres Jahrhunderts hinweg geglaubt wurde. Für die Ökonomen impliziert die Annahme einer menschlichen Natur, daß die Auffassung der Soziologen, der Mensch sei im Kern ein soziales Wesen, zutreffender ist als ihr individualistisches Modell. Und für all jene, die weder Anthropologen noch Soziologen noch Ökonomen sind, bestätigt das Konzept der menschlichen Natur etliche intuitive Vorstellungen, wie Menschen denken und handeln, die frühere Generationen von Sozialwissenschaftlern vehement bestritten haben – zum Beispiel, daß Männer und Frauen grundsätzlich verschieden sind und daß wir politische und soziale Wesen mit einem moralischen Instinkt sind. Diese Erkenntnis ist außerordentlich wichtig für die Diskussion über Sozialkapital, denn wir können daraus folgern, daß es ein menschlicher Trieb ist, Sozialkapital zu schaffen.

Die historischen Ursprünge des Relativismus

Um zu verstehen, wie wichtig die Wiederentdeckung der menschlichen Natur ist, müssen wir in der Geschichte der Sozialtheorie bis in die erste Hälfte des 20. Jahrhunderts zurückgehen. Kultureller Relativismus ist die Überzeugung, daß kulturelle Regeln willkürlich sind, soziale Artefakte unterschiedlicher Gesellschaften (oder unterschiedlicher Gruppen innerhalb von Gesellschaften), und daß es deshalb keine universellen Standards für Moral gibt und wir nicht über die Normen und Regeln anderer Kulturen urteilen können. Der Glaube, daß Werte relativ sind, ist tief in der amerikanischen Gesellschaft verwurzelt und wird heute jedem Schulkind eingeimpft. Die Spuren des kulturellen Relativismus lassen sich bis zu modernen Philosophen wie Nietzsche und Heidegger und ihrer Kritik am abendländischen Rationalismus zurückverfolgen. Wie Allen Bloom in seinem Buch *The Closing of the American Mind* ausgeführt hat, hat sich die liberale Tugend der Toleranz in unserem Jahrhundert langsam, aber sicher in den Glauben verwandelt, daß es eigentlich keine rationale Grundlage für moralische und ethische Urteile gibt. Heute geht es nicht mehr darum, Verschiedenheit zu tolerieren, sondern wir sollen sie feiern, und diese Veränderung hat weitreichende Folgen für die Möglichkeit, in einer demokratischen Gesellschaft Gemeinschaftlichkeit zu erreichen.

Relativismus wurde in den Vereinigten Staaten nicht allein im Gefolge der hochkarätigen Denker, die Bloom zitiert, zu einem geläufigen Begriff, sondern auch im Zuge der Popularisierung bestimmter anthropologischer Schlüsselkonzepte. Dabei spielten der Anthropologe Franz Boas von der Columbia University und seine Schülerinnen Margaret Mead und Ruth Benedict entscheidende Rollen.

Boas zufolge sind die Unterschiede zwischen verschiedenen Gruppen von Menschen – zum Beispiel das Niveau ihrer technischen Entwicklung, ihrer künstlerischen und intellektuellen Leistungen, ja sogar ihrer Intelligenz – nicht genetisch determiniert, sondern das Produkt von Erziehung und Kultur. Boas setzt diese Argumentation zu Recht der vorangehenden darwinistischen

Betrachtungsweise des ausgehenden 19. und frühen 20. Jahrhunderts entgegen, als Denker wie Herbert Spencer behaupteten, die soziale Schichtung spiegele eine natürliche Hierarchie von Fähigkeiten wider, oder als Schriftsteller wie Madsen Grant verkündeten, die weißen Nordeuropäer verkörperten die oberste Sprosse auf der Leiter der Rassenentwicklung. Boas' berühmtestes Werk ist eine Untersuchung über den Kopfumfang von Immigrantenkindern. Er kam zu dem Ergebnis, daß die Kinder aus den »falschen« Teilen Europas und Asiens nicht weniger intelligent und fähig waren als Nordeuropäer, wenn sie genauso gut ernährt wurden wie die Amerikaner, und daß folglich alle Bestrebungen, durch Anti-Immigrationsbestimmungen und eugenische Maßnahmen die Reinheit der weißen Rasse erhalten zu wollen, vollkommen abwegig waren. Boas' Erkenntnisse stützten das Standardmodell der Sozialwissenschaften, daß es keine signifikanten kognitiven und psychologischen Unterschiede zwischen Menschengruppen gibt, und er vertrat nachdrücklich die Auffassung, daß alle Versuche der Amerikaner und Europäer, über die kulturellen Gepflogenheiten sogenannter primitiver Völker zu urteilen, hoffnungslos ethnozentrisch seien. Ruth Benedict und Margaret Mead verbreiteten diese Ideen und übertrugen sie direkt auf westliche kulturelle Gepflogenheiten wie den Umgang mit Sexualität, Familie und Geschlechterrollen.

Diese Entwicklungen in der akademischen und populären Anthropologie prägten das intellektuelle Klima, und der nationalsozialistische Völkermord diskreditierte endgültig den Gedanken, daß die Biologie uns etwas Wichtiges über das menschliche Verhalten zu sagen hat. Der Rassenwahn der Nazis und ihr mörderischer Mißbrauch biologischer Argumente hatten zur Folge, daß jegliche Argumentation, die Verhalten mehr in der Genetik begründet sah als in der Kultur, vehement abgelehnt wurde, das ist bis heute in Europa so geblieben. Die Diskreditierung biologischer Theorien stand in direktem Zusammenhang mit dem Vormarsch des kulturellen Relativismus, denn wenn dem sozialen Verhalten nicht eine im Kern unveränderliche menschliche Natur zugrunde liegt, dann kann es keine universellen Standards geben, nach denen man über bestimmte kulturelle Inhalte urteilen könnte. Folglich betrachtete man alles menschliche Verhalten als »sozial geformt«, das heißt gesteuert von kulturellen Normen, die das Verhalten nach der Geburt prägen. Das Fehlen umfassender Muster kulturellen Verhaltens veranlaßte Anthropologen wie Clifford Geertz zu sagen, die Disziplin der Kulturanthropologie müsse sich notwendigerweise auf die »dichte Beschreibung« konzentrieren, wie er das nannte, die detaillierte ethnographische Erklärung eines individuellen kulturellen Systems in dem Bestreben, seine Komplexität zu verstehen, ohne es jedoch in einen theoretischen Rahmen hineinzupressen.[3]

Die neue Biologie

Die biologische Revolution, die in der zweiten Hälfte des 20. Jahrhunderts im Gange ist, speist sich aus mehreren Quellen. Die erstaunlichsten Fortschritte wurden in der Molekularbiologie und der Biochemie gemacht; die Entschlüsselung der DNA-Struktur hat zur Entstehung einer ganzen Industrie geführt, die sich mit Gentechnik befaßt. In der Neurophysiologie wurden große Fortschritte beim Verständnis der chemischen und physiologischen Grundlagen psychischer Phänomene erzielt, und immer mehr setzte sich die Sichtweise durch, daß das Gehirn keine Universalrechenmaschine ist, sondern ein in hohem Grade modular strukturiertes Organ mit spezifisch angepaßten Fähigkeiten. Und schließlich haben auf der Ebene des Makroverhaltens Erkenntnisse aus der Tierverhaltensforschung, der Verhaltensgenetik, der Primatenforschung, der Evolutionsbiologie und -anthropologie unser Wissen enorm vergrößert und zu der Einsicht geführt, daß bestimmte Verhaltensmuster universeller sind, als man bis dahin glaubte. Eine Generalisierung wie die in Kapitel fünf formulierte, daß weibliche Lebewesen bei der Auswahl ihres Sexualpartners wählerischer sind als männliche, trifft nicht nur für alle bekannten menschlichen Kulturen zu, sondern praktisch für alle Tierarten, die sich sexuell fortpflanzen. Es dürfte nur eine Frage der Zeit sein, bis die Mikro- und die Makroebene der Forschung zusammengeführt werden. Wenn erst einmal kom-

211

plette Gensequenzen von Ratten, Fruchtfliegen, Nematoden und schließlich auch von Menschen erfaßt und kartiert sind, wird es möglich sein, individuelle Gensequenzen ein- und auszuschalten und ihren Einfluß auf das Verhalten direkt zu beobachten. Im Gegensatz zu den durch und durch relativistischen Annahmen der Kulturanthropologie lassen viele Erkenntnisse der neuen Biologie vermuten, daß die Variationsbreite der menschlichen Kultur nicht so groß ist, wie es bei oberflächlicher Betrachtung scheinen mag. Genau wie es zwar unendlich viele Sprachen gibt, die aber alle in den Spracharealen des Neokortex verankerte grundlegende linguistische Strukturen widerspiegeln, so spiegeln wohl auch die Kulturen den Menschen gemeinsame soziale Bedürfnisse wider, die von der Biologie determiniert sind. Kein ernstzunehmender Biologe wird bestreiten, daß die Kultur wichtig ist und daß ihr Einfluß oft stärker ist als die natürlichen Instinkte und Triebe. Die Kultur – die Fähigkeit, Verhaltensregeln über Generationen hinweg anders als über die Gene weiterzugeben – gehört zur festen Ausstattung des menschlichen Gehirns und verleiht der menschlichen Spezies einen großen Vorsprung in der Evolution. Aber die Inhalte der Kultur ruhen auf einer natürlichen Substruktur, welche die Möglichkeiten der kulturellen Kreativität für einzelne Gruppen von Menschen begrenzt und kanalisiert. Für aufmerksame Beobachter vermittelt die neue Biologie nun keineswegs einen biologischen Determinismus, sondern ein ausgewogenes Bild des Zusammenspiels von Natur und Kultur in der Art und Weise, wie menschliches Verhalten zustande kommt.

Im großen und ganzen sind die genetisch bestimmten Verhaltensmuster, die Einfluß nehmen auf soziale Phänomene wie Verwandtschaftsbeziehungen oder die Neigung, Gruppen in einer Zivilgesellschaft zu bilden, durch die Kultur vermittelt, so daß wir keine direkten Kausalbeziehungen zwischen beispielsweise der Kernfamilie und einer irgendwie gearteten genetischen Disposition zur Fortpflanzung herstellen können. Bei vielen menschlichen Verhaltensweisen, die scheinbar von der Biologie bestimmt sind, handelt es sich nicht um determinierte Triebe oder Instinkte, sondern eher um Lerndispositionen auf den jeweiligen Entwicklungsstufen. Wieder läßt sich das Zusammenspiel von genetischer

Ausstattung und Kultur am Beispiel der Sprache gut erläutern. Die Fähigkeit, eine Sprache zu erlernen, ist allem Anschein nach ganz von der Genetik determiniert. Sie tritt im Alter von etwa zwölf Monaten in Erscheinung und äußert sich in der erstaunlichen Fähigkeit kleiner Kinder, mehrere neue Wörter pro Tag zu lernen. Diese Fähigkeit besteht nur einige wenige Jahre; Kinder, die ohne Sprache aufgewachsen sind, oder Erwachsene, die eine neue Sprache lernen wollen, können sich nie so flüssig ausdrücken wie Kinder, die in dieser entscheidenden Zeit die Sprache gelernt haben. Die Struktur von Sprache scheint bei der Geburt angelegt zu sein, Kinder erwarten bestimmte Regelmäßigkeiten bei Zeiten, bei der Pluralbildung und dergleichen und müssen das nicht mühsam erklärt bekommen. Andererseits sind die Wörter selbst und ein großer Teil der syntaktischen Struktur einer bestimmten Sprache kulturell determiniert, und auch die subtilen Untertöne mancher Formulierungen sind nur im jeweiligen kulturellen Kontext verständlich. *Daß* Kinder in einem bestimmten Alter bestimmte Dinge nach einer bestimmten Struktur erlernen, ist durch die Biologie vorgegeben; *was* sie lernen, ist die Domäne der Kultur.

Das Inzesttabu

Vielleicht eines der anschaulichsten Beispiele, wie menschliche Instinkte in direkter Weise soziale Normen prägen, ist das Inzesttabu. Inzesttabus sind praktisch universell in allen menschlichen Gesellschaften. Doch ungeachtet dieser Universalität glaubten die Sozialwissenschaftler lange Zeit, daß das Inzesttabu von der Gesellschaft aufgestellt werde und einen tiefverwurzelten natürlichen Wunsch unterdrücken solle. Sigmund Freud schrieb in *Totem und Tabu*, der Wunsch, Inzest zu begehen, sei einer der tiefsten und dunkelsten Triebe des Menschen und müsse deshalb durch besonders mächtige soziale Normen kontrolliert werden. Man glaubte gemeinhin, daß Tiere bedenkenlos promiskuös seien und Inzest bei ihnen regelmäßig vorkomme. Die Inzestvermeidung war nach dieser Interpretation die kulturelle Urtat, durch die sich eine Spezies wie der *Homo sapiens* mit der Fähigkeit, Verhalten auf dem Wege der Kultur weiterzugeben, von andern Spezies entfernte, deren Verhalten allein von Trieben und Instinkten kontrolliert wurde. Freud zufolge war das Inzesttabu eine einzigartig menschliche und künstliche Einrichtung.

Wie Robin Fox in seiner bahnbrechenden Abhandlung über das Inzesttabu ausgeführt hat, war Freuds Theorie zu seiner Zeit nicht die einzige.[4] Ein junger finnischer Forscher namens Edward Westermarck legte eine Theorie vor, die in vieler Hinsicht in diametralem Gegensatz zu Freuds Behauptungen stand. Westermarck schrieb, daß die Tiere und auch die Menschen eine natürliche Abneigung gegen Inzest hätten und daß die kulturellen Inzesttabus nicht natürliche Neigungen unterdrückten, sondern vielmehr unterstützten. Wir brauchen an dieser Stelle die Freud-Westermarck-Debatte nicht nachzuzeichnen, das haben etliche Autoren in jüngster Zeit ausführlich getan.[5] Fox legt dar, daß viele moderne Forschungsergebnisse für Westermarcks Sicht und gegen Freud sprechen, unter anderem mehrere bemerkenswerte Studien aus Israel und Taiwan, aus denen hervorgeht, daß Kinder, die von früh an als Geschwister aufgezogen werden, eine deutliche Aversion gegen wechselseitige sexuelle Kontakte entwickeln.[6] Theorien, nach denen die Urmenschen genau wie die Tiere promiskuös waren und kein Inzesttabu kannten, haben sich als falsch erwiesen. Inzest ist allem Anschein nach zum Beispiel bei den nahen Verwandten des Menschen, den Primaten, relativ selten. Fox schreibt, daß Normen hinsichtlich Inzest in allen Gesellschaften existieren und letztlich den Sinn haben, den Zugang der jungen Männer zu Frauen zu kontrollieren.[7]

Inzestnormen werden in sehr unterschiedlicher Weise formuliert und durchgesetzt. Den Apachen galt Inzest als verabscheuungswürdiges Verbrechen, und sie verhängten drakonische Strafen gegen jeden, der das Tabu brach. Die Bewohner der Trobriand-Inseln, die Bronislaw Malinowski studiert hat, behandelten Inzest sehr viel nachsichtiger, und viele Königshäuser förderten ihn sogar. Doch alle Gesellschaften haben Mechanismen, die exogame Beziehungen erzwingen, so daß die Menschen den Schoß ihrer Herkunftsfamilien verlassen und ein sozialer Austausch stattfindet, wie Claude Lévi-Strauss postuliert hat.[8]

Das Inzesttabu ist deshalb ein gutes Beispiel für eine Norm aus dem Quadranten »nichtrational und spontan« in Abbildung 8.2. Offenbar hat sich die Norm spontan in praktisch allen Gesellschaften entwickelt auf der Grundlage einer natürlichen Abneigung der Menschen gegen den Inzest und der Notwendigkeit, sexuelle Beziehungen und sozialen Austausch zu regulieren. Nichts deutet darauf hin, daß irgendeine hierarchische Quelle der Autorität die Norm geschaffen hätte, aber Religion und Kultur haben sie stark unterstützt und wesentlichen Einfluß darauf gehabt, welche Form das Inzesttabu in unterschiedlichen Gesellschaften angenommen hat.[9]

Das Schicksal des *Homo oeconomicus*

Im Verlaufe der letzten dreißig Jahre haben sich Biologie und Ökonomie in außerordentlich vielfältiger Weise wechselseitig befruchtet.[10] Doch neben der Tatsache, daß die Biologie methodisch viel mit der Ökonomie gemein hat, ist übersehen worden, daß die neue Evolutionsbiologie zu Schlüssen kommt, die eher den *Homo sociologus* als den *Homo oeconomicus* stützen. Das heißt, ihre Erkenntnisse sprechen dafür, daß die Menschen von Natur aus politisch und sozial sind und nicht isoliert und selbstsüchtig. Aber die menschliche Soziabilität ist kein undifferenzierter Altruismus. Die Menschen haben zwar die Fähigkeit zur Kooperation und zur Schaffung von Sozialkapital, aber sie setzen sie ein, um ihre Interessen als Individuen zu schützen.

Die Evolutionsbiologen und die Ökonomen gehen vom sogenannten methodischen Individualismus aus, das heißt, in der Regel versuchen sie, das Verhalten von Gruppen in der Begrifflichkeit von individuellen Interessen auszudrücken und nicht umgekehrt.[11] In der Vergangenheit haben viele Beobachter und Theoretiker des Sozialen angenommen, die ursprüngliche menschliche Einheit sei die Gruppe und die Natur habe die Individuen dafür ausgestattet, ihre eigenen Interessen den Interessen größerer Gruppen zu opfern. Auch Darwin drückte sich stellenweise so aus, als wirkte die natürliche Selektion eher auf Rassen und Arten als auf Individuen, und viele frühe Darwinisten übertrugen die Idee der natürlichen Selektion auf die Konkurrenz zwischen Nationen und Rassen.[12] Die letzte große biologische Theorie der Gruppenselektion wurde von dem britischen Biologen V. C. Wynne-Edwards formuliert. Er argumentierte, daß Tiere manchmal ihre individuellen Fortpflanzungschancen um des Überlebens der Art willen verminderten.[13]

Die Revolution in der Evolutionsbiologie begann in den sechziger Jahren, als George Williams und William Hamilton die von Wynne-Edwards formulierte Theorie der Gruppenselektion angriffen und ihr entgegenhielten, alle Fälle von altruistischem Verhalten in der Tierwelt müßten mit dem Eigeninteresse der beteiligten Individuen erklärt werden. Williams argumentierte, Gruppen würden nicht von Genen gesteuert, nur Individuen. Wenn es ein Altruismus-Gen gäbe, das auf die Arterhaltung gerichtet wäre und die Fortpflanzungschancen des Individuums, das Träger des Gens wäre, dafür reduzieren würde, wäre es bald ausgestorben.[14] Das Gruppeninteresse müsse über einen kurzen Zeitraum mit dem individuellen Interesse übereinstimmen, dann hätten altruistische Individuen eine bessere Chance, ihre Gene an ihre Nachkommen weiterzugeben.

Die Spieltheorie, die die Ökonomen zur Erklärung des Verhaltens von Märkten entwickelt haben, insbesondere die evolutionäre Spieltheorie, hat sich als außerordentlich hilfreich für die Biologen erwiesen, denn sie ermöglicht ihnen, ein mathematisches Modell aufzustellen, wie bestimmte altruistische Verhaltensmerkmale selektiert worden sein könnten und wie sie sich innerhalb von Populationen konkurrierender Individuen ausgebreitet haben könnten.

Zwar hat zwischen Biologie und Ökonomie ein reger methodischer Austausch stattgefunden, doch bedeutsame Erkenntnisse der Biologie unterminieren etliche Annahmen über das Verhalten, von denen die Ökonomie ausgeht. Individuelles Eigeninteresse mag vielleicht die letztendliche Erklärung für altruistische Strömungen sein, doch bestimmte Formen des Altruismus und der sozialen Kooperation haben für Individuen erhebliche Vorteile. Die Fähigkeit, durch vielfältige Formen der sozialen Kooperation Sozialkapital zu schaffen, ist vielleicht der wichtigste Vorteil der menschlichen Spezies und erklärt, warum die heutige Weltbevölkerung von mittlerweile sechs Milliarden Menschen die natürliche Umwelt auf der Erde so vollständig dominiert. Darüber hinaus spielt sich der Prozeß im Rahmen der Evolution ab, und seine Ergebnisse sind in nachfolgenden Generationen in den Genen angelegt. Das heißt, die Menschen, die das gegenwärtige Produkt der Evolution sind, bringen die kooperativen Neigungen gewissermaßen in ihren Gehirnzellen mit, und sie müssen darum nicht in jeder Generation das Rad neu erfinden.[15]

Ökonomen äußern sich oft verwundert darüber, daß es so viel Kooperation in der Welt gibt, denn der Spieltheorie zufolge ist es oft schwierig, zu kooperativen Lösungen zu gelangen. Für die Ökonomen ist es nicht leicht zu erklären, warum so viele Menschen wählen, für gemeinnützige Zwecke spenden oder sich ihrem Arbeitgeber gegenüber loyal verhalten, weil dies in den ökonomischen Modellen von selbstbezogenem Verhalten irrational ist. Die meisten Nichtökonomen dürften ihnen entgegenhalten, daß Kooperation so gut gelingt, weil die Menschen von der Natur dafür ausgerüstet sind und nicht erst lange nach Strategien suchen müssen, wie sie am besten zusammenarbeiten können. Die Evolutionsbiologie unterstützt die zweite Sichtweise und ermöglicht ein sehr viel besseres Verständnis, wie die Soziabilität entstanden ist und wie sie sich manifestiert. Sie zeigt, daß die Formulierung von Regeln, das Befolgen von Regeln und die Bestrafung derjenigen, die Regeln der Gemeinschaft brechen (man selbst eingeschlossen), eine natürliche Grundlage haben und daß der menschliche Geist bestimmte kognitive Fähigkeiten besitzt, die es ihm erlauben zu erkennen, ob jemand wirklich kooperiert oder ob er ein Betrüger ist.

Vom großen Affen zum *Homo sapiens*

Die vielleicht einfachste Möglichkeit nachzuweisen, daß kooperatives Verhalten bei Menschen eine genetische Basis hat und nicht nur ein Produkt der Kultur ist, bietet die Untersuchung der nächsten Verwandten des Menschen, der Schimpansen. Schimpansen legen ein Sozialverhalten an den Tag, das dem der Menschen oft unheimlich gleicht. Der holländische Primatenforscher Frans de Waal beobachtet seit langem das Verhalten von Schimpansen in der weltgrößten nicht freilebenden Kolonie von Schimpansen im Bürger-Zoo der niederländischen Stadt Arnheim. In den siebziger Jahren tobte in der Kolonie ein Machtkampf von geradezu machiavellistischer Dimension. Das in die Jahre gekommene Alphamännchen der Kolonie, Yeroen, wurde nach und nach von einem jüngeren Männchen, Luit, aus seiner dominierenden Position verdrängt. Allein wäre Luit dafür nicht stark genug gewesen, so ging er eine Koalition mit einem anderen jungen Männchen ein, mit Nikkie. Doch kaum war Luit der Boß, da kehrte ihm Nikkie den Rücken und tat sich mit dem entmachteten Yeroen zusammen in der Absicht, selbst an die Spitze zu gelangen. Die anderen Schimpansen fanden allerdings, daß Nikkie kein guter Anführer war; von einem Alphamännchen wird unter anderem erwartet, daß er in der Kolonie für Ordnung sorgt. Luit blieb für Nikkie eine ständige Bedrohung im Hintergrund, und eines Tages wurde er von Nikkie und Yeroen gezielt und brutal ermordet.[16]

De Waal und andere Primatenforscher weisen darauf hin, daß ein Schimpanse nicht deshalb den Status des Alphamännchens erreicht, weil er die anderen physisch beherrscht. In Kolonien mit zwanzig oder dreißig Tieren ist kein einzelner Schimpanse stark genug, um den anderen seinen Willen aufzuzwingen, er muß vielmehr Koalitionen eingehen und gewissermaßen durch politische Manöver, durch Bitten, Überreden, Umgarnen, Bestechen und Bedrohen, andere dazu bringen, daß sie ihn unterstützen. Zur Herstellung von Koalitionen gehört ein Standardrepertoire von Gesten und Mienenspiel. Die Schimpansen strecken bittend ihre Hände aus, wenn sie Hilfe suchen, sie schreien und deuten auf denjenigen, gegen den sie Verbündete sammeln wollen. Friedliche und freundliche Absichten signalisieren Schimpansen durch wechselseitige Fellpflege, als Geste der Unterwerfung zeigen sie einem Gegner das Hinterteil. Vom Alphamännchen wird sogar erwartet, daß er so etwas wie eine richterliche

Instanz in der Kolonie ist und als unabhängiger Dritter interveniert, um einen Kampf zu beenden, der die Stabilität der gesamten Gruppe gefährden könnte.

Schimpansen konkurrieren wie Menschen heftig in sozialen Hierarchien. Soziale Ordnung wird in einer Schimpansenkolonie in erster Linie durch die Etablierung einer hierarchischen Herrschaft erreicht. Der biologische Anthropologe Richard Wrangham schreibt dazu:

> Wir können ohne größere Übertreibung sagen, daß sich im Leben eines Schimpansenmännchens alles um den Rang dreht. Seine Bemühungen, den Alphastatus zu erlangen und zu verteidigen, sind schlau, beharrlich, energisch und zeitraubend. Sie bestimmen, mit wem er herumzieht, wem er das Fell pflegt, wohin er blickt, wie oft er sich kratzt, wohin er geht und wann er morgens aufsteht. (Nervöse Alphamännchen stehen früh auf und wecken oft die anderen mit ihrem übereifrigen Imponiergehabe.) All diese Verhaltensweisen entstammen nicht einem Trieb, um seiner selbst willen aggressiv zu sein, sondern Gefühlen, die, wenn man ihnen bei Menschen begegnet, als »Stolz« bezeichnet werden oder, negativer, als »Arroganz«.[17]

Schimpansen werden erkennbar ärgerlich, wenn die anderen ihnen nicht den Respekt entgegenbringen, auf den sie nach ihrer Position in der Hierarchie Anspruch zu haben glauben – mit anderen Worten: wenn sie herabgesetzt werden.

Schimpansen sind Menschen sehr ähnlich in der Fähigkeit, sich für Konkurrenz und Auseinandersetzungen in Gruppen zu organisieren, und menschenähnlich ist auch die Neigung der männlichen Schimpansen, Banden zu bilden. Wrangham beschreibt, wie sich die Schimpansen im Gombe-Nationalpark in Tansania im Norden und im Süden des Reservats aufspalteten und zwei – man kann es nicht anders nennen – rivalisierende Banden bildeten.[18] Gruppen von vier oder fünf männlichen Tieren aus der nördlichen Gruppe zogen zur Verteidigung ihres Gebiets aus, drangen häufig tief in das Territorium der gegnerischen Gruppe vor und überfielen dort systematisch Tiere, die sie allein antrafen. Es gab grausame Morde, die Angreifer feierten jede Tat mit lautem Schreien und ekstatischer Begeisterung. Nach und nach wurden alle männlichen und viele weibliche Tiere der Gruppe im

Süden getötet, die übriggebliebenen Weibchen mußten sich der Gruppe im Norden anschließen. Eine Generation zuvor hatte der Anthropologe Lionel Tiger geschrieben, bei den Menschen hätten die Männer spezielle psychische Ressourcen, sich zu Gruppen zusammenzuschließen, weil es zur Entwicklungsgeschichte gehört habe, daß die Männer gemeinsam auf die Jagd gingen.[19] Wranghams Forschungen sprechen dafür, daß die biologischen Wurzeln für die Neigung der männlichen Tiere, sich zusammenzuschließen, viel früher liegen und älter sind als die menschliche Spezies.

Die Beispiele für das Sozialverhalten der Schimpansen sind deshalb wichtig, weil Schimpansen und Menschen so eng verwandt sind. Die Primatenforscher gehen heute davon aus, daß Schimpansen und Menschen von einem gemeinsamen Vorfahren abstammen, der vor weniger als fünf Millionen Jahren lebte. Die Verhaltensmuster von Schimpansen und Menschen sind ähnlicher, als es bei allen anderen der vielen tausend Säugetierarten der Fall ist, und die Genome von Schimpansen und Menschen stimmen weitgehend überein. Darüber hinaus haben wir Hinweise, daß Affen und Primaten so etwas wie Kultur entwickeln können – das heißt erlerntes Verhalten, das von einer Generation auf die nächste weitergegeben wird –, aber es würde wohl niemand sagen, daß im Zusammenleben der Schimpansen soziale Konstrukte eine große Rolle spielen. Schimpansen haben keine Sprache, und Sprache ist nun einmal das wichtigste Werkzeug, um Kultur zu schaffen und zu vermitteln.[20]

Es ist gleichermaßen leicht und gefährlich, rasche Vergleiche zwischen dem Verhalten von Tieren und von Menschen zu ziehen. Das menschliche Verhalten unterscheidet sich gerade deshalb von dem der Schimpansen, weil die Menschen Kultur und Vernunft besitzen und weil sie ihre genetisch angelegten Verhaltensdispositionen auf vielfältige Weise verändern können. Andererseits bringen uns die Erkenntnisse der Primatenforschung bei der Debatte über die menschliche Natur weiter, die am Beginn des modernen politischen Denkens steht und unsere heutigen Begriffe von Moral und Gerechtigkeit mit geprägt hat. Wie bereits angemerkt, gründeten Denker wie Hobbes, Locke und

Rousseau, aus deren Ideen der moderne Liberalismus hervorging, ihre politischen Theorien auf die Annahme eines »Naturzustandes«, das heißt einer Situation, in der all die Veränderungen, die der Eintritt des Menschen in die staatsbürgerliche Gesellschaft und die nachfolgende Entwicklung eines Gemeinwesens mit sich brachten, noch nicht erfolgt waren. Wir haben zwar kein direktes empirisches Wissen über den Menschen im Naturzustand, aber wir können mit Sicherheit sagen, daß das Verhalten der schimpansenähnlichen Vorfahren des Menschen kein Artefakt der menschlichen Zivilisation war. Sofern die Urmenschen nicht vollkommen anders waren als die Primaten, die vor ihnen lebten, und die Menschen, die nach ihnen kamen, können wir annehmen, daß es auch im Naturzustand Kontinuitäten im Verhalten von Schimpansen und Menschen gegeben hat. Und wenn dies so war, sind etliche Postulate der oben genannten Denker falsch.

Falsch ist dann zum Beispiel Hobbes' berühmte Aussage, daß der Naturzustand ein »Krieg eines jeden gegen jeden« gewesen sei und das menschliche Leben im Naturzustand »einsam, armselig, ekelhaft, tierisch und kurz«. Man könnte eher sagen, der Naturzustand sei ein Krieg »einiger gegen einige« gewesen, denn von den Anfängen an hatten die Menschen wohl eine rudimentäre soziale Organisation, die kooperatives Verhalten und Frieden im Bereich der eigenen Gemeinschaft ermöglichte. Der Frieden wurde natürlich immer wieder durch innere Auseinandersetzungen gebrochen, weil die Menschen um die Herrschaft in ihrer kleinen Gruppe oder ihrem Stamm rivalisierten, und durch Auseinandersetzungen mit anderen Gruppen und Stämmen. Nach allem, was wir über die Gesellschaften der Jäger und Sammler wissen, und nach den archäologischen Erkenntnissen über prähistorische Gemeinschaften war Gewalt mindestens ebenso häufig wie in unseren heutigen Gesellschaften, trotz der enormen Unterschiede in der sozialen Organisation und im technologischen Entwicklungsstand.[21] Auf jeden Fall gab es keinen dramatischen Übergang von einem gewalttätigen Naturzustand zu einer friedvollen staatsbürgerlichen Gesellschaft: Oft genug bot die Staatsbürgergesellschaft den Organisationsrahmen, damit eine Gruppe um so effektiver Gewalt nach außen wenden konnte.

Ganz ähnlich schrieb Rousseau im zweiten *Discours,* im Naturzustand sei der Mensch so isoliert und einsam gewesen, daß nicht einmal die Familie zum Naturzustand gehöre. Natürlich sei *amour de soi* (Eigenliebe), hingegen seien *amour propre* (Selbstsucht), wie Rousseau das nannte, und Stolz – die Neigung, sich mit anderen zu vergleichen – erst mit der Entwicklung der Gesellschaft und der Erfindung des Privateigentums entstanden. Die Menschen hätten, von Mitleid abgesehen, wenig natürliche Gefühle für einander.

Nicht viel davon hat sich als wahr erwiesen. Menschen sind von Natur aus gesellig, für die meisten Menschen ist eher Isolation mit Leid verbunden als Gemeinschaftlichkeit. Es mag zwar sein, daß keine bestimmte Familienform naturgegeben ist, aber Verwandtschaftsbande sind ohne Zweifel naturgegeben, und wir finden bei Menschen und bei anderen Spezies übereinstimmende Strukturen. Nicht nur Menschen, auch Primaten vergleichen sich untereinander. Und soweit wir das sagen können, empfinden Primaten intensiv Stolz, wenn ihr sozialer Status von anderen anerkannt wird, und ebenso intensiv Wut, wenn das nicht der Fall ist.

Selbstverständlich wollten Hobbes, Locke und Rousseau den Begriff »Naturzustand« nicht wörtlich als Beschreibung eines bestimmten Abschnitts der menschlichen Evolution verstanden wissen. Er war vielmehr eine Metapher für die aller kultureller Ablagerungen entkleidete menschliche Natur. Aber selbst auf dieser Ebene ist die Primatenforschung aufschlußreich, weil sie uns zeigt, wieviel beim Sozialverhalten nicht erlernt ist, sondern zum genetischen Erbe des Menschen und seines Vorfahren, des großen Affen, gehört.

Das Problem bei allen klassischen Beschreibungen des Naturzustandes ist die Annahme eines ursprünglichen Individualismus. Sie gehen, mit anderen Worten, alle von der Prämisse aus, daß die Menschen »einsame Inhaber von Rechten« sind, wie die Rechtstheoretikerin Mary Ann Glendon formuliert hat, das heißt Individuen ohne natürliche Neigung zur Gesellschaft, die nur zur Verfolgung individueller Ziele zusammenarbeiten.[22] Dies ist jedoch nicht die einzige mögliche philosophische Sicht der menschlichen Natur. Aristoteles beginnt seine *Politik* mit der Feststellung, der Mensch sei von Natur aus ein *staatenbildendes* Wesen, etwas zwischen Tier und Gott.[23] Diese Feststellung gründet auf der vertrauten Beobachtung, daß Menschen sich immer und überall zu politischen Gemeinschaften zusammenschließen, die sich von anderen Formen sozialer Strukturen wie Familie oder Dorf unterscheiden und deren Existenz unabdingbar für die vollständige Verwirklichung der menschlichen Natur ist.[24] Menschen sind keine potentiellen Götter, wie der marxistische Flügel der Aufklärung annahm – das heißt zu unbegrenztem Altruismus fähige »Gattungswesen«. Aber sie sind auch keine Tiere. Sie schließen sich von Natur aus nicht nur in Familien und Stämmen zusammen, sondern in höherorganisierten Gruppen, und sie sind zu dem moralischen Verhalten in der Lage, das der Bestand solcher Gemeinschaften erfordert. All dies wird von den Erkenntnissen der Evolutionsbiologie nachdrücklich gestützt.

10

Die Ursprünge
von Kooperation

Wenn wir annehmen, daß die menschliche Neigung, in Gruppen zusammenzuarbeiten, weder ein soziales Konstrukt ist noch das Ergebnis einer rationalen Entscheidung, sondern daß Kooperation eine natürliche oder genetische Basis hat, dann stellt sich die Frage, wie es dazu gekommen ist. Wie bereits weiter oben gesagt, geht die moderne Evolutionsbiologie von derselben Prämisse aus wie die moderne Ökonomie: Es ist unmöglich, Gruppenverhalten anders zu erklären als mit den Interessen der Individuen, die zu der Gruppe gehören. Aber wie können wir dann die Entstehung von Altruismus und Sozialverhalten erklären?

Am Anfang war die Verwandtschaft

Die beiden wichtigsten Wege, wie man von individuellen Interessen zu sozialer Kooperation gelangt, sind die Verwandtschaftsselektion und die Reziprozität. Das Konzept der Verwandtschaftsselektion oder Gesamt-Fitneß wurde in den sechziger Jahren von William Hamilton[1] entwickelt und von Richard Dawkins in seinem Buch *Das egoistische Gen*[2] bekanntgemacht. Zwar muß jede Theorie des sozialen Verhaltens mit den egoistischen Interessen von Individuen beginnen, aber die egoistischen Interessen bestehen darin, die eigenen Gene an Nachkommen weiterzugeben, und nicht unbedingt im persönlichen Überleben des betreffenden Individuums. Folglich, so argumentiert Dawkins, sind die Gene egoistisch und nicht der individuelle Organismus. Hamilton führt aus, daß der Grad des Altruismus zwischen Verwandten genau widerspiegelt, welchen Prozentsatz der Gene sie gemeinsam haben. Eltern und Kinder sowie Brüder und Schwestern haben die Hälfte ihrer Gene gemeinsam (außer wenn die Geschwister eineiige Zwillinge sind, dann haben sie 100 Prozent gemeinsam); man kann deshalb bei ihnen doppelt soviel Altruismus erwarten wie zwischen Cousins oder zwischen Tanten und Nichten, die jeweils nur ein Viertel der Gene gemeinsam haben.[3] Bei der Beobachtung von Erdhörnchen hat man zwischen Wurfgeschwistern und Halbgeschwistern Unterschiede bei der Brutpflege festgestellt, ähnliches läßt sich bei vielen verschiedenen Arten beobachten.

Die Sache mit der Verwandtschaftsselektion ist natürlich um einiges komplizierter, denn Verwandte werden, da sie nur einen Teil ihres genetischen Erbes gemeinsam haben, gleichermaßen konkurrieren und kooperieren. Robert Trivers hat ausgeführt, daß es innerhalb von Familien unterschiedliche Anreize für elterlichen Altruismus gibt, und zwar unterschiedlich nicht nur bei Vätern und Müttern, sondern auch unterschiedlich je nach Alter und Selbständigkeit des Kindes.[5] Bei vielen Arten einschließlich des Menschen ist es auch ein Problem herauszufinden, wer ein Verwandter ist und wer nicht. Der Fortpflanzungserfolg des Kuckucks hängt davon ab, daß andere Vögel nicht in der Lage sind, die Kuckuckseier zu erkennen, und die Jungen zusammen mit ihren eigenen Jungen aufziehen. Bei den Menschen ist die zweifelsfreie Feststellung der Vaterschaft erst möglich, seit es DNA-Tests gibt.

Am Anfang der menschlichen Soziabilität steht somit die Verwandtschaft, und Altruismus existiert im Verhältnis zum Grad der Verwandtschaft. Diese Aussage dürfte jedem einsichtig sein. Es ist gleichwohl nützlich, wenn wir uns daran erinnern, daß auch in einer streng rechtsstaatlichen Gesellschaft der Drang zu Vetternwirtschaft und zur Bevorzugung von Verwandten stark ist. Dies erklärt den umfangreichen einseitigen Ressourcentransfer von Eltern zu Kindern, und es erklärt auch, warum überall auf der Welt in den verschiedensten Kulturkreisen die große Mehrheit neuer Unternehmen als Familienbetriebe beginnt und oft auf der unbezahlten Arbeit von Verwandten aufbaut. Es erklärt auch, warum selbst der liebste Nichtverwandte ins Pflegeheim gegeben wird, nicht aber die eigene Mutter. Es erklärt auch eine Reihe von sozialen Erscheinungen, die nicht unmittelbar einsichtig sind – zum Beispiel warum nur ein kleiner Teil von häuslichen Tötungsdelikten von Blutsverwandten begangen wird[6] und warum, wie weiter oben ausgeführt, die Zahl von Kindesmißhandlungen in den Vereinigten Staaten und anderen westlichen Ländern mit der Verbreitung von Patchwork-Familien zugenommen hat.[7]

Reziprozität

Soziabilität, so haben wir gesagt, beginnt mit Verwandtschaft, aber es gibt in der Natur auch eindeutig soziales und kooperatives Verhalten zwischen Nichtverwandten. Die am Anfang des vorangehenden Kapitels zitierten Beispiele für Kooperation zwischen Schimpansen, wie der Zusammenschluß männlicher Tiere zu marodierenden Banden oder die Bildung von Koalitionen beim Kampf um die Herrschaft, finden wir verbreitet auch bei nichtverwandten Tieren. Es gibt viele ähnliche Phänomene in der Tierwelt, etwa Fledermäuse, die nichtverwandte Artgenossen füttern, oder Paviane, die Junge in der Horde schützen, auch wenn sie nicht ihre Nachkommen sind.[8] Bei bestimmten Arten von Putzerfischen und den großen Fischen, die sie putzen, bestehen sogar altruistische Bindungen zwischen unterschiedlichen Spezies.[9] Anthropologen wissen sehr gut, daß in manchen Gesellschaften die angenommenen Verwandtenbeziehungen vollkommen fiktiv sind. Die Mitglieder einer chinesischen Abstammungsgruppe fühlen sich miteinander verwandt, obwohl sie allenfalls einen einzigen Vorfahr vor zig Generationen gemeinsam haben.[10] Und doch können sie miteinander kooperieren, als würden sie einen großen Prozentsatz ihrer Gene teilen.

Neben der Verwandtschaftsselektion ist die zweite allgemein anerkannte natürliche Quelle von Sozialverhalten der reziproke Altruismus.[11] Biologische Theorien des reziproken Altruismus haben große Anleihen bei der Ökonomie und der Spieltheorie gemacht, um zu zeigen, wie sich Reziprozität bei Individuen entwickeln kann, die von egoistischen Genen gelenkt werden. Insbesondere haben sie sich auf Robert Axelrods Lösung des Gefangenendilemmas durch Wiederholung gestützt.[12]

Die Spieltheorie formuliert das Problem der Kooperation folgendermaßen: Wie gelangen rationale, aber egoistische Spieler zu kooperativen Normen, die das Wohlergehen der Gruppe maximieren, wenn sie versucht sind, nicht auf die kooperative Lösung zu setzen, sondern den sichereren individuellen Vorteil zu wählen? Das klassische Problem der Spieltheorie ist das sogenannte Gefangenendilemma. Sam und ich sitzen im Gefängnis, und wir planen gemeinsam den Ausbruch. Wenn wir kooperieren, wird es uns gelingen auszubrechen. Aber wenn ich mich an meinen Teil der Abmachung halte und Sam mich bei den Wärtern verpfeift, werde ich hart bestraft. Umgekehrt werde ich belohnt, wenn Sam sich an seinen Teil hält und ich ihn verpfeife. Wenn wir uns gegenseitig verpfeifen, hat keiner etwas davon. Am besten für uns ist es, wenn wir uns beide an unsere ursprüngliche Abmachung halten, aber das Risiko, daß Sam mich verrät, ist nun einmal vorhanden, und wenn ich ihn verrate, profitiere ich davon. Also entschließen wir uns beide auszupacken. Obwohl für uns beide Kooperation die beste Lösung wäre, kommt keine Kooperation zustande, weil wir beide fürchten, hereingelegt zu werden.

Entscheidungssituationen nach Art des Gefangenendilemmas sind ein Problem für die Beteiligten, weil die Lösung, daß sie sich gegenseitig hereinlegen, ein sogenanntes Nash-Gleichgewicht darstellt, wie die Spieltheoretiker das nennen. Für Spieler A ist es die beste mögliche Strategie: Sie minimiert die Gefahr, daß er der Dumme ist und Spieler B die Belohnung für den Verrat einstreichen kann, weil Spieler A sich an die Abmachung gehalten hat. Zugleich ist der Anreiz groß, daß Spieler A sich gegenüber Spieler B genauso verhält. Verrat ist in dieser Situation zwar für den einzelnen eine bessere Strategie als Kooperation, doch wenn man das Verhalten beider Spieler zusammen betrachtet, führt Verrat zu einem schlechteren Ausgang – die Ökonomen sprechen von einem »suboptimalen Ergebnis«. Es stellt sich also die Frage, wie einzelne Spieler zu einem kooperativen Ergebnis kommen.

Ist das Gefangenendilemma eine einmalige Situation, das heißt, stehen sich die beiden Spieler nur einmal gegenüber, gibt es keine kooperative Lösung, weil sie keine ausgearbeiteten Strategien haben, wie sie sich auf ein kooperatives Ergebnis verpflichten könnten. (Eine Vorabverpflichtung löst das Gefangenendilemma nicht; sie verwandelt es nur in das Problem, wie die Spieler ihre Verpflichtung vorab signalisieren und erreichen, daß ihnen Glauben geschenkt wird.) Robert Axelrod ist eine Reihe von Strategien durchgegangen und hat gezeigt, wie sich eine kooperative Lösung beim *wiederholten* Spiel entwickeln kann, wenn dieselben Spieler gezwungen sind, immer wieder miteinander zu interagieren.[13] Wenn die beiden Spieler ganz einfach die Strategie »Wie du mir, so ich dir« verfolgen und Kooperation mit Kooperation, Verrat mit Verrat vergelten, setzt ein Lernprozeß ein, in dem beide Spieler schließlich erkennen, daß auf lange Sicht die Kooperation für den einzelnen ein besseres Ergebnis erbringt als der Verrat und deshalb unter rationalen Gesichtspunkten die optimale Strategie ist.

Warum eine Strategie »Wie du mir, so ich dir« als Lösung für das Gefangenendilemma funktioniert, kann man auch anders als in den Begriffen der Spieltheorie ausdrücken. Wenn wir vor der Entscheidung stehen, ob wir einem anderen Menschen vertrauen sollen, den wir nicht kennen und den wir nie wiedersehen werden, sind wir in der Regel vorsichtig, weil es keine Basis für Vertrauen gibt. Bei wiederholter Interaktion hingegen erwerben sich Menschen einen Ruf, entweder daß sie ehrlich sind oder daß sie betrügen.[14] Die Menschen, die im Ruf stehen zu betrügen, werden wir meiden, die mit dem Ruf, ehrlich zu sein, werden Partner finden, die mit ihnen kooperieren wollen. Da sich aus der Vergangenheit nur bedingt Voraussagen für die Zukunft ableiten lassen, ist es immer möglich, daß jemand, der heute mit mir kooperiert, mich morgen betrügen wird. Aber auch eine unzulängliche Unterscheidung von Kooperativen und Betrügern ist für den einzelnen von Vorteil beim Aufbau kooperativer Beziehungen.

Die Spieltheorie hat sich seit der Veröffentlichung von Axelrods Überlegungen beträchtlich weiterentwickelt, und neben »Wie du mir, so ich dir« wurden viele andere Strategien diskutiert, die sich auf längere Sicht als mindestens ebenso geeignet oder sogar noch geeigneter erwiesen haben. Aber Axelrod verdanken wir die grundlegende Einsicht in den Mechanismus, wie Vertrauen und Kooperation in unterschiedlichen Situationen entstehen, von der Zeit, als die Männer in den Gesellschaften der Jäger und Sammler lernten, gemeinsam auf die Jagd zu gehen, bis zu unseren modernen Unternehmen, die Konsumenten von der Qualität ihrer Produkte überzeugen wollen. Der Schlüssel ist immer die *Wiederholung:* Wenn Sie wissen, daß Sie mit derselben Gruppe von Menschen über längere Zeit zusammenarbeiten müssen und daß die anderen sich daran erinnern werden, ob Sie ehrlich gewesen sind oder nicht, dann liegt es in Ihrem eigenen Interesse, ehrlich zu sein. In einer solchen Situation wird eine Norm der Reziprozität spontan entstehen, weil der Ruf zu einem wichtigen Posten auf der Habenseite geworden ist. Der Höhlenmensch wird zur Rechenschaft gezogen, wenn er den Urelefanten aus dem Wald verscheucht hat, denn am nächsten Tag stellen ihn seine aufgebrachten Jagdgefährten zur Rede. Das pharmazeutische Unternehmen wird ein fehlerhaftes Produkt umgehend aus den Regalen nehmen, weil es nicht will, daß dadurch sein Ruf beschädigt wird.

Axelrods Strategie des wiederholten »Wie du mir, so ich dir« ist die normalerweise von rationalen Spielern praktizierte Strategie, und wenn sie lernen, auf der Grundlage von Erfahrung in einer Gruppe zu kooperieren, wird die Norm ein Artefakt der Kultur. Das Spiel kann jedoch auch von nichtrationalen Beteiligten gespielt werden (zum Beispiel von Tieren), die blind miteinander interagieren, und dann gerinnt das Lernen nicht in Form von Kultur, sondern in Form von genetischen Dispositionen, kooperationsbereite Individuen zu belohnen und nicht kooperationsbereite zu bestrafen. Das heißt, daß nichtverwandte Individuen, die im Laufe der Zeit Vorteile untereinander austauschen, ihre Fortpflanzungschancen gegenüber den nicht kooperationsbereiten erhöhen bis zu dem Punkt, an dem die Reziprozität in den Genen verankert ist, die das Sozialverhalten steuern.

Reziproker Altruismus wird sich am wahrscheinlichsten bei Arten entwickeln, die die Erfahrung wiederholter Interaktion machen, relativ lang leben und kognitiv in der Lage sind, anhand einer Fülle von feinen Signalen kooperationsbereite Individuen von Betrügern zu unterscheiden. Der Biologe Robert Trivers argumentiert, genau solche Mechanismen für reziproken Altruismus hätten sich bei den Menschen entwickelt:

Es ist wahrscheinlich, daß es in unserer jüngsten Entwicklungsgeschichte (mindestens in den letzten 5 Millionen Jahren) einen starken Selektionsdruck dahingehend gegeben hat, daß unsere Vorfahren ein breites Spektrum kooperativer Interaktionsweisen ausgebildet haben. Ich stütze mich bei der Aussage teilweise auf das starke emotionale Gefüge, das unseren Beziehungen zu Freunden, Kollegen, Bekannten und so weiter zugrunde liegt. Menschen helfen sich regelmäßig in Zeiten der Gefahr (zum Beispiel bei Unfällen, Raub oder Überfällen anderer Menschen)... Im Pleistozän und wahrscheinlich schon davor dürfte eine menschenartige Spezies die Bedingungen für die Entwicklung von reziprokem Altruismus vorgefunden haben: zum Beispiel eine lange Lebenserwartung, eine gewisse Siedlungsdichte, Zusammenleben in kleinen, wechselseitig voneinander abhängigen und stabilen sozialen Gruppen und eine lange Phase der elterlichen Obhut mit der Folge, daß über viele Jahre intensive Kontakte zu engen Verwandten bestehen.[15]

Diese Beschreibung ist eine der vielen Geschichten »Wie es gewesen sein könnte«, die sich Soziobiologen nach Ansicht ihrer Kritiker so gerne ausdenken. Aber wir müssen uns die Frage stellen, warum das emotionale Gefüge des Menschen für Gefühle wie Ärger, Stolz, Scham und Schuld ausgerüstet ist; all diese Gefühle kommen als Reaktion auf andere Menschen ins Spiel, die in Situationen vom Typus des Gefangenendilemmas entweder ehrlich und kooperationsbereit sind oder die betrügen und die Regeln brechen.

Andere Entwicklungsanthropologen haben auf die Bedeutung der Jagd als Quelle der männlichen und menschlichen Soziabilität hingewiesen. Insbesondere die Jagd auf Großwild schuf einen starken Anreiz für Kooperation. In Gesellschaften von Jägern und Sammlern wurde aus naheliegenden Gründen Fleisch sehr viel eher innerhalb der Kernfamilie geteilt als Pflanzen und Hackfrüchte. Große Tiere können nur durch die gemeinsamen Anstrengungen vieler Männer erlegt werden, und jeder hat Anspruch auf einen Teil der Beute. Zugleich fällt dabei sehr viel mehr Nahrung an, als eine einzige Familie essen kann, eine Lagerung ist nicht möglich, und so bietet sich das Aufteilen an.[16] Es ist bemerkenswert, daß in praktisch allen menschlichen Kulturen das Essen fast immer ein öffentliches Ereignis ist. Während wir uns für die meisten Körperfunktionen zurückziehen, haben wir allem Anschein nach einen angeborenen Wunsch, Nahrungsmittel mit anderen Menschen zu teilen, ob es sich nun um Staatsbankette handelt, um Betriebsfeiern oder Familienfeste. Der Anthropologe Adam Kuper weist darauf hin, daß selbst in den Vereinigten Staaten, wo Individualismus und Wettbewerb als kulturelle Werte hochgehalten werden, die beiden wichtigsten Feste Thanksgiving und Weihnachten sind, Feste, bei denen groß gegessen wird und man nicht individuelle Leistungen feiert, sondern den sozialen Zusammenhalt.[17] All dies spricht dafür, daß die Umweltbedingungen, unter denen die frühen Menschen lebten, die Tendenz zur Reziprozität stützten, Reziprozität somit nicht einfach ein kultureller Tatbestand ist.

Es gibt eine Neigung, mit den Begriffen *Reziprozität* und *reziproker Altruismus* nachlässig umzugehen und sie gleichzusetzen mit *Marktaustausch*. Doch das ist nicht das gleiche. Auf dem Markt werden Güter gleichzeitig getauscht, Käufer und Verkäufer kontrollieren genau, zu welchem Kurs getauscht wird. Beim reziproken Altruismus findet der Austausch zeitversetzt statt; unter Umständen gewährt eine Seite einen Vorteil, ohne eine sofortige Gegenleistung oder überhaupt eine Gegenleistung in gleicher Höhe zu erwarten. Reziproker Altruismus kommt dem sehr viel näher, was wir unter moralischem Austausch innerhalb einer Gemeinschaft verstehen, und der emotionale Hintergrund ist ein ganz anderer als beim Marktaustausch. Auf der anderen Seite ist reziproker Altruismus etwas anderes als Altruismus *tout court*. Von genetisch Verwandten abgesehen, findet man in der Natur nicht viele Beispiele für einseitigen Altruismus. Wie wir weiter unten in Teil drei sehen werden, wenn wir die Unterschiede zwischen dem Austausch auf Märkten und dem moralischen Austausch erörtern, gehört zu nahezu allen Verhaltensweisen, die wir als moralisch begreifen, daß der Austausch in beiden Richtungen stattfindet und beide Seiten einen Vorteil davon haben.

Kooperation im Interesse der Konkurrenz

In den polemischen Diskussionen über Individualismus versus Kollektivismus oder Kapitalismus versus Sozialismus werden oft selektiv Beispiele aus der natürlichen Welt herangezogen, die beweisen sollen, daß die Menschen von Natur aus entweder aggressiv, rivalisierend und hierarchisch eingestellt sind oder, alternativ dazu, kooperativ, friedlich und fürsorglich. Doch wenn wir nur einen Augenblick darüber nachdenken, erkennen wir, daß diese scheinbar gegensätzlichen Eigenschaften in entwicklungsgeschichtlicher Hinsicht tatsächlich aufs engste miteinander verknüpft sind. Kooperation und reziproker Altruismus haben sich ursprünglich entwickelt, weil sie den damit ausgestatteten Individuen Vorteile brachten. Die Fähigkeit, in Gruppen zusammenzuarbeiten – soziales Kapital –, stellte für die Urmenschen und ihre Vorfahren aus der Familie der Primaten einen Wettbewerbsvorteil dar, und auf diese Weise verbreiteten sich die Eigenschaften, die den Zusammenhalt von Gruppen ermöglichten. Sobald sich Gruppen bilden, beginnt auch der Wettbewerb zwischen ihnen, und damit wird ein Anreiz für mehr Kooperation innerhalb der Gruppe geschaffen. Das Sozialverhalten der Schimpansen im Gombe-Nationalpark hängt zumindest teilweise damit zusammen, daß sie in Gruppen miteinander rivalisierten. Oder wie der Biologe Richard Alexander es formuliert hat: Menschen kooperieren, um in Gruppen miteinander zu konkurrieren.[18]

Mit Blick auf politische Entwicklungen sprechen Forscher von dem Phänomen der »defensiven Modernisierung«: Wenn in einem Land eine neue Militärtechnologie auftaucht, müssen andere, mit diesem Land rivalisierende Länder nicht nur den gleichen technischen Stand erreichen, sondern auch die politischen und ökonomischen Institutionen schaffen, die Voraussetzung einer solchen Technologie sind, wie ein entsprechendes Steuersystem, Stellen, die Vorschriften erlassen, standardisierte Maßeinheiten und Gewichte und ein leistungsfähiges Bildungswesen. Etwas Derartiges ereignete sich im 19. Jahrhundert in der Türkei und vierzig Jahre später in Japan als Folge der Konfrontation beider Länder mit der westlichen Militärmacht.[19] Die militärische Konkurrenz nach außen treibt mit anderen Worten die politische Kooperation im Inneren voran.

Die Größe und das (entwicklungsgeschichtlich gesehen) rasche Wachstum des menschlichen Gehirns hängen mit einer Reihe ähnlicher Rüstungswettläufe zwischen Menschen zusammen. Diese Entwicklung wurde möglich durch Sprache, Gesellschaft, Staat, Religion und all die nachfolgenden kooperativen sozialen Institutionen, die die Menschen ersonnen haben. Wrangham weist darauf hin, daß die Zwergschimpansen oder Bonobos eine entwicklungsgeschichtliche Alternative darstellen und zeigen, daß die Menschen nicht notwendigerweise so gewalttätig und aggressiv werden mußten, wie sie es heute sind. Bonobos müssen für jeden Liberalen geradezu ideale Tiere sein: Die Männchen sind sehr viel weniger gewalttätig als Schimpansen, männliche und weibliche Tiere konkurrieren sehr viel weniger in Statushierarchien, die weiblichen Tiere spielen in einer Bonobohorde eine sehr viel wichtigere Rolle als bei den Schimpansen, und Sexualkontakte, homo- wie heterosexuelle, sind im Leben der Bonobos außerordentlich wichtig. Es stellt sich die Frage – auf die wir allerdings wohl nie eine Antwort finden werden –, ob es nur ein Zufall ist, daß die Menschen von einem den Schimpansen ähnlichen Vorfahren abstammen und nicht von einem den Bonobos ähnlichen, denn es könnte auch sein, daß gerade die Aggressivität und Gewalttätigkeit des gemeinsamen Vorfahren von Menschen und Schimpansen zur Entwicklung von Intelligenz, Soziabilität und einer Fülle anderer kooperativer Eigenschaften der menschlichen Natur geführt hat.

Zwischen Engel und Teufel

Die evolutionäre Spieltheorie ist nicht nur nützlich bei der Suche nach einer Erklärung, wie sich bei Primaten und Menschen soziale Triebe entwickelt haben könnten. Sie verhilft uns auch zu Erkenntnissen, warum die kognitiven und emotionalen Eigenschaften des Menschen sich so und nicht anders entwickelt haben.

Und ironischerweise zeigt sie uns auch, warum bestimmte spiel-
theoretische Annahmen über menschliches Verhalten bei der
Beschreibung des tatsächlichen Verhaltens von Menschen nicht
besonders realistisch sind.

Wenn ich sage, daß Menschen von Natur aus soziale Wesen
sind, meine ich nicht, daß sie Engel seien. Das heißt, sie verfügen
nicht über ein unbegrenztes Maß an Altruismus, sie sind nicht
durch und durch ehrlich, sie besitzen keine bestimmten Triebe,
die sie veranlassen, das Wohl ihrer Spezies oder auch nur das
Wohl einer relativ begrenzten Zahl von nicht verwandten anderen
Menschen über ihr eigenes zu stellen. Die evolutionäre Spieltheorie erklärt, warum dies so ist. Selbst wenn wir uns eine Gesellschaft von Engeln vorstellen könnten, in der jeder vollkommen
ehrlich und im Interesse gemeinsamer, genetisch oder kulturell
begründeter Ziele unbedingt zur Kooperation mit anderen bereit
wäre, wäre eine derartige Situation nicht stabil. Ein Opportunist,
der sicher sein kann, daß alle anderen sich an ihre Verpflichtung
halten, wird wahrscheinlich mehr profitieren als ein Opportunist
in einer Gruppe von nicht kooperationsfähigen Menschen. Und
ein auffallend erfolgreicher Opportunist reicht aus, daß die Engel
sich in ganz gewöhnliche, mißtrauische Sterbliche verwandeln.
Dies trifft für die genetische Ebene ebenso zu wie für die kulturelle Ebene: Ein Opportunismus-Gen würde sich in einer Gesellschaft mit kooperationsbereiten Mitgliedern rasch ausbreiten,
genau wie sich opportunistisches Verhalten in einer Gesellschaft
ehrlicher Menschen ausbreitet. Das erklärt, warum Schneeball-
systeme besonders gut in Utah funktioniert haben: Die ehrliche
und vertrauensvolle Gemeinschaft der Mormonen wurde dort
mehrfach von allen möglichen Gaunern aufs Schändlichste betrogen (und nicht selten kamen die Gauner aus den eigenen Reihen,
denn die Mormonen kennen die Punkte, wo ihre Gemeinschaft
verwundbar ist, selbst am besten).

Auf der anderen Seite wäre eine Gesellschaft von Teufeln, die
nur darauf aus sind, einander zu betrügen und bei jeder Gelegenheit übers Ohr zu hauen, keineswegs stabiler. Sobald in einer
Gesellschaft von Teufeln eine kleine Gruppe von Ehrlichen
kooperiert, werden die Ehrlichen rasch einen Vorsprung vor den

Teufeln gewinnen. Die Teufel werden nicht in der Lage sein zusammenzuarbeiten und immer mehr Terrain an die Engel, die zusammenarbeiten, verlieren. Das klassische Beispiel der evolutionären Spieltheorie nimmt eine gemischte Population von Raubvögeln und Tauben an: Die Population wird nicht stabil sein, weil alle Tauben von den Raubvögeln gefressen werden, und dann werden alle Raubvögel aus Nahrungsmangel sterben.

Die evolutionäre Spieltheorie lehrt uns mithin, daß alle Gesellschaften aus Engeln und Teufeln bestehen werden oder, genauer gesagt, aus Menschen, die gleichzeitig in unterschiedlichem Ausmaß engelhafte und teuflische Anteile besitzen. Das prozentuale Verhältnis der Engel und der Teufel wird vom Nutzen abhängen, den das jeweilige Verhalten erbringt – das heißt von den Vorteilen, die den Engeln zufallen, weil sie zu kooperieren imstande sind, und den Vorteilen, die den Teufeln durch ihr opportunistisches Verhalten zufallen. Wenn man den jeweiligen Nutzen kennt, kann die Spieltheorie dazu beitragen vorauszusagen, wie das zahlenmäßige Verhältnis von Engeln zu Teufeln sein wird und welche unter Evolutionsgesichtspunkten stabilen Strategien daraus entstehen werden.

Da alle Menschen in einer aus Engeln und Teufeln gemischten Welt leben, stellt sich die Frage, welche psychischen Eigenschaften für ihren Erfolg am förderlichsten sind. Die Antwort lautet eindeutig nicht, daß wir alle zu Engeln werden sollten, denn dies würde uns verwundbar machen, wenn wir es mit Teufeln zu tun bekommen. Wir brauchen vielmehr Eigenschaften, die es uns ermöglichen, die vielfältigen Situationen von der Art des Gefangenendilemmas zu lösen, mit denen wir Tag für Tag konfrontiert werden. Zunächst einmal nützen uns bestimmte kognitive Fähigkeiten, mit denen wir Engel und Teufel unterscheiden können. Zweitens brauchen wir bestimmte Emotionen oder Triebe, die sicherstellen, daß wir konsequent mit gleicher Münze zurückzahlen: Wir müssen die Engel belohnen und umgekehrt die Teufel bestrafen. Und allem Anschein nach ist die Evolution der menschlichen Psyche genau so verlaufen.

Der Psychologe Nicholas Humphrey und der Biologe Richard Alexander haben unabhängig voneinander die These formuliert, daß ein Grund für die rasche Entwicklung des menschlichen Gehirns in der Notwendigkeit lag, zu kooperieren, zu täuschen und die Verhaltensweisen der jeweils anderen zu entziffern.[20] In den etwa fünf Millionen Jahren, seit sich der Stammbaum des Menschen von dem der Schimpansen getrennt hat, hat das menschliche Gehirn seine Größe mehr als verdreifacht und die vom mütterlichen Geburtskanal vorgegebene Grenze erreicht. Nach den Maßstäben der Evolution vollzog sich diese Entwicklung mit außerordentlicher Geschwindigkeit. Lange Zeit glaubte man, die Vorteile intelligenten Verhaltens, wie es durch ein großes Gehirn ermöglicht wird, würden deutlich bei der Jagd, beim Werkzeuggebrauch und ähnlichem. Aber auch andere Tiere jagen, fertigen und gebrauchen Werkzeuge, ja schaffen und vermitteln eine Art von elementarer Kultur, und all das ohne auch nur annähernd ebenso entwickelte kognitive Fähigkeiten. Humphrey und Alexander argumentierten, das wichtigste und gefährlichste Element in der Umwelt der Menschen seien bald die anderen Menschen geworden mit der Folge, daß die Ausbildung kognitiver Fähigkeiten für soziale Interaktion rasch zum wichtigsten Erfordernis für das Überleben der Spezies wurde. Und sobald Konkurrenz vor allem zwischen Gruppen von Menschen entbrannte, begann ein Rüstungswettlauf, in dem immer mehr Intelligenz vonnöten ist, um im sozialen Leben zu bestehen, weil die anderen Akteure ebenfalls immer mehr Intelligenz entwickeln.[21]

Menschen können sich auf eine breite Palette von Verhaltensindikatoren stützen, wenn sie herauszufinden versuchen, ob jemand sie gerade betrügen will, und sie besitzen spezielle neurologische Mechanismen, die ihnen bei der sozialen Wahrnehmung helfen.[22] Lügen geht mit einer Reihe von physiologischen Erscheinungen einher, so etwa Veränderungen im Tonfall, Abwenden der Augen, Feuchtwerden der Hände, Beschleunigung des Herzschlags und Nervosität. Ein großer Teil des hochkomplexen menschlichen Sehzentrums ist dafür ausgerüstet, Gesichter wiederzuerkennen – eine wichtige Voraussetzung, um sich an Verwandte und hilfreiche andere halten zu können – und das Mienenspiel zu deuten.[23] Bis heute haben Computer noch nicht einmal annähernd die Fähigkeit der Menschen erreicht, kleine Veränderungen im Gesichtsausdruck und in der Körpersprache zu interpretieren, möglicherweise eine Erklärung dafür, warum das Internet in vielen sozialen Situationen noch nicht den direkten Austausch ersetzen konnte.

Außer aus der direkten Beobachtung des Verhaltens anderer Menschen beziehen wir unsere Informationen über die Vertrauenswürdigkeit von anderen hauptsächlich aus Einschätzungen von Dritten, die mit dem betreffenden anderen schon einmal zu tun gehabt haben – eine Art von kollektivem sozialem Gedächtnis, das in vielen sozialen Belangen die wiederholte Interaktion ersetzt. Tatsächlich hat das Bedürfnis zu klatschen – in einem sozialen Rahmen Informationen über andere Menschen weiterzugeben, sich über ihre Zuverlässigkeit und Eignung als Ehepartner, Geschäftspartner, Lehrer, Kollegen, Waffenbrüder und dergleichen auszutauschen – allein schon die menschliche Intelligenz befördert. Zum Klatschen braucht man Sprache, ungeachtet all ihrer hochentwickelten sozialen Fähigkeiten haben Schimpansen und andere Primaten keine Sprache. (Ein Gespräch zwischen Schimpansen könnte sich vielleicht so anhören: »In alltäglichen Situationen ist Verlaß auf ihn, aber wenn es hart auf hart kommt, schlägt er sich in die Büsche und tut dann hinterher so, als wäre er ganz besonders mutig gewesen.«)[24]

Mit Sprache kann man lügen, aber auch eine Lüge entlarven. Die Fähigkeit zu sprechen ist das Privileg der Menschen und nimmt einen großen Teil der Hirnrinde ein, des Gehirnteils, der entwicklungsgeschichtlich am jüngsten ist.[25] Genau wie es visuelle Hinweise gibt, daß jemand lügt, gibt es auch Hinweise in der Sprechweise. Am wichtigsten jedoch, wenn auch kognitiv schwierig, ist die Fähigkeit, Wissen über das Verhalten einer Person in der Vergangenheit mit ihrem aktuellen Handeln in Verbindung zu bringen und daraus ein Urteil über ihre künftige Vertrauenswürdigkeit und Verläßlichkeit abzuleiten – zum Beispiel ein Urteil darüber zu fällen, wie plausibel etwas ist, das die betreffende Person erzählt (»Ich habe hier ein ganz besonderes Angebot für Sie, das dürfen Sie sich einfach nicht entgehen lassen ...«). Bei derartigen Problemen spielen kulturelle Informationen eine große Rolle – zum Beispiel wenn ich mich frage, ob ich diesem seltsam gekleideten Menschen, der mir da nachts auf der dunklen Straße entgegenkommt, nicht lieber aus dem Weg gehen sollte. Jedenfalls ist die Fähigkeit, solche Informationen aufzunehmen und zu verarbeiten, naturgegeben.

John L. Locke (ein Neurophysiologe und nicht der Philosoph aus dem 17. Jahrhundert) hebt hervor, daß das, was er »Privatgespräch« nennt, etwas außerordentlich Wichtiges und allein dem Menschen vorbehalten ist.[26] Er argumentiert, daß Menschen nicht allein deshalb miteinander sprechen, weil sie einander bestimmte Fakten oder Informationen mitteilen wollen, sondern weil sie damit ein soziales Band zu ihrem Gesprächspartner knüpfen. Small talk – über das Wetter, über gemeinsame Freunde, über persönliche Probleme – macht seit jeher den Großteil der Konversation aus, von den Gesellschaften der Jäger und Sammler bis in unsere heutigen postindustriellen Gesellschaften, und das Hauptziel dabei besteht darin, den einzelnen in ein Netz sozialer Beziehungen und Verpflichtungen einzubinden.

Geoffrey Miller hat die Auffassung vertreten, daß vor allem die kognitiven Erfordernisse der Partnerwerbung – unterhaltsam und geistreich sein zu müssen, betrügerisch und zugleich erfolgreich im Entlarven von Betrug – die Entwicklung der Großhirnrinde vorangetrieben haben.[27] Frauen und Männer spielen permanent miteinander, die Männer wollen möglichst viele Sexualpartnerinnen erobern, und die Frauen suchen den Mann, der am besten in der Lage ist, für sie und ihren Nachwuchs zu sorgen.[28] Für den Mann ist der Anreiz groß, Ressourcen und Loyalität vorzutäuschen, obwohl er in Wahrheit nicht die Absicht hat, beides zu erbringen, und für die Frau ist der Anreiz groß, die Täuschung aufzudecken. Die Frau ist andererseits bestrebt, den Mann mit den besten Genen als Vater für ihre Kinder auszuwählen, unabhängig davon, ob es der Mann ist, der tatsächlich ökonomisch für sie sorgt, und der Mann ist bestrebt, sich kein Kuckucksei unterschieben zu lassen und seine Ressourcen auf die Aufzucht der Nachkommen eines anderen zu verschwenden. Der Wunsch, diese besondere Form der Täuschung zu verhindern, hat zu einer Reihe sozialer Traditionen geführt – dem Gebot, daß die Frau

238

jungfräulich in die Ehe gehen soll, dem Keuschheitsgürtel, der Unterbringung von Frauen in abgeschlossenen Frauengemächern und Klöstern, der weiblichen Beschneidung und der ungleichen Bestrafung von männlicher und weiblicher Untreue in vielen Rechtssystemen.[29] Demnach wären die kognitiven Fähigkeiten eines Lebewesens, das eine genaue Antwort auf die Frage in dem Schlager geben kann:»Wirst du mich auch morgen noch lieben?«, von außerordentlicher Bedeutung gewesen.

Der modulare Aufbau des Gehirns

Lockes Auffassung, daß das Gehirn ein Universalcomputer ist, der erst nach der Geburt mit Daten gefüllt wird, wurde mit gewichtigen Argumenten bestritten und durch die viel differenziertere Vorstellung ersetzt, daß das Gehirn aus einer Reihe spezialisierter Module besteht. Die Module wurden durch die spezifischen Anforderungen geformt, denen sich die Urmenschen gegenübersahen, und deshalb enthält das Gehirn ein inhärentes Wissen über die Lösung der Probleme, die sich in jener Umwelt stellten. Anders als Locke und Skinner meinen, haben kleine Kinder offensichtlich in gewissem Umfang angeborenes empirisches Wissen über die Welt. Wenn man zum Beispiel einem kleinen Kind ein Bild zeigt, das erkennen läßt, daß zwei Gegenstände denselben physischen Raum einnehmen, reagiert es mit Unruhe und Unmut, weil es irgendwie weiß, daß so etwas nicht sein kann.[30]

Die bekanntesten Gehirnmodule sind die linke und die rechte Hälfte der Hirnrinde, die teils unterschiedliche, teils sich überschneidende Funktionen erfüllen. Welche Funktionen dies sind, kann man untersuchen, wenn das Corpus callosum oder die Brücke, die die rechte und linke Gehirnhälfte verbindet, durchtrennt wird.[31] Darüber hinaus gibt es eigene Module für Sprache, Sehen, Musik, Entscheidungsfindung und sogar für die moralische Entscheidung.

Besonders faszinierende Erkenntnisse über die Gehirnmodule, die auf soziale Kooperation spezialisiert sein könnten, haben die beiden Psychologen John Tooby und Leda Cosmides im Zusammenhang mit dem sogenannten Wason-Test vorgelegt. Bei dem in den sechziger Jahren entwickelten Wason-Test geht es darum, ob Probanden Wenn-dann-Aussagen korrekt falsifizieren können, wenn sie eine Reihe von Karten aufdecken, die mit mehreren möglichen Antworten bedruckt sind. Wasons ursprünglicher Test zeigte, daß den meisten Menschen diese Art der logischen Überlegung sehr schwerfällt, wenn es um abstrakte Aussagen geht; nur 25 Prozent der Probanden waren in der Lage, korrekte Antworten zu geben. Tooby und Cosmides hingegen verwendeten den Test mit Bedingungssätzen, die sich auf soziale Vereinbarungen bezogen, und dabei schnitten die Probanden signifikant besser ab. Die Falsifizierung von Sätzen des Typs »Sie dürfen Bier trinken, wenn Sie einundzwanzig sind« oder »Sie erhalten eine Leistung, wenn Sie in die gemeinsame Kasse einzahlen« wurden von den Testpersonen sehr viel leichter identifiziert als Aussagen, die sich auf Familiensituationen bezogen, ohne daß eine soziale Vereinbarung im Spiel war (»Wenn jemand nach Boston fährt, nimmt er die U-Bahn«).[32] Tooby und Comides kamen zu dem Schluß, die Ergebnisse deuteten darauf hin, daß es eine spezifische, entwickelte Gehirnfunktion für die Lösung von Problemen der sozialen Kooperation vom Typus des Gefangenendilemmas geben müsse.

Irrationale Wahl

Die evolutionäre Spieltheorie erklärt zwar, warum eine Gemeinschaft von Teufeln auf Dauer nicht überlebensfähig wäre, sie sagt aber nicht voraus, daß wir alle zu Engeln werden. Eher werden wir zu »rationalen Teufeln« im Sinne von Immanuel Kant, das heißt zu Teufeln, die sich moralisch und altruistisch verhalten, weil es ihrem Eigeninteresse dient. Ein echter Engel würde Kant zufolge eine Regel um ihrer selbst willen einhalten, ganz besonders dann, wenn moralisches Verhalten dem Eigeninteresse zuwiderläuft. In Platos *Staat* beschreibt Sokrates den Ring des Gyges, der seinen Träger unsichtbar macht.[33] Gibt es einen Grund, fragt er, warum wir gerecht handeln sollten, wenn wir den Ring des Gyges tragen und unentdeckt Verbrechen verüben könnten? Die Antwort der Spieltheorie lautet nein: Der Ruf, ehrlich zu sein, zahlt sich aus, nicht die Ehrlichkeit selbst. Der Ökonom Robert Frank hat die Theorie noch weiter ausgeführt und argumentiert, der beste Weg, in den Ruf der Ehrlichkeit zu gelangen, sei es, tatsächlich ehrlich zu sein, denn jemand, der nur aus Berechnung ehrlich ist, wird leicht einmal einen Schnitzer machen und damit seine Glaubwürdigkeit ruinieren.[34] Doch letzten Endes zählt nur, wie man von anderen wahrgenommen wird.

Auch eine noch so verfeinerte Spieltheorie wird keine adäquate Erklärung liefern können, warum Menschen sich moralisch verhalten. Unzweifelhaft handeln wir im Großteil der Fälle aus Berechnung gut und altruistisch. Gewiß wird niemand sagen, daß eine pharmazeutische Firma allein aus ethischen Motiven ein fehlerhaftes Produkt aus den Regalen nimmt. Aber zu allen Zeiten haben die Menschen geglaubt, daß moralisches Verhalten ein Ziel an sich ist, und die höchste Wertschätzung genießen wahre Engel und nicht rationale Teufel. Nicht nur Plato und Kant, sondern praktisch jeder bedeutende Philosoph hat mit der Frage gerungen, ob unsere moralischen Regeln nur Mittel zu anderen Zwecken sind oder Zwecke an sich. Selbst wenn wir zu dem Ergebnis gelangen, daß sie Mittel zu anderen Zwecken sind, ist die Vermutung naheliegend, daß wir dieses Thema deshalb immer wieder erörtern, weil moralisches Verhalten in der menschlichen Psyche einen ganz besonderen Stellenwert besitzt.

Weiter oben habe ich die Auffassung vertreten, daß die Evolutionstheorie erklären könnte, warum Menschen überhaupt reziproken Altruismus entwickelt haben, und daß vieles von dem, was wir als moralisches Verhalten begreifen, tatsächlich ein zeitversetzter, wechselseitiger Austausch von Vorteilen ist, der auf lange Sicht die Position der Beteiligten verbessert. Freilich legen die Menschen auch Wert auf reinere Formen von Altruismus, wenngleich sie diese nur selten erreichen. Spiegelt das nun, wie Kant und Hegel argumentieren würden, die Tatsache wider, daß die Menschen moralisch frei handelnde, nicht von der Biologie determinierte Akteure sind? Oder hat die strikte Befolgung von

Regeln auch entgegen den Überlebensinteressen des einzelnen eine evolutionsgeschichtliche Grundlage?

Neuere Forschungen aus der Neurophysiologie könnten in dieser Frage Aufklärung bringen und etwas zur Erkenntnis beitragen, warum das moralische Verhalten von Menschen – die Aufstellung und Befolgung von Normen – sehr viel komplexer ist, als die bei den Ökonomen so beliebten spieltheoretischen Modelle der rationalen Entscheidungsfindung vermuten lassen. Was die Ökonomen als Präferenzen bezeichnen und andere als Bedürfnisse, Wünsche, Triebe und dergleichen, entstammt dem limbischen System, einem entwicklungsgeschichtlich alten Teil des Zentralnervensystems, bestehend aus Hippocampus und Amygdalae, den Mandelkernen. Das limbische System ist Sitz der Emotionen, und der Hypothalamus interagiert direkt mit dem endokrinen System, das für die Ausschüttung von Hormonen zur Steuerung von Körpertemperatur, Herzfrequenz und so weiter verantwortlich ist.[35] Die rationale Entscheidungsfindung hingegen – das Ordnen und Vergleichen von Möglichkeiten und die Auswahl der besten – findet in der Hirnrinde statt, dem entwicklungsgeschichtlich jüngsten Teil des Gehirns der Säugetiere, Sitz von Bewußtsein, Sprache und dergleichen.

So weit, so gut. Ein Ökonom würde sagen, daß das limbische System uns Präferenzen anbietet und die Hirnrinde nach Strategien sucht, den Präferenzen nach dem spieltheoretischen Modell der rationalen Entscheidungsfindung zu entsprechen. Das Problem bei dieser Sicht liegt darin, daß die Emotionen allem Anschein nach bei der rationalen Entscheidungsfindung eine sehr viel größere Rolle spielen, als nach dem skizzierten Modell anzunehmen wäre. Dafür sprechen die Forschungen des Neurophysiologen Antonio Damasio, der sich auf die Untersuchung von Patienten mit Verletzungen im vorderen mittleren Teil des Stirnhirns konzentriert hat.[36] Besondere Berühmtheit unter seinen hirnverletzten Patienten erlangte ein Sprengmeister namens Phineas Gage, der in den vierziger Jahren des letzten Jahrhunderts einen grauenvollen Unfall erlitt. Dabei drang eine vier Zentimeter dicke Eisenstange durch seine Wange bis an die Schädeldecke vor. Wundersamerweise überlebte Gage den Unfall, aber seine Persönlichkeit veränderte sich dadurch dramatisch. Vor dem Unfall war er ein bescheidener, fleißiger Arbeiter gewesen, danach wurde er undifferenziert, enthemmt und verlor jedes Gespür dafür, wie sein Verhalten auf andere wirkte. Er konnte kein Arbeitsverhältnis mehr durchhalten, zog als Jahrmarktsattraktion über das Land und starb schließlich vollkommen verarmt.

Phineas Gage und andere von Damasio untersuchte Patienten mit Verletzungen im Bereich des vorderen Stirnhirns weisen einige Gemeinsamkeiten auf.[37] Sie waren nach wie vor zur rationalen Entscheidungsfindung fähig in dem Sinne, daß sie eine Situation analysieren, verschiedene Handlungsmöglichkeiten erkennen und miteinander vergleichen konnten. Aber ihnen fehlte jegliche Initiative, und sie konnten keine der Handlungsmöglichkeiten ergreifen. Darüber hinaus hatten sie gewissermaßen ihr moralisches Empfinden verloren: Sie konnten sich nicht in andere Menschen einfühlen und hatten wie Gage kein Gespür für die Wirkung ihres Handelns auf andere. Elliott, ein weiterer Patient von Damasio, zeigte keinerlei emotionale Reaktion, wenn ihm erschreckende, abstoßende oder erotische Bilder gezeigt wurden; er konnte vernünftig darüber sprechen, wie die Bilder wohl auf andere Menschen wirken würden, blieb selbst aber vollkommen ungerührt.

Damasio argumentiert, daß der Prozeß der rationalen Entscheidungsfindung mit Emotionen verwoben ist, und zwar nicht nur in dem Sinne, daß sie eine Quelle von Präferenzen darstellen. Menschen sind sich der Auswirkungen ihres Verhaltens auf andere sehr genau bewußt. Angetrieben von den Emotionen Mitgefühl und Scham passen sie ihr Handeln permanent den Empfindungen anderer an, so wie sie sie wahrnehmen. Das ist keine Angelegenheit der rationalen Kalkulation: Phineas Gage und Elliott konnten gerade deshalb nicht mehr mit der sozialen Welt um sie herum in Austausch treten, weil sie zu reinen rationalen Optimierern geworden waren.

Damasio meint, daß das Gehirn eine Reihe somatischer Marker schafft – Gefühle von emotionaler Anziehung oder Abstoßung, die dem Gehirn helfen, seine Kalkulationen durchzuführen und dabei von vornherein etliche Wahlmöglichkeiten auszuschließen. Wenn ein Denkprozeß auf einen somatischen Marker trifft, stoppt die Kalkulation, und es fällt eine Entscheidung. Damasio nennt das Beispiel eines Geschäftsinhabers, der zu entscheiden versucht, ob er mit dem Erzfeind seines besten Freundes ein Geschäft machen soll. Eine rein auf rationale Entscheidungsfindung ausgerichtete Herangehensweise erfordert eine außerordentlich komplexe Kalkulation dessen, was die Ökonomen als »erwarteten Wert« des Geschäfts bezeichnen und dagegen die Abwägung der Kosten, mit denen das Geschäft seine Freundschaft belastet. Der Geschäftsmann kann sehr vielen möglichen Strategien folgen, zum Beispiel kann er versuchen, die neue Geschäftsbeziehung vor seinem Freund geheimzuhalten oder im voraus die Zustimmung des Freundes einzuholen. Somatische Marker erleichtern die Entscheidung signifikant, weil sie bestimmte Ergebnisse mit emotionalen Antworten versehen und die weitere rationale Abwägung von Alternativen vorwegnehmen, zum Beispiel wenn der Geschäftsmann sich vorstellt, was für ein Gesicht sein Freund machen wird, wenn er von dem neuen Geschäftskontakt erfährt.

Mit anderen Worten: Der menschliche Geist versieht die Normen und Werte, die ursprünglich nichts anderes als die intermediären Nebenprodukte der rationalen Entscheidungsfindung waren, mit somatischen Markern.[38] Von diesem Punkt an befolgen wir eine Norm nicht deshalb, weil dies für uns nützlich ist, sondern weil das Befolgen der Norm ein Ziel an sich ist – ein hochgradig emotional besetztes Ziel. Was früher vielleicht einmal ein Mittel zum Zweck gewesen ist, wird nun wichtiger als der Zweck selbst. Wir alle kennen Menschen, die peinlich genau bestimmte einfache Verhaltensregeln beachten, zum Beispiel die Regel, unter keinen Umständen einen Freund zu verraten, selbst wenn die Befolgung der Regel für sie und für die Gesellschaft, in der sie leben, mit Kosten verbunden ist. Shakespeares Stück *Maß für Maß* handelt von einem solchen moralischen Dilemma: Isabel müßte ihre Tugend opfern, um das Leben ihres Bruders zu retten. Es ist keine Frage, wie das Ergebnis in diesem Fall bei einer rein utilitaristischen Kalkulation aussehen würde.

Beim Befolgen von Normen sind hauptsächlich die gleichen Emotionen im Spiel wie bei der Konkurrenz um Status und Anerkennung: Ärger, Schuld, Stolz und Scham. Menschen handeln oft gegen ihre eigenen materiellen Interessen aus Ärger über die Ungerechtigkeit eines anderen, der eine hochgeachtete Norm verletzt hat, oder aus einem Schuldgefühl, weil sie selbst eine solche Norm verletzt haben. Wir können die emotionale Besetzung von Normen dadurch deutlich machen, daß wir uns fragen, warum die Menschen die von Axelrod so genannten »Metanormen« befolgen. Eine gewöhnliche Norm reguliert unmittelbar die soziale Kooperation (»Teile das Erbe gleichmäßig zwischen den Geschwistern auf«), eine Metanorm betrifft die korrekte Definition, Verbreitung und Durchsetzung von gewöhnlichen Normen (»Eine harmonische Gesellschaft erreicht man am besten, wenn man sich an den klassischen konfuzianischen Lehren orientiert«; »Die Menschen sollen die Autorität der Polizei respektieren«).[39] Alle sind daran interessiert, daß die gewöhnlichen Normen, die sie ausgehandelt haben, auch durchgesetzt werden, weil es im unmittelbaren Eigeninteresse jedes einzelnen liegt. Wenn ich nicht dafür sorge, daß mein Bruder die Norm hinsichtlich der Aufteilung des Erbes befolgt, kann es sein, daß ich nicht zu meinem Erbteil komme. Hingegen ist theoretisch zu erwarten, daß rationale Menschen wenig Interesse an der Durchsetzung von Metanormen haben dürften. Metanormen sind das, was die Ökonomen öffentliche Güter nennen: Der einzelne erkennt keine Vorteile von ihrer Durchsetzung und hat insofern keinen Anreiz, dafür zu sorgen.

Und doch kümmern sich Menschen andauernd um Metanormen – oder einfacher ausgedrückt, darum, daß Gerechtigkeit geschieht –, und durchaus auch in Situationen, die sie nicht direkt angehen. Sie legen, anders formuliert, »moralistische Aggression« an den Tag, wie der Biologe Robert Trivers es genannt hat.[40] Denken wir nur an die vielen Menschen, die in Los Angeles gegen den Freispruch von O. J. Simpson protestierten, weil sie das Urteil ungerecht fanden. Gewiß protestierten sie nicht aus Eigeninteresse, weil sie befürchteten, daß Simpson plötzlich mit einem Messer vor ihnen stehen könnte, wenn er nicht im Gefängnis säße.

Nach dem spieltheoretischen Modell für die Lösung eines Gefangenendilemmas wird die Möglichkeit zu betrügen als eine denkbare Strategie in Erwägung gezogen, und ob man sie wählt oder nicht, hängt davon ab, wie die Ergebnisse der einzelnen Alternativen eingeschätzt werden. In der realen Welt ist Betrügen keine emotional und moralisch neutrale Möglichkeit. Nahezu in jeder Sprache gibt es eine Fülle pejorativer Begriffe für Betrüger, etwa Verräter, Halunke, Überläufer und Abtrünniger. Die Worte unterscheiden sich je nach kulturellem Kontext, aber die damit verbundenen Gefühle wie Ärger und Scham sind universell.

Menschen werden nicht nur ärgerlich, wenn andere Regeln verletzen; sie können auch ärgerlich und enttäuscht über sich selbst sein, eine Emotion, die wir als Schuldgefühl kennen. Menschen empfinden oft Schuldgefühle über Dinge, die sie dann ganz gut wegrationalisieren können: Ich habe dem Obdachlosen kein Geld gegeben, weil er damit sowieso nur Alkohol oder Drogen gekauft hätte. Ich habe zwar die Versicherung betrogen, aber das ist ein großer Konzern, sie werden es gar nicht merken, und überdies rechnen sie sowieso damit, daß die Kunden ihre Ansprüche ein bißchen aufrunden. Nach der Spieltheorie ist es unsinnig, daß wir uns den Kopf zerbrechen, weil wir eine Norm verletzt haben, denn das ist das Ergebnis einer rationalen Kalkulation. Und doch haben Normen eine so hohe emotionale Besetzung, daß wir Menschen, die mit absolut kühler Rationalität nur ihr Eigeninteresse im Auge haben, nicht als normale Menschen ansehen, sondern als Psychopathen.

Allem Anschein nach haben die Menschen und ihre Vorfahren aus der Primatenreihe über Hunderttausende, vielleicht sogar über Millionen von Jahren hinweg Spiele vom Typus des Gefangenendilemmas miteinander gespielt, dabei die Kooperation mit anderen gesucht und sich auf die wachsende Fähigkeit ihrer Partner eingestellt, andere zu täuschen. Offensichtlich haben wir, da die Durchsetzung von Metanormen bei der Lösung von Problemen bei der Zusammenarbeit mit anderen sehr nützlich ist, spezifische Emotionen entwickelt, die uns dazu bringen, freiwillig dafür zu sorgen, daß dieses öffentliche Gut zur Verfügung steht.

Robert Frank führt einen anderen Grund an, warum im Verlauf der Entwicklung des menschlichen Gehirns Emotionen so eng mit dem Befolgen von Normen verwoben wurden. Die Emotionen erfüllen den Zweck, in einmaligen Situationen vom Typus des Gefangenendilemmas das Problem der Glaubwürdigkeit zu lösen. Es liegt auf der Hand, daß bei einem Gefangenendilemma mit einer einmaligen Begegnung eine kooperative Lösung nur dann zustande kommt, wenn die Beteiligten von vornherein eine Verpflichtung eingehen, und dann verwandelt sich das Problem in die Frage, wie Glaubwürdigkeit am besten vermittelt wird. Frank argumentiert, die Emotionen dienten dazu, den einzelnen zu einer Entscheidung zu bringen, die seine kurzfristigen Interessen scheinbar verletzt, aber seinen langfristigen Interessen dient, weil sie Verläßlichkeit demonstriert.[41] Beim »Ultimatum-Spiel« bekommt eine Testperson 100 Dollar und soll das Geld zwischen sich und einer zweiten Testperson aufteilen. Die beiden Beteiligten müssen sich über die Aufteilung einig werden, wenn ihnen das nicht gelingt, bekommt keiner Geld. Eine rationale Strategie für die erste Person könnte so aussehen, daß sie 99 Dollar behält und einen Dollar abgibt aus der Überlegung heraus, daß die zweite Person wenigstens den einen Dollar nehmen wird, weil sie andernfalls gar nichts erhalten würde. In der Realität zeigt sich, daß bei dem Test die erste Person eine Aufteilung ziemlich nahe an fünfzig zu fünfzig anbietet, weil sie davon ausgeht, daß ein Angebot von neunundneunzig zu eins von ihrem Gegenüber als demütigend betrachtet (und so ist es in der Tat) und deshalb abgelehnt werden dürfte. Mit anderen Worten: Das Wissen, daß die zweite Person aus Stolz eine ungleiche Aufteilung zurückweisen wird, veranlaßt die erste Person, von vornherein eine gleichmäßigere Aufteilung anzubieten, als es der Fall wäre, wenn das Gefühl des Stolzes nicht existierte, und insofern dient die Emotion den langfristigen Interessen der zweiten Person. Frank merkt dazu noch an, daß die Emotionen bestimmte physiologische Korrelate haben, daß zum Beispiel geblähte Nasenflügel und schweres Atmen für das Gegenüber einen Hinweis auf die Glaubwürdigkeit einer Person geben.

Das Gehirn besitzt nicht nur angeborene Mechanismen, um Verräter zu entlarven und Überlegungen über soziale Vereinbarungen anzustellen, es besitzt auch die erforderliche emotionale Struktur, um Verräter notfalls zu Lasten des unmittelbaren Interesses zu bestrafen. Wenn wir also sagen, daß die Menschen von Natur aus soziale Wesen sind, heißt das *nicht,* daß sie naturgemäß friedlich, kooperationswillig und vertrauenswürdig sind, denn nur allzuoft verhalten sie sich gewalttätig, aggressiv und betrügerisch. Es bedeutet vielmehr, daß sie spezifische Fähigkeiten besitzen, Betrug und Täuschung zu erkennen und darauf zu reagieren, und daß sie zu anderen hinstreben werden, die sich kooperativ verhalten und moralische Regeln beachten. Die Folge ist, daß sie viel eher zu kooperativen Normen gelangen, als nach einer stärker individualistischen Einschätzung der menschlichen Natur zu erwarten wäre.

11

Selbstorganisation

Die biologische Struktur des Menschen erzeugt eine Prädisposition zur gemeinschaftlichen Problemlösung, aber die spezifischen Normen und Metanormen, die eine bestimmte Gruppe von Individuen wählt, sind Ergebnis einer kulturellen Entscheidung und kein Naturprodukt. Es ist genau wie mit der Sprache: Die Menschen werden mit der Fähigkeit geboren, eine Sprache zu erlernen und zu verwenden, aber welche Sprache sie dann erwerben, hängt davon ab, in welcher Kultur sie aufwachsen. Darum ist es notwendig, über die kognitiven und emotionalen Strukturen hinauszugehen, die allen Menschen gemeinsam sind, und sich den konkreten Normen zuzuwenden, die in menschlichen Gesellschaften hervorgebracht und weiterentwickelt wurden.

Bei diesem Unterfangen müssen wir uns mit zwei unterschiedlichen Problemen befassen: Wie werden, erstens, Normen geschaffen, und wie entwickeln sich, zweitens, einmal geschaffene Normen weiter? Die vier Quadranten in Abbildung 11.1, basierend auf der in Kapitel 8 vorgestellten Klassifizierung von Normen, zeigen vier Wege, wie Normen entstehen können. Sie können das Ergebnis einer rationalen, hierarchischen Entscheidung sein; ein Beispiel dafür wäre die amerikanische Verfassung. Sie können einer nichtrationalen, hierarchischen Quelle entstammen wie die Zehn Gebote, die Mose vom Berg Sinai mitbrachte. Sie können Ergebnis einer rationalen, spontanen Aushandlung sein; Beispiele dafür wären die Fahrgemeinschaften oder das angelsächsische Common Law. Und schließlich können Normen spontan aus arationalen Quellen hervorgehen; das trifft etwa für das Inzesttabu oder für Volksreligionen zu. Stark vereinfachend könnten wir die Normen in den vier Quadranten als politisch, religiös, selbstorganisiert und natürlich bezeichnen. Es wäre ver-

ABBILDUNG II.I

Das Universum der Normen, 2. Teil

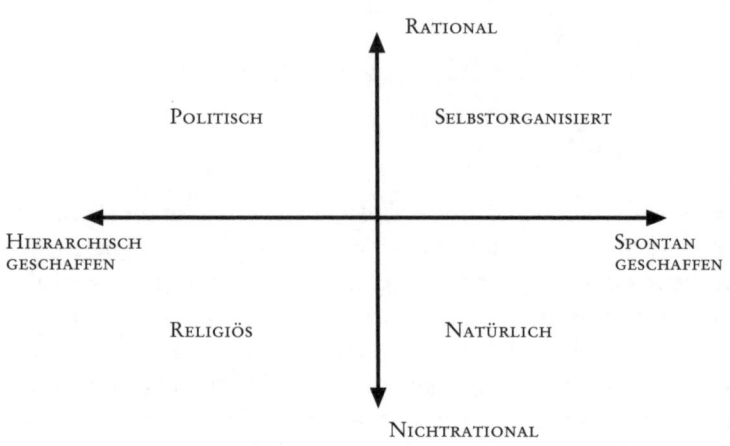

messen und empirisch nicht haltbar, Aussagen über die relative Bedeutung jedes der vier Quadranten für die Schaffung neuer Normen zu machen; wir können allenfalls sagen, daß jeder Quadrant eine wichtige Kategorie darstellt.

Man kann die These aufstellen – und viele haben sie vertreten –, daß mit fortschreitender Modernisierung einer Gesellschaft Normen eher weniger in den unteren Quadranten geschaffen werden und verstärkt in den oberen Quadranten, insbesondere im oberen linken Quadranten (durch die Regierung). Die Begriffe, die traditionell von Theoretikern wie Maine, Weber, Durkheim und Tönnies mit Modernisierung verbunden werden – *Rationalisierung, Bürokratisierung, Übergang von Status zu Vertrag und von Gemeinschaft zu Gesellschaft* –, deuten allesamt darauf hin, daß eine formale, rationale, legale Autorität, oft verkörpert durch den Staat, in modernen Gesellschaften die Hauptquelle der Ordnung wird. Wie jeder weiß, der schon einmal versucht hat, sich einen Pfad durch das Dickicht der ungeschriebenen Regeln zu bahnen, die im modernen Amerika hinsichtlich der Geschlechterbeziehungen am Arbeitsplatz oder in der Schule gelten, sind informelle Regeln nicht aus dem modernen Leben verschwunden und werden aller Wahrscheinlichkeit nach auch in Zukunft nicht verschwinden.

Kodifizieren formale Gesetze lediglich bestehende soziale Gepflogenheiten, oder spielen sie auch eine Rolle bei der Gestaltung moralischer Normen? Beide Auffassungen haben ihre Fürsprecher. Der Rechtstheoretiker Robert Ellickson bezeichnet diejenigen, die formale Gesetze als Widerspiegelung informeller Normen ansehen, als »legale Peripheralisten«, und diejenigen, die Gesetzen eine entscheidende Bedeutung für die Gestaltung von Normen zusprechen, als »legale Zentralisten«.[1] Die Untersuchung, woher Normen kommen, wird durch die starken ideologischen Vorlieben der Menschen geprägt, woher Normen kommen *sollten*. Die Anarchisten im 19. Jahrhundert, die Hippies in den sechziger Jahren unseres Jahrhunderts, die Apostel von »weniger Staat« auf dem rechten politischen Flügel und die Verfechter einer freien technischen Entwicklung auf dem linken Flügel hegen alle den gemeinsamen Wunschtraum, daß der Staat verschwinden und an seine Stelle nicht Hobbes' Krieg aller gegen alle treten möge, sondern ein Zustand friedlicher Koexistenz auf der Grundlage der freiwilligen Befolgung informeller sozialer Normen. Mit anderen Worten: Die beste Form von Ordnung ist die spontane Ordnung. Im Gegensatz dazu gibt es viele Menschen auf dem linken politischen Flügel, die informelle Normen als Spuren einer elitären bourgeoisen, rassistischen oder sexistischen Vergangenheit betrachten und die formelle hierarchische Macht des Staates dafür einsetzen wollen, die Menschen nach dem von ihnen favorisierten Bild neu zu formen (sei es als »neuen Sowjetmenschen« oder als »neuen Mann« mit weiblichen, weichen Zügen). Ihre Gegenspieler auf dem rechten Flügel berufen sich mit ähnlichen Absichten auf die hierarchische Institution der Religion.

Da die Menschen dazu neigen, von einer hierarchischen Autorität vorgegebene Normen strenger zu beachten als Normen, die der »erweiterten Ordnung menschlichen Zusammenwirkens« im Sinne von Hayek entstammen, kann es sinnvoll sein, wenn wir uns die beiden Quadranten im rechten Teil von Abbildung 11.1 genauer anschauen, um einen ersten Eindruck von Umfang und Grenzen der spontanen Ordnung zu gewinnen. *Selbstorganisa-*

tion ist nicht nur bei Ökonomen und Biologen zu einem beliebten Schlagwort geworden, sondern auch bei IT-Gurus, Managementberatern und Professoren der Betriebswirtschaftslehre. Nicht wenige von ihnen verdienen ihren Lebensunterhalt damit, daß sie Organisationen raten, ihre hierarchische Struktur aufzugeben und sich »biologisch« zu organisieren, das heißt in stark dezentralisierten Formen freiwilliger Kooperation.[2] Selbstorganisation ist zwar unzweifelhaft eine wichtige Quelle der sozialen Ordnung, sie kommt aber nur unter ganz bestimmten Bedingungen zustande und ist gewiß keine Universalformel, um koordiniertes Handeln innerhalb von Gruppen zu erreichen.

Die natürliche Selektion schreitet blind durch die Produktion immer neuer Varianten voran; am Ende steht zwar eine angepaßte Art, der Weg dorthin ist aber oft verschwendungsreich. Die Schaffung menschlicher Normen kann genauso blind vonstatten gehen. Wie wir gesehen haben, hat sich das Inzesttabu allem Anschein nach aus einer nichtrationalen, natürlichen Aversion gegen den Inzest entwickelt. Wir nehmen an, daß viele Gepflogenheiten in einem Volk weder hierarchisch angeordnet noch rational ausgehandelt wurden, sondern einfach irgendwann ihren Anfang nahmen, als ein Mitglied der Gemeinschaft beispielsweise befand, daß ein bestimmter Fels Jagdglück verhieß mit der Folge, daß sich die Verehrung jenes Felsens in der gesamten Gemeinschaft verbreitete. Auch in modernen Volkswirtschaften erfolgen Innovationen in Organisationen keineswegs immer rational; oft wechseln Organisationen ihre Techniken oder ihre interne Struktur aufs Geratewohl und hoffen dann ganz einfach das Beste. Auf lange Sicht merzt die Konkurrenz automatisch die unterlegenen Alternativen aus.[3]

Die Schaffung menschlicher Normen ist jedoch häufig um einiges komplexer und zielgerichteter als die zufällige genetische Mutation. Normen können vielleicht auf einer quasi zufälligen Basis geschaffen werden, aber in der Mehrzahl der Fälle sind sie das Produkt expliziter Aushandlung und Vereinbarung. Die meisten theoretischen und empirischen Untersuchungen über das Problem der spontanen Ordnung sind im Laufe der letzten fünfundzwanzig Jahre in den Wirtschaftswissenschaften entstanden und haben mit Gebieten wie Recht und Ökonomie sowie Public Choice zu tun. Viele frühe Untersuchungen in diesem Bereich beschäftigten sich mit dem Ursprung von Normen bei Eigentumsrechten.[4] Sogenannte Allmenderessourcen, die allen Angehörigen einer Gruppe zur Verfügung stehen – Ressourcen wie Weideflächen, Fischgründe, Wälder, das Grundwasser und die Luft, die wir atmen – stellen besonders schwierige Probleme für die Kooperation dar, weil sie dem unterliegen, was Garrett Hardin als die »Tragik der Allmende« bezeichnet hat.[5] Solche Allmenderessourcen oder Kollektivgüter sind öffentliche Güter, die alle Mitglieder einer Gruppe nutzen können, unabhängig davon, welche Anstrengungen jeder einzelne zu ihrer Schaffung und Erhaltung unternommen hat. Oder anders formuliert: Sie sind mit positiven und negativen externen Kosten belastet (wenn ein einzelner einen Forellenbach mit Fischen besetzt, profitiert nicht nur er davon, sondern auch alle anderen, die an dem Bach fischen; er kann den Bach aber auch verschmutzen und damit der übrigen Gemeinschaft Kosten aufbürden).

Die Tragik der Allmende ist tatsächlich nichts anderes als ein erweitertes Gefangenendilemma mit mehr als zwei Spielern, bei dem jeder Spieler die Wahl hat, ob er zum Unterhalt der gemeinsamen Ressource beiträgt (kooperiert) oder als Trittbrettfahrer profitiert (betrügt). Anders als beim Gefangenendilemma mit zwei Personen kann das Trittbrettfahrerproblem nicht einfach durch Wiederholung gelöst werden, besonders dann, wenn die Gruppe der kooperierenden Personen groß ist. In großen Gruppen sind Trittbrettfahrer sehr viel schwieriger zu entlarven. Das Trittbrettfahrerproblem hat Ökonomen und Sozialwissenschaftler in den letzten fünfundzwanzig Jahren stark beschäftigt, weil es einen Schlüssel zum Verständnis der breiter gefaßten Frage nach den Ursprüngen menschlicher Kooperation liefern kann.[6]

Hardin hat argumentiert, daß die Tragik der Allmende in der sozialen Katastrophe enden werde, weil die Meere überfischt und die Wiesen überweidet würden. Das Problem der Nutzung gemeinsamer Ressourcen kann seiner Meinung nach nur durch eine hierarchische Autorität gelöst werden, mutmaßlich durch die Zwangsgewalt eines Staates oder durch eine entsprechende supranationale Instanz.[7] Als Beispiel führt er die Überbevölkerung an: Der Wunsch der Eltern, Kinder zu haben, hat zur Folge, daß kollektiv die Ressourcen des Planeten aufgezehrt werden, und muß durch strenge Maßnahmen zur Bevölkerungskontrolle eingeschränkt werden. Der Ökonom Mancur Olson argumentiert in seiner klassischen Erörterung des Themas, das Problem der Bereitstellung öffentlicher Güter könne entweder durch Hardins hierarchische Methoden gelöst werden (ein Staat mit Zwangsgewalt, der seine Bürger beispielsweise zwingt, Einkommenssteuern zu zahlen) oder dadurch, daß ein einzelner Nutzer eines öffentlichen Gutes auftritt, der sehr viel größer ist als alle anderen, das Gut einseitig zur Verfügung stellt und Trittbrettfahrer duldet, weil das Gut erforderlich ist.[8]

Im Gegensatz zu diesem Ansatz, die Entstehung von Normen primär als etwas Hierarchisches zu betrachten, plädieren viele Ökonomen zu stärker spontanen Ansätzen. Eine einfache Lösung sieht so aus, daß Kollektivgüter in Privateigentum umgewandelt werden. Der Ökonom Howard Demsetz hat argumentiert, durch die »Internalisierung der externen Kosten«, das heißt durch die Umwandlung von öffentlichem Eigentum in Privateigentum, erhielten die privaten Eigentümer einen Anreiz, die betreffenden Güter zu schützen.[9] Etwas Derartiges habe es zu Beginn des 18. Jahrhunderts bei den Indianern auf der Labrador-Halbinsel gegeben. Douglass North und Robert Thomas haben diese Argumentation weitergeführt und damit die Entstehung von Eigentumsrechten in Europa über einen längeren Zeitraum, vom Jahr 1000 bis 1800, erklärt.[10] Das Problem bei diesem Ansatz liegt daran, daß viele Kollektivgüter, öffentliche Güter und externe Kosten nicht angemessen in Privateigentum umgewandelt werden können, weil sie beweglich sind (wie die Luft und die Fische) oder weil sie nicht in geeigneter Weise aufgeteilt werden können (wie Flugzeugträger und Atomwaffen).

Am Anfang der Diskussion über Recht und Ökonomie steht der vielzitierte Aufsatz »Das Problem der sozialen Kosten« des in Chicago lehrenden Ökonomen Ronald Coase. Wenn die Transaktionskosten gleich Null seien, so schreibt er dort, werde eine Veränderung bei den formellen Regeln der Verantwortlichkeit keine Auswirkung auf die Allokation der Ressourcen haben.[11] Anders formuliert: Wenn die Verhandlungen zwischen privaten Parteien keine Kosten verursachten, müßten nicht Regierungen eingreifen und Umweltverschmutzer oder andere Verursacher negativer externer Kosten zur Rechenschaft ziehen, weil die negativ betroffenen Parteien einen rationalen Anreiz hätten, sich zu organisieren und den Missetäter zu einer Verhaltensänderung zu bewegen. Als Beispiel verweist Coase auf den Konflikt zwischen Ackerbauern und Viehzüchtern über Vieh, das auf die Felder der Farmer vordringt und dort Schäden anrichtet. Der Staat könnte eingreifen und die Viehzüchter rechtlich für die Schäden verantwortlich machen, aber, so betont Coase, die Farmer haben einen Anreiz, den Viehzüchtern ein finanzielles Angebot zu machen, damit sie dafür sorgen, daß ihre Tiere keinen Schaden anrichten. Im sozialen Bereich kommen regulierende Normen somit durch die vom Eigeninteresse bestimmten Interaktionen der einzelnen zustande und müssen nicht durch Gesetz oder formale Institutionen verordnet werden.

Das Problem bei der Übertragung von Coases Theorem auf Situationen des realen Lebens liegt darin, daß hier die Transaktionskosten nahezu niemals Null sind. Üblicherweise ist es mit Kosten verbunden, wenn einzelne Privatpersonen gerechte Übereinkünfte untereinander aushandeln, besonders wenn ein Beteiligter deutlich reicher und mächtiger ist als der andere. Andererseits sind die Transaktionskosten in vielen Fällen so gering, daß die Ökonomen eine ganze Reihe von interessanten Beispielen für Selbstorganisation sammeln konnten, die illustrieren, wie soziale Normen von unten nach oben geschaffen wurden. Robert Sugden schildert die Regeln für die Verteilung von Treibholz an englischen Stränden: Wer zuerst kommt, kann sich zuerst bedienen – aber nur bis zu einer bestimmten Höchstmenge.[12] Robert Ellickson zitiert zahlreiche Beispiele für spontane ökonomische Regeln. So sahen sich die amerikanischen Walfänger im 19. Jahrhundert oft mit dem Problem konfroniert, daß ein Wal von einem Schiff harpuniert wurde, sich aber befreite und schließlich von einer anderen Mannschaft erlegt und verkauft werden konnte, die weder Zeit noch Mühe für die Jagd des Tieres investiert hatte.

Die Walfänger entwickelten eine Fülle informeller Regeln, wie mit solchen Situationen umzugehen war und wie der Fang gerecht aufgeteilt wurde.[13] Ellicksons eigene umfassende Feldstudien zeigen, daß die Farmer und Viehzüchter im kalifornischen Shasta County tatsächlich vielfältige informelle Normen zum Schutz ihrer jeweiligen Interessen entwickelten, genau wie von Coase vorausgesagt.[14]

Ein großer Teil der Literatur über spontane Ordnung ist anekdotisch und vermittelt keine gute Vorstellung, wie neue Normen wirklich dezentralisiert geschaffen werden. Eine Ausnahme bilden die Arbeiten der Politikwissenschaftlerin Elinor Ostrom, die mehr als fünftausend Fallbeispiele für Allmenderessourcen gesammelt hat. Auf der Grundlage dieses Datenmaterials gelangt sie zu empirisch fundierten allgemeinen Aussagen über dieses Phänomen.[15] Ihre generelle Schlußfolgerung lautet, daß menschliche Gemeinschaften zu unterschiedlichen Zeiten und an unterschiedlichen Orten viel öfter Lösungen für die Tragik der Allmende gefunden haben, als man gemeinhin erwartet. Viele Lösungen bestanden weder in der Privatisierung von gemeinschaftlichen Ressourcen (der von vielen Ökonomen favorisierte Weg) noch in der Regulierung durch den Staat (der häufig von Nichtökonomen favorisierte Weg). Die Gemeinschaften waren vielmehr in der Lage, informelle und bisweilen auch formelle Regeln zu ersinnen, wie gemeinschaftliche Ressourcen sich in einer Weise nutzen ließen, die zugleich gerecht war und nicht zu ihrer vorzeitigen Aufzehrung oder Erschöpfung führte. Solche Lösungen werden durch denselben Umstand begünstigt, der auch das Gefangenendilemma mit zwei Beteiligten lösbar werden läßt: durch Wiederholung. Das heißt, wenn Menschen wissen, daß sie weiterhin in einer vernetzten Gemeinschaft miteinander leben müssen, in der fortgesetzte Kooperation belohnt wird, achten sie auf ihren eigenen Ruf und achten sie darauf, daß die Regeln auch von den anderen eingehalten und Regelverstöße geahndet werden.

Viele von Ostroms Beispielen für Regeln hinsichtlich der Nutzung gemeinsamer Ressourcen betreffen traditionelle Gemeinschaften in vorindustriellen Gesellschaften. Selbstorganisation kommt jedoch genauso in entwickelten Gesellschaften vor. Als ein Beispiel nennt sie die Verteilung von Grundwasservorräten in verschiedenen Gemeinden Südkaliforniens.[16] Diese Ressourcen hätten durch eine höhere hierarchische Autorität wie die Bundesregierung zugeteilt werden können, aber Ostrom zeigt, daß die örtlichen Bezirks- und Stadtverwaltungen durch Aushandlung untereinander und juristische Vereinbarung in der Lage waren, gerechte Regeln für die gemeinsame Nutzung und gleichzeitige Bewahrung der Ressourcen zu finden. Allerdings gelang nicht allen Counties in Südkalifornien eine solche Übereinkunft, was zeigt, daß man sich nicht in allen Fällen auf Selbstorganisation verlassen kann.

Neben den ganz unterschiedlichen Beispielen von Selbstorganisation bei Viehzüchtern, Walfängern, Fischern und bei sonstigen Gemeinschaften, die gemeinsame Ressourcen nutzen, erleben wir, daß Selbstorganisation mitten in der modernen, hochtechnisierten Arbeitswelt gedeiht. Die Büros und Fabriken der Unternehmen des frühen 20. Jahrhunderts waren Bastionen der hierarchischen Autorität, in denen Tausende von Arbeitern durch ein System rigider Regeln in strenger Weise kontrolliert wurden. Am modernen Arbeitsplatz sehen wir genau das Gegenteil: formelle, regelhafte hierarchische Beziehungen werden durch flachere Hierarchien ersetzt, in denen die Beschäftigten mehr Entscheidungsbefugnis haben, oder durch informelle Netzwerke. An solchen Arbeitsplätzen entwickelt sich Koordination eher spontan von unten, als daß sie von oben verordnet wird, und sie gründet auf gemeinsamen Normen und Werten, die es den einzelnen ermöglichen, ohne formelle Leitung auf ein gemeinsames Ziel hinzuarbeiten. Die Koordination gründet, mit anderen Worten, auf sozialem Kapital; mit zunehmender Komplexität und Technisierung einer Volkswirtschaft nimmt die Bedeutung von sozialem Kapital somit nicht etwa ab, sondern wächst im Gegenteil noch.

Technologie, Netzwerke und Sozialkapital

Das Ende der Hierarchie?

Max Weber argumentierte, daß rationale, hierarchische Herrschaft in der Form der Bürokratie eine der Grundlagen des modernen Staates sei. Im Verlauf der zweiten Hälfte des 20. Jahrhunderts ist jedoch deutlich geworden, daß die hierarchisch strukturierte Bürokratie in Politik und Wirtschaft im Niedergang begriffen ist und immer mehr von informellen, selbstorganisierten Koordinationsformen verdrängt wird.

Die politische Version der Hierarchie war der autoritäre oder, in noch extremerer Form, der totalitäre Staat, in dem ein Diktator oder eine kleine Elite an der Spitze die Macht über die gesamte Gesellschaft in den Händen hielt. Seit den siebziger Jahren sind autoritäre Staaten jeder Art zusammengebrochen, von Francos Spanien über Salazars Portugal bis hin zur Deutschen Demokratischen Republik und der Sowjetunion. An ihre Stelle traten häufig entweder funktionierende Demokratien oder Staatsformen, die zumindest ein größeres Maß an politischer Partizipation zulassen wollen.

Auch Demokratien sind hierarchisch organisiert. Ein moderner Präsident der Vereinigten Staaten hat in mancher Hinsicht mehr Macht, als sich ein orientalischer Despot jemals erträumen konnte, einschließlich der Macht, einen großen Teil der Welt mit Nuklearwaffen hochgehen zu lassen. Der Unterschied ist weniger im Aspekt der Hierarchie begründet als vielmehr in der Tatsache, daß Herrschaft in einer Demokratie durch die Zustimmung des Volkes legitimiert wird und daß ihre Ausübung gegenüber dem einzelnen Bürger begrenzt ist. Demokratische Hierarchien bringen Unzulänglichkeiten hervor, genau wie die autoritären Systeme. Deshalb stehen praktisch alle heutigen Demokratien unter beträchtlichem Druck, ihre Herrschaftsgewalt zu dezentralisieren, föderalisieren, privatisieren und delegieren. Auch die körperschaftlichen Hierarchien werden in Frage gestellt. Große, übermäßig hierarchisch und rigide strukturierte Unternehmen – als klassische Beispiele können AT&T und IBM in den frühen achtziger Jahren angeführt werden – erlitten eine Reihe von Rückschlägen und sahen sich heftig von kleineren, schnelleren und beweglicheren Konkurrenten belagert. Auf die Vorzüge hochgradig dezentralisierter Unternehmensstrukturen haben Professoren an den Business Schools, Managementberater und Technologiegurus immer wieder hingewiesen. Mitunter wird sogar argumentiert, daß große, hierarchische Gesellschaften im kommenden Jahrhundert vollständig von einer neuen Organisationsform, dem Netzwerk, verdrängt würden.

Zentralisierte autoritäre Unternehmen scheitern aus demselben Grund, aus dem auch zentralisierte autoritäre Staaten scheitern: Sie werden mit den Informationserfordernissen der Welt nicht fertig, in der sie agieren. Es ist kein Zufall, daß solche Hierarchien genau zu dem Zeitpunkt in Schwierigkeiten geraten, an dem Gesellschaften in aller Welt im Übergang von industriellen zu High-Tech- und informationsbasierten Produktionsformen begriffen sind.

Die Probleme zentralisierter Hierarchien mit Informationen beschrieb Friedrich von Hayek vor 50 Jahren in einem klassischen Aufsatz, der wiederum auf einer von Ludwig von Mises schon früher vorgetragenen Kritik des Sozialismus beruhte.[1] Ein autoritärer Führer, der seinen gesamten Herrschaftsbereich kontrollieren will, muß über genügend Informationen und Wissen verfügen, um Entscheidungen treffen zu können. Um das Machtmonopol in einer Agrargesellschaft auszuüben, in der der Landadel über die Bauern herrschte, mochte es ausreichen, wenn der Herrscher reiten und fechten konnte, sich in der Politik ein wenig auskannte und vielleicht auch den Segen des örtlichen Bischofs hatte. Aber als sich die Volkswirtschaften entwickelten und immer komplexer wurden, nahmen auch die Informationserfordernisse exponentiell zu. Moderne Herrschaftssysteme setzen technologisches Expertenwissen voraus, über die selbst zu verfügen kein Herrscher hoffen kann, so daß er sich für alles – von der Waffenentwicklung bis hin zum Finanzmanagement – auf technische Experten stützen muß. In einer Volkswirtschaft ist der überwältigende Teil der Informationen *lokalen* Charakters. Liefert ein Zulieferer Nieten von mangelhafter Qualität, so wird das wahrscheinlich eher von einem Facharbeiter bemerkt, der die Nieten verwendet, als von einem Wirtschaftsbürokraten in einem zentralisierten Planungsministerium oder von einem Konzernvorsitzenden im Hauptquartier des Unternehmens.[2]

Wird Macht nach unten delegiert, entweder an technische Experten oder an Personen, die lokales Wissen hervorbringen und nutzen, so wird die Macht eines Diktators im Laufe der Zeit brüchig. Ein solcher Prozeß lief in der Sowjetunion ab und ist einer der Gründe, warum dort der Sozialismus praktisch implodierte. Auch Stalin mußte sich auf technische Experten stützen – die sogenannten Roten Direktoren – und auf eine Vielzahl von Wissenschaftlern, Ingenieuren und anderen Spezialisten.[3] Während er sie noch durch Bedrohung kontrollieren konnte (der Flugzeugingenieur Tupolew entwickelte Flugzeuge im Gefängnis), fiel dies seinen Nachfolgern immer schwerer. Die Technikexperten konnten ihr Wissen zurückhalten und es für ihre Verhandlungen mit den Machthabern nutzen. Auf diese Weise erkauften sie sich eine gewisse Autonomie und damit die Freiheit, selbst nachzudenken. Obwohl theoretisch alle Entscheidungen, die die Preise und den Materialtransfer betrafen, von einem Ministerium in Moskau überwacht wurden, gab es für die Zentrale keine Möglichkeit, im Hinblick auf all das lokale Wissen auf dem laufenden zu bleiben, das in der Peripherie entstand. In der Folge erlangten auch die Funktionäre auf den unteren Ebenen beträchtliche Macht, da sie den lokalen Wissensquellen näher waren, wie die Parteisekretäre in den Teilrepubliken und die Direktoren der Betriebe. Als schließlich in den achtziger Jahren Gorbatschow an die Macht kam, war dieses totalitäre Herrschaftsmodell bereits gescheitert.

Solche Prozesse laufen auch in Unternehmen ab, in denen die Vorstandsvorsitzenden ähnlich autoritäre Machtbefugnisse über ihre Untergebenen ausüben. Bestimmte CEOs, vor allem die Unternehmer der ersten Generation, die ihr Unternehmen aus dem Nichts aufgebaut hatten, neigen dazu, alles kontrollieren zu wollen, was in ihrem Unternehmen vor sich geht, und die Mitarbeiter zu behandeln, als seien sie wie Roboter nur dazu da, ihre Befehle auszuführen. Aber wenn ihre Unternehmen wachsen und sie mit immer komplexeren Problemen konfrontiert werden, erweist sich diese Form der Entscheidungsfindung als inflexibel, und der Chef wird zum Nadelöhr im Entscheidungsprozeß. Wie Regierungen müssen auch Unternehmen die Machtbefugnisse an Experten und Entscheidungsträger verteilen, die den lokalen Quellen der Information näher stehen. Folgt man den Äußerungen mancher Managementexperten, könnte man meinen, bei Begriffen wie Dezentralisierung und Empowerment der Mitarbeiter handle es sich um neue Konzepte. Der Unternehmenshistoriker Alfred Chandler konnte jedoch zeigen, daß große Firmen seit mindestens 100 Jahren stetig Machtbefugnisse auf die nachgeordneten Ebenen ihrer Organisationen umverteilt haben.[4] Große Unternehmen mit multidivisionaler Struktur wie General Motors und Du Pont Chemicals waren zwar hierarchisch organisiert, aber im Vergleich beispielsweise zu einem kleinen Familienunternehmen waren sie in bezug auf die Befugnisse des Managements dennoch recht dezentralisiert.

Natürlich sind es keine trivialen Probleme, unter denen große, hierarchisch strukturierte Organisationen leiden; die Vermutung ist naheliegend, daß sich die Umverteilung von Macht und Entscheidungsbefugnissen im Unternehmensbereich fortsetzen wird. Aber damit taucht ein neues Problem auf: die Koordination der Aktivitäten all der verschiedenen Akteure in einer dezentralisierten Organisation, in der die Mitarbeiter auf den unteren Ebenen neue Machtbefugnisse erhalten. Der Markt bietet ein Beispiel für eine Lösung des Problems, denn dort erzielen dezentralisierte Käufer und Verkäufer ohne zentrale Kontrolle effiziente Ergebnisse. Die Modeerscheinung des »Outsourcing« in der amerikanischen Wirtschaft während der neunziger Jahre stellt den Versuch dar, hierarchische Kontrolle durch Marktbeziehungen zu ersetzen. Aber der Austausch auf dem Markt verursacht Transaktionskosten, und die Firmen können ohnehin ihre Kernfunktionen nicht in Gestalt von Märkten organisieren, auf denen jeder mit jedem konkurriert.

Eine andere Lösung des Koordinationsproblems in hochgradig dezentralisierten Organisationen bietet das Netzwerk, eine spontan entstehende Ordnung, die sich aus den Interaktionen dezentralisierter Akteure ergibt, ohne von einer zentralisierten Autorität geschaffen worden zu sein. Wenn aber Netzwerke wirklich Ordnung schaffen sollen, müssen sie notwendigerweise auf informellen Normen gründen, die an die Stelle der formalen Organisation treten – mit anderen Worten: auf Sozialkapital.

Der Aufstieg des Netzwerks

Der klassischen Unternehmenstheorie von Ronald Coase (1937) zufolge bilden Transaktionskosten die Ursache von Hierarchien.[5] Eine komplexe Aktivität, beispielsweise der Bau von Automobilen, könnte theoretisch auch in kleinen, dezentralisierten Unternehmen erfolgen, die untereinander Zulieferverträge abschließen, so daß sie alle Bauteile produzieren könnten, wobei auch das Design, der Zusammenbau der Systemteile und das Marketing jeweils in separaten Firmen erfolgen. Daß Autos jedoch nicht auf diese Weise, sondern von riesigen, vertikal integrierten Konzernen produziert werden, hat seinen Grund darin, daß die Kosten der bei all diesem »Outsourcing« anfallenden Verhandlungen, Vertragsabschlüsse und Rechtsstreitigkeiten sehr viel höher wären als die Kosten, die entstehen, wenn diese Aktivitäten in einem Unternehmen durchgeführt werden, da das Unternehmen die Qualität des gesamten In- und Outputs durch das Management überwachen lassen kann.[6]

Mit dem Aufstieg des Netzwerks als intermediäre Form der Organisation zwischen traditionellen Märkten und Hierarchien befaßt sich eine umfangreiche Literatur. Häufig wird behauptet, Netzwerke würden der technologischen Entwicklung besser gerecht als große hierarchische Organisationsstrukturen.[7] Thomas Malone und Joanne Yates argumentierten, daß die Einführung

ABBILDUNG 12.1

Flache Organisationsstruktur

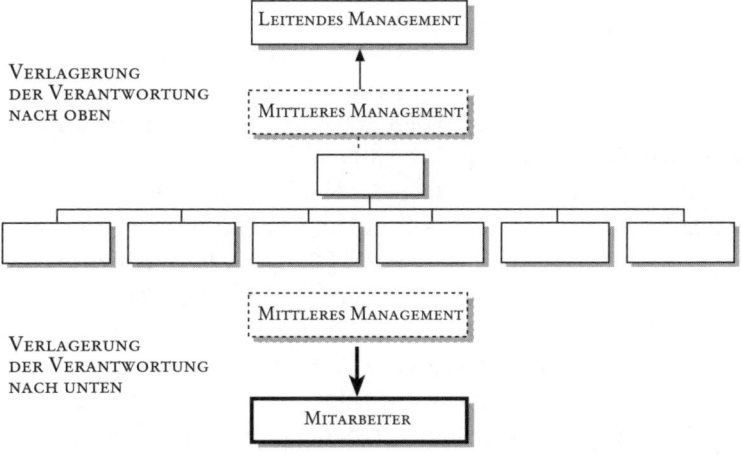

einer billigen und allgegenwärtigen Informationstechnologie die bei Marktbeziehungen entstehenden Transaktionskosten reduzieren könne und daß sich deshalb auch die Anreize verringerten, Managementhierarchien aufzubauen.[8] Im Internet sehen viele Apostel der informationstechnologischen Revolution nicht einfach eine nützliche neue Informationstechnologie, sondern sogar die Vorstufe einer vollständig neuen, nichthierarchischen Organisationsform, die auf einzigartige Weise den Erfordernissen einer komplexen informationsintensiven Wirtschaftswelt angepaßt sei.

In einem großen Teil der Literatur werden die gegenwärtig ablaufenden Verlagerungsprozesse vor allem mit dem Blick auf die formale Organisationsstruktur behandelt. Die klassische hierarchische Organisation hat die Form einer Pyramide. Abbildung 12.1 zeigt die Folgen einer organisatorischen Verflachung. Auch die flache Organisation wird letztlich eine zentralisierte und hierarchische sein; außer der Zahl der Managementebenen zwischen der obersten und der untersten Ebene hat sich nichts geändert. Flache Organisationen erzeugen vergrößerte Spannweiten der Kontrolle; wenn sie richtig aufgebaut werden, sollten sie dazu führen, daß die leitenden Manager nicht mit Verantwortung im Mikromanagementbereich belastet werden, sondern daß die Entscheidungsbefugnisse auf die unteren Ebenen der Organisation verlagert werden.

Soziologen benutzen den Begriff Netzwerk schon seit vielen Jahren. Manchmal kommt heute auch Verärgerung darüber zum Ausdruck, daß die Professoren der Business Schools jetzt sozusagen das Rad neu erfinden wollen. Die von den Soziologen benutzte Definition des Begriffs Netzwerk ist aber sehr weit angelegt und umfaßt auch Märkte und Hierarchien, wie sie von den Ökonomen verstanden werden.[9] Bei den Managementspezialisten herrscht jedoch bei der Benutzung des Begriffs *Netzwerk* ein auffallender Mangel an Präzision. Unter einem Netzwerk versteht man gewöhnlich etwas ganz anderes als unter einer Hierarchie, aber es ist häufig nicht ganz klar, inwiefern sich Netzwerke von Märkten unterscheiden. In der Tat benutzte Malone den Begriff Netzwerk nicht, als er vom Niedergang der Hierarchie sprach; vielmehr würden Koordinationsaufgaben von klassischen Marktmechanismen übernommen.[10] Einige Experten sehen im Netzwerk eine Kategorie der formalen Organisation, in der es aber keine formale Quelle der Autorität gibt, andere wiederum sehen darin ein Muster informeller Beziehungen oder Allianzen zwischen Organisationen, von denen jede für sich hierarchisch organisiert sein mag, die aber miteinander durch vertikale Vertragsbeziehungen in Verbindung stehen. Die *keiretsu*-Gruppen in Japan, die Bündnisse kleiner Familienfirmen in Mittelitalien und die Beziehungen zwischen dem Boing-Konzern und seinen Zulieferern werden ebenfalls als Netzwerke angesehen.

Begreifen wir aber das Netzwerk nicht als Typus einer formalen Organisation, sondern als eine Form von Sozialkapital, dann erhalten wir einen viel besseren Einblick in die eigentliche ökonomische Funktion des Netzwerks. Dieser Sichtweise zufolge ist ein Netzwerk eine moralische Vertrauensbeziehung:

Ein Netzwerk ist eine Gruppe von Einzelakteuren, deren Gemeinsamkeiten in bezug auf informelle Normen oder Werte über das hinausgehen, was für gewöhnliche Markttransaktionen erforderlich ist.

ABBILDUNG 12.2

Multiple Vertrauensnetzwerke

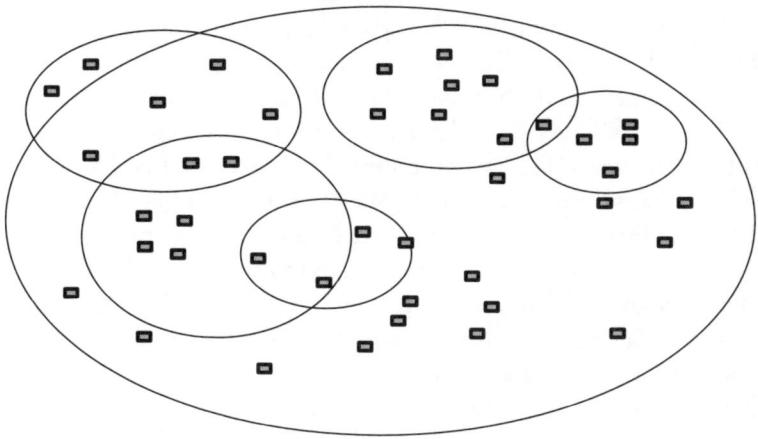

Die Normen und Werte, die von dieser Definition erfaßt werden, können sich von der einfachen Norm der Gegenseitigkeit zwischen zwei Freunden bis zu den komplexen Wertsystemen erstrecken, die von organisierten religiösen Bekenntnissen geschaffen werden. Nichtregierungsorganisationen wie Amnesty International und die National Organisation for Women erzeugen koordinierte Aktion auf der Grundlage gemeinsamer Werte. Im Falle der Anhänger oder Mitglieder eines religiösen Bekenntnisses zeigt sich, daß sich das Verhalten der einzelnen Mitglieder der Organisation nicht allein auf der Grundlage des ökonomischen Eigeninteresses erklären läßt. Eine Gesellschaft wie die der Vereinigten Staaten ist durch dichte, komplexe und sich überlappende Netzwerke gekennzeichnet (siehe Abbildung 12.2). Die große Ellipse könnte beispielsweise die gesamten Vereinigten Staaten darstellen, deren Bewohner gewisse politische Werte teilen, die mit Freiheit und Demokratie zusammenhängen. Die kleinere überlappende Ellipse links oben könnte eine Immigrantengruppe wie beispielsweise die asiatisch-amerikanischen Einwanderer kennzeichnen, die teilweise der »Mainstream«-Kultur Amerikas folgt, teilweise aber auch außerhalb steht. Die kleineren

Ellipsen innerhalb der großen Ellipse könnten alle möglichen Gruppen darstellen, von religiösen Sekten bis hin zu Unternehmen mit ausgeprägten Firmenkulturen.

Bei dieser Definition sind zwei Aspekte zu beachten. Ein Netzwerk unterscheidet sich von einem Markt insofern, als es durch gemeinsame Normen und Werte bestimmt wird. Das bedeutet, daß die Grundlagen des ökonomischen Austauschs innerhalb eines Netzwerks anders sind als die einer ökonomischen Transaktion auf einem Markt. Ein Vertreter der reinen Lehre könnte argumentieren, daß selbst Markttransaktionen gewisse gemeinsame Normen voraussetzen (beispielsweise die Bereitschaft zu friedlichem Austausch ohne Gewaltanwendung), aber die Zahl der für einen ökonomischen Austausch erforderlichen Normen ist doch vergleichsweise gering. Der Austausch kann zwischen Personen erfolgen, die einander nicht kennen oder nicht mögen und die unterschiedliche Sprachen sprechen. Er kann sogar anonym zwischen Akteuren erfolgen, deren Identität beiden Beteiligten unbekannt bleibt. Ganz anders verhält es sich bei einem Austausch zwischen Mitgliedern eines Netzwerks. Die gemeinsamen Normen verleihen ihm einen übergeordneten Zweck, durch den eine Marktbeziehung verzerrt würde. Daher unterscheidet sich der Umgang von Mitgliedern einer Familie oder des Sierra Clubs oder eines ethnischen Kreditverbandes, die gewissen gemeinsamen Normen anhängen, vom Umgang zwischen anonymen Individuen, die einander auf einem Markt begegnen. Die Organisationsmitglieder sind in viel höherem Maße zu einem gegenseitigen Austausch bereit, der über den Marktaustausch hinausgeht – beispielsweise, indem sie Vorteile gewähren, ohne eine unmittelbare Gegenleistung zu erwarten. Selbst wenn sie langfristig einzelne Gegenleistungen erwarten, erfolgt diese Austauschbeziehung nicht zeitgleich und hängt nicht von einer sorgfältigen Kosten-Nutzen-Kalkulation ab, wie dies bei einer Markttransaktion der Fall ist.

Andererseits unterscheidet sich ein Netzwerk von einer Hierarchie dadurch, daß es auf gemeinsamen *informellen* Normen basiert und nicht auf einer formalen Autoritätsbeziehung. In diesem Sinne kann ein Netzwerk mit einer formalen Hierarchie koexistieren. Die Mitglieder einer formalen Hierarchie müssen nicht unbedingt untereinander Normen oder Werte teilen, die über die Arbeitsverträge hinausgehen, durch die ihre Beziehung bestimmt wird. Über formale Organisationen können jedoch informelle Netzwerke verschiedener Arten gebreitet werden, die auf Patronage, Ethnizität oder einer gemeinsamen Unternehmenskultur beruhen.

Werden Netzwerke über eine formale Organisation gelegt, müssen die Ergebnisse nicht unbedingt günstig ausfallen und können sich sogar als Ursache einer ganzen Reihe von organisatorischen Dysfunktionalitäten erweisen. Die sogenannten »Old-Boy«-Netzwerke und Patronageverbindungen sind allgemein bekannt; sie basieren auf Verwandtschaft, gesellschaftlicher Klasse, Freundschaft, Liebe oder irgendeinem anderen Faktor. Die Mitglieder solcher Netzwerke haben wichtige Normen und Werte gemeinsam (vor allem das Prinzip der Gegenseitigkeit), die sie nicht mit anderen Mitgliedern der Gesamtorganisation teilen. Innerhalb des Patronage-Netzwerks werden Informationen bereitwillig weitergegeben, aber seine äußeren Grenzen wirken wie eine Membrane, durch die die Informationen weniger leicht transportiert werden. Innerhalb von Organisationen erweisen sich Patronage-Netzwerke als problematisch, weil ihre Strukturen von Außenstehenden nicht leicht durchschaut werden können, und häufig werden dadurch auch formale Machtbeziehungen unterlaufen. Eine gemeinsame ethnische Zugehörigkeit kann Vertrauen und Austausch zwischen den Mitgliedern dieser ethnischen Gruppe erleichtern, behindert aber den Austausch zwischen Mitgliedern verschiedener Gruppen. Wenn ein Chef nicht bereit ist, einen inkompetenten Untergebenen zu rügen oder zu feuern, weil diese Person sein Schützling, Freund oder Liebhaber ist, wird das Gegenseitigkeitsprinzip des Netzwerks eindeutig zu einer Belastung.

Ein weiteres Problem informeller Netzwerke ist die umgekehrte Beziehung zwischen der Stärke der die Gemeinschaft verbindenden Werte und Normen (und damit auch dem Grad der erreichbaren Koordination) und ihrer Offenheit für Personen, Ideen und Einflüsse von außen. Gehört man beispielsweise dem

U.S. Marine Corps oder der Mormonenkirche an, dann ist man mehr als nur Mitglied einer bestimmten formalen Organisation. Die Mitglieder werden in einer starken und ausgeprägten Organisationskultur sozialisiert, die ein hohes Maß an interner Solidarität und ein großes Potential für koordinierte Aktivitäten schafft. Andererseits ist die kulturelle Kluft zwischen den Marinetruppen und der Zivilbevölkerung oder zwischen Mormonen und Nichtmormonen viel größer als bei Organisationen mit einem geringeren Grad an moralisch begründeten Beziehungen. Solche Gemeinschaften sind mitunter von einer undurchdringlichen Mauer umgeben, was häufig dazu führt, daß sie intolerant werden, sich nur aus sich selbst heraus regenerieren, sich nur zögernd anpassen und neue Ideen nicht zur Kenntnis nehmen. Auf der Grundlage der Arbeiten des Soziologen Mark Granovetter[11] gibt es inzwischen eine umfangreiche Literatur zur Bedeutung von »schwachen Bindungen« für die Wirksamkeit von Informationsnetzwerken. Häufig ist es unangepaßten Personen zu verdanken, die mehreren Gemeinschaften angehören, daß heterodoxes Gedankengut in eine Organisation eindringen kann, und diese Ideen sind notwendig, wenn sich die Gruppe erfolgreich dem Wandel ihres Umfeldes anpassen will.

Werden Netzwerke als informelle ethische Beziehungen verstanden, bringt man sie häufig mit Phänomenen wie Nepotismus, Begünstigung, Intoleranz, Inzucht und intransparenten, personalistischen Strukturen in Verbindung. Solche Netzwerke gibt es, solange es menschliche Gemeinschaften gibt, und in vielerlei Hinsicht waren sie die vorherrschende Form sozialer Beziehungen in zahlreichen vormodernen Gesellschaften. Viele der Institutionen, die wir als Bestandteile des modernen Lebens ansehen, wie Verträge, Rechtsstaatlichkeit, Konstitutionalismus und institutionalisierte Gewaltenteilung, wurden in gewissem Sinne als Maßnahmen gegen die von informellen Netzwerksbeziehungen verursachten Fehlentwicklungen errichtet. Deshalb argumentierten Max Weber und die anderen Interpreten der Moderne, daß der Zweck solcher Maßnahmen darin bestehe, informelle Autorität durch Gesetze und transparente Institutionen zu ersetzen.[12]

Wie kann man vor diesem Hintergrund überhaupt vermuten,

daß menschliche Organisationen in der Zukunft nicht mehr auf formalen Hierarchien, sondern eher auf informellen Netzwerken beruhen werden? Tatsächlich ist es ausgesprochen zweifelhaft, daß formale Hierarchien bald verschwinden werden. In dem Maße, in dem Netzwerke an Bedeutung gewinnen, werden sie zusammen mit formalen Hierarchien bestehen. Aber könnten nicht auch die informellen Netzwerke allesamt absterben? Die Antwort auf diese Frage hat mit den Problemen zu tun, die sich bei der Koordination durch Hierarchien unter den Bedingungen einer zunehmenden ökonomischen Komplexität ergeben.

Der Wandel der Koordinationsmethoden

Die Bedeutung des Sozialkapitals in einer hierarchischen Organisation läßt sich durch die Art und Weise begreifen, wie Informationen innerhalb der Organisation weitergeleitet werden. In einem Produktionsunternehmen ist die Hierarchie dazu da, den Fluß der materiellen Ressourcen in einem Produktionsprozeß zu koordinieren. Während aber der Durchfluß der materiellen Ressourcen durch die formalen Autoritätsstrukturen bestimmt wird, verläuft der Informationsfluß auf eine ganz andere Weise. Die Information ist nämlich eine ganz besondere Ware. Es kann extrem schwierig und teuer sein, Informationen zu produzieren, aber wenn es sie erst einmal gibt, sind weitere Kopien im wesentlichen kostenlos zu haben.[13] Im digitalen Zeitalter trifft das noch mehr zu, etwa wenn durch einen Klick mit der Maustaste endlose Kopien einer Computerdatei hergestellt werden können.

Das bedeutet theoretisch, daß jede Information, die in einer Organisation erzeugt wird, optimalerweise allen anderen Teilen der Organisation frei zur Verfügung stehen sollte, die dafür Verwendung haben. Da im Prinzip die Organisation die Rechte auf alle Informationen besitzt, die von ihren Beschäftigten produziert werden, sollten eigentlich bei diesem Informationstransfer von einem Teil der Organisation zur anderen keine zusätzlichen Kosten entstehen.

Leider fließen aber die Informationen in einer Organisation

nicht so frei, wie es die Unternehmensleitung wünscht. Das hat seine Ursache darin, daß in Organisationen Befugnisse nach unten, also auf die unteren Ebenen der Hierarchie delegiert werden müssen. Dadurch entstehen die von den Ökonomen so genannten *principal-agent*-Probleme. Demnach folgt der vom Vorgesetzten *(principal)* angeheuerte Mitarbeiter *(agent)* seinen eigenen Plänen, die nicht immer mit denen des Unternehmensleiters oder der Gesamtorganisation übereinstimmen. Viele Manager meinen, die Lösung des Problems bestehe darin, die individuellen Anreize mit organisatorischen Anreizen abzustimmen, so daß die Arbeit der *agents* immer auch im besten Interesse des *principal* durchgeführt wird. Das ist jedoch leichter gesagt als getan. Die individuellen und die organisatorischen Interessen stehen manchmal in direktem Konflikt zueinander. Ein mittlerer Manager, der eine neue informationstechnologische Anwendung entdeckt oder einen neuen Plan für eine flachere Managementstruktur entwickelt, durch die möglicherweise sein eigener Job eliminiert werden könnte, wird keinen Anreiz verspüren, diese Ansätze zu verwirklichen.[14] In anderen Fällen erweist es sich als schwierig, die Qualität der Arbeitsergebnisse zu messen, zum Beispiel wenn ein Therapeut einen Patienten berät oder ein Künstler ein Bild malt. In solchen Fällen wird es unbezahlbar teuer, die individuelle Arbeitsleistung zu überwachen, um individualisierte Anreize schaffen zu können.

Selbst wenn es im übergeordneten Interesse einer Organisation liegt, den freien Informationsaustausch zu fördern, entspricht es häufig nicht den individuellen Interessen der Menschen innerhalb der Hierarchie, den Austausch auch wirklich zuzulassen. Information ist Macht, wie man so schön sagt, und für die verschiedenen Individuen in einer Organisation sind die Weitergabe oder das Zurückhalten von Informationen wichtige Mittel, durch die sie die eigene Macht im Verhältnis zu anderen Personen zu maximieren suchen. Wer einmal in einer hierarchischen Organisation gearbeitet hat, kennt den ständigen Kampf zwischen den Vorgesetzten und ihren Untergeordneten oder zwischen rivalisierenden Abteilungen um den Zugang zu Informationen.

Hierarchische Organisationen leiden aber nicht nur an *princi-*

pal-agent-Problemen, sondern auch an anderen Unzulänglichkeiten, die mit dem internen Informationsaustausch zu tun haben. Wir alle kennen bürokratische Verwaltungen, in denen Abteilung X nicht weiß, was Abteilung Y im nächsten Stockwerk macht. Manche Entscheidungen setzen eine Kontrolle auf höherer Ebene voraus, aber diese Kontrollfunktionen verursachen interne Transaktionskosten. In anderen Fällen wird die Zuweisung von Kontrollzuständigkeiten in den Organisationen unnötigerweise veranlaßt oder unsachgemäß oder ineffizient gehandhabt. Die Formalitäten in einer Hierarchie können auch Probleme beim Umgang mit komplexen Informationen hervorrufen. Management durch Hierarchie bedeutet gewöhnlich, daß ein System formaler Regeln und standardisierter operativer Verfahren entwickelt wird – das Wesen der Weberschen Bürokratie. Formale Regeln werden dann problematisch, wenn Entscheidungen auf der Grundlage von Informationen getroffen werden müssen, die komplex, schwer meßbar oder schwer abschätzbar sind. Auf den Arbeitsmärkten erfolgt die Abstimmung von Angebot und Nachfrage für einfache, gering qualifizierte Jobs durch Stellenausschreibungen und die Auflistung der formalen Anforderungen.[15] Wenn aber Universitäten oder Unternehmen ehrgeizige Ökonomen oder Software-Ingenieure als Mitarbeiter gewinnen wollen, übernehmen informelle Netzwerke diese Funktion, weil die erforderlichen Qualifikationen und Leistungen nach formalen Begriffen sehr viel schwerer zu bestimmen sind. Bei der Besetzung von Lehrstühlen an amerikanischen Universitäten beispielsweise werden die Entscheidungen nicht auf der Grundlage detaillierter formaler Kriterien getroffen, sondern aufgrund der sehr viel unklareren Urteile anderer Lehrstuhlinhaber über die Qualität der Arbeit des Kandidaten.

Schließlich können Hierarchien auch weniger anpassungsfähig sein. Formalisierte Kontrollsysteme sind sehr viel weniger flexibel als informelle; wenn sich die Umfeldbedingungen ändern, wird dies häufig auf den unteren Ebenen der Organisation deutlicher sichtbar als auf den höheren Ebenen. Daher kann eine Überzentralisierung in Bereichen, die durch einen rapiden Wandel der Umfeldbedingungen gekennzeichnet sind, eine besondere Belastung darstellen, beispielsweise in der informationstechnologischen Branche. Netzwerke, definiert als Gruppen mit gemeinsamen informellen Normen und Werten, sind deshalb wichtig, weil sie alternative Kanäle für den Informationsfluß durch und in eine Organisation eröffnen. Freunde beharren üblicherweise nicht auf ihren intellektuellen Eigentumsrechten, wenn sie untereinander Informationen austauschen, und erzeugen somit auch keine Transaktionskosten. Freundschaften erleichtern daher den freien Informationsaustausch innerhalb der Organisation. Freunde wenden gewöhnlich auch nicht viel Zeit für strategische Planungen auf, die es ihnen ermöglichen würden, ihre relative Machtposition im Verhältnis zueinander zu maximieren. Wenn jemand von der Marketingabteilung jemand in der Produktion kennt und diesem Kollegen beim Mittagessen von den Beschwerden der Kunden über die Qualität eines Produkts erzählt, dann wird damit die formale Hierarchie umgangen und die Information direkt an die Stelle geleitet, an der sie am schnellsten genutzt werden kann. Eine Unternehmenskultur sollte den Mitarbeiter idealerweise sowohl mit einer Gruppen- als auch mit einer individuellen Identität ausstatten und die Erreichung der Ziele der Gruppe unterstützen, wodurch dann auch der Informationsfluß in der Gesamtorganisation erleichtert wird.

Sozialkapital ist auch entscheidend für das Management hochqualifizierter Mitarbeiter, die über komplexes, diffuses, latentes oder schwer quantifizierbares Wissen verfügen oder die in entsprechende Prozesse eingebunden sind. Organisationen – von Universitäten bis hin zum Maschinenbau, von Buchprüfungsfirmen bis hin zu Architekturbüros – versuchen gewöhnlich nicht, ihr Personal durch detaillierte bürokratische Arbeitsvorschriften und standardisierte operative Verfahrensweisen zu gängeln. Die meisten Softwareentwickler wissen über ihre Arbeit sehr viel besser Bescheid als ihre Manager; nur sie können abgewogene Einschätzungen ihrer eigenen Produktivität geben. Gewöhnlich vertraut man darauf, daß solche Mitarbeiter auf der Grundlage internalisierter professioneller Standards selbständig arbeiten können. Ein Arzt wird vermutlich einem Patienten nichts antun, das nicht mit seinem Berufsethos vereinbar ist, denn er ist durch seinen Eid verpflichtet, das Interesse des Patienten über sein eigenes Interesse zu stellen. Die berufliche Ausbildung ist folglich in jeder Gesellschaft des Informationszeitalters eine Hauptquelle von Sozialkapital und stellt die Grundlage für dezentralisierte, flache Organisationen dar.

In der Tat ist das Sozialkapital für bestimmte Sektoren und gewisse komplexe Produktionsformen gerade deshalb so wichtig, weil es durch die informellen Normen möglich wird, die in großen hierarchischen Organisationen gewöhnlich auftretenden internen Transaktionskosten zu vermeiden, darüber hinaus aber auch die externen Transaktionskosten nahegelegener Markttransaktionen. Der Bedarf an einem zwar informellen, aber auf Normen basierenden Austausch wird in dem Maße wichtiger, in dem die Waren und Dienstleistungen komplexer, schwieriger einzuschätzen und differenzierter werden. Die zunehmende Bedeutung von Sozialkapital läßt sich unter anderem daran ablesen, daß man im verarbeitenden Sektor von Produktionsformen, die auf geringem Vertrauen beruhen, zu solchen übergeht, die auf hohem Vertrauensniveau ablaufen.

Von der vertrauensarmen zur vertrauensgestützten Produktion

Der Arbeitsplatz des frühen 20. Jahrhunderts, zum Beispiel in Henry Fords riesigen Fabriken, war eine hierarchische und hochgradig formalisierte Organisation. Das heißt, es herrschte eine ausgeprägte Arbeitsteilung, die durch eine zentralisierte, bürokratische Hierarchie festgelegt und überwacht wurde. Die Hierarchie wiederum legte durch eine Unzahl formaler Regeln fest, wie sich die einzelnen Mitglieder der Organisation zu verhalten hatten. Die Prinzipien des wissenschaftlichen Managements, die von dem Ingenieur und Betriebsorganisator Frederick Winslow Taylor dargelegt und von Ford umgesetzt wurden, basierten auf der impliziten Prämisse, daß es auch in bezug auf die Managementintelligenz Größenvorteile gebe und daß eine Organisation effizienter funktionieren könne, wenn ihre Intelligenz in einer eigenen Managementhierarchie gebündelt werde und nicht in der ganzen Organisation verstreut bleibe. In solchen Systemen gab es keinen Raum für Vertrauen, Sozialkapital oder informelle soziale Normen: Jedem Arbeiter wurde mitgeteilt, wo sein Platz war, wie er seine Arme und Beine zu bewegen habe und wann er eine Pause einlegen müsse; ganz allgemein wurde von ihm nicht der geringste Grad an Kreativität oder Urteilsfähigkeit erwartet. Die Arbeiter wurden durch rein individuelle Anreize motiviert, sowohl hinsichtlich der Belohnung als auch der Strafe, und waren beliebig austauschbar. Die Arbeiter reagierten auf dieses System durch ihre Gewerkschaften. Sie forderten, daß ihre Rechte formal garantiert und ihre Pflichten so eng wie möglich spezifiziert würden – und so kam es zum Aufstieg der »Job Control Unions« und zu Arbeitsverträgen mit dem Umfang von Telefonbüchern.[16]

Der Taylorismus stellte ein wirksames – und vielleicht das einzige – Instrument dar, mit dem sich die Tätigkeit der gering qualifizierten industriellen Arbeiterschaft koordinieren ließ. In den beiden ersten Jahrzehnten des 20. Jahrhunderts bestand die Arbeiterschaft bei Ford zur Hälfte aus Einwanderern der ersten Generation, die nicht Englisch sprachen, und noch in den fünfziger Jahren hatten 80 Prozent von ihnen nicht einmal High-School-Bildung.[17] Aber auch beim Taylorismus zeigten sich all die Probleme, die in großen hierarchischen Organisationen bestehen, wie langsame Entscheidungsprozesse, inflexible Regeln am Arbeitsplatz und die Unfähigkeit, sich neuen Bedingungen anzupassen.

Der Übergang von einer hierarchischen tayloristischen Organisation zu einer flachen oder Netzwerkstruktur bedeutet, daß die Koordinierungsfunktion von formalen bürokratischen Regelwerken auf informelle soziale Normen verlagert wird. Auch in einer flachen oder Netzwerkstruktur verschwindet die Autorität nicht; vielmehr wird sie auf eine Weise internalisiert, die Selbstorganisation und Selbstbestimmung ermöglicht. Eine schlanke oder »Just-in-Time«-Automobilfabrik ist ein Beispiel für eine flache Organisation in der Ära »nach Ford«. In bezug auf die formalen Entscheidungsbefugnisse werden viele Aufgaben, die bisher dem mittleren Angestellten-Management zugewiesen worden waren, nunmehr von den Arbeitern am Montageband übernommen, die in Teams arbeiten. Die Arbeiter in der Fabrik bestimmen heute die tägliche Arbeitsplanung, die einzusetzenden Maschinen und Fragen wie Arbeitsdisziplin und Qualitätskontrolle. Wie weitgehend die Entscheidungsbefugnisse bereits in die unteren Schichten der Organisation verlagert wurden, wird durch die berühmten Schalter symbolisiert, die in der Toyota-Montagefabrik in Takaoka in jeder Arbeitsstation angebracht wurden. Diese Schalter ermöglichen es jedem Arbeiter, das gesamte Montageband anzuhalten, wenn er irgendwo im Produktionsprozeß ein Problem bemerkt. Den Schalter könnte man in Anlehnung an die Spieltheorie als eine Art »Veto-Einheit« bezeichnen, die es im Prinzip jedem Gruppenmitglied ermöglicht, die Bemühungen der gesamten Gruppe zu sabotieren. Diese Art von Befugnis kann nur unter bestimmten Bedingungen delegiert werden: Die Belegschaft muß hinreichend ausgebildet sein, um Managementfunktionen zu übernehmen, die bislang vom mittleren Management wahrgenommen worden waren, und sie muß über genügend Verantwortungsbewußtsein verfügen, damit sie ihre Macht im Interesse der Gruppe und nicht ihrem eigenen einsetzt. Solche Befugnisse lassen sich nicht in Produktionsstätten delegieren, in denen die Arbeitsbeziehungen seit langem vergiftet sind. Mit anderen Worten: Die »Post-Ford«-Fabrik erfordert ein höheres Maß an Vertrauen und Sozialkapital als der tayloristische Arbeitsplatz mit seinen allumfassenden Arbeitsvorschriften.

Wie in einer Reihe von Untersuchungen gezeigt wurde,[18] konnte durch die schlanke Produktion die Produktivität in der Automobilindustrie substantiell gesteigert werden, und gleichzeitig wurde auch die Produktqualität verbessert. Der Grund dafür liegt darin, daß lokale Informationen sehr viel näher an ihrer Quelle weiterverarbeitet werden: Wenn die von einer Zulieferfirma gelieferte Tür nicht richtig paßt, hat der Arbeiter, der sie in das Chassis einhängen soll, die Befugnis und den Anreiz, dafür zu sorgen, daß das Problem beseitigt wird, statt abzuwarten, bis die Information auf dem langen Weg durch die Managementhierarchie irgendwo versickert.

Regionen und soziale Netzwerke

Es gibt noch ein weiteres Beispiel dafür, daß Sozialkapital entscheidend ist, um eine flache oder netzwerkartige Organisationsstruktur zu etablieren: die Branche der amerikanischen Informationstechnologie. Silicon Valley mag auf den ersten Blick als ein Wirtschaftsbereich erscheinen, der durch geringes Vertrauen und einen niedrigen Bestand an Sozialkapital gekennzeichnet ist, in dem Konkurrenzdenken statt Kooperation die Norm ist und sich Effizienz dann einstellt, wenn sich rationale Nutzenmaximierer mit ihren Machenschaften auf unpersönlichen Märkten so begegnen, wie es die neoklassische Ökonomie vorschreibt. Die Unternehmen sind zahlreich, klein und splitten sich ständig weiter auf; als Folge des mörderischen Wettbewerbs blühen viele auf wie Seifenblasen und verschwinden wieder. Die Beschäftigungsverhältnisse sind unsicher, lebenslange Beschäftigung und Treue gegenüber einer bestimmten Firma sind gänzlich unbekannt. Die amerikanische High-Tech-Branche ist relativ unreguliert; in Verbindung mit gut entwickelten Märkten für Risikokapital ermöglicht dies ein hohes Maß an unternehmerischem Individualismus.

Dieses Bild eines ungezügelten konkurrenzorientierten Individualismus wird aber von zahlreichen detaillierteren soziologischen Untersuchungen über die tatsächliche Beschaffenheit der technologischen Entwicklung im Valley nicht bestätigt, so beispielsweise auch nicht durch Annalee Saxenians Buch *Regional Advantage*.[19] In einer modernen Volkswirtschaft muß das Sozialkapital nicht unbedingt auf einzelne Unternehmen begrenzt oder in Praktiken wie lebenslanger Beschäftigung verkörpert sein.[20] Saxenian stellt die Leistungsfähigkeit von Silicon Valley der Route 128 in Boston gegenüber und bemerkt, ein wichtiger Grund für den Erfolg von Silicon Valley habe mit der dort gegebenen andersartigen Kultur zu tun. Saxenian stellt klar, daß unter der Oberfläche eines offenbar ungezügelten individualistischen Wettbewerbs ein breites Feld von sozialen Netzwerken bestehe, in denen Personen aus verschiedenen Unternehmen der Halbleiter- und Computerindustrien miteinander verbunden seien. Diese sozialen Netzwerke basieren auf unterschiedlichen Ursachen;

darunter gibt es auch solche, die auf einer gemeinsamen Bildung beruhen (zum Beispiel die Ausbildung als Elektronikingenieur an den Universitäten Berkeley oder Stanford) oder eine frühere gemeinsame Beschäftigung (viele Schlüsselfiguren der Halbleiterindustrie wie Robert Noyce und Andy Grove arbeiteten in den frühen Tagen der Branche bei Fairchild Semiconductor eng zusammen). Manche Netzwerke ergaben sich auch aus den Normen der Gegenkultur der Bay Area in den späten sechziger und in den siebziger Jahren.

Informelle Netzwerke sind aus mehreren Gründen für die technologische Entwicklung sehr wichtig. Ein wesentlicher Teil des Wissens ist sozusagen stillschweigend vorhanden und läßt sich nicht ohne weiteres auf eine Ware reduzieren, die auf den intellektuellen Warenmärkten gekauft und verkauft werden kann.[21] Die enorme Komplexität der grundlegenden Technologien und der systemintegrierenden Prozesse bedeutet, daß selbst die größten Unternehmen nicht in der Lage sind, technisches Wissen in hinreichendem Maße im eigenen Haus hervorzubringen. Zwar wird technologisches Wissen zwischen den Unternehmen durch Fusionen, Übernahmen, Lizenztausch und formale Partnerschaften transferiert, doch wird aus der Literatur über die technologische Entwicklung im Silicon Valley der informelle Charakter eines wesentlichen Teils der Forschungs- und Entwicklungsarbeiten deutlich. Saxenian stellt fest:

Die informelle Geselligkeit, die sich aus diesen quasifamiliären Beziehungen ergab, trug dazu bei, daß sich Praktiken wie Kollaboration und Informationsaustausch unter den lokalen Produzenten verbreiten konnten. Die Wagon-Wheel-Bar in Mountain View, eine bei den Ingenieuren populäre Schänke, die zum Austausch von Ideen und Klatsch dient, wird als Ursprungsquelle der Halbleiterindustrie bezeichnet.
Allen Berichten zufolge griffen diese informellen Gespräche um sich und dienten als wichtige Quelle für aktuelle Informationen über Konkurrenten, Kunden, Märkte und Technologien … In einer Industrie, die durch rapiden technologischen Wandel und intensiven Wettbewerb gekennzeichnet ist, können solche informellen Mitteilungen häufig wertvoller sein als konventionellere, aber selten rechtzeitig zur Verfügung stehende Austauschforen wie beispielsweise Branchenjournale.[22]

Die Autorin meint, daß sich die Besitzermentalität in Firmen der Route 128, beispielsweise bei Digital Equipment, als Belastung erweise. Letztlich sei das Unternehmen unfähig gewesen, sich zu einem selbständigen, vertikal integrierten Technologieproduzenten zu entwickeln, so daß es ihm an den informellen Verbindungen und dem nötigen Vertrauen gefehlt habe, technologische Informationen mit Konkurrenzfirmen auszutauschen.

Die folgende Bemerkung macht deutlich, daß diese Technologie-Netzwerke eine für ihre wirtschaftliche Funktion entscheidende ethische und soziale Dimension aufweisen: »Lokale Ingenieure haben erkannt, daß die Qualität des Feedback und der Informationen, die durch diese Netzwerke erlangt werden, von der Glaubwürdigkeit und Vertrauenswürdigkeit des Informationslieferanten abhängt. Diese Art von Qualität ist nur bei Personen gesichert, mit denen man sich durch gemeinsame Herkunft oder Arbeitserfahrungen verbunden fühlt.«[23] Die gemeinsamen beruflichen und persönlichen Normen stellen demzufolge eine wichtige Form von Sozialkapital dar.

Andere Autoren analysierten das Wachstum der sogenannten Gemeinschaftspraktiken in anderen Bereichen der technologischen Entwicklung.[24] Das heißt, daß einzelne Ingenieure, die an der Entwicklung einer bestimmten Technologie arbeiten, dazu neigen, auf der Grundlage gegenseitigen Respekts und Vertrauens Informationen auszutauschen. Die sich daraus ergebenden Gemeinschaften sind einzigartig; sie können auf der Grundlage gemeinsamer Bildungs- oder Beschäftigungserfahrungen beruhen, gehen aber häufig über die Grenzen einer individuellen Organisation oder eines beruflichen Spezialisierungsbereichs hinaus.

In der informationstechnologischen Branche sind diese informellen Netzwerke wahrscheinlich wichtiger als in jedem anderen Sektor. In der pharmazeutischen Industrie, in der große Umsätze auf dem Wissen über ein einziges Molekül basieren können, sind die Unternehmen verständlicherweise vorsichtiger, ihr intellektuelles Eigentum untereinander auszutauschen. Die Informationstechnologie ist demgegenüber sehr viel komplexer und umfaßt die Integration einer großen Zahl von hochgradig fortgeschrittenen Produkt- und Prozeßtechnologien. Die Wahrscheinlichkeit, daß eine einem potentiellen Konkurrenten preisgegebene einzelne Informationseinheit zu direkten Verlusten führen könnte, ist relativ gering.

Das Sozialkapital, das in Silicon Valley von solchen informellen sozialen Netzwerken erzeugt wird, ermöglicht Größenvorteile in Forschung und Entwicklung, die in großen, vertikal integrierten Firmen nicht möglich sind. Über den kooperativen Charakter japanischer Unternehmen und die Art und Weise, in der technologisches Wissen zwischen den Mitgliedern eines *keiretsu*-Netzwerks geteilt wird, ist schon viel geschrieben worden. In gewissem Sinne kann man Silicon Valley als eine einzige große Netzwerkorganisation sehen, in der Fachexpertise und spezialisierte Kompetenzen angezapft werden können, die selbst den größten vertikal integrierten japanischen Elektronikkonzernen und ihren *keiretsu*-Partnern nicht zur Verfügung stehen.[25]

Die Bedeutung des Sozialkapitals für die Entwicklung der Technologie bringt aber auch paradoxe Ergebnisse hervor. Ein solches Ergebnis ist die Tatsache, daß geographische Nähe trotz aller Globalisierung noch immer genauso wichtig wie früher oder vielleicht sogar noch wichtiger geworden ist. Michael Porter wie auch andere Beobachter merken an, daß die Unternehmen, vor allem aber Firmen im Bereich der High-Tech-Forschung und -Entwicklung, trotz aller Fortschritte in der Kommunikations- und Verkehrstechnologie noch immer sehr stark in bestimmten geographischen Gebieten konzentriert bleiben.[26] Wenn sich Informationen heute so leicht über elektronische Netzwerke austauschen lassen, warum haben sich dann die Unternehmen geographisch nicht weiter ausgebreitet? Offenbar reicht doch der unpersönliche Austausch von Daten über elektronische Netzwerke nicht aus, um jene Art von gegenseitigem Vertrauen und von Achtung zu erzeugen, die an Orten wie Silicon Valley sichtbar sind, denn dazu sind persönliche Kontakte und gegenseitiges Engagement notwendig, die sich als Folge wiederholter sozialer Interaktionen ergeben. So kann man zwar die Produktion von warenähnlichen Gütern in jene Teile der Welt auslagern, in denen die Lohnkosten niedrig sind, aber mit hochentwickelten technologischen Entwicklungen ist das sehr viel schwieriger.

Die Tatsache, daß die geographische Region wichtig bleibt, bedeutet nicht, daß die Welt wieder zu einer Art von kleinstädtischem Krämertum zurückkehrt. In einer globalen Wirtschaft müssen sogar große und technologisch hochentwickelte Regionen mitunter feststellen, daß ihnen die Größenvorteile fehlen, die nötig sind, um im weltweiten Wettbewerb bestehen zu können. Als Beispiel sei hier die Gegend um Provo im amerikanischen Bundesstaat Utah genannt, in der sich eine blühende Software-Industrie befindet, zu der auch die jetzt in Schwierigkeiten geratenden Riesen Novell und WordPerfect gehören. Auch »schwache« Bindungen bleiben weiterhin wichtig; die Netzwerke müssen sich gegenseitig überlappen, um den freien Austausch von Ideen und Innovationen zu ermöglichen. Andererseits ist es aber auch schwierig, Ideen in Wohlstand zu verwandeln, wenn der soziale Zusammenhalt fehlt, zu dem auch im Zeitalter des Internet mehr gehört als nur Datenhighways und High-Speed-Verbindungen.

13

Spontaneität und
Hierarchie

In diesem Buch haben wir viele charakteristische Beispiele geschildert, in denen soziale Normen durch rationales Ver- und Aushandeln geschaffen wurden. Dabei wurde auch deutlich, daß in den für eine Informationsgesellschaft typischen High-Tech-Jobs informelle Normen und Selbstorganisation eine entscheidende und möglicherweise sogar weiter wachsende Rolle spielen werden. Es stellt sich daher die Frage, wo die Grenzen solcher spontanen Lösungen des Ordnungsproblems im Hinblick auf kollektive Handlungsprobleme liegen. In den traditionellen Feldern von Recht und Wirtschaft gibt es viele Experten, die sich dafür aussprechen, die spontanen Ordnungslösungen durch hierarchische Ordnungen zu ersetzen. Das klassische Beispiel, das sogar recht gut funktioniert, ist das Angebot, Kredite für Umweltschutzprojekte als Alternative zu einer staatlichen Regulierung der Luftqualität zu gewähren. Dieses Konzept wollte die amerikanische Delegation ihren eher etatistisch orientierten Kollegen beim Weltklimagipfel nahebringen, der 1997 in Kyoto stattfand. Ein anderer Vorschlag lautet beispielsweise, Märkte einzurichten, auf denen menschliche Organe und Babys gehandelt werden können. Wo hört eine spontane Ordnung auf und wo etabliert sich wieder eine hierarchische?

Wo die spontane Ordnung versagt

Aus den Arbeiten von Elinor Ostrom und anderen wird deutlich, daß spontane Ordnung nur unter genau definierten Bedingungen entstehen kann und daß sie in vielen Situationen entweder nicht zustande kommt oder aber zu Situationen führt, die, vom Standpunkt der Gesamtgesellschaft betrachtet, nicht günstig sind. Ostrom nennt viele Beispiele, bei denen die Bemühungen scheiterten, Normen für die gemeinsame Nutzung von gepoolten Ressourcen zu etablieren.[1] Wenn wir uns auf die von ihr entwickelten Bedingungen für Selbstorganisation stützen, lassen sich mehrere Gründe auflisten, warum Gesellschaften nicht immer in der Lage sind, spontane Ordnungslösungen hervorzubringen.

Größe

In seinem Buch *Die Logik kollektiven Handelns* weist Mancur Olson darauf hin, daß das Problem des Trittbrettfahrens mit der Größe der Gruppe zunimmt, weil es immer schwieriger wird, das Verhalten jedes einzelnen Gruppenmitglieds zu überwachen. Die Partner einer ärztlichen Gemeinschaftspraxis oder einer Rechtsanwaltskanzlei würden es wahrscheinlich bemerken, wenn einer der Partner nicht in vollem Umfang zum Gemeinschaftserfolg beiträgt, aber in einer Fabrik mit Zehntausenden von Arbeitern ist das nicht mehr möglich. Trittbrettfahren war in der Sowjetunion und in anderen sozialistischen Ländern ein verbreitetes Problem, weil die meisten Menschen in riesigen Fabriken oder Büros beschäftigt waren und alle Löhne und Sozialleistungen in der Form öffentlicher Güter gewährt wurden. Die bereits erwähnten verschiedenen biologischen Mechanismen zur Entdeckung der Abweichler sind für Gruppengrößen optimal, wie sie in den Jäger-Sammler-Gemeinschaften typisch waren, die nicht mehr als 50 bis 100 Menschen umfaßten. In einem solchen sozialen Kreis ist Tratsch eine ideale Form der sozialen Kontrolle. Die Information, wer als verläßlich, ehrlich, faul oder ungesellig gelten kann, wird innerhalb des informellen Netzwerks bereitwillig ausgetauscht, und die Kontrollfunktion wird durch die Gruppe selbst ohne Einsatz spezifischer Agenten vorgenommen. Wächst eine Gruppe jedoch über diese Größe hinaus, bricht das System allmählich zusammen. Dann wird es immer schwieriger, bestimmte Gesichter mit bestimmten Verhaltensreputationen zu verbinden; Überwachung und Durchsetzung werden teurer und zunehmend den Gesetzen der Größenordnung unterworfen, so daß sich bestimmte Mitglieder der Gruppe auf diese Aktivitäten spezialisieren müssen. Das ist der historische Zeitpunkt, an dem Polizei, Gerichte und andere Instrumente der formalen hierarchischen Autorität ins Spiel kommen müssen. Eine breit genutzte Informationstechnologie kann uns zwar dabei unterstützen, einen größeren Kreis von Menschen mit bestimmtem Ruf zu überwachen, aber letztlich wird die für Fremde zugängliche Menge solcher Informationen durch das Verlangen eingeschränkt, die Privatsphäre zu schützen.

Grenzen

Für die Entstehung von spontanen Ordnungen ist es wichtig, daß die Gruppenmitgliedschaft klar begrenzt wird. Wenn Menschen einer Gruppe nach eigenem Gutdünken beitreten oder wieder austreten können oder wenn nicht eindeutig klar ist, wer als Mitglied gilt (und deshalb das Recht hat, die gemeinsamen Ressourcen der Gruppe zu nutzen), werden manche Menschen einen geringeren Anreiz verspüren, sich um ihren Ruf zu kümmern. Dadurch erklärt sich, warum in Wohngebieten mit einer stark fluktuierenden Bevölkerung die Kriminalitätsraten höher und der Bestand an Sozialkapital geringer sind, beispielsweise in Bezirken, die einem rapiden wirtschaftlichen Wandel unterworfen sind oder die in der Nähe von Bahnhöfen oder Busbahnhöfen liegen.[2] Da niemand mit Sicherheit weiß, wer wirklich zum Wohnbezirk gehört, ist es auch unmöglich, bestimmte Gemeinschaftsstandards einzuführen.

Wiederholte Interaktion

Axelrod zeigte, daß Rückkoppelung der Schlüssel zur Lösung des Gefangenendilemmas und der Schlüssel zur spontanen Ordnung ist. Bei vielen der von Elinor Ostrom untersuchten Gemeinden, die ihre Probleme bei der Nutzung gemeinsamer Ressourcen-pools gelöst hatten, handelte es sich um traditionelle Gemeinden, in denen es fast keine soziale Mobilität oder Kontakte mit der Außenwelt gab, beispielsweise Bergdörfer und Reisbauern- oder Fischergemeinden. Die Menschen sorgen sich nur dann um ihren Ruf, wenn sie wissen, daß sie auch in der Zukunft über einen längeren Zeitraum hinweg miteinander zu tun haben werden. In einem Zeitungsartikel wird beschrieben, daß der Ort Cancun, Mexico, als Veranstaltungsort für die Frühjahrsparties amerikanischer Collegestudenten immer populärer wird. In den Bars und Discos von Cancun ergehen sich junge Männer und Frauen in Alkoholexzessen und sexueller Promiskuität in einem Ausmaß, das sie zu Hause niemals wagen würden. Eine junge Frau drückte dies so aus: »Man läßt sich gehen, weil man genau weiß, daß man diese Leute niemals wiedersehen wird.«[3]

Der Beitrag älterer Normen zur Gemeinschaftskultur

Sollen kooperative Normen eingeführt werden, so wird oft vorausgesetzt, daß ältere Normen vorhanden sind, die von den Mitgliedern der Gruppe geteilt werden. Bei dem in Kapitel 8 beschriebenen Beispiel der Fahrgemeinschaften in Washington, D.C. konnte die praktische Kultur des »slugging« vor allem deshalb entstehen, weil den Pendlern bewußt war, daß sie alle harmlose Staatsbedienstete waren, die allen Grund hatten, einander zu vertrauen. Bei den Verhandlungen über die gemeinsame Nutzung einer Ressource gilt als Mindestvoraussetzung, daß alle Beteiligten dieselbe Sprache sprechen. Eine Kultur stellt ein gemeinsames Vokabular zur Verfügung, das nicht nur aus Wörtern besteht, sondern auch aus Gesten, Gesichtsausdruck und persönlichen Angewohnheiten, die als Absichtssignale gedeutet werden können. Die Kultur ergänzt die Biologie, indem sie den Menschen hilft, Partner und Betrüger zu unterscheiden und Verhaltensregeln zu vermitteln, die das Handeln innerhalb einer Gemeinschaft besser vorhersagbar erscheinen lassen. Die Menschen sind sehr viel eher bereit, die Bestrafung von Missetätern zu fordern, wenn sie die Regeln der eigenen Kultur verletzten, als wenn sie die Regeln einer anderen Kultur verletzten. Umgekehrt sind neue kooperative Normen sehr viel schwerer zu erzeugen, wenn dabei kulturelle Grenzen überschritten werden müssen. Wenn die Kommunikation unzureichend ist, können die Menschen Schweigen als Zeichen von Verachtung oder Unfreundlichkeit auffassen, auch wenn das gar nicht beabsichtigt war. In Extremfällen (dafür ist Bosnien-Herzegowina ein Beispiel) definieren sich kulturelle Gruppen sogar dadurch, daß sie sich gewaltsam mit anderen Gruppen auseinandersetzen.

Die Bedeutung der Kultur als Quelle von Informationen zur Lösung des Gefangenendilemmas bietet auch Begründungen, warum sich Wirtschaftsunternehmen sogar in multiethnischen Gesellschaften wie den Vereinigten Staaten so bereitwillig entlang ethnischer Linien organisieren. Die substantiellen Normen, die überall auf der Welt vorhanden sind und von den unterschiedlichsten Kulturen getragen werden, zeigen sehr große Unterschiede mit Blick auf das, was wir weiter oben mit dem Begriff Vertrauensradius bezeichnet haben.[4] Es gibt gewisse Kulturen (wie beispielsweise die Kultur im südlichen Italien), in denen die Zusammenarbeit nicht gefördert wird, weil sie auf Regeln basieren, die zum Beispiel besagen: »Vertraue nur den Mitgliedern deiner eigenen Kernfamilie und nutze andere Menschen aus, bevor sie die Chance haben, dich auszunutzen.«[5] Andererseits förderten Moralsysteme wie der Puritanismus den ehrlichen Umgang innerhalb einer breiten Gruppe von Menschen, die nicht miteinander in Beziehung standen.[6] Da kulturelle Regeln vorhanden waren, die das Vertrauen zwischen Fremden förderten, fiel es den im kolonialen Neuengland siedelnden puritanischen Gruppen in der Regel nicht schwer, kooperative Beziehungen zueinander aufzunehmen. Weit schwieriger zu verstehen ist jedoch, warum Gruppen mit geringem Vertrauen wie die Sizilianer dazu neigen, sich nach ihrer Ansiedlung in den Vereinigten Staaten ebenfalls in ethnischen Gemeinschaften zu organisieren und auf dieser ethnischen Ebene auch miteinander Geschäfte zu betreiben. Für einen Süditaliener würde es doch sehr viel mehr Sinn machen, sich mit einem vertrauensseligen Yankee-Geschäftsmann zu befassen als mit einem Mitglied der eigenen ethnischen Gemeinschaft.

Die Antwort hat natürlich viel damit zu tun, daß der Yankee-Geschäftsmann kaum bereit wäre, mit dem (in seinen Augen) wenig vertrauenswürdigen Sizilianer zu verhandeln; tatsächlich haben ethnische Vorurteile eine lange Tradition, aus der sich erklären läßt, warum ethnische Enklaven entstehen konnten. Doch selbst wenn man vom Verhalten des Yankee-Geschäftsmannes absieht, bleibt die Tatsache, daß die Süditaliener und die Amerikaner jeweils eigene kulturelle Normen innerhalb ihrer jeweiligen Gruppen teilen, wodurch sie den Vorteil haben, das Verhalten der anderen Mitglieder ihrer ethnischen Gemeinschaft besser interpretieren zu können. Das heißt, daß die relative Zahl der vertrauenswürdigen Menschen zwar unter den Yankees höher liegen mag als unter den Sizilianern, daß aber dieser Unterschied nur relativ ist. Keine Gruppe ist völlig frei von Betrügern, Lügnern oder Opportunisten. (Erinnern wir uns hier an die schon früher dargelegte Behauptung, daß jede Bevölkerung stets eine Mischung aus Engeln und Teufeln darstellt.) Der Yankee und der Sizilianer müssen jeweils in der Lage sein, die teuflischen von den ehrlichen und verläßlichen Menschen zu unterscheiden. Die jeweilige Gruppenkultur verschafft ihren Mitgliedern jedoch einen gewissen Vorsprung in bezug auf die Interpretation des Charakters anderer Menschen und stellt ihnen ein soziales Netzwerk zur Verfügung, durch das diese Information verbreitet und weiterentwickelt werden kann. Selbst wenn also ein Sizilianer im Durchschnitt mit geringerer Wahrscheinlichkeit ehrlich handeln würde als ein Yankee, so hat er doch noch immer eine bessere Chance, opportunistisches Verhalten bei seinen eigenen Landsleuten zu entdecken als bei den schweigsamen Yankees.

Macht und Recht

Ein weiterer Faktor, der die Wirksamkeit spontaner Ordnungslösungen für das Kooperationsdilemma einschränkt, betrifft die Fragen von Macht und Recht. In den informellen Gesellschaftsnormen spiegelt sich häufig die Fähigkeit einer Gruppe wider, durch ihren größeren Reichtum, ihre Macht, ihre kulturellen oder intellektuellen Fähigkeiten oder durch direkte Anwendung von Gewalt und Zwang über eine andere Gruppe zu herrschen. Ein Beispiel hierfür sind die Normen, mit denen die Sklaverei gerechtfertigt wurde. Man mag dem entgegenhalten, daß solche Normen nicht das Ergebnis eines freiwilligen Verhandlungsprozesses seien und daher auch nicht als spontan gelten könnten. Aber viele solcher Normen sind mit einem höheren Maß an Freiwilligkeit zustande gekommen, als die meisten Menschen vermuten würden. Auch im antiken Griechenland und Rom wollten die Menschen nicht Sklaven sein, waren aber dennoch von der Legitimität der Institution Sklaverei überzeugt und akzeptierten ihr Schicksal, wenn sie nach einem verlorenen Krieg versklavt wurden. Viele Frauen in traditionellen Gesellschaften akzeptieren und genießen sogar ihre den Männern untergeordnete Position. Die Norm, durch die das Patriarchat legitimiert wird, mag ursprünglich zwar erzwungen worden sein, wird aber nicht immer als Zwang empfunden.

Mit anderen Worten: Gewisse soziale Normen können als ungerecht empfunden werden, selbst wenn sie von den Gesellschaften freiwillig akzeptiert werden, in denen sie praktiziert werden. Den Sozialwissenschaften steht es nicht zu, ein Urteil darüber zu fällen, ob Normen inhärent gerecht oder ungerecht sind. Das Dilemma, dem sich die Philosophie des 20. Jahrhunderts gegenübersieht, ist die Folgerung, daß solche Urteile legitim gar nicht gefällt werden können: Die Argumentation des kulturellen Relativismus und der verschiedenen Entwicklungslinien des Postmodernismus beruhen auf der epistemologischen Grundlage, daß man kein kulturelles Alternativsystem als besser oder schlechter beurteilen dürfe als ein anderes. Auch die ausgeprägtesten Formen des Liberalismus kommen häufig zu ähnlichen Feststellungen: Es gibt keine Rechenschaftspflicht für Präferenzen, und es gibt auch keine hierarchische Autorität, die dem einzelnen eine verbindliche Auskunft darüber geben könnte, ob seine Präferenzen richtig oder falsch sind. Das gilt jedenfalls so lange, wie der einzelne bei der Verfolgung seiner Präferenzen nicht mit den

Präferenzen anderer Individuen in Konflikt gerät.[7] Hier steht uns nicht der Raum zur Verfügung, um diese Frage ausführlicher zu behandeln; es gibt jedoch eine Menge ernstzunehmender Gründe für die Behauptung, daß es sehr wohl universale Normen für das Richtige und das Falsche gebe, die unabhängig davon anwendbar seien, was Individuen oder Gemeinschaften mit entgegengesetzten Normen auch glauben mögen.[8] Wenn dies zutrifft, haben wir Anlaß genug zu behaupten, daß die von einer Gemeinschaft spontan entwickelten Normen auch falsch oder ungerecht sein können.

Das zentrale Problem betrifft die Frage, wann eine hierarchische Autorität intervenieren sollte, um ein spontan erzeugtes Ergebnis im Interesse von Gerechtigkeit oder Fairneß zu korrigieren. In historischer Sicht unterscheiden sich die Rechte und die Linke bei dieser Frage. Das Wachstum der rationalen hierarchischen Herrschaft – »big government«, wie es die Amerikaner nennen – wurde vor allem dadurch befördert, daß man bei einer Vielzahl von gesellschaftlichen Mißständen die Notwendigkeit für eine Korrektur zu erkennen glaubte – Sklaverei, die Jim-Crow-Gesetze (Rassendiskriminierungsgesetze auf einzelstaatlicher und lokaler Ebene, die eine Revision der nach dem Bürgerkrieg erreichten Reformen bewirkten; A. d. Ü.), Kinderarbeit, unregulierte oder unstabile Märkte, unsichere Arbeitsbedingungen, irreführende Werbung und so weiter. Die staatliche Autorität wurde seit der Französischen Revolution im Namen abstrakter Konzepte wie soziale Gerechtigkeit in ungeheurem Ausmaß mißbraucht. Selbst wenn man Extremfälle wie Stalins Rußland oder Maos China außer acht läßt, wird man allein auf der Basis der amerikanischen Erfahrungen im 20. Jahrhundert völlig legitim in Frage stellen können, ob die öffentliche Politik tatsächlich in der Lage ist, ihre Ziele ohne unbeabsichtigte oder kontraproduktive Folgen zu erreichen. Dennoch kann man die Notwendigkeit hierarchischer Intervention unter angemessenen Umständen nicht prinzipiell ausschließen. Von extremsten liberalen Positionen einmal abgesehen, würden vermutlich die meisten Menschen übereinstimmen, daß staatliche Interventionen häufig nötig sind, um eine Reihe von Problemen zu korrigieren, die zwar moralisch ernstzunehmen sind, bei denen aber eine spontane Korrektur nicht möglich erscheint.

Mangel an Transparenz

Einer informellen Norm, die sich durch wiederholte Interaktionen von einzelnen Personen innerhalb einer Gemeinschaft entwickelt, wird es normalerweise an Transparenz mangeln, vor allem aus der Sicht von Außenstehenden. Das kann viele unglückliche Folgen haben. Die Gemeinschaft kann ungerechte Sanktionen gegen einzelne verhängen, weil sie die Norm nicht verstehen, fälschlich beschuldigt werden oder unangemessene Strafen erleiden müssen. Die Tatsache, daß Normen in stabilen, geschlossenen Gesellschaften entstehen, bedeutet, daß man Außenstehenden mit Mißtrauen begegnet und sie weniger leicht in die Gemeinschaft integriert, als dies in einer Situation möglich wäre, in der sich die Ordnung als Produkt einer strikten, formalen Rechtsstaatlichkeit ergibt. Jeder weiß, daß es viel einfacher ist, in eine große, anonyme Stadt zu ziehen als in eine Kleinstadt, in der jeder jeden kennt. Die Kleinstadt mag zwar freundlicher erscheinen, ist aber auch von einer Menge ungeschriebener Regeln und Normen durchdrungen, und es kann Jahre dauern, bis ein Außenstehender sie begriffen hat.

Der Mangel an Transparenz der informellen Normen trägt dazu bei zu verhüllen, daß sie in unfreiwilligen Machtbeziehungen wurzelten. Ist die Unterwürfigkeit, mit der die Angehörigen der unteren Gesellschaftsschichten den Mitgliedern höherer Schichten begegnen, das Ergebnis einer freiwilligen Vereinbarung oder ein besonders langlebiges Artefakt einer früheren Gewaltherrschaft, die von den oberen über die unteren Schichten ausgeübt wurde? Der Film *Was vom Tage übrig blieb* (der auf dem Roman *The Remains of the Day* von Kazuo Ishiguro beruht) zeigt einen englischen Butler, dargestellt von Anthony Hopkins, der sein Leben in den Dienst eines Herrn gestellt hat, der sich am Ende nicht nur als Dummkopf, sondern auch als Sympathisant der Nazis entpuppt. Das Leben des Butlers erhielt seine Bedeutung dadurch, daß er sich dem Dienst an seinem Herrn verpflichtet fühlte. Die schmerzliche Intensität der Geschichte liegt darin, daß der Butler schließlich erkennen muß, daß er sein Leben im Grunde verschwendet hat. Da die Ursprünge der meisten informellen Normen im Dunst des Zeitenlaufs verborgen liegen, wissen wir häufig sehr wenig über die Interessen, die bei ihrer Einführung und fortdauernden Existenz verfolgt oder nicht verfolgt wurden.

Die Beständigkeit schlechter Wahlmöglichkeiten

Selbst wenn ungerechte, ineffiziente oder kontraproduktive Normen entstehen, könnte man annehmen, daß sie wieder spontan verschwinden, und zwar genau deshalb, weil sie nicht den Interessen der Gemeinschaften dienen, von denen sie praktiziert werden. Die rechts- und wirtschaftswissenschaftliche Literatur geht häufig explizit davon aus, daß alles, was überlebt, in irgendeiner Weise fit sein müsse und daß sich deshalb im Laufe der Zeit eine »Evolution in Richtung Effizienz« ergebe. Das heißt, daß Unternehmen miteinander konkurrieren und die schwächeren bankrott gehen; in einer Gesellschaft konkurrieren Gesetze und Institutionen, wobei die nicht anpassungsfähigen ausgemerzt werden; Gesellschaften konkurrieren miteinander, wobei die Auswahl auf der Grundlage überlegener Leistungsfähigkeit erfolgt.[9]

Doch bösartige, ineffiziente oder kontraproduktive Normen können in einem sozialen System aufgrund des Einflusses von Tradition, Sozialisation und Ritual über Generationen hinweg bestehen bleiben. *Path dependence* lautet ein gängiges Modewort, das die Abhängigkeit heutiger sozialer Beziehungen von Geschichte oder Tradition bezeichnen soll. Diese Metapher soll einen Weg beschreiben, in dessen Windungen und Biegungen sich die Probleme und Handlungsgrenzen derjenigen spiegeln, die den Weg anlegten, beispielsweise eine Furt durch den Fluß oder das Auftauchen gefährlicher Wölfe im Wald. Würde der Weg zu einem späteren Zeitpunkt angelegt, so wäre sein Verlauf aufgrund verbesserter Wegebautechniken oder der Rodung des Waldes vermutlich geradliniger. Aufgrund der zu einem früheren Zeitpunkt für den Bau des Wegs getätigten Investitionen ist es jedoch kostengünstiger, den alten Weg weiter zu benutzen.[10] Ähnliches gilt für die Institutionen in menschlichen Gesellschaften. So würde man beispielsweise das Wahlmännerkollegium, das letztlich den Präsidenten der Vereinigten Staaten wählt, heute nicht mehr in die Verfassung aufnehmen, wenn sie heute völlig neu erarbeitet würde, aber niemand macht sich die Mühe, diese Einrichtung abzuschaffen.

Traditionen sind für das Verständnis von Normen entscheidend, weil Menschen häufig auf der Grundlage von Gewohnheiten und nicht von etwas handeln, das auch nur entfernt einer rationalen Wahl gleicht. Selbst wenn soziale Normen ursprünglich durch rationales Aushandeln oder bewußte Wahl geschaffen wurden, werden sie durch einen Sozialisationsprozeß an die folgenden Generationen weitergegeben, der eine Gewöhnung an bestimmte Verhaltensmuster darstellt. Und da viele soziale Normen langfristige über kurzfristige Interessen oder Gruppen- über Einzelinteressen stellen, erscheinen sie den Menschen, die sie befolgen sollen, häufig unbequem und lästig. Aristoteles weist in der *Ethik* darauf hin, daß moralische Tugend im Gegensatz zu intellektueller Tugend durch Gewohnheit und Wiederholung erlernt werde, so daß ursprünglich unangenehme Aktivitäten schließlich entweder angenehm oder jedenfalls weniger unangenehm würden. Moralische Bildung ist nicht eine kognitive Übung, bei der den Menschen klargemacht wird, daß ihr Eigeninteresse eigentlich bereits in einer Norm verkörpert sei. Sie ist vielmehr eine Art von Habitualisierung, bei der die Einzelpräferenzen so gestaltet werden, daß sie tugendhaftes Verhalten befördern. Das bedeutet natürlich, daß eine soziale Gewohnheit, wenn sie erst einmal erlernt wurde, nicht annähernd so leicht verändert werden kann, wie dies bei einem Gedanken oder einer Überzeugung durch eine einfache Information möglich ist.

Sozialisation wird durch Ritualisierung verstärkt. Rituale dienen dazu, Individuen an Gemeinschaften zu binden, indem sie Verhaltensmodi hervorbringen, die über Generationen hinweg

vermittelt werden. Aus dem Blickwinkel der rationalen Wahlentscheidung erscheinen die meisten Rituale willkürlich und zweck-
los, doch kann es sein, daß sie in hohem Maße von Emotionen
getragen werden. Werden sie unterbrochen, so wird die Integrität der ihnen zugrundeliegenden Gemeinschaft in Frage gestellt;
die Unterbrechung stößt deshalb auf schärfsten Widerstand. Die
britische Monarchie ist im Hinblick auf die dem heutigen britischen Gemeinwesen zugrundeliegenden demokratischen Prinzipien absolut sinnlos. Sie hat sogar den gegenteiligen Effekt, daß
sie die Klassenstruktur der britischen Gesellschaft verstärkt und
Blutsverwandtschaft höher bewertet als Leistung. Vermutlich
würde die Monarchie morgen schon abgeschafft, wenn es die mit
ihr zusammenhängenden Rituale und die in sie investierte Emo-
tionalität nicht gäbe.

Der Einfluß ursprünglich schlechter Wahlentscheidungen wird
durch ein Phänomen noch weiter verstärkt, das man in Anlehnung an die Ökonomie als steigenden Gewinn bezeichnen
könnte. Besitzt man etwas, so wird das unter den richtigen Bedingungen dazu führen, daß noch mehr davon erzeugt wird, vergleichbar mit dem Verstärkereffekt. Ein Beispiel hierfür ist der
Schwanz eines Pfaus. Seit Darwin nehmen die Evolutionsbiologen an, daß der Pfauenschwanz das Ergebnis einer sexuellen
Selektion sei; das bedeutet, daß die Männchen und Weibchen mit
ihren jeweiligen Geschlechtsgenossen in einer endlosen Interaktion bei der Wahl des besten Partners konkurrieren. Biologen
stellen die Theorie auf, daß sich der Schwanz des Pfaus möglicherweise aufgrund eines Zufalls entwickelt habe. Aus unbekann-
ten Gründen begannen manche Weibchen, Männchen mit farbig
leuchtenden Schwänzen zu bevorzugen. Dadurch entstand eine
Situation des steigenden Gewinns: Weil manche Weibchen nur
Männchen mit leuchtenden Schwänzen haben wollten, begannen
auch die übrigen Weibchen, nur noch solche Männchen auszusu-
chen, weil dann auch ihre Jungen leichter Partner finden würden.
Je mehr Weibchen diese Männchen bevorzugten, desto größer
war der Anreiz für spätere Weibchen, sich ebenso zu verhalten,
womit sich die Interaktion verselbständigte.

Das gilt auch für die Institutionen in menschlichen Gesellschaften: Viele bestehen nicht deshalb weiter, weil sie effizient oder ihrer Umgebung gut angepaßt sind, sondern nur, weil sie in früheren Entwicklungsstadien als einzige von verschiedenen Alternativen übriggeblieben sind. Im Laufe der Zeit können sehr kleine und recht willkürliche Unterschiede zu großen Unterschieden werden. Als Beispiel für den steigenden Gewinn, der zur Festschreibung einer frühen Wahlentscheidung führt, nennen Ökonomen die Bevorzugung der DOS- und Windows-Betriebssysteme von Microsoft gegenüber den Konkurrenzsystemen CP/M oder OS2. Das Microsoft-System war seinen Konkurrenten technisch nicht überlegen, aber als es erst einmal weit verbreitet war, bot es auch anderen Nutzern einen Anreiz, weil sie damit weitere Anwendungen benutzen und austauschen konnten.[11]

All diese Faktoren stellen Gründe dafür dar, warum Gemeinschaften zunächst gar nicht in der Lage sind, kooperative Normen zu erzeugen, warum solche Normen auch nach ihrer Einführung ungerecht erscheinen mögen und warum sich ungerechte oder kontraproduktive Normen so lange erhalten können. Das bedeutet, daß eine spontane Ordnung in einer Gesellschaft niemals die Gesamtordnung sein kann, vielmehr muß sie durch eine rationale hierarchische Autorität in der Gestalt von Staat und formalem Gesetz ergänzt werden. Die sozialen Normen, durch die die Sklaverei im Süden der Vereinigten Staaten vor dem Bürgerkrieg legitimiert wurde, konnten durch spontane, evolutionäre Mittel nicht berichtigt werden – zumindest nicht in einem zeitlichen Rahmen, den man als moralisch vertretbar empfunden hätte –, sondern mußte endgültig durch das Schwert entschieden und einem unwilligen Bevölkerungsteil in hochgradig autoritärer Weise aufgezwungen werden. Eine staatliche Autorität in der Form von formalen Gesetzen wird, wie selbst Hayek betont, als Ergänzung und Korrektiv für die erweiterte Ordnung des menschlichen Zusammenwirkens immer nötig sein.[12]

Das Netzwerk ist die heutige Version spontaner Organisation in Körperschaften. Visionäre wie Manuel Castells, der Autor des Buches *The Rise of the Network Society,* glauben, daß wir am Beginn eines breiten Verlagerungsprozesses von der autoritären Hierarchie zu Netzwerk- und anderen radikal demokratisierten Machtstrukturen stehen. Aus verständlichen Gründen erscheint die Vision einer korporatistischen Welt sehr attraktiv, in der die Entscheidungen zwischen Gleichgestellten und auf freiwilliger und egalitärer Basis getroffen werden. Sie entspricht jenen radikal-liberalistischen Utopien, nach denen die Macht des Staates vollständig der Kontrolle durch eine freiwillige Gemeinschaft und den internalisierten Zwängen unterworfen sein sollte. Mit diesem egalitären Impuls läßt sich auch erklären, warum biologische Metaphern in der Debatte über die Organisationsstruktur so außerordentlich populär sind. Dementsprechend gilt die mechanische, Newtonsche, von oben nach unten ausgeübte Kontrolle als schlechte und die von unten nach oben wirkende, organische Selbstorganisation als gute Ordnung.

Wir können zwar behaupten, daß Netzwerke in der technologischen Welt der Zukunft immer wichtiger werden, müssen aber zugleich eingestehen, daß es mindestens drei Gründe gibt, warum die Hierarchie auch in der absehbaren Zukunft ein notwendiger Bestandteil der Organisation bleiben wird. Erstens können wir die Existenz von Netzwerken und das ihnen zugrundeliegende Sozialkapital nicht als selbstverständlich voraussetzen; wo es keine Netzwerke gibt, kann die Hierarchie die einzig mögliche Form der Organisation sein. Zweitens ist die Hierarchie häufig für die Funktionsfähigkeit von Organisationen zur Erreichung ihrer Ziele notwendig. Und drittens zeigen Menschen eine natürliche *Vorliebe,* sich hierarchisch zu organisieren.

Netzwerke sind, wie wir gesehen haben, einfach eine Form des Sozialkapitals, in der die einzelnen zusätzlich zu ihren ökonomischen Bindungen auch durch gemeinsame Normen und Werte miteinander in Beziehung stehen. Bis zu einem bestimmten Grad können auch Unternehmen Sozialkapital erzeugen, indem sie ihre Mitarbeiter für gewisse gemeinsame Werte sozialisieren. Aber das ist häufig ein langer und teurer Prozeß, und ein Unternehmen kann ohnehin nicht die sozialen Beziehungen herstellen, durch die sich seine Mitarbeiter mit den Mitarbeitern anderer Unternehmen verbinden lassen. Um das zu erreichen, müssen sie sich auf das Sozialkapital stützen, das im gesamtgesellschaftlichen Umfeld besteht – sofern es überhaupt vorhanden ist. Selbstorganisierende Netzwerke treten vor allem dann auf, wenn die Mitglieder der Gesamtgesellschaft auch über andere starke kommunale Institutionen verfügen und nicht durch Klasse, ethnische, religiöse oder Rassenzugehörigkeit oder sonstige gesellschaftliche Bruchlinien voneinander getrennt werden.

Ein Beispiel zeigt sich in der Autoindustrie. Als japanische Autofirmen wie Toyota und Nissan in Nordamerika Fabriken aufzubauen begannen, um der politischen Opposition gegen die Autoimporte zu begegnen, hielten sie sich generell von Regionen wie Michigan und anderen autoproduzierenden US-Staaten fern, die auf eine Tradition gewerkschaftlicher Militanz zurückblicken konnten. Dabei spielten die hohen Lohnkosten, die dort von den Gewerkschaften ausgehandelt worden waren, eine weit geringere Rolle als die Überlegung, daß amerikanische Gemeinden mit einer langen gewerkschaftlichen Tradition einer sehr stark auf Vertrauen beruhenden Managementstruktur weniger aufgeschlossen gegenüberstehen würden. Eine solche vertrauensgestützte Managementstruktur stellt jedoch eine der Grundlagen der schlanken Produktionsweise dar. Fabriken mit schlanker Produktion erfordern nicht nur größere Flexibilität im Hinblick auf die Arbeitsregeln, sondern auch eine Zwei-Wege-Kommunikation zwischen den Arbeitern und Managern sowie das Bewußtsein der Beschäftigten, Teil eines gemeinsamen Unternehmens zu sein. Deshalb wurden die japanischen Fabriken schließlich in Gegenden wie dem ländlichen Ohio, in Kentucky und Tennessee erbaut. Dort standen die Gemeinden den Gewerkschaften weniger aufgeschlossen gegenüber und wiesen außerdem jenen Kleinstadtcharakter auf, der auch in Japan sehr verbreitet ist. Ich weiß nicht, ob jemals ein Unternehmen mit schlanker Produktionsweise die Gründung einer Fabrik in Sizilien oder anderen Teilen

Italiens mit geringem Vertrauensniveau in Betracht gezogen hat, aber es gibt gute Gründe für die Annahme, daß dies keine sehr kluge Investitionsentscheidung wäre. Selbstorganisation findet eben nicht überall statt.

Amerikanische Autohersteller, die das Sozialkapital nutzen wollten, mußten zunächst beträchtliche Investitionen tätigen, um es zu erzeugen, denn sie hatten bei ihren Standortentscheidungen in Nordamerika sehr viel weniger Freiheit als ihre japanischen Konkurrenten. Ford hat in den siebziger Jahren eine ernsthafte Krise erlebt und ein *Downsizing*-Programm durchgeführt; in den achtziger Jahren führte das Unternehmen sehr schnell effizientere schlanke Produktionsverfahren ein. Ford hatte begriffen, daß der Konzern an den Gewerkschaften nicht vorbeikommen würde; man beschloß, sie einzubeziehen, indem man ein langfristiges Programm zum Aufbau einer Vertrauensbeziehung mit den Mitarbeitern einleitete. Ford beauftragte einen seiner Vizepräsidenten, eng mit dem Führer der Gewerkschaft United Auto Workers (UAW) zusammenzuarbeiten, und führte die allgemeine Regel ein, daß mit Zulieferfirmen nicht zusammengearbeitet werden dürfe, die den Gewerkschaften restriktiv begegneten. 1997 weigerte sich Ford, Bauteile von Johnson Controls zu kaufen, da bei diesem Zulieferer damals ein scharfer Konflikt mit der UAW bis hin zu Streik und Aussperrung stattfand.[13] Diese Haltung verärgerte zwar Johnson Controls, aber die Strategie erwies sich später als richtig, da sie bei Ford zu friedlichen Arbeitsbeziehungen beitrug, so daß das Unternehmen in der Lage war, die schlanke Produktion reibungslos einzuführen.

Im Gegensatz dazu führte General Motors seine Strategie gegenüber den Zulieferfirmen nach dem Prinzip der *Just-in-Time*-Zulieferung durch, ohne zu begreifen, daß die richtige Durchführung der Strategie vom Sozialkapital abhing. Das Unternehmen bemühte sich kaum, das Vertrauen der UAW zu gewinnen, und die Zuständigkeit für die Beziehungen zwischen Unternehmen und Arbeitnehmern wurde einem Manager zugewiesen, der in der Unternehmenshierarchie ziemlich weit unten stand. Die Einhaltung der Lieferpläne der *Just-in-Time*-Strategie ist entscheidend von Vertrauen und Zusammenarbeit abhängig;

wenn ein Teil nicht zum zugesagten Zeitpunkt geliefert werden kann, kommt es im gesamten System zu Verzögerungen. In den Jahren 1996 und 1998 war GM mit zwei teuren Streiks konfrontiert, die von örtlichen Funktionären der UAW ausgelöst wurden und sich schnell über die gesamten GM-Betriebe in Nordamerika ausbreiteten. Der Streik von 1998 verursachte einen Rückgang des Konzerngewinns um 1,6 Milliarden Dollar.

Die japanischen Konzerne nutzten also das vorhandene Sozialkapital in den amerikanischen Gemeinden, in die sie ihre Betriebe verlagerten. Ford investierte große Beträge, um dort Sozialkapital zu schaffen, wo ursprünglich zuwenig vorhanden gewesen war. General Motors jedoch begriff zunächst nicht, welche Bedeutung das Sozialkapital hatte, und mußte dafür teuer bezahlen.

Fehlt es an Sozialkapital, ist eine hierarchische Organisationsstruktur durchaus sinnvoll und kann in der Tat die *einzige* Möglichkeit sein, eine durch mangelndes Vertrauen gekennzeichnete Gesellschaft zu organisieren. Der klassische Taylorismus setzt überhaupt kein Vertrauen zwischen Arbeitern und Managern voraus. Er setzt nur voraus, daß sich die Arbeiter am unteren Ende der Hierarchie an die formalen Regeln halten. Die Arbeiter werden dabei einfach durch Zuckerbrot und Peitsche motiviert; Taylor war ein großer Befürworter des Stücklohnsystems zur Steigerung des Produktionsausstoßes. In einem solchen System gibt es keinen Grund, warum die Arbeitnehmer die Ziele der Organisation internalisieren oder ihre Bosse als Bestandteil einer erweiterten Familie betrachten sollten. Auf diesem niedrigen Niveau an Fähigkeiten und Bildung stellt die hierarchische Zentralisierung sicher, daß die Arbeiter nicht eigenständig denken müssen. Der Taylorismus wurde von den sowjetischen Managern während der überstürzten Industrialisierung der Sowjetunion in den dreißiger und vierziger Jahren sehr effektiv angewandt, als man die Bauern von ihren Feldern holte und in riesige Industriebetriebe zwängte. Damals hatte man keine andere Wahl: Die Erfahrungen des Stalinismus und des Terrors atomisierten die sowjetische Gesellschaft; die Bindungen zwischen den Menschen waren zerschnitten, und alle Ausprägungen von sozialem Vertrauen waren zerstört.

Mit der Zunahme der Anforderungen an Bildung und beruf-liche Kompetenz in heutigen Volkswirtschaften wie der ameri-kanischen wird die Zahl der Sektoren weiter abnehmen, die eine tayloristische Organisationsstruktur voraussetzen. Allerdings wird es auch weiterhin schwierig sein, einen bestimmten Teil der Arbeiterschaft auszubilden. Die zahlreichen sozialen, ethnischen, klassenspezifischen, geschlechtsspezifischen oder rassenbedingten Bruchlinien in der amerikanischen Gesellschaft verhindern, daß sich gemeinsame Normen verbreiten können, die unter gut ausgebildeten Arbeitnehmern die Basis des Sozialkapitals darstellen. Aufgrund dieser Tatsache wird die hierarchische Organisation auch weiterhin ein wichtiges Instrument der Koordination bleiben.

Es gibt aber noch einen weiteren Grund dafür, daß die hierarchische Organisation nicht so schnell verschwinden wird. Dabei geht es nicht nur um die gering qualifizierten Arbeitskräfte in niedergehenden Industriezweigen, sondern sogar um die fortschrittlichsten High-Tech-Unternehmen. In vielen Situationen ist nämlich eine hierarchische Kontrolle wirksamer als ein dezentralisiertes Management. Ein Netzwerk kann zwar innovativer sein, wenn mehr Menschen risikobereit sind und erkennen können, welche Produkte Erfolg haben werden, aber es gibt doch auch Zeiten, in denen die Entscheidungskraft einer zentralisierten Hierarchie absolut entscheidend sein kann.

Betrachten wir eine Aktivität wie die Invasion der Normandie im Juni 1944. Das alliierte Oberkommando mußte, um Geheimhaltung und Überraschungseffekt zu sichern, strenge Kontrollen über alle Truppenbewegungen und Informationen ausüben. Und um sicherzustellen, daß die richtigen Truppen zum richtigen Zeitpunkt am richtigen Strandabschnitt landeten, mußte eine diktatorische Kontrolle über die Verteilung der Ressourcen errichtet werden. Zentralisierte Organisationen können sehr viel schneller als Netzwerke agieren, da die Entscheidungsfindung in Netzwerken auf Konsens beruht und somit behindert wird. Nehmen wir an, die Deutschen hätten von den alliierten Invasionsplänen für den 4. Juni Wind bekommen und damit begonnen, Truppen in die Normandie zu verlegen. Wenn Sie Eisenhower gewesen wären, hätten Sie es dann vorgezogen, daß die alliierten Armeen zu diesem Zeitpunkt von einer Hierarchie oder von einem Netzwerk geführt wurden? In einem Experiment zu den Entscheidungsprozessen in einem Netzwerk gab man einer Gruppe von Leuten die Aufgabe, ein virtuelles Flugzeug durch ein abstimmungsähnliches Verfahren zu steuern und so zu entscheiden, ob das Flugzeug steigen, sinken oder nach links oder rechts fliegen sollte.[14] Das Experiment zeigte, daß die Gruppe nach einem gewissen Lernprozeß durchaus in der Lage war, das Flugzeug erfolgreich zu steuern, obwohl kein einzelner allein Kontrolle ausübte. Es war ein eindrucksvoller Beweis für die Koordinationsfähigkeit von Netzwerken, aber meines Erachtens würden die meisten Menschen in einer Boing 747 ihr Leben doch lieber einem einzigen kompetenten Flugkapitän anvertrauen.

Netzwerkkoordination kann auch außerordentlich riskant sein. Einer der größten Vorteile von Netzwerken besteht darin, daß viele einzelne Personen oder Untergruppen, die sich nahe an den lokalen Wissensquellen befinden, ständig zu Innovationen, Experimenten und Risiko bereit sind. Doch dieser Vorteil kann zu einer gewaltigen Belastung werden, wenn ein Unternehmen einem einzelnen nachgeordneten Mitarbeiter die Befugnis anvertraut, »die Firma aufs Spiel zu setzen«. Genau das passierte aber, als das angesehene britische Investmentunternehmen Barings einem 29jährigen Devisenhändler in Singapur namens Nicholas Leeson gestattete, so große Teile des Unternehmenskapitals aufs Spiel zu setzen, daß er ganz allein das 234 Jahre alte Unternehmen unterminieren konnte. Firmen, die im Gegensatz zu Barings schlechte Entscheidungen ihrer nachrangigen Mitarbeiter überlebten, führen gewöhnlich sehr schnell wieder neue Ebenen der hierarchischen Kontrolle ihrer Mitarbeiter ein, um ähnliche Katastrophen in der Zukunft zu verhindern.

Tatsächlich wirkt die Woge von Dezentralisierung, flachen Organisationsstrukturen und Netzwerken, die in den neunziger Jahren durch die amerikanischen Managementkreise rollte, manchmal wie der naive Versuch, das Rad neu zu erfinden. Auch hochgradig dezentralisierte Unternehmen, in denen den unteren Mitarbeiterebenen Kompetenzen zugewiesen wurden, sind gescheitert. Ein Beispiel hierfür bietet die riesige Handelskette Sears, in der unter der Führung von General Robert E. Wood während der dreißiger und vierziger Jahre beträchtliche Befugnisse auf die regionalen Vizepräsidenten und örtlichen Kaufhausmanager übertragen wurden. Die Logik war damals nicht anders als heute: Ein Kaufhausmanager in Tallahassee würde viel besser als ein leitender Manager im Sears Tower in Chicago beurteilen können, welche Waren auf dem örtlichen Markt verkauft werden sollten. Dabei ergab sich jedoch das Problem, daß die verschiedenen örtlichen Manager ihre eigenen Vorstellungen zu entwickeln begannen, die oft nicht mit denen des Gesamtunternehmens übereinstimmten. Das geschah beispielsweise in den siebziger Jahren, als bestimmte Manager im Bereich Autoreparaturen den Ruf des Unternehmens Sears für ehrlichen und zuverlässigen Service aufs Spiel setzten und windige Lockpreis-Angebote machten.[15]

In dezentralisierten Organisationen zeigt sich die Dysfunktionalität häufig auch in der Form des »Tribalismus«, bei dem das Interesse eines Abteilungschefs darauf gerichtet ist, eine andere Abteilung und nicht einen externen Konkurrenten zu schlagen. Etwas Ähnliches geschah bei der Ford Motor Company in den fünfziger Jahren, als ein Streit zwischen zwei Fraktionen innerhalb des Unternehmens ausbrach, bei dem es um die Vermarktung des Ford Continental Mark II ging. Die eine Seite wollte Familien mit hohem Einkommen in die Verkaufsstellen locken, um auf diese Weise die gesamte Modellpalette besser verkaufen zu können; die andere Seite blockierte die Entwicklung eines viertürigen Modells aus Kostengründen und unterminierte damit die gesamte Verkaufsstrategie.[16]

Fehlt es an formalen Kontrollen durch das Management, kann ein Unternehmen rücksichtslose Mitarbeiter daran hindern, dem Gesamtunternehmen Schaden zuzufügen, wenn es sie dazu bringt, einen akzeptablen Verhaltenskodex zu internalisieren. Mit anderen Worten: Nur das Sozialkapital kann diese Probleme in Organisationen mit hochgradig dezentralisierter Autorität unter Kontrolle halten. Das kann und wird gewöhnlich durch Training erreicht oder durch das Ausfiltern von Bewerbern nach charakterlichen Eigenschaften, aber solche Investitionen in das Sozialkapital sind häufig teuer. Außerdem ist der Tribalismus, von dem dezentralisierte Unternehmen betroffen sein können, typischerweise nicht die Folge von Unehrlichkeit oder schlechter Ausbildung, sondern einer übertrieben ehrgeizigen Verfolgung der Ziele einer nachgeordneten Einheit auf Kosten der Gesamtorganisation. Informelle Normen, die das Verhalten in einer dezentralisierten Organisation kontrollieren, können tatsächlich zu einer optimalen Balance zwischen Flexibilität und Risiko führen, aber sie sind keine Garantie dafür, daß diese beiden Ziele erreicht werden. Steigen die Risiken weiter an, wird formale Kontrolle notwendig.

Paradoxerweise ist jedoch eine hierarchische Organisationsstruktur – mit allgemeinen Begriffen wie »Führung« und »Charisma« – häufig notwendig, um gerade jenes Sozialkapital schaffen zu können, das für das Funktionieren von flachen Organisationen oder Netzwerken benötigt wird. Diese Begriffe sind Soziologen und Politikwissenschaftlern vertraut, den Wirtschaftswissenschaftlern jedoch nicht. In der umfangreichen Literatur über Organisation und Bürokratie wurde nicht nur stets auf die formalen und informellen Strukturen von Organisationen hingewiesen, sondern auch auf die Bedeutung, die informelle Strukturen für das Funktionieren der formalen Strukturen haben. Häufig wird der informelle Ethos, von dem sich eine bestimmte Organisation leiten läßt, durch Vorbilder vermittelt. Wie im politischen Leben gelingt es großen Unternehmensführern, andere Menschen durch ihre Persönlichkeit und ihre Vorbildfunktion zu bestimmten Verhaltensweisen zu veranlassen. Der Managementexperte Edgar Schein führt viele kleine Beispiele an, wie solche Persönlichkeiten die Unternehmenskultur gestalten, etwa dadurch, daß sie von ihren Vorstandsetagen herabsteigen und im Betrieb umhergehen, gemeinsam mit den Arbeitern gefährliche Arbeiten verrichten oder die Arbeiter direkt ansprechen und damit die Unternehmenshierarchie umgehen.[17] Die effektivsten staatlichen Behörden, beispielsweise der U.S. Forest Service und das Federal Bureau of Investigation unter J. Edgar Hoover, entwickelten informelle Kulturen, die nicht selten geradezu übermäßig durch die Persönlichkeit ihrer Führer geformt wurden.[18] Netzwerke sind per definitionem führungslos; Vorbilder und Normen müssen von unten her wie Blasen im Wasserglas aufsteigen. Sind die Normen, aus denen Sozialkapital entsteht, gar nicht vorhanden, wird es für eine solche Organisation sehr viel schwieriger sein, sie intern hervorzubringen, als für eine Organisation, die unter einem starken Führer hierarchisch strukturiert ist.

Homo hierarchicus

Es gibt noch einen letzten Grund, warum die Hierarchie in der nächsten Zukunft nicht aus den modernen Organisationen verschwinden wird: Menschen neigen *von Natur* aus dazu, sich hierarchisch zu organisieren. Um es präziser auszudrücken: Menschen, die an der Spitze von Hierarchien stehen, gewinnen aus der Anerkennung ihrer Position häufig größere Befriedigung als aus monetären oder materiellen Reichtümern. Wer am unteren Ende der Hierarchie steht, empfindet seine Position als weit weniger befriedigend, hat aber in der Regel keine andere Wahl. Auf jeden Fall sind in moderne Gesellschaften so viele Hierarchien eingebaut, daß die meisten Menschen in irgendeiner Organisation in eine mittlere bis obere Position aufsteigen können. Wie auch immer: Die Menschen stehen nicht der Hierarchie als solcher ablehnend gegenüber, sondern nur jenen Hierarchien, in denen sie am unteren Ende bleiben. Die meisten der radikalen »Gleichmacher«, die die Macht erobern konnten, wie die französischen, bolschewistischen oder kommunistischen Revolutionäre, schafften es in kürzester Zeit, andersartige, aber keineswegs weniger hierarchische Strukturen zu entwickeln, nur stand dann eben der Generalsekretär einer Partei und nicht ein König oder Konzernherr an der Spitze. Heute neigen wir nicht mehr dazu, Status auf der Grundlage von Blutsverwandtschaft zu verleihen; es wäre recht absurd, wenn man einen Neurochirurgen aufgrund der Tatsache auswählen würde, daß er einen Neurochirurgen zum Großvater hatte. Aber auch die Hierarchie von Talent und Fähigkeit ist nach Ebenen strukturiert: Sicherlich würde niemand auf die Idee kommen, den Neurochirurgen zusammen mit dem Hausmeister des Krankenhauses einer gemeinsamen Kategorie »Arbeiter im

Gesundheitswesen« zuzuordnen – schon gar nicht der Neurochirurg selbst.

In weiten Bereichen der Tierwelt herrscht ein Konkurrenzkampf um hierarchische Statuspositionen, vor allem bei unseren engsten Verwandten, den Primaten. In der Tierwelt ergeben sich die meisten Hierarchien als Ergebnis der sexuellen Selektion, also aus einem Prozeß, in dem die männlichen Tiere miteinander um den Zugang zu den weiblichen Tieren konkurrieren. Die männlichen Schimpansen befinden sich in einem ständigen Konkurrenzkampf um den Status eines Alphamännchens, ein Trieb, der tief in ihrem neurologischen System verwurzelt ist. Schimpansen erfahren einen »Hormonschub«, wenn sie die Vorherrschaft in einer Hierarchie erringen.[19] Tatsächlich gelang es Forschern sogar, die Dominanz verschiedener Affen in einer Hierarchie zu steigern oder zu verringern, indem sie den Serotoninbestand in ihren Gehirnen manipulierten.[20] Die Wirkung des Antidepressivums Prozac beispielsweise beruht darauf, daß es die Empfindlichkeit des Gehirns für Serotonin verändert.

Auch bei den Menschen ist das Streben nach Status in das emotionale System eingebaut. Das Verlangen nach Anerkennung – des eigenen Status und des Status der eigenen Güter, des eigenen Landes, der ethnischen Abstammung, der Nationalität, der Gedanken und so weiter – ist eine zentrale Antriebskraft im politischen Leben.[21] Das Gefühl des Stolzes stellt sich ein, wenn man in einer angemessenen Statusposition anerkannt wird; Verärgerung ergibt sich aus unzureichender Anerkennung. Diese Emotionen sind inhärent sozial: Wenn man sich über den Mangel an Anerkennung ärgert, verlangt man nicht nach materiellen Objekten, sondern nach Beweisen für einen bestimmten geistigen Zustand – eben Anerkennung – durch ein anderes subjektives Bewußtsein. Nicht selten führt die Verärgerung dazu, daß Menschen Dinge tun, die eindeutig nicht in ihrem materiellen Eigeninteresse liegen, beispielsweise indem sie Kriege um die Anerkennung nationaler oder religiöser Interessen führen, sich duellieren, sich in die Spirale zunehmender Gewalt verlieren oder endlose Zeit vor Gerichten verbringen, bis der Mörder der eigenen Frau oder des Sohnes verurteilt wird.

Ganz offensichtlich sind der Konkurrenzkampf um den Status und dessen Anerkennung auch im Wirtschaftsleben wichtige Faktoren. Ein großer Teil dessen, was gewöhnlich als ökonomische Motivation angesehen wird – die Befriedigung von »Präferenzen« durch den Erwerb materieller Güter – wird nicht so sehr durch das Verlangen nach Konsum motiviert als vielmehr durch das Verlangen nach »positionellen Gütern«, wie es der Ökonom Robert Frank nennt. Damit meint er den eigenen Stand im Verhältnis zu anderen Menschen in einer gesellschaftlichen Hierarchie. Diesen Aspekt erfaßte schon Adam Smith recht gut, als er in seiner *Theorie der ethischen Gefühle* erklärte, die Reichen strebten nicht deshalb nach Reichtümern, weil sie ihrer bedürften, denn das sei normalerweise ein sittliches Verhalten, sondern »der Reiche (genießt) seine Reichtümer, weil er weiß, daß sie die Aufmerksamkeit der Welt auf ihn lenken«.[22]

Wie wichtig der Status im heutigen Leben ist, läßt sich an vielen Phänomenen aufzeigen. Robert Frank weist darauf hin, daß die Gehaltstabellen amerikanischer Unternehmen eigentlich flacher seien, als sie sein dürften, wenn die Mitarbeiter streng nach ihrer Grenzproduktivität bezahlt würden, wie es die Wirtschaftstheorie vorsieht.[23] Der Grund liegt darin, daß die Kompensation der höher bezahlten Mitarbeiter teilweise in der Form von Status erfolgt – ein Eckzimmer als Büro, ein Parkplatz in der Nähe des Eingangs oder der Titel eines Vizepräsidenten auf dem Türschild –, während die Kompensation der untergeordneten Mitarbeiter aufgrund ihres Mangels an Status monetär erfolgen muß.

Der möglicherweise überzeugendste Beleg für die These, daß es im wirtschaftlichen Leben eher um Status als um Reichtum geht, ergibt sich aus verschiedenen Umfragen, wonach sich die Befragten um so glücklicher fühlten, je reicher sie im Vergleich zu anderen Menschen sind. Das heißt, die obersten 20 Prozent auf der Skala der Einkommensverteilung halten sich für glücklicher als jene Menschen, die dem nächstniedrigen Fünftel angehören, und so geht es über die gesamte Skala der Einkommensverteilung weiter bis hin zum untersten Fünftel, das sich am wenigsten glücklich fühlt. Das scheint zu beweisen, daß man Glück mit Geld kaufen kann. Frank weist aber auch darauf hin, daß das schon immer der Fall gewesen sei, wie die Daten der ersten Umfragen aus den vierziger Jahren zeigten, denn damals sei das absolute Vermögen des reichsten Fünftels nicht höher gewesen als beispielsweise das des mittleren Fünftels in den neunziger Jahren. Auch in sehr armen Ländern halten sich jene Menschen für die glücklichsten, die dort an der Spitze der Einkommensverteilung stehen, obwohl sie in den Vereinigten Staaten kaum zur Mittelklasse gerechnet werden könnten.[24] Aufgrund dieser Belege kann man vermuten, daß das Glücksgefühl nicht vom absoluten, sondern vom relativen Einkommen eines Menschen abhängt und daß die durch Geld vermittelte Befriedigung davon abhängt, daß die Reichen ihre Reichtümer »genießen« können, wie Smith es ausdrückte.

Suchen Menschen erst einmal nach Status statt nach gewöhnlichen Gütern, beteiligen sie sich an Nullsummenspielen und nicht an Spielen mit positiven Summen. Das heißt, ein hoher Status ist nur auf Kosten eines anderen Menschen erreichbar. Beim Nullsummenwettbewerb funktionieren viele der traditionellen Hilfsmittel der neoklassischen Ökonomie nicht mehr, zum Beispiel der ungeregelte Marktwettbewerb. Statuskonkurrenz führt häufig zu schweren Verlusten im Hinblick auf den sozialen Nutzen, wenn sich die konkurrierenden Parteien gegenseitig zu übertrumpfen versuchen. Wenn Sie mit Familie Jones von nebenan Schritt halten wollen, kaufen Sie sich einen schicken BMW, aber die Jones schlagen zurück und kaufen einen Rolls Royce. Ihre relative Position hat sich zwar nicht geändert, aber zwei Herstellerfirmen von Luxusfahrzeugen haben einen beträchtlichen Teil Ihres Vermögens und des Vermögens der Familie Jones vereinnahmt. In solchen Situationen kann es günstiger sein, wenn man vereinbart, nicht miteinander zu konkurrieren (wie beispielsweise bei den Abkommen über die Rüstungskontrolle, bei denen es um die Lösung eines ähnlichen Nullsummenspiels geht) oder dafür zu sorgen, daß ein unparteiischer Dritter als Schiedsrichter dem Wettbewerb Grenzen setzt.

Die Vorstellung einer flachen, netzwerkartigen, nicht hierarchisch strukturierten zukünftigen Welt kommt der Vorstellung einer Welt ohne Politik gleich. Dieser spezifisch liberalistische

Traum – dem vor dem Fall der Berliner Mauer übrigens auch viele Menschenrechtsaktivisten in Osteuropa nachhingen – ist nicht realistischer als der sozialistische Traum, in dem Politik alles wird, oder als der radikalfeministische Traum, in dem die Männer irgendwie aufhören, Männer zu sein.[25] Jede Generation wird möglicherweise versuchen, die Grenze neu zu definieren, die die Politik von der Zivilgesellschaft und vom Marktgeschehen trennt. In unserer gegenwärtigen Generation hat sich die Grenze vom Staat wegverlagert. Funktionen, die früher als politische Funktionen definiert wurden, sind durch Deregulierung und Privatisierung wieder der Zivilgesellschaft oder dem Markt übertragen worden. In ähnlicher Weise wurden auch bei den Wirtschaftsunternehmen Macht und Autorität stärker ausgebreitet, dezentralisiert, nach außen verlagert und geteilt. Aber die Grenze zwischen dem Politischen und dem Gesellschaftlichen wird niemals ganz verschwinden: Die gesellschaftliche Ordnung, ob in gesamtgesellschaftlicher oder unternehmensbezogener Hinsicht, wird sich immer aus einer Mischung von hierarchischen und spontanen Quellen herleiten.

14

»Cave 76«

Sollen sie doch alle zum Teufel gehen,
mit Ausnahme von Höhle 76.

»Anthem of Cave 76« aus Mel Brooks'
Film *»2000-Year-Old Man«*

Menschen sind von Natur aus gesellige Lebewesen. Sie verfügen
über bestimmte natürliche, zu ihrem Wesen gehörende Fähigkeiten, die es ihnen ermöglichen, Probleme des gesellschaftlichen
Zusammenwirkens zu lösen und moralische Regeln hervorzubringen, welche die Entscheidungsmöglichkeiten des einzelnen
eingrenzen. Sie schaffen spontane Ordnungen, ohne dafür einen
besonderen Anstoß zu benötigen, allein dadurch, daß sie täglich
ihren individuellen Zielen nachgehen und mit anderen Menschen
zusammenarbeiten. Der Rattenfänger von Hameln, der die Kinder von Hameln in ein anderes Land führt, dürfte kaum untätig
zusehen wollen, daß sich diese Kinder in Gewalttätigkeiten nach
der Art eines »Lord of the Flies« stürzen (sofern das Zahlenver-
hältnis zwischen den Geschlechtern nicht grob verzerrt ist, und
vorausgesetzt, daß der Rattenfänger keine eigenen politischen
Ambitionen verspürt). Die Kinder werden eher, da sie sich an
die kulturellen Traditionen ihrer Eltern kaum noch erinnern,
eigene, neue Traditionen entwickeln, die sich nicht allzu sehr
von denen ihrer Eltern unterscheiden. Ihre neue soziale Welt
wird Verwandtschaftssysteme kennen, Privatbesitz, ein System
zum Austausch von Gütern, Statushierarchien und viele weitere
Normen, die das Verhalten des einzelnen eingrenzen. Ehrlichkeit,
Vertrauenswürdigkeit, das Einhalten von Verpflichtungen und
das Prinzip der Gegenseitigkeit werden meistens von vielen Men-

schen und in verschiedenen Formen praktiziert und zumindest grundsätzlich von fast allen als Werte anerkannt. Es wird auch Unehrlichkeit, Verbrechen und andere Formen von abweichendem Verhalten sowie gemeinschaftliche Mechanismen zur Kontrolle solchen Verhaltens geben. Kleine Kinder werden ohne besondere Anleitung die Welt in gute und schlechte Menschen aufteilen. Es wird innerhalb der Gemeinschaft mächtige Solidaritätsgefühle geben und gegenüber den Menschen außerhalb Empfindungen, die von Vorsicht bis zu direkter Feindseligkeit reichen. Sie, ihre Kinder und ihre Kindeskinder werden endlos darüber palavern, wer unartig und wer brav ist, wer seine Versprechen hält und wer sie bricht, wer eine lockere Tugend hat und wer am Morgen danach das Interesse verliert. Dieses ganze Gerede wird nur dazu dienen, eine normale Moralität zu erhalten – jene Art von Moralität, die in Familien und zwischen Freunden und Nachbarn praktiziert wird und die die Quelle von Sozialkapital darstellt.

Um es noch einmal zu betonen: *Die Kinder von Hameln werden spontan all diese Regeln schaffen, obwohl ihnen kein Prophet das Wort Gottes überbringt und obwohl ihnen kein Gesetzgeber zur Verfügung steht, der eine staatliche Ordnung errichtet.* Sie werden dies tun, weil sie menschliche Wesen und damit von Natur aus moralische Lebewesen sind und weil sie über genügend Verstand verfügen, um kulturelle Regeln hervorzubringen, die ihnen das Zusammenleben ermöglichen.

Wenn gewöhnliche Moralität in gewissem Sinne naturgegeben und das Ergebnis spontaner menschlicher Interaktion ist, was fehlt dann an diesem Bild? Welche Elemente können der Prophet und der Gesetzgeber dem Bild hinzufügen, die diesem »Neuhameln« fehlen, wie wir es hier nennen wollen? In welcher Hinsicht muß die spontane Ordnung durch diese hierarchischen Autoritätsformen ergänzt werden?

Erstens fehlt die Größenordnung. Die Kinder von Hameln und ihre Nachkommen werden in einer kleinen Kolonie von vielleicht 50 bis 100 Menschen leben, die sich größenmäßig nicht zu sehr von der Schimpansenkolonie von Arnheim unterscheidet. Die meisten Mitglieder der Kolonie werden miteinander in unterschiedlichem Grad verwandt sein; tatsächlich dürfte es sogar schwerfallen, Nichtverwandten zu begegnen, sofern Neuhameln nicht mit einer anderen Kolonie in Kontakt kommt. Neuhameln wird zwar hierarchisch organisiert, aber dennoch relativ egalitär sein, ohne große Unterschiede zwischen Führern und Gefolgsleuten. Es wird aber nicht in der Lage sein, eine Stadt aufzubauen oder all die Dinge hervorzubringen, die sich aus dem Leben in einer Stadt ergeben. Es wird keine Arbeitsteilung geben, keine unpersönlichen Märkte, keine Größenvorteile bei der Produktion, keine Garantien für Eigentumsrechte und deshalb auch keine langfristigen Investitionen, und es wird fast keine Form kultureller Vielfalt geben. Es wird auch keine hochentwickelten Künste geben; die Kolonie wird weder einen Michelangelo noch einen Bach hervorbringen, denn deren Schaffen hing entscheidend von den großen Überschüssen ab, die von gut organisierten landwirtschaftlichen Gesellschaften produziert worden waren. Es wird keine Pyramiden geben, keinen Parthenon und gewiß auch keinen Palast von Versailles. Romane, wissenschaftliche Forschung, Bibliotheken, Universitäten, Krankenhäuser – selbst wenn die Kinder von Neuhameln theoretisch in der Lage wären, diese Dinge hervorzubringen, werden sie es nicht tun, weil ihr selbstorganisierter, egalitärer Stamm viel zu klein ist und allzu hoffnungslos in einem Sumpf von Armut steckt, als daß er sich um mehr als das tägliche Überleben kümmern könnte.

Mit anderen Worten: Die Sozialität in Jäger-Sammler-Gesellschaften läßt sich durch verschiedene biologische Mechanismen erklären, die wir in den Kapiteln 8 bis 10 darlegten, wie Wahlverwandtschaft und gegenseitigen Altruismus, bis zur Ebene von Familien, Stämmen und anderen Formen der Kleingruppen-Sozialität. Die nichtbiologischen Mechanismen der Selbstorganisation, die wir in den Kapiteln 11 und 12 beschrieben, können zur Erklärung der gesellschaftlichen Regeln größerer Gruppen herangezogen werden, die aus einigen hundert oder in manchen Fällen aus einigen tausend Mitgliedern bestehen. Damit läßt sich auch das Auftreten einer übergreifenden spontanen Ordnung in Gesellschaften erklären, in denen es bereits Herrschaft und Rechtsstaatlichkeit gibt. Werden aber spontane Gruppen zu groß, dann werden bestimmte öffentliche Probleme unüberwindbar – beispielsweise die Frage, wer die Regeln aushandelt, wer die Trittbrettfahrer kontrolliert und wer die Normen durchsetzt. Elinor Ostroms Katalog der Regeln, die die gemeinschaftlichen Ressourcen betreffen, bezieht sich auf die »kleine Kultur« – kleine Regeln für kleine Gemeinschaften, die wir gewöhnlich nicht mit großen und wichtigen kulturellen Systemen gleichsetzen. In der Literatur über spontane Ordnungen findet sich kein Beispiel dafür, daß sich darin Normen herausgebildet hätten, die auf die größten Gruppen zuträfen – Nationen, ethnische oder sprachliche Gruppen oder ganze Kulturen. Denn die »große Kultur« – sei sie nun islamisch, hinduistisch, konfuzianisch oder christlich – hat keine spontanen Wurzeln.

Hier stellt sich auch ein moralisches Problem. Die normale Moral verträgt sich offenbar durchaus mit schockierender Unmoral auf den höheren Ebenen der sozialen Organisation – sie ist sogar eine Vorbedingung dafür. Ein unorganisierter, individualistischer Pöbel ist zu einem systematischen Völkermord wie in den GULAGs während der Kollektivierung in der Sowjetunion in den dreißiger Jahren gar nicht fähig. Die Soldaten der Südstaatenkonföderation, die für die Verteidigung der Sklaverei ihr Leben gaben, oder die Deutschen, die den Holocaust durchführten, zeigten häufig Tugenden wie Integrität, Mut und Treue gegenüber ihren eigenen Gemeinschaften. Gerade den Deutschen sagt man nach, in puncto Ordnung keinen Spaß zu verstehen; selbst als sie die Gefangenen in die Konzentrationslager führten, seien sie an roten Ampeln stehengeblieben. Doch sogar jene Art von normaler Moralität, die den einzelnen dazu bringt, Verkehrsgebote zu beachten, trägt auf einer höheren gemeinschaftlichen Ebene dazu bei, daß die abscheulichsten Verbrechen begangen werden können. Unser Verlangen, geschätzt und geliebt zu werden und uns anzupassen, führt dazu, daß der einzelne die brutalsten Befehle ausführt, wenn er in einem bösartigen politischen System gefangen ist. Auf einer übergeordneten humanitären Ebene können wir durch die Moral veranlaßt werden, auch tief verwurzelte Normen wie Loyalität und Gegenseitigkeit in unseren jeweiligen Gruppen zu verletzen.[1] Die großen moralischen

Konflikte unserer Zeit ergaben sich nicht aus einem Mangel an alltäglicher Moralität, sondern aus der Neigung menschlicher Gemeinschaften, sich selbst zu eng auf der Grundlage von Rasse, Religion, Ethnizität oder irgendeinem anderen beliebigen Kriterium zu definieren und sich gegen andere, anders definierte Gemeinschaften gewaltsam durchsetzen zu wollen.

Für die Errichtung eines Staates sind Gesetzgeber notwendig. Der Staat ermöglicht die Bildung großer Gemeinschaften und die Transformation der sozialen Ordnung in eine politische Ordnung. Menschen treiben die Bildung von Hierarchien der zweiten und dritten Ordnung sehr viel weiter als andere Formen hochentwickelter Lebewesen; die menschlichen Hierarchien vereinigen Familien zu Stämmen und Abstammungslinien, Stämme zu Stammesverbänden und schließlich alle untergeordneten gesellschaftlichen Einheiten zu einer politischen Gemeinschaft oder einem Staat.[2] Es könnte durchaus sein, daß der Staat biologische Ursachen hat, wie der Politikwissenschaftler Roger Masters behauptet.[3] Aristoteles sagt nicht, daß der Mensch von Natur aus ein soziales Lebewesen sei, sondern bezeichnet ihn als *politisches* Lebewesen. Dieses Argument gründet er darauf, daß Menschen überall in politischen Gemeinschaften lebten, mit Ausnahme einer kleinen Zahl von isolierten Orten wie Neuhameln. Menschen wollen nicht einfach mit anderen durch Familie, Freunde, Nachbarn, Kirchen, Freiwilligenvereine oder ähnliches gesellschaftlich verbunden sein; sie wollen *herrschen,* andere führen und Anerkennung erhalten für die Art und Weise, in der sie ihre Gemeinschaften durch Hierarchien formen.

Die Hierarchie ist nötig, um die Defizite und Beschränkungen der spontanen Ordnung zu korrigieren. Als Mindestleistung sorgt die Hierarchie für öffentliche Güter wie Verteidigung und den Schutz der Eigentumsrechte. Doch darüber hinaus trägt die politische Ordnung auf mindestens dreifache Weise dazu bei, die gesellschaftliche Ordnung zu schaffen. Erstens schafft sie Normen direkt durch Gesetzgebung. Das Diktum »Moral kann man nicht gesetzlich verordnen« ist nur teilweise richtig. Zwar kann der Staat den einzelnen nicht zwingen, Normen zu befolgen, die wichtige natürliche Instinkte oder Interessen verletzen. Aber er kann und hat während der gesamten Menschheitsgeschichte informelle Normen geprägt. So trug die Beseitigung der legalen Segregation in den Vereinigten Staaten durch die Bürgerrechts- und Wahlrechtsgesetze in den sechziger Jahren entscheidend dazu bei, daß sich die öffentlichen Normen in der Rassenfrage veränderten.

Zweitens trägt die politische Ordnung zur Errichtung einer gesellschaftlichen Ordnung bei, indem sie die Bedingungen für einen friedlichen Austausch auf dem Markt schafft und so die spontane Ordnung, die von den Märkten selbst geschaffen wird, weit über die Grenzen dessen ausweitet, was durch das unmittelbare Zusammenwirken der Gemeinschaften geregelt werden kann. Mit sicheren und erzwingbaren Eigentumsrechten können Käufer und Verkäufer über große Entfernungen hinweg interagieren und können außerdem stärker darauf vertrauen, daß ihnen der Rechtsweg offensteht, wenn sie betrogen werden. Investoren können Kapital investieren, auch wenn die Aussichten auf Gewinne in der fernen Zukunft liegen. Fehlen der Staat und der Schutz des Eigentums, werden wenig Handel und noch weniger Investitionen erfolgen. Die Menschen treiben zwar auch in Kriegsgebieten Handel, wenn die politische Ordnung zusammengebrochen ist. Fehlt aber der Staat, so wird sich mit Sicherheit nichts ereignen, das wir als moderne Volkswirtschaft ansehen könnten.

Soziale Ordnung wird schließlich auch von der Politik selbst durch Führung und Charisma hervorgebracht. Ich habe bereits darauf hingewiesen, daß einzelne Unternehmerpersönlichkeiten die Gewohnheiten und Ziele ihrer Organisationen prägen können. Das gilt auch für die Politik. Die Tugenden, die erforderlich sind, um politische Ordnungen hervorzubringen, unterscheiden sich allerdings von denjenigen, die für die Erzeugung von gesellschaftlicher Ordnung erforderlich sind. Wir haben die von den Kindern von Hameln praktizierten kleinen Alltagstugenden mit Sozialkapital gleichgesetzt: Ehrlichkeit, Einhalten von Versprechen, Gegenseitigkeit und ähnliches. Obwohl sie auch für die politische Ordnung wichtig sind, erfordert diese doch andere, größere und weniger häufig praktizierte Tugenden wie Mut, Risikobereitschaft, staatsmännisches Geschick und politische Kreativität. Staatsmänner – von Solon und Lycurgus bis zu Peter dem Großen und Abraham Lincoln – kodifizierten nicht einfach Normen, die um sie herum plötzlich entstanden waren. Vielmehr wirkten sie durch ihre Charakterstärke und ihr Beispiel entscheidend bei der Schaffung dessen mit, was Machiavelli als neue Formen und Ordnungen des politischen Lebens ansah. George Washington war bescheiden im Amt, lehnte Ehrentitel ab und hielt daran fest, nach zwei Amtszeiten als Präsident abzutreten, obwohl viele seiner Landsleute ihn aufforderten, ein präsidialer Quasikönig auf Lebenszeit zu werden. Damit setzte er ein Beispiel für die späteren demokratisch gewählten Präsidenten der Vereinigten Staaten.

Die hierarchisch organisierte Religion ist in vielerlei Hinsicht die Dienstmagd der Politik und von ihr als hierarchisches Instrument praktisch kaum unterscheidbar, wenn es um den Aufbau von zweit- und drittrangigen Bedingungen geht, von Familienstämmen bis hin zu Imperien. Während eines großen Teils der Menschheitsgeschichte hat es keine klaren Trennlinien zwischen der hierarchischen Autorität des Staates und der hierarchischen Autorität der Religion gegeben. Der König und der Hohepriester herrschten über dasselbe Reich und waren oft in einer Person vereinigt. Die Religion legitimierte die politische Herrschaft: Die konfuzianische Doktrin stützte den Stand der Mandarine in China, der Shinto förderte die Verehrung des Kaisers in Japan, und die europäischen Könige herrschten durch göttliches Recht. Der Hinduismus, das Christentum und der Islam machten von der staatlichen Macht freien Gebrauch, um ihre Doktrinen zu verbreiten und zu stärken, oft genug durch den Einsatz des Schwertes. *Cuius regio, eius religio.*

Die größten menschlichen Gemeinschaften, die staatliche Grenzen übergreifen, sind religiöser Natur. Viele gehen auf die sogenannte Achsenzeit zurück, und die meisten entsprangen den Lehren entweder einzelner Personen – Konfuzius, Christus, Buddha, Mohammed, Luther, Calvin – oder relativ kleiner Gruppen von Personen. Obwohl die hierarchische Autorität der organisierten Religion für die Erzeugung moralischer Regeln nicht unabdingbar ist, war sie doch in historischer Sicht für die Entstehung von Kulturen absolut entscheidend. Die großen Kulturen – Islam, Judentum, Christentum, Hinduismus und Konfuzianismus –, deren Grenzen Samuel Huntington zufolge noch immer die Bruchlinien der Weltpolitik markieren, sind religiöser Natur.[4]

Die hierarchisch strukturierte Religion war auch noch in einer weiteren, entscheidenden Hinsicht für die Bildung moralischer Normen wichtig. Weder unsere biologischen Dispositionen, die soziale Kooperation präferieren, noch jene Art von spontaner Ordnung, die wir durch dezentralisiertes Verhandeln erreichen können, werden jemals zu moralischem Universalismus führen, also zu moralischen Regeln, die für alle Menschen gelten und auf denen die heutigen Vorstellungen der menschlichen Gleichheit und der Menschenrechte beruhen. Natürliche Ordnung und spontane Ordnung verstärken letztlich die Selbstsucht kleiner Gruppen und tragen folglich dazu bei, daß der Vertrauensradius klein bleibt. Sie bringen Alltagstugenden wie Ehrlichkeit und Gegenseitigkeit hervor und führen zu Hierarchie und Ordnung, aber nur innerhalb der relativ kleinen Gemeinschaften, in denen diese Regeln gelten. Sie führen zu dem, was Mel Brooks die »Moral der Höhle 76« nennen würde – wer nicht zur Höhle gehört, soll zum Teufel gehen. Die Außenstehenden geben gute Zielscheiben für die Aggressionen der Gemeinschaft ab, genau wie die Opfer der Schimpansen in Gombe.

Es mag merkwürdig klingen, wenn wir hier der hierarchischen Religion zuschreiben, die Schranken zwischen menschlichen Gemeinschaften niedergerissen zu haben, da wir doch im allgemeinen religiöse Leidenschaft mit gemeinschaftlicher Gewaltanwendung gleichsetzen. Sektiererische Konflikte zwischen Katholiken und Protestanten in Nordirland, zwischen Muslimen und Orthodoxen in Bosnien, zwischen Hindus und Tamilen in Sri Lanka machen regelmäßig Schlagzeilen in der Presse. Blicken wir aber in langfristiger Perspektive auf die Menschheitsgeschichte, so zeigt sich, daß die Religion entscheidend dazu beigetragen hat, den Vertrauensradius in den menschlichen Gesellschaften zu vergrößern. Konkurrenz und Kooperation sind in der menschlichen Evolution untrennbar verknüpft: Wir sichern die innere Ordnung in unserer Gemeinschaft, damit wir im Wettbewerb mit anderen Gemeinschaften besser bestehen können. Aber die Größe dieser Gemeinschaften hat ständig zugenommen; sie sind über die Familie und über den Stamm und über Höhle 76 hinausgewachsen. Die organisierten religiösen Gruppen, die sich heute gegenseitig bekämpfen, stehen am Ende eines langen Prozesses der sozialen Evolution, in dessen Verlauf Ordnung, Regeln und Frieden in den immer größer werdenden Gemeinschaften gesichert wurde. Der Religion haben wir es zu verdanken, daß heute Kulturen und nicht Familien oder Stämme die entscheidende Grundeinheit darstellen.

Und es war auch die Religion, die zuerst darauf hinwirkte, daß die Gemeinschaft, in der ihre moralischen Regeln gelten sollten – die größte Ausdehnung des Vertrauensradius –, letztlich die gesamte Menschheit sein sollte. Dieser Anspruch eines moralischen Universalismus wird von vielen Religionen der Achsenzeit erhoben, darunter auch vom Buddhismus, vom Islam und vom Christentum. Das Christentum brachte den Gedanken einer universalen Gleichheit der Menschenrechte in säkulare Doktrinen wie Liberalismus und Sozialismus ein. Zwar wird der Anspruch auf einen moralischen Universalismus von keiner der heutigen Großreligionen verwirklicht, er ist aber dennoch ein untrennbarer Bestandteil des moralischen Universalismus, den die Religion als solche hervorbrachte.

Erst die westliche Moderne entband die Religion von der Aufgabe, Hierarchien höherer Ordnung hervorzubringen, und übertrug sie dem Staat mit seinen komplizierten Mechanismen wie Bürokratie, formalem Recht, Gerichtswesen, Verfassung, Wahlen und so weiter. In der frühen europäischen Moderne wurden die Sektenkonflikte so destruktiv, daß die Gründer des Liberalismus, wie Thomas Hobbes und John Locke, eine neue Grundlage für die Gemeinschaft schufen, die den Staat säkularisierte und die Dichte und Reichweite der gemeinsamen Werte verringerte, welche von der staatlichen Autorität verfügt worden waren. Die postindustriellen liberalen Demokratien, die den Gegenstand des ersten Teils dieses Buches bildeten, waren die letzten Produkte dieser Innovation.

Jene Werte, die in einer modernen liberalen Demokratie allgemein gelten, sind in zunehmendem Maße politischer und nicht mehr nur religiöser Natur. Früher hätte eine große Mehrheit der Amerikaner der Beschreibung zugestimmt, ihr Land sei eine »christliche Nation«. Heute gilt das nur noch für eine kleine Minderheit, die wie andere Minderheiten von der Gesamtgesellschaft mit beträchtlichem Mißtrauen beobachtet wird. Die meisten Amerikaner ziehen es sehr stark vor, das Wesen ihrer nationalen Gemeinschaft in säkularen Werten wie Demokratie, Rechtsgleichheit und Verfassungsstaatlichkeit zu begreifen. Schon die Unterschiedlichkeit des Landes sorgt dafür, daß es außerhalb der populären Kultur immer weniger kulturelle Wegzeichen gibt, auf die man sich verlassen kann.

Noch seltsamer wäre es, wenn man angesichts der Säkularisierung der meisten europäischen Gesellschaften das heutige Europa mit dem Begriff »Christentum« gleichsetzen würde. Trotz der Tatsache, daß das Christentum bei der Herausbildung ihrer Kultur entscheidend mitwirkte, neigen heute viele Europäer dazu, ihre kulturellen Identitäten sehr viel stärker in säkularen politischen Begriffen zu definieren als in religiösen Begriffen. Die Gruppen, die dies tun, wie beispielsweise die verschiedenen Gemeinschaften auf dem Balkan, wirken heute wie bizarre Rückfälle in frühere geschichtliche Perioden. Buchstäblich alle heutigen europäischen Gesellschaften sind in Wirklichkeit zu multiethnischen und multikulturellen Gesellschaften geworden, und obwohl sie in dieser Hinsicht noch beträchtlich hinter den Vereinigten Staaten zurückliegen, müssen sie doch, wie die Vereinigten Staaten, herausfinden, wie sie ihre Identitäten in politischen und zivilgesellschaftlichen und nicht in ethnischen und religiösen Begrifflichkeiten bestimmen können. Wenn deutsche Gerichte und die Regierung im Jahr 1998 entschieden, den Islam als eine Religion zu behandeln, der staatliche Anerkennung zustehe, und die Bürgerrechte auch Einwohnern nichtdeutscher Herkunft zuzuerkennen, so sind dies Schritte in diese Richtung.

Dezentralisierte Religion

Die hierarchisch organisierte Religion hat sich in der gesamten entwickelten Welt von der staatlichen Macht getrennt und ist in einem langfristigen Niedergang begriffen. Das bedeutet jedoch nicht, daß die Religion als solche verschwindet, sondern lediglich, daß sich ihre Form verändert. In Kapitel 8 stellte ich die Vermutung an, daß sich Volksreligionen in vielen primitiven Gemeinschaften in dezentralisierter Form entwickeln und daß Gemeinschaften innerhalb moderner Gesellschaften häufig aus hauptsächlich instrumentellen Gründen zu religiösen Praktiken zurückkehren. Das bedeutet, daß Religiosität nicht aufgrund eines dogmatischen Glaubens an eine Erleuchtung praktiziert wird, sondern weil die religiösen Lehren eine brauchbare Sprache bieten, in der sich die bestehenden moralischen Regeln der Gemeinschaft besser ausdrücken lassen. Wenn die Kinder von Hameln versuchen, in ihrem kleinen Stamm eine gesellschaftliche Ordnung zu errichten, so kann es gut sein, daß sie dafür religiöse Begriffe verwenden. Damit widerspreche ich nicht meiner früheren Behauptung, daß sie ihre Ordnung ohne einen Propheten schaffen, der ihnen das Wort Gottes bringt. Diese Form einer dezentralisierten, instrumentellen Religion ist somit Bestandteil einer spontanen Ordnung und nicht eine Alternative zu ihr. Und die religiöse Sprache mag zwar irrational sein, was auf die Sprache von Recht und Politik nicht zutrifft, aber sie dient dennoch dem rationalen Zweck der Konstruktion von Gemeinschaft.

Keine Religion sieht sich selbst als bloßes Instrument einer sozialen Ordnung. Dwight D. Eisenhower wurde einst für seine Bemerkung ausgelacht, jeder Amerikaner solle eine Kirche besuchen, egal welche. Doch genau so verhalten sich heute viele Menschen zur Religion. Wenn sie erkennen, daß ihr Leben ungeordnet verläuft, daß ihre Kinder Regeln und Werte brauchen oder daß sie sich isoliert und desorientiert fühlen, wenden sie sich einem religiösen Bekenntnis nicht etwa deshalb zu, weil sie jetzt plötzlich wahre Gläubige geworden sind, sondern weil sie darin die beste Quelle von Regeln, Ordnung und Gemeinschaft sehen. Dieser Typus von religiöser Praxis beseitigt aber das Problem der moralischen Miniaturisierung nicht und kann sogar zu seiner Verschärfung beitragen. Andererseits stellt diese Praxis jedoch eine starke Quelle von sozialer Ordnung dar.

Es ist unwahrscheinlich, daß diese Art von dezentralisierter religiöser Praxis jemals völlig verschwinden wird, und zwar genau deshalb, weil sie für die Gemeinschaft so nützlich ist. Vor einer oder zwei Generationen war die Überzeugung verbreitet, daß Modernisierung und Säkularisierung untrennbar verbunden seien und daß ein auf Erleuchtung gegründeter Glaube letztlich durch ein Wissen verdrängt würde, das auf Vernunft, Wissenschaft und Empirismus basiert. Das schien angesichts der in den meisten europäischen Gesellschaften und auch in den Vereinigten Staaten stattfindenden Säkularisierung des öffentlichen Lebens plausibel. Es gibt jedoch keine anerkannte sozialwissenschaftliche Theorie, die besagt, daß eine Wiederbelebung der Religion unter heutigen Bedingungen unmöglich sei. Peter Berger, David Martin und andere weisen darauf hin,[5] daß die vermutete Korrelation zwischen Säkularisierung und Modernisierung, die einst das Grundthema der soziologischen Literatur darstellte, nicht existiert.[6] Es zeigt sich, daß dieses angeblich universale Gesetz der sozialen Entwicklung primär auf Westeuropa zutrifft. In anderen Teilen der Welt, besonders in den Vereinigten Staaten, ist kaum eine Verringerung des praktizierten religiösen Glaubens bei den höheren Einkommens- und Bildungsschichten zu erkennen.[7] Martin verweist auf mindestens drei religiöse Wiedererweckungen in den Vereinigten Staaten, seit sich die Pilgerväter 1620 in Plymouth Bay niederließen: das »Great Awakening« in der ersten Hälfte des 18. Jahrhunderts, das zweite »Great Awakening« in den dreißiger und vierziger Jahren des 19. Jahrhunderts und der Aufstieg der Pfingstlerbewegung in der Mitte des 20. Jahrhunderts, der in gewissem Sinne noch immer andauert.[8]

Die kulturellen Grundlagen des Vertrauens

Trotz des Niedergangs der hierarchisch organisierten Religion in modernen Gesellschaften spielen die kulturellen Muster, die von ihr vor langer Zeit geschaffen wurden, bei der Ausformung von Vertrauensbeziehungen auch heute noch eine entscheidende Rolle. Einer der Schwachpunkte vieler Versuche, Phänomene wie Vertrauen und Sozialkapital durch die Natur des Menschen erklären zu wollen, besteht darin, daß sich damit die beobachtbaren Unterschiede zwischen menschlichen Gruppen nicht erklären lassen. Das gilt auch hier. Zwar läßt sich möglicherweise die gesellschaftliche Kooperation zwischen relativ kleinen Gruppen durch verschiedene Ausprägungen universaler psychischer Wesenszüge hinreichend erklären, die wir oben als Grundlage des Sozialkapitals beschrieben haben, aber das reicht nicht für eine Antwort auf die Frage aus, warum verschiedene Gesellschaften heute unterschiedliche Vertrauensradien aufweisen. Diese Erklärungen sind ausschließlich kultureller Art und beziehen sich häufig auf das religiöse Erbe einer Gesellschaft.

In meinem Buch *Konfuzius und Marktwirtschaft. Der Konflikt der Kulturen* erforschte ich eine Reihe dieser kulturellen Unterschiede.[9] In chinesischen Gesellschaften beispielsweise ist der Vertrauensradius häufig auf Familie und Verwandtschaftsgruppen begrenzt, eine Folge der Tatsache, daß der Konfuzianismus die Familie als Hauptquelle sozialer Verpflichtung hervorhebt. Im traditionellen China war ein Kind, dessen Vater ein Verbrechen begangen hatte, nicht verpflichtet, den Vater bei der Polizei anzuzeigen; die Pflicht gegenüber der Familie galt mehr als die Pflicht gegenüber dem Staat. Das bedeutete, daß es innerhalb der Familien starke Kooperationsbindungen gab, aber einen relativen Mangel an Vertrauen zwischen Fremden, die sich nicht auf Verwandtschaftsbeziehungen berufen konnten. Chinesische Unternehmen bleiben eher innerhalb von Familien; sie bilden zwar miteinander Allianzen, aber nicht auf der Grundlage unpersönlicher Kriterien wie Gewinnmaximierung, sondern auf der Basis von Familienbeziehungen und persönlichen Freundschaften.

Eine ähnliche Situation ist in den lateinischen katholischen

Ländern festzustellen, und zwar sowohl in Südeuropa als auch in Lateinamerika. Auch hier scheint der Vertrauensradius auf Familien und enge persönliche Freundschaften begrenzt zu sein. Die Volkswirtschaften in Ländern wie Mexiko, Peru, Bolivien und Venezuela werden weitgehend von ein paar Dutzend mächtigen Familien kontrolliert, deren Geschäftsaktivitäten sich über viele Sektoren hinweg erstrecken, vom Handel über die Industrieproduktion bis hin zum Versicherungswesen. Die wirtschaftlichen Grundlagen dieser Netzwerke werden dem Außenstehenden nicht unmittelbar deutlich, bis man feststellt, daß sie alle auf Verwandtschafts- und persönlichen Beziehungen basieren. Auswärtige Investoren, die in Unkenntnis dieser komplexen Netzwerke operieren, handeln auf eigenes Risiko.

Eine allgemeine Konsequenz der kulturellen Betonung von Verwandtschaftsbanden als Basis für Sozialkapital besteht darin, daß zwei Ebenen der moralischen Verpflichtung entstehen: eine Verpflichtung innerhalb der Familie und eine Verpflichtung auf einer niedrigeren Ebene gegenüber allen anderen. In vielen dieser familienbasierten Gesellschaften gibt es einen hohen Grad an öffentlicher Korruption, weil der öffentliche Dienst häufig als Gelegenheit zur Bereicherung zugunsten der Familie betrachtet wird. Ein verbreitetes Sprichwort in Brasilien besagt, daß es eine Moral für die Familie gebe und eine andere Moral für die Straße. Es ist schwierig, ohne verwandtschaftliche oder familiäre Beziehungen Geschäfte zu machen, und Fremde werden häufig mit unbarmherzigem Opportunismus behandelt, der in einem auf Vertrauen basierenden Netzwerk niemals auftreten würde.

Hier ist nicht der Ort für eine ausführliche Diskussion der Ursachen dieser kulturellen Gewohnheiten, soweit sie nicht Licht auf die zukünftige Entwicklung des Großen Bruchs sowie auf die Aussichten für eine kulturelle Erneuerung der von ihm betroffenen Länder werfen können. In der lateinisch-katholischen Welt findet der Familismus seine Wurzeln sowohl in der lateinischen Tradition der *familia* als auch in der katholischen Betonung der Familie; in China ist er zutiefst in der konfuzianischen Ideologie verwurzelt. Wie Max Weber erläuterte, legte der Protestantismus die Grundlagen für einen breiteren Vertrauensradius, indem er die Familie weniger stark gewichtete und den Gläubigen eine universale Verpflichtung zu Ehrlichkeit und moralischem Verhalten auferlegte. Die Vereinigten Staaten waren nicht einfach protestantisch, als sie unabhängig wurden, sondern ihre Version des Protestantismus war in seiner inneren Organisation hochgradig sektiererisch, dezentralisiert und gemeindeorientiert. Im Gegensatz zu den staatlich sanktionierten Großreligionen Europas wurde den Kirchen in den Vereinigten Staaten im frühen 19. Jahrhundert jede öffentliche Grundlage entzogen, so daß die Religion eine vollkommen freiwillige Angelegenheit wurde. Die Ausbreitung freiwilliger Vereine in den Vereinigten Staaten wurde deshalb in hohem Maße vom sektiererischen Protestantismus vorangetrieben; daraus erklärt sich auch, daß dort eine sehr viel höhere Dichte an zivilgesellschaftlichen Vereinigungen besteht als in jedem anderen entwickelten Land. Im World Values Survey finden sich dafür reichhaltige Belege. 1991 erklärten 71 Prozent der befragten Amerikaner, daß sie Mitglied einer freiwilligen Organisation seien, verglichen mit 38 Prozent in Frankreich, 64 Prozent in Kanada, 52 Prozent in Großbritannien und 67 Prozent im ehemaligen Westdeutschland.[10] Lester Salamon entdeckte, daß der *Nonprofit*-Sektor in den Vereinigten Staaten einen signifikant höheren Anteil an der Gesamtbeschäftigung und am Bruttoinlandsprodukt ausmacht als in jedem anderen entwickelten Land.[11] Webers »Geist des toten Religionsglaubens« geht in der Form säkularer Vereine in der amerikanischen Gesellschaft auch heute noch um.

Gelingt es nicht, den Vertrauensradius über den natürlichen Kreis von Familie und Freunden hinaus zu erweitern, so kann dies die Folge schlechten Regierens sein. Transparente Rechtsstaatlichkeit schafft die Grundlage für Vertrauen zwischen Fremden. Aber Rechtsstaatlichkeit ist nicht selbstverständlich. Manche Staaten können Eigentumsrechte oder die öffentliche Sicherheit nicht hinreichend schützen; andere sind bei der Besteuerung oder Regulierung der Gesellschaft willkürlich oder raffgierig. Unter diesen Umständen kann die Familie zu einem sicheren Hafen werden, eine begrenzte Sphäre, innerhalb derer man anderen Menschen verhältnismäßig vertrauensvoll begegnen kann.

Die Betonung der Familie in China hat ihre Wurzeln im willkürlichen und ausbeuterischen Besteuerungssystem während der Kaiserzeit und wurde durch die furchtbare politische Geschichte Chinas im 20. Jahrhundert weiter verfestigt. Daß die Familien eine doppelte Buchhaltung führten – für die Familie und für den Steuereintreiber – machte in einer Gesellschaft durchaus Sinn, die unter der Last der Steuern fast erdrückt wurde. Diego Gambetta erklärt, die sizilianische Mafia sei im späten 19. Jahrhundert aufgrund der Tatsache entstanden, daß der Staat aus verschiedenen Gründen die Eigentumsrechte in Süditalien nicht hinreichend schützte.[12] Fehlte es an einem wirksamen Gerichtssystem, an das sich der einzelne in zivilrechtlichen Angelegenheiten wenden konnte, so war er gezwungen, sich an einen Mafioso zu wenden, wenn er bei Betrug Schadenersatz erreichen wollte. Etwas ähnliches entwickelt sich auch im postsozialistischen Rußland, wo sich der Staat unfähig zeigt, Eigentumsrechte zu schützen und persönliche Sicherheit zu garantieren, so daß manche Bürger gezwungen sind, sich bei der lokalen Mafia privaten Schutz zu verschaffen. Eine universal geltende, einigermaßen wirksam durchgesetzte Rechtsstaatlichkeit kann demgegenüber dazu beitragen, daß sich ein viel größerer Vertrauensradius herausbildet, in dem Fremden eine Grundlage für Zusammenarbeit und für Konfliktlösung geboten wird.

Zurück in die Höhle

In diesem und im vorhergehenden Kapitel habe ich die Grenzen der natürlichen und spontanen Ordnung umrissen und zu erklären versucht, warum hierarchische Autorität in der Form von Religion und politischer Herrschaft notwendig ist, damit eine gesellschaftliche Ordnung und die Gesamtheit jener Normen entstehen können, die wir mit dem Begriff Kultur bezeichnen. Auch auf der Ebene der Organisation habe ich gezeigt, warum Hierarchie niemals ganz verschwinden wird und warum die großen Vorteile von Netzwerken und spontan organisierten Arbeitsplätzen niemals ausreichen werden, um alle Ziele zu erreichen, die sich die Organisationen setzen. Angesichts all dieser Einschränkungen könnte man versucht sein zu fragen, warum ich mir überhaupt die Mühe machte, die natürlichen und spontanen Ursachen von Ordnung darzustellen, wenn sie doch auf so vielfältige Weise durch die hierarchische Ordnung ergänzt werden müssen. Außerdem drängt sich ferner die Frage auf, welche Bedeutung sie für den Großen Bruch haben.

Die Antwort – bei der ich die beiden Metaphern verknüpfe – lautet, daß die Kinder von Hameln bereits die Höhle verlassen haben. Dabei büßten sie jedoch weder eine bestimmte Größenordnung noch den moralischen Universalismus ein, sondern jene Alltagsmoral, die sie ursprünglich für ihre eigene Gruppe hatten hervorbringen können. Die fortgeschrittenen Gesellschaften Nordamerikas und Europas sind aber bereits große, politisch stabile Einheiten und mit einem großen Maß an hierarchischer Autorität ausgestattet, so daß sie universalistische Prinzipien in bezug auf die Rechte des einzelnen und die Bürgerrechte durchsetzen können. Obwohl sie diesen Prinzipien nicht im vollen Umfang gerecht werden und obwohl eine kontinuierliche moralische Miniaturisierung stattfindet, leben die Bürger dieser Gesellschaften noch nicht in feindlichen, selbstzentrierten Höhlen oder in Elendsquartieren, deren Vertrauensradius höchstens bis zur Grenze des Wohnviertels reicht. Aus keiner dieser Gesellschaften ist ein Bosnien oder Ruanda geworden. Sie können bestimmte allgemein geltende politische Prinzipien voraussetzen, die es ihnen ermöglichen, große, reiche Gesellschaften zu sein, deren innere Vielfalt sowohl einen Vorteil als auch ein Problem darstellen kann.

Die Formen des endemischen Mißtrauens, die in Süditalien und im heutigen Rußland bestehen, werden sich wahrscheinlich in absehbarer Zukunft nicht selbst korrigieren. Die natürlichen Fähigkeiten der Bewohner dieser Regionen, spontane Ordnungen hervorzubringen, werden nicht ausreichen, um jene kulturellen Gewohnheiten korrigieren zu können, die zu einem stark eingeengten Vertrauensradius führen. Denn der Vertrauensradius wird nicht nur durch eine lange Tradition schlechter politischer Herrschaft immer kleiner, sondern auch durch den Mangel an mediatisierenden zivilgesellschaftlichen Gruppen, die nicht über Nacht geschaffen werden können. Aber das ist nicht das Problem, dem die Vereinigten Staaten und andere entwickelte Länder gegenüberstehen, die vom Großen Bruch betroffen sind. Gerade die Vereinigten Staaten weisen eine Kultur auf, die freiwillige Vereinigungen begünstigt. Welchen Schwund an Vertrauen das Land auch erfahren mag, rangiert es in dieser Hinsicht noch immer vor Italien und Frankreich. Die Gesellschaft der Vereinigten Staaten ist flexibel, dynamisch und wird von Ritualen und Traditionen relativ wenig behindert. Wir können hier eine Analogie zur wirtschaftlichen Entwicklung aufzeigen. Den Entwicklungsexperten unter den Ökonomen ist klar, daß sich die Postulate der modernen neoklassischen Wirtschaftslehre auf viele Länder der dritten Welt offenbar nicht anwenden lassen. Diesen Ländern fehlt es an politischen und ökonomischen Institutionen, die in fortgeschrittenen Ländern als selbstverständlich vorausgesetzt werden, wie beispielsweise ein Regelwerk für das Bankwesen oder ein funktionierendes Handelsgerichtssystem; sie sind ferner mit kulturellen Hindernissen konfrontiert, die in einer sich ständig verändernden Gesellschaft wie den Vereinigten Staaten nicht gegeben sind. So läßt sich die Vorstellung, daß das Unternehmertum aufblühen wird, wenn nur die staatlich verordneten Einschränkungen aufgehoben würden, nicht unbedingt auf Länder übertragen, in denen kulturelle Hemmnisse gegen Innovationen oder Risikobereitschaft bestehen. In manchen Fällen führt die Deregulierung zu kriminellem Verhalten und zu Anarchie. Das bedeutet aber nicht, daß diese Gesetze in entwickelten Ländern nicht funktionieren, in denen ja auch die entsprechenden Theorien entstanden.

Amerikas Problem ist anders gelagert. Aufgrund des technologischen Wandels und der bloßen Größenordnung und Vielfalt der heutigen Gesellschaft haben die Vereinigten Staaten einen wesentlichen Teil jener Alltagsmoral verloren, an die sich die Kinder von Hameln hielten, solange sie noch in der Höhle wohnten. Beim Wiederaufbau einer gesellschaftlichen Ordnung in den Vereinigten Staaten und in anderen Ländern in ähnlicher Lage geht es deshalb nicht darum, wieder eine hierarchische Autorität aufzubauen. Vielmehr geht es darum, unter den veränderten technologischen Bedingungen wieder Gewohnheiten wie Ehrlichkeit, Gegenseitigkeit und einen größeren Vertrauensradius herzustellen.

Die Erkenntnis ist also keineswegs unwichtig, daß es natürliche und spontane Quellen der gesellschaftlichen Ordnung gibt. Das läßt vermuten, daß sich Kultur und moralische Werte so weiterentwickeln werden, daß sich die Menschen den sich ändernden technologischen und ökonomischen Bedingungen anpassen können, mit denen sie konfrontiert sind. Ferner ist zu vermuten, daß diese spontane Evolution mit der hierarchischen Autorität interagieren wird, so daß eine »erweiterte Ordnung der menschlichen Kooperation« entstehen kann. Als Quelle von Regeln sind weder Selbstorganisation noch Hierarchie verzichtbar. Weder in den Vereinigten Staaten noch in irgendeinem anderen fortgeschrittenen Land kann das Familienleben durch staatliche Verordnung wiederhergestellt werden, und der Staat kann auch nicht vorschreiben, wie die Frauen ihre Arbeit mit ihrer Verantwortung für die Erziehung der Kinder in Einklang bringen sollen. Wenn sich Wohnbezirke für die Überwachung der Kriminalität zuständig fühlen, so setzen sie damit Standards für öffentliches Verhalten. Diese kulturellen Regeln müssen von den Bürgern und den Gemeinden im Verlauf ihrer täglichen Interaktion erarbeitet werden. Aber die öffentliche Politik kann die gesellschaftlichen Wahlmöglichkeiten im Umfeld sowohl in positiver als auch in negativer Weise mitgestalten – indem sie einerseits die öffentliche Sicherheit garantiert oder andererseits fragwürdige Anreize zur Bildung von Ein-Eltern-Familien schafft. Und obwohl sich die heutigen Gesellschaften nicht mehr wie früher auf die Autorität der Religion stützen können, ist die Religion nicht verschwunden und bleibt weiterhin eine hilfreiche Quelle von gemeinsamen Werten. Wir sollten davon ausgehen, daß die Menschen ihre angeborenen Fähigkeiten und ihren Verstand weiterhin nutzen werden, um Regeln hervorzubringen, die ihren langfristigen Interessen und Bedürfnissen dienen. Das haben die Menschen seit Zehntausenden von Jahren getan; es wäre sicherlich erstaunlich, wenn sie am Ende des 20. Jahrhunderts plötzlich damit aufhören würden.

Es bleibt noch die Aufgabe, uns von dieser abstrakten Darstellung der Ursprünge der sozialen Ordnung abzuwenden und uns mit der konkreteren Frage zu befassen, wie der Große Bruch überwunden werden kann, während sich im Informationszeitalter unsere Gesellschaften weiterentwickeln. In gewissem Sinne haben wir uns der Frage schon genähert, als wir uns mit Netzwerken und dem Nutzen von Sozialkapital in High-Tech-Bereichen beschäftigten. Obwohl die gesellschaftlichen Normen des Industriezeitalters durch die Entwicklung des heutigen Kapitalismus destabilisiert wurden, müssen wir uns fragen, ob dieser Kapitalismus nicht auch andere Quellen der sozialen Ordnung enthält. In gewissem Umfang können wir einen Einblick in die Zukunft erhalten, wenn wir die Vergangenheit betrachten und die historischen Wege erkunden, auf denen die Gesellschaften angesichts des rapiden technologischen Wandels moralische Werte neu begründeten. Mit diesen Themen werden wir uns im dritten Teil befassen.

TEIL DREI

Der große Aufbruch

15

Wird das Sozialkapital
vom Kapitalismus ausgebeutet?

Viele Menschen sind intuitiv davon überzeugt, daß der Kapitalismus schlecht für die Moral sei. Die Märkte bewerteten alles nur in Preisen, und zwischenmenschliche Beziehungen würden nur nach ihrem Nutzen beurteilt. Dieser Sichtweise zufolge verbraucht eine kapitalistische Gesellschaft mehr Sozialkapital, als sie hervorbringt. Besorgniserregende Phänomene wie das abnehmende Vertrauen in die Institutionen, ein schrumpfender Vertrauensradius, zunehmende Kriminalität und die Zersplitterung der Verwandtschaftsbande in Nordamerika und Europa deuten auf die Möglichkeit hin, daß die fortgeschrittenen Gesellschaften ihr Sozialkapital aufbrauchen, ohne es wieder aufbauen zu können. Sind kapitalistische Gesellschaften also dazu verurteilt, im Verlauf der Zeit materiell immer reicher, moralisch aber immer ärmer zu werden? Werden unsere persönlichen Bindungen durch das rücksichtslose unpersönliche Marktgeschehen untergraben? Lehren uns die Märkte, daß nur Geld und nicht Werte zählen? Ist also der moderne Kapitalismus dazu bestimmt, seine eigene moralische Basis zu unterminieren und damit seinen eigenen Zusammenbruch herbeizuführen?

Die Wahrheit ist, daß die heutigen Informationsgesellschaften auch weiterhin Sozialkapital benötigen, verbrauchen und dann wiederaufbauen werden. Die Formen von Nachfrage und die Quellen des Angebots haben sich zwar verändert, aber es gibt wenig Hinweise darauf, daß der Bedarf an informellen ethischen Normen einfach verschwinden wird oder daß die Menschen aufhören werden, für sich selbst moralische Standards zu entwickeln und zu versuchen, ihnen gerecht zu werden. Wie wir bei der Besprechung der natürlichen und spontanen Ordnung im zweiten Teil dieses Buchs gesehen haben, bringen Menschen teilweise deshalb eigene moralische Regeln hervor, weil das in ihrer Natur angelegt ist, teilweise aber ergeben sich diese Regeln auch durch die Verfolgung ihrer Eigeninteressen. In der Vergangenheit mochte das Sozialkapital aus Quellen wie der hierarchisch strukturierten Religion oder aus jahrhundertealten Überlieferungen entstanden sein, die heute offenbar in manchen Teilen der modernen Welt nur noch in verhältnismäßig geringem Maße vorhanden sind. Aber das sind nicht die einzigen Quellen.

Der Prozeß, durch den die Gesellschaften ihr Sozialkapital regenerieren, ist komplex und häufig sehr schwierig. In vielen Fällen erstreckt er sich über mehrere Generationen hinweg und hinterläßt viele Opfer, etwa wenn ältere Kooperationsnormen ersatzlos beseitigt werden. Auch der Große Bruch wird nicht von selber heilen. Den Menschen muß zuerst bewußt werden, daß sich ihr gemeinschaftliches Leben verschlechtert hat, daß sie selbstzerstörerische Verhaltensformen an den Tag legen und daß sie aktiv daran arbeiten müssen, durch Diskussion, Debatte, kulturelle Argumente und sogar Kulturkriege neue Normen für ihre Gesellschaften zu entwickeln. Es gibt Hinweise, daß sich das bis zu einem bestimmten Grad bereits ereignet, und auch frühere Epochen der Menschheitsgeschichte vermitteln uns die Zuversicht, daß es möglich ist, neue Normen und eine neue Moral zu entwickeln.

Kulturelle Widersprüche im Kapitalismus?

Die Frage, in welcher Beziehung die moderne Wirtschaftsordnung zur moralischen Ordnung stehe, ist alt; schon viele Autoren haben sich mit ihr befaßt. Vielleicht ist es hilfreich, die früheren Überlegungen zu diesem Thema noch einmal heranzuziehen, bevor wir uns mit dem Problem beschäftigen, wie selbst in den technologisch am weitesten entwickelten Teilen der Weltwirtschaft ein Bestand an Sozialkapital geschaffen werden kann. Der Ökonom Albert Hirschman weist darauf hin, daß es eine Reihe völlig widersprüchlicher Auffassungen darüber gebe, ob die Ausbreitung des modernen, von der Technologie vorangetriebenen Kapitalismus das moralische Leben befördere oder behindere.[1] Eine dieser Auffassungen geht auf Edmund Burke zurück, der den Schwund des Sozialkapitals im wesentlichen der Aufklärung anlastete. Burke schrieb unter dem Eindruck der Exzesse der Französischen Revolution; er kritisierte den Versuch, eine neue und gerechte politische und gesellschaftliche Ordnung auf der Grundlage abstrakter Prinzipien errichten zu wollen, die von einem zentralisierten Staat durchgesetzt würden. Die Funktionsfähigkeit einer solchen Ordnung hänge nicht nur von der Weisheit ihrer Baumeister ab, sondern auch von der Annahme, daß sich Menschen durch rationale Eigeninteressen hinreichend motivieren ließen. Burke argumentierte, daß sich funktionsfähige gesellschaftliche Regeln in den meisten Fällen nicht durch eine rein verstandesmäßige Argumentation erstellen ließen, sondern daß sie sich aus einer auf Versuch und Irrtum beruhenden kontinuierlichen gesellschaftlichen Entwicklung ergäben. Das sei nicht unbedingt ein rationaler Prozeß, denn auch Religion und althergebrachtes gesellschaftliches Brauchtum spielten bei der Herausbildung der Regeln eine wichtige Rolle. In diesem Burkeschen Konservatismus gibt es auch ein relativistisches Element: Jede Gesellschaft werde als Reaktion auf die eigene Umwelt und Geschichte ein eigenes Regelwerk hervorbringen, das durch Vernunft nicht voll erfaßt werden könne. Nach Burkes Auffassung stellten die Französische Revolution und in einem breiteren Sinne auch das gesamte Projekt der Aufklärung für die Menschheit eine Katastrophe dar, weil dabei versucht werde, traditionelle Regeln durch rationale Regeln zu ersetzen, die von den einzelnen ohne Androhung göttlicher Sanktionen befolgt werden sollten. Nur durch Vernunft ließen sich jedoch die moralischen Zwänge nicht hervorbringen, die für den gesellschaftlichen Zusammenhalt erforderlich seien, und deshalb müsse das gesamte Projekt der Aufklärung an seinen internen Widersprüchen scheitern.

Die Burkesche Kritik an der Aufklärung ist auch heute nicht verstummt. So argumentiert beispielsweise der Brite John Gray, daß die inneren Widersprüche der Aufklärung durch den Fall der Berliner Mauer offenkundig geworden seien und daß sie sich beispielsweise auch in den Kriminalitätsraten und den sozialen Auflösungserscheinungen in den Vereinigten Staaten manifestierten.[2] Der Kapitalismus verstärke diesen Prozeß: Indem er das Eigeninteresse über die moralische Pflicht stelle und eine endlose Innovationskette erzeuge, in der ständig eine Technologie die vorhergehende verdränge, zerstöre er die über Jahrhunderte gewachsenen Bindungen innerhalb der Gemeinschaften und lasse ihnen als Grundlage des sozialen Zusammenhalts nichts weiter als das nackte Eigeninteresse.

Nach dieser Vorstellung sind die modernen Gesellschaften bislang nur deshalb nicht buchstäblich auseinandergebrochen, weil sie noch von einer Art historischem Sozialkapital zehren, das sie zwar verbrauchen, aber niemals erneuern. Die Säkularisierung der Welt wirkt bei diesem Prozeß entscheidend mit, denn wenn die Religion die große Quelle des moralischen Handelns darstellt, dann bedeutet der Niedergang der Religion in der Modernisierungsära zugleich auch das Ende der gesellschaftlichen Ordnung. Fred Hirsch trug diesen Gedankengang in seinem Buch *Social Limits to Growth* explizit vor: »Soziale Tugenden wie ›Wahrheit, Vertrauen, Akzeptanz, Selbstbeherrschung, Pflichtbewußtsein‹, die für das Funktionieren einer ›individualistischen, auf Verträgen basierenden Wirtschaft‹ benötigt werden, gründen sich in beträchtlichem Ausmaß auf dem religiösen Glauben, aber die ›individualistische, rationalistische Basis des Marktes unterminiert die Unterstützung der Religion‹.«[3]

Ähnlichen Argumentationslinien folgt auch die umfangreiche Literatur über die »kulturellen Widersprüche des Kapitalismus«, der zufolge sich die kapitalistische Entwicklung letztlich selbst unterminiere, weil sie Normen hervorbringe, die den Normen zuwiderlaufen, die für die Funktionsfähigkeit der Märkte benötigt werden. Der vielleicht bekannteste Vertreter dieser Sichtweise war Joseph Schumpeter, der in *Kapitalismus, Sozialismus und Demokratie* argumentierte, daß der Kapitalismus im Laufe der Zeit eine Klasse von Eliten hervorbringe, die gerade jenen Kräften feindlich gegenüberstehe, welchen sie ihre Existenz verdankte, und daß diese Klasse letztlich versuchen werde, die Marktwirtschaft durch eine sozialistische Wirtschaftsweise zu ersetzen.[4] Daniel Bell betont, daß der Überfluß eine Arbeitsethik als unnötig erscheinen lasse und außerdem eine Kulturelite hervorbringe, die sich in permanenter Revolution gegen den Status quo befinde. Bell meint, das eigentliche Wesen dieses gekünstelten Modernismus sei das Verlangen, die etablierten Normen zu verletzen und Autorität und Gemeinschaftsstandards in Frage zu stellen.[5] Jeder neuen Generation falle es immer schwerer, Normen zu verletzen, weil immer weniger Normen übrigblieben, die unterlaufen werden könnten, und weil immer weniger Menschen vorhanden seien, die aus ihrem selbstzufriedenen Konformismus aufgeschreckt werden könnten. Daraus erkläre sich auch, warum die Bedeutung des Skandalösen ständig zunehme – vom zwecklosen Dadaismus in den zwanziger Jahren bis hin zur obszönen, gotteslästernden und beleidigenden *Performance Art* des späten 20. Jahrhunderts. Bell zufolge zerstöre eine Kulturelite, die sich in ständiger Opposition zu allen Werten der Mittelschichten befinde, letztlich die produktive Grundlage der Marktwirtschaft, der sie ihre Existenz verdankt.

Auf den potentiellen Konflikt zwischen Marktwirtschaft und Gesellschaftsordnung wies nicht nur Bell hin, sondern auch zahlreiche andere Autoren, wie Michael Sandel, Alan Wolfe und William J. Bennett.[6] Informelle Gemeinschaftsnormen können am besten in kleinen, stabilen Gruppen erzeugt und durchgesetzt werden. Der Kapitalismus jedoch ist so dynamisch, daß er durch *Downsizing*, *Rightsizing* und Verlagerung von Arbeitsplätzen ins Ausland ständig Gemeinschaften auseinanderreißt. Riesige, hocheffiziente Wal-Marts verdrängen die Tante-Emma-Läden an der Ecke und zerstören damit auch die persönlichen Beziehungen, die in den kleinen Läden entstanden, und bei alledem geht es nur um niedrigere Preise. Die Marktwirtschaft bringt eine Unterhaltungsindustrie hervor, die den Menschen alles vorführt, was sie sehen wollen, gleichgültig, ob die Darbietungen von Sex und Gewalt gut für sie oder ihre Kinder sind. Die Marktgesellschaft neigt dazu, jene zu Helden zu machen, die entweder gut Geld scheffeln können oder auf irgendeine Weise zu Berühmtheit gelangen (oder beides), und zwar zu Lasten derer, die viel größere Tugenden besitzen, diese aber nicht in Geld umwandeln können.[7]

Früher wurden viele Sektoren der amerikanischen Wirtschaft durch Regulation, Berufsstandards oder segmentierte Märkte vor dem Wettbewerb geschützt. In den achtziger und neunziger Jahren erfolgte eine Deregulierung und Öffnung der amerikanischen Wirtschaft für den Wettbewerb im Inland und im internationalen Bereich. Damit wurden viele dieser ehemals geschützten Branchen einem schärferen Wettbewerb ausgesetzt, der angeblich negative Auswirkungen auf das Sozialkapital gehabt haben soll. Die Bankiers der fünfziger und sechziger Jahre, die jeden Nachmittag Zeit für ihr Golfspiel finden konnten, verfügten auch über genügend Zeit und Geld, das sie für den Dienst am Gemeinwesen aufwendeten. Nach der Deregulierung des Bankwesens fehlte es ihnen sehr viel stärker an Zeit und Geld. Die Art von Argumentation, die Johnnie Cochran bei der Verteidigung von O. J. Simpson benutzte – die Jury für befangen zu erklären, weil eine rassenspezifische Voreingenommenheit zu vermuten sei –, wäre bei früheren Generationen amerikanischer Juristen auf Mißbilligung gestoßen. Heute wird jedoch die Fähigkeit von Berufsverbänden, solche informellen Normen durchzusetzen, dadurch untergraben, daß die Rechtsanwälte mit einem sehr viel stärker konkurrenzorientierten Umfeld konfrontiert sind. Cochran half nicht nur seinem Klienten, der Mordanklage zu entgehen, sondern bekam selbst obendrein auch noch einen Job beim Fernsehgericht.

Das Problem mit der Literatur über die »Widersprüche im Kapitalismus« besteht darin, daß sie extrem einseitig ist – selbst wenn man von der Tatsache absieht, daß der Kapitalismus noch immer nicht zusammengebrochen oder sich irgendwie selbst unterminiert hat. Wir können als gegeben akzeptieren, daß der Kapitalismus häufig als destruktive, störende Kraft erscheint, die traditionelle Loyalitäten und Pflichten auseinanderbricht. Aber er schafft auch Ordnung und baut neue Normen auf, die die von ihm zerstörten ersetzen. Tatsächlich ist es sehr gut möglich, daß der Kapitalismus ein »Nettoerzeuger« von Normen ist und damit auch in modernen Gesellschaften unter dem Strich als »moralische Kraft« in Erscheinung tritt. Die Hauptrichtung der Literatur über die spontane Ordnung, die wir im zweiten Teil dieses Buchs anführten, zeigt Wege auf, wie dezentralisierte Gruppen tatsächlich Ordnung hervorbringen können, wenn sie sich selbst überlassen werden. Das war mit Sicherheit auch die Ansicht einer Reihe von Denkern der Aufklärung, die argumentierten, daß der Kapitalismus weit davon entfernt sei, Moral zu untergraben, sondern sie vielmehr verbessere. Dieser Gedankengang wurde zuerst von Montesquieu artikuliert, der erklärte, der »Handel ... glättet und mildert das barbarische Verhalten, wie wir jeden Tag feststellen können«.[8] Samuel Ricard formulierte 1704 diese Auffassung möglicherweise am klarsten; sein Text wurde während des gesamten 18. Jahrhunderts immer wieder zitiert:

Der Handel bindet [die Menschen] aufgrund des gegenseitigen Nutzens aneinander ... Durch den Handel lernen die Menschen nachzudenken, ehrlich zu sein, sich gutes Verhalten anzugewöhnen, vorsichtig und zurückhaltend im Gespräch und in ihren Handlungen zu sein. Der Mensch empfindet die Notwendigkeit, weise und ehrlich zu sein, um Erfolg zu haben; er flieht vor dem Laster, oder zumindest zeigt er in seinem Verhalten Anstand und Ernsthaftigkeit, um von seiten seiner gegenwärtigen und zukünftigen Bekannten nicht ungünstig beurteilt zu werden.[9]

Ricard kannte zwar die Spieltheorie noch nicht, aber er beschreibt ein Rückkoppelungsspiel, in dem der Ruf der Ehrlichkeit zu einem Aktivposten wird. Auch Adam Smith glaubte an die moralbildende Wirkung des *doux commerce* und behauptete, daß er Tugenden wie Pünktlichkeit, Vorsicht und Ehrlichkeit befördere und das Leben der arbeitenden armen Klassen verbessere, weil sie dadurch weniger abhängig von den in der Gesellschaft über ihnen stehenden Personen würden.[10] In einem allgemeineren Sinne trat er für einen Kapitalismus ein, der weniger auf einer ökonomischen als vielmehr auf einer moralischen Grundlage beruhte.[11] Aristokratische Gesellschaften gründeten auf dem Verlangen nach Ehre, das nur durch militärischen Kampf und Eroberung befriedigt werden konnte. Bürgerliche Gesellschaften setzten an die Stelle des aristokratischen Prinzips ein auf einer

engeren Form von Eigeninteresse basierendes Prinzip – in Hirsch-
mans Worten ersetzten sie Leidenschaften durch Interessen – und
milderten dabei auch zugleich die brutalen und gewalttätigen Verhaltensweisen der aristokratischen Ordnungen.[12] Die Mitglieder
kommerzieller Gesellschaftsordnungen entwickelten die langfristigen Interessen zu Tugenden wie Fleiß, Ehrlichkeit und Selbstdisziplin sowie einer Reihe anderer kleiner Tugenden weiter, ver-
mieden aber zugleich die Laster. Wenn Hirsch feststellt, daß eine
Tugend wie Ehrlichkeit, die für den wirtschaftlichen Austausch
unverzichtbar sei, nur in Abhängigkeit von der Religion überleben könne, so ist dies letztlich eine absurde Behauptung. Denn
das bloße Eigeninteresse der Geschäftsleute dürfte dafür sorgen,
daß es auch in Zukunft Ehrlichkeit geben wird (oder jedenfalls
den Anschein von Ehrlichkeit).

Letzten Endes wird es wohl am besten sein, wenn man eine
vermittelnde Position einnimmt – daß der Fortschritt des Kapitalismus das moralische Verhalten zugleich verbessert und beeinträchtigt. Bei der Verlagerung von Leidenschaften zu Interessen
geht es nicht nur um reine Gewinne. Die Bedeutung der aristokratischen Ehre gehört zum Kernbestand jedes großen politischen Strebens und bewirkt, daß das politische Leben in vielerlei
Hinsicht davon abhängt. Die großen und edlen Unternehmungen
werden eben nicht von Menschen begonnen, die nur ehrlich, vorsichtig, pünktlich und zuverlässig sind. Gerade Adam Smith
waren die Grenzen der vielen kleinen Tugenden, die vom Handel
gefördert werden, durchaus bewußt. Seiner Meinung nach ruft
Vorsicht lediglich eine »kalte« Wertschätzung hervor, und wenn
die Bürger danach strebten, ihre Stellung zu verbessern, so beruhe
das auf der Illusion, daß Reichtum Glück erkaufen könne.[13]

Selbst wenn wir unsere Überlegungen auf die bürgerlichen
Tugenden beschränkten, müßten wir eingestehen, daß die marktwirtschaftliche Gesellschaft die moralischen Beziehungen zugleich befördert und beschädigt. Es kann durchaus sein, daß manche Menschen zynisch werden, wenn sie Liebe mit einem Preis
versehen oder einen altgedienten Mitarbeiter entlassen müssen,
um die Effizienz des Unternehmens zu steigern. Aber auch das
Gegenteil läßt sich zeigen: Soziale Beziehungen zu den Mitmen-

schen können am Arbeitsplatz aufgebaut werden; dort erlernt man auch Ehrlichkeit und Vorsicht im Umgang mit anderen Menschen, weil man gezwungen ist, mit ihnen langfristig zusammenzuarbeiten. Und nicht nur das: Sozialkapital und internalisierte, informelle Normen werden in dem Maße wichtiger, in dem wir von einer Industrie- zu einer postindustriellen oder Informationsgesellschaft übergehen und die Volkswirtschaften immer komplexer und immer stärker von den Technologien abhängig werden. Für komplexe Aktivitäten sind Selbstorganisation und Eigenanleitung erforderlich. Die Fähigkeiten dazu werden, sofern sie nicht durch die Kultur bereits vorgegeben sind, vom privaten Unternehmen vermittelt, weil seine Produktivität davon abhängt. Das wird in den neuen Organisationsformen sichtbar, die sich in amerikanischen Fabriken und Büros in den letzten 20 Jahren verbreitet haben, vor allem aber auch im Konzept des Netzwerks.

Moderne postindustrielle kapitalistische Volkswirtschaften werden eine ständige Nachfrage nach Sozialkapital erzeugen. Langfristig sollten sie auch in der Lage sein, Sozialkapital in ausreichender Quantität hervorzubringen, um der Nachfrage zu entsprechen. In dieser Hinsicht können wir recht zuversichtlich sein, weil wir wissen, daß private Akteure, die ihre eigenen Interessen verfolgen, Sozialkapital und die damit zusammenhängenden Tugenden schaffen werden, wie Ehrlichkeit, Zuverlässigkeit und Gegenseitigkeit. Gott, Religion und uralte Traditionen sind bei diesem Prozeß hilfreich, aber nicht unabdingbar. Montesquieu und Adam Smith haben recht, wenn sie argumentieren, daß Handel die Moral eher befördere; Burke, Daniel Bell und John Gray haben unrecht, wenn sie behaupten, daß der Kapitalismus seine eigenen moralischen Grundlagen unvermeidlich unterlaufe oder, allgemeiner gewendet, daß die Aufklärung sich selbst unterminiere.

Über dieses Argument herrscht große Verwirrung. James Coleman, der Soziologe, dem die Wiederbelebung des Begriffs Sozialkapital in den letzten Jahren zuzuschreiben ist, argumentierte, daß es sich dabei um ein öffentliches Gut handle, das demzufolge von den freien Märkten nicht hinreichend erzeugt werde.[14] Das heißt, daß Sozialkapital einen Nutzen für die Gesamtgesellschaft hat; die Gruppen, die das Sozialkapital verkörperten, könnten daraus jedoch keinen eigenen Nutzen ziehen und neigten deshalb dazu, dieses Gut gar nicht erst in ausreichendem Maße zu erzeugen. Das wiederum bedeutet, daß es von Kräften geschaffen werden muß, die nicht den Märkten zuzurechnen sind – entweder durch den Staat (wenn er beispielsweise öffentliche Bildung anbietet, die eine Sozialisationswirkung hat) oder durch nichtstaatliche Akteure wie Familien, Kirchen, Wohlfahrtsvereine oder andere Formen von freiwilligen Vereinigungen, denen es nicht um finanzielle Aspekte geht. In Übereinstimmung mit dieser Sichtweise sind viele Beteiligte der Debatte über das Sozialkapital überzeugt, daß zwischen gewinnorientierten Unternehmen wie Intel oder Gilette und nichtstaatlichen Organisationen wie dem (Naturschutzverein) Sierra Club oder der American Association of Retired Persons (AARP, einer Vereinigung von Rentnern und Pensionären) ein fundamentaler Unterschied bestehe: Nur die letztgenannten *(Nonprofit-)*Organisationen verkörperten demzufolge das Sozialkapital und seien deshalb legitime Bestandteile der Zivilgesellschaft.

Die Auffassung, daß Sozialkapital ein öffentliches Gut sei, ist jedoch falsch. Sozialkapital wird tatsächlich auch von den privaten Märkten erzeugt, weil es im langfristigen Interesse des an sich eigensüchtigen Individuums liegt, Sozialkapital hervorzubringen. Das Unternehmen, das ein hohes Maß an Ehrlichkeit und Höflichkeit im Kundendienst voraussetzt, oder die Firma, die ein fehlerhaftes Produkt sofort aus den Lagerregalen entfernt, oder der Geschäftsführer, der eine Gehaltskürzung hinnimmt, um in einer Rezession Solidarität mit seinen Arbeitern zu beweisen, handeln alle nicht altruistisch, sondern haben ein langfristiges Interesse daran, den Ruf von Ehrlichkeit, Verläßlichkeit, Qualitätsbewußtsein und Fairneß zu erwerben oder einfach nur als großer Wohltäter zu gelten. Diese Tugenden werden zu einem wirtschaftlichen »Vermögenswert« und werden als solcher auch von Individuen und Unternehmen nachgefragt, die an sich nur an der Geschäftsbilanz interessiert sind. In ähnlicher Weise handeln auch die Walfänger, Bauern oder Fischer, die Regeln für eine faire und langfristige Nutzung der gemeinsamen Ressourcen entwikkeln, nicht aus einem ökologisch korrekten Bewußtsein heraus, sondern weil sie ein eigenes Interesse daran haben, daß die Ressource nicht ausgebeutet wird, damit ihnen langfristig ein gerechter Anteil erhalten bleibt.

Trotzdem unterscheidet sich das Wesen des Sozialkapitals von physischem oder vom Humankapital. Nach einer Formulierung des Ökonomen Partha Dasgupta ist Sozialkapital kein öffentliches Gut, wird aber dennoch von externen Effekten beherrscht.[15] Das heißt, Privatpersonen können Sozialkapital zur Verfolgung ihrer eigenen Interessen schaffen; ist es aber erst einmal erzeugt, ergeben sich daraus viele nützliche Nebenwirkungen für die Gesamtgesellschaft. Unternehmen, die ihren Ruf für Qualität und Zuverlässigkeit aufpolieren wollen, tragen dazu bei, daß sich das allgemeine Niveau der Qualität und Zuverlässigkeit in der Gesamtgesellschaft erhöht. Personen, die überzeugt sind, daß Ehrlichkeit immer die beste Strategie ist (das heißt, daß Ehrlichkeit also einen eigennützigen Wert hat), werden sich letztlich nicht viel anders verhalten als jene, die glauben, daß Ehrlichkeit per se ein guter Wert sei. Sozialkapital bringt also nicht nur externe Effekte hervor, sondern entsteht auch selbst häufig als Nebenprodukt oder externer Effekt irgendeiner anderen Aktivität. Max Webers berühmte Protestanten strebten nicht nach Wohlstand, indem sie Kapital anhäuften; vielmehr suchten sie zu beweisen, daß sie in den Augen Gottes zu den Auserwählten zählten. Doch ihre Genügsamkeit, ihre Selbstdisziplin und ihr Verlangen, den Status als Erwählte unter Beweis zu stellen, hatten zufällig auch zur Folge, daß sie im Diesseits Wirtschaftsunternehmen gründeten, die letztlich die Quelle eines enormen Reichtums wurden.

Wenn wir also akzeptieren, daß Sozialkapital kein öffentliches, sondern vielmehr ein privates Gut ist, das von externen Effekten durchdrungen ist, können wir auch erkennen, daß eine moderne Marktwirtschaft jederzeit Sozialkapital erzeugen wird. Im Falle der einzelnen Unternehmen kann und wird Sozialkapital durch direkte Investitionen in Bildung und Ausbildung über die im Unternehmen erforderlichen Fertigkeiten geschaffen. Natürlich existiert eine Fülle von Managementliteratur über die Schaffung einer Unternehmenskultur, die letztlich nichts anderes darstellt als den Versuch, die Beschäftigten eines Unternehmens für eine Reihe von Normen zu sozialisieren, durch die sich ihre Bereitschaft zur Zusammenarbeit mit anderen Beschäftigten verbessern läßt und das Bewußtsein einer Gruppenidentität aufgebaut wird.[16] Früher waren die Japaner in dieser Hinsicht wahre Meister; ihre Manager mußten brutale gemeinsame Trainingsprogramme durchlaufen, bei denen die Ausdauer getestet und gegenseitige Abhängigkeiten aufgebaut wurden.[17] Wie wir in Kapitel 12 darstellten, entdeckten viele Unternehmen, die zu flacheren Organisationsformen, Teamarbeit und ähnlichen Managementstrukturen übergegangen waren, daß sie in großem Umfang auch in die Ausbildung ihrer Arbeiter investieren mußten, um sie für Funktionen zu befähigen, die früher vom Management wahrgenommen worden waren.

Der Staat als Freund und Feind des Sozialkapitals

Die Tatsache, daß Sozialkapital von Privatunternehmen erzeugt werden kann, bedeutet natürlich nicht, daß es nicht auch durch öffentliche Behörden geschaffen wird. Wer den Staat für unfähig hält, Werte zu prägen, sollte nur an das Beispiel des U.S. Marinekorps denken, dem es über Jahre hinweg gelungen ist, junge Männer aus den Unterschichten und aus armen Wohnbezirken zu holen, von denen viele aus Ein-Eltern-Familien und problematischen Bezirken stammten, und sie in Marinesoldaten zu verwandeln, die einem außerordentlich gut entwickelten System interner Organisationsregeln und -normen folgen. Während der elfwöchigen Grundausbildung herrscht im Korps eine ausgesprochen hierarchische und autoritäre Atmosphäre, wobei bewußt jeglicher Individualismus der Rekruten gebrochen wird; es ist ihnen sogar verboten, das Personalpronomen »ich« zu verwenden.

Das Bildungssystem ist eine der wichtigsten Quellen des Sozialkapitals in den heutigen Gesellschaften. In den meisten Ländern wird Bildung als öffentliches Gut vom Staat zur Verfügung gestellt. Die Schulen bringen nicht einfach Schüler mit Wissen und Fertigkeiten hervor, sondern versuchen auch, sie für bestimmte kulturelle Gewohnheiten zu sozialisieren mit der Absicht, aus ihnen gute Staatsbürger zu machen. Viele amerikanische Erzieher sahen während der ersten Jahrzehnte des 20. Jahrhunderts eines ihrer Ziele darin, die zahlreichen Immigrantenkinder, die damals in das Land strömten, der vorherrschenden amerikanischen Kultur zu assimilieren. Vertrauen korreliert, wie wir gezeigt haben, in hohem Maße mit dem Bildungsniveau.

Die höheren Schulen erbringen bei der Schaffung von Sozialkapital eine gute Leistung. Wie ich an früherer Stelle im Hinblick auf die Forschung und Entwicklung im High-Tech-Bereich feststellte, dient die Berufsausbildung häufig als wichtige Quelle für Normen und gesellschaftliche Einbindung. Fachkenntnisse, Berufsstandards und die im Verlauf der höheren Bildung erworbenen Erfahrungen bringen Gemeinschaften hervor, deren Angehörige Wissen und Erfahrungen teilen und in denen bestimmte Normen eingeführt und durchgesetzt werden. Das Niveau der post-sekundären Bildung ist praktisch in allen entwickelten Ländern in den letzten beiden Generationen gestiegen und wird in dem Maße weiter steigen, in dem die Gewinne steigen, die sich auch für das Bildungswesen selbst ergeben. Es überrascht nicht, daß am oberen Ende des Bildungssystems und der Einkommensverteilung einer Gesellschaft geradezu ein Überfluß an Sozialkapital festzustellen ist. Wie bei der Diskussion der Zivilgesellschaft in Kapitel 4 angedeutet, hat sich nicht der Gesamtbestand an Sozialkapital in einer Gesellschaft verändert, sondern seine Verteilung und seine Beschaffenheit.

Der Staat ist zwar fähig, Sozialkapital zu erzeugen, aber er ist auch sehr effizient, wenn es darum geht, es zu zerstören. Bereits früher in diesem Buch habe ich festgestellt, daß ein Staat, dem es nicht gelingt, die öffentliche Sicherheit oder einen zuverlässigen Schutz des Eigentums zu gewährleisten, Staatsbürger hervorbringen wird, die nicht nur dem Staat, sondern auch ihren Mitmenschen mißtrauisch gegenüberstehen und denen es schwerfällt, sich mit anderen zusammenzuschließen. Das Wachstum des modernen Wohlfahrtsstaates, die Zentralisierung seiner Funktionen und sein Eindringen in buchstäblich alle Lebensbereiche haben eher zu einer Unterminierung der spontanen Soziabilität beigetragen. In europäischen Ländern wie Schweden und Frankreich gibt es zwar so etwas wie ein ausgeprägtes privates Vereinsleben, aber es hängt fast völlig von staatlichen Subventionen oder Regeln ab. Ohne den Staat würden dort viele Vereinigungen zusammenbrechen. In den Vereinigten Staaten mußten die Kommunen und Einzelstaaten während des Großen Bruchs Befugnisse an die Bundesregierung abtreten, und wenn diese sich einmischte, geschah es häufig zum Nachteil der Ziele des privaten Vereinswesens. Die Entkriminalisierung der Ordnungswidrigkeit durch das Rechtssystem, die wir weiter oben beschrieben, ist nur ein Beispiel dafür, wie der moderne liberale Staat die Kommunen ihrer Fähigkeit beraubte, im Namen der Rechte des einzelnen Regeln und Normen zu setzen.

Ein weiteres Beispiel: John Miller hat darauf hingewiesen, einer der größten Fehler des heutigen amerikanischen öffentlichen Bildungssystems bestehe darin, das Ziel der Assimilation aufgegeben zu haben.[18] Politische Bildung und amerikanische Geschichte seien jetzt weniger verbreitet. Viele Schulen hätten schon genügend Probleme damit, eine grundsätzliche Ordnung zu bewahren und Gewalt im Klassenzimmer zu verhindern, ganz zu schweigen von Zielen wie der charakterlichen Bildung ihrer Schüler entsprechend den vorherrschenden kulturellen Mustern. In vielen Fällen sollen die Schulen Kinder sozialisieren, deren Eltern es nicht gelungen ist, ihre Sprößlinge hinreichend mit Sozialkapital auszustatten und dieses Sozialkapital zu erhalten. In anderen Fällen trägt das Schulsystem aktiv zur Verringerung des Sozialkapitals bei, indem es Innovationen wie Zweisprachigkeit und Multikulturalismus fördert – Ansätze, die offensichtlich darauf gerichtet sind, das Selbstwertgefühl von Minderheiten zu steigern, was wiederum praktisch dazu beiträgt, unnötige kulturelle Barrieren zwischen Bevölkerungsgruppen zu errichten.

Für die Zukunft lautet die Frage, ob es wirklich eine unentrinnbare Notwendigkeit ist, daß der moderne liberale Staat ständig an Macht gewinnt und diese Macht dazu nutzt, die immer größere Ausweitung der Sphäre individueller Rechte auf Kosten der Gemeinschaft zu fördern. Zwar sieht die Bilanz der Vereinigten Staaten in dieser Hinsicht im Verlauf der letzten Generation nicht positiv aus, aber ich kenne auch keine deterministische historische Kraft, die solche Ergebnisse unvermeidlich erscheinen ließe, da sie doch offensichtlich den Interessen der großen Mehrheit der Bürger zuwiderlaufen. Vielleicht zeigt aber das Beispiel der Abschaffung der Zweisprachigkeit in Kalifornien als Folge der Verabschiedung der »Proposition 227«, daß moderne Demokratien noch immer in der Lage sind, in dieser Hinsicht ihre Zukunft selbst zu formen.

Wirtschaftliche und moralische Austauschbeziehungen

Weit verbreitet ist die Meinung, daß etwas, das ein Unternehmen in seinem eigenen Interesse unternimmt, auch einen moralischen Inhalt haben kann. Diese Haltung ist meiner Ansicht nach darauf zurückzuführen, daß die meisten Menschen aus vollkommen vernünftigen Gründen zwischen altruistischen oder moralischen Absichten und rationalem Eigeninteresse unterscheiden. Das gilt in besonderem Maße für Ökonomen, die ihre Wissenschaft frei halten wollen von jeder Abhängigkeit von moralischen Motiven.[19] Der moralischen, auf dem gesunden Menschenverstand beruhenden Argumentation zufolge verhalte ich mich Ihnen gegenüber nur deshalb ehrlich und hilfsbereit, weil ich mit Ihnen auch in der Zukunft Geschäfte tätigen will. In diesem Fall bin ich aber nicht wirklich ehrlich und hilfsbereit, sondern nur berechnend. Eine Tugend wird erst dann zur Tugend, wenn sie um ihrer selbst willen praktiziert wird.

Diese Kantsche Sichtweise des moralischen Verhaltens, bei der die Absichten und nicht die Ergebnisse betont werden, müssen wir uns unbedingt ständig bewußt machen, vor allem dann, wenn wir den Charakter anderer Menschen beurteilen. In der Praxis ist jedoch die Trennlinie zwischen moralischem und am Eigeninteresse orientiertem Verhalten nicht leicht zu ziehen. Häufig folgen wir einer Norm anfänglich nur aus eigennützigen

Gründen; wenn wir uns dann auch weiterhin an diese Norm halten, so geschieht es häufig auch aus moralischen Überlegungen. Sie arbeiten bei Firma X, weil Sie einen Job brauchen und die Hypothek für Ihr Haus abzahlen müssen, aber nachdem Sie dort ein paar Jahre lang gearbeitet haben, entdecken Sie, daß Sie ein Loyalitätsgefühl gegenüber dem Unternehmen entwickelt haben, wenn nicht gegenüber der Firma als abstrakter Einheit, so doch jedenfalls gegenüber den Kollegen als Menschen. Sie fangen an, gewisse Eigeninteressen zu opfern – etwa, wenn Sie abends Überstunden machen, persönliche Kontakte für geschäftliche Zwecke nutzen und so weiter – nicht nur deshalb, weil Sie dafür eine Sondervergütung erwarten, sondern weil Sie glauben, daß Sie dies Ihren Kollegen schuldig sind. Wenn Firma X am Ende Verrat an Ihnen begeht und Ihren Arbeitsplatz abbaut, empfinden Sie das nicht nur als unpersönliche wirtschaftliche Entscheidung, sondern als moralischen Verrat: »Ich habe zehn Jahre meines Lebens für diese Firma geopfert. Ist das jetzt mein Lohn?«

Es ist zwar wichtig, auch weiterhin zwischen einem am Eigennutz orientierten moralischen Verhalten und rationalem Eigeninteresse zu unterscheiden, aber es ist auch schwierig und häufig sogar unvernünftig, moralisches Verhalten völlig vom Eigeninteresse zu trennen. Denken Sie nur einmal an den Unterschied zwischen einem Austausch auf dem Markt und einem gegenseitigen Altruismus, der biologisch begründet ist (wie in Kapitel 9 beschrieben). Bei einer Markttransaktion tauschen Käufer und Verkäufer Waren und Geld zum beiderseitigen Nutzen. In einer auf Gegenseitigkeit beruhenden Situation kommt es zu einem ähnlichen Austausch von Nutzen zwischen zwei Menschen, aus dem beide einen langfristigen Vorteil ziehen. Den Austausch auf dem Markt halten wir für eine amoralische Transaktion, dem gegenseitigen Austausch jedoch verleihen wir eine moralische Bedeutung. Warum?

Abstrakt betrachtet, besteht der einzige Unterschied zwischen beiden Situationen in der Zeitspanne, innerhalb derer der jeweilige Austausch erfolgt. Bei einer Markttransaktion werden die Güter simultan getauscht; in einer Situation des gegenseitigen Altruismus kann es sein, daß eine Person einen Nutzen auf eine andere überträgt, ohne eine sofortige Gegenleistung zu erwarten. Genau das macht aber den zentralen Unterschied aus. Wenn mich eine Freundin anruft und mich bittet, ihr beim Auszug aus ihrer Wohnung zu helfen, könnte meine Antwort lauten: »Okay, aber nur, wenn du mir morgen hilfst, mein Haus zu streichen.« Nach einer solchen Antwort dürfte diese Freundschaft vermutlich nicht mehr sehr lange bestehen bleiben. Nehmen wir an, ein Mann wird ausgeraubt, niedergeschlagen und bleibt verletzt im Straßengraben liegen. Wenn ein Passant daherkommt, seine Hilfe anbietet, aber dafür Barzahlung verlangt, würden sich die meisten Menschen über diese Forderung aufregen, obwohl das Angebot unter ökonomischen Gesichtspunkten durchaus fair ist. Ist der Passant jedoch ein barmherziger Samariter, der den Überfallenen ins Krankenhaus bringt, würden sich die meisten Menschen verpflichtet fühlen, dem Passanten später die Freundlichkeit zu erwidern oder zumindest für seine Hilfsbereitschaft zu danken. Dieser letztgenannte Sachverhalt stellt ebenfalls einen Austausch dar, aber mit einer ganz anderen moralischen Bedeutung.

Abgesehen von Verwandtschaftsbeziehungen gibt es nur sehr wenige Beziehungen, die nicht gegenseitigen Austausch, sondern echte, nur in einer Richtung verlaufende altruistische Handlungen beinhalten. Wenn wir einem Freund eine Gunst erweisen, der uns diesen Gunstbeweis mit beleidigenden und verletzenden Bemerkungen vergilt, werden wir schnell den Punkt erreichen, an dem Loyalität weniger als Tugend denn als Dummheit erscheint. Reiche Wohltäter, die im späteren Leben große Summen für gemeinnützige Zwecke spenden, erklären dies häufig damit, daß sie von der Gemeinschaft in frühen Jahren begünstigt worden seien und sich dafür nun erkenntlich zeigen wollten. Einer der Höhepunkte des Films *Ist das Leben nicht schön? (It's a Wonderful Life)* von Frank Capra ist die Szene, in der sich die Bürger von Bedford Falls gegenüber George Bailey (gespielt von James Stewart), dessen Geschäfte vor dem Bankrott stehen, dafür erkenntlich zeigen, daß er ihnen sein ganzes Leben lang Gutes getan hat. Die an sich sentimentale Szene wirkt nicht dadurch überzeugend, daß George Bailey altruistisch gehandelt hatte, sondern durch die darin vermittelte Überzeugung, daß Altruismus in einer echten menschlichen Gemeinschaft letztlich auch belohnt wird – in diesem Fall durch sehr viel kaltes und hartes Geld. Wir müssen aber nicht annehmen – sofern wir nicht Kantianer der extremeren Art sind –, daß sich George Baileys moralisches Verhalten in der Zukunft ändern wird, weil er letztlich einen ökonomischen Nutzen daraus zog. Und wir dürfen auch andererseits nicht den zeitlich versetzten Austausch von Gunstbeweisen in dieser Gemeinschaft mit einem Marktaustausch gleichsetzen. Das gehört in die Zuständigkeit des alten Potter, des hartherzigen Bankiers, der in diesem Film den Bösewicht abgibt.

Marktaustausch ist zwar nicht das gleiche wie gegenseitiger Altruismus, der in moralischen Gemeinschaften stattfindet, aber die beiden Elemente weisen doch gewisse Beziehungen auf. Austauschbeziehungen auf dem Markt fördern die Gewöhnung an das Gegenseitigkeitsprinzip, das aus dem wirtschaftlichen ins moralische Leben hinüberwirkt. Moralischer Austausch fördert das Eigeninteresse der Menschen, die sich daran beteiligen. Es ist deshalb schwer, an der scharfen Dichotomie festzuhalten, die oft zwischen dem am Eigeninteresse orientierten und dem moralischen Verhalten postuliert wird.

Das Problem, das sich für moderne kapitalistische Gesellschaften im Hinblick auf moralische Beziehungen stellt, besteht deshalb nicht im Wesen des wirtschaftlichen Austausches an sich. Vielmehr liegt das Problem in der Technologie und im technologischen Wandel. Der Kapitalismus ist so dynamisch und eine so wirksame Ursache kreativer Zerstörung, daß er die Bedingungen des Austausches ständig verändert, der in menschlichen Gemeinschaften abläuft. Das trifft sowohl auf den ökonomischen als auch auf den moralischen Austausch zu und war eine der Ursachen des Großen Bruchs.

16

Wiederaufbau in Vergangenheit,
Gegenwart und Zukunft

Es ist nun an der Zeit, daß wir zu dem Großen Bruch zurückkehren und uns die Frage stellen, wie es weitergeht. Werden wir unausweichlich immer tiefer im sozialen und moralischen Verfall versinken, oder gibt es Grund zu der Annahme, daß der Bruch nur eine vorübergehende Erscheinung sein könnte und daß es den Vereinigten Staaten und den anderen Gesellschaften, die den Bruch erlebt haben, gelingen wird, sich wieder neue Normen zu geben? Und wenn eine Neuausrichtung an Normen kommt, wie wird sie vonstatten gehen? Wird sie spontan erfolgen, oder wird die politische Intervention der Regierung nötig sein? Oder müssen wir uns auf eine unberechenbare und sehr wahrscheinlich unkontrollierbare religiöse Erneuerung gefaßt machen, die soziale Werte wiederherstellt? In Teil zwei haben wir die möglichen Quellen der Ordnung auf vier Quadranten verteilt; Ordnung ist demnach entweder natürlichen Ursprungs, durch Selbstorganisation entstanden, religiösen oder politischen Ursprungs. Welcher dieser vier Quellen werden wir in der Zukunft unsere Ordnung verdanken?

Am leichtesten ist die erste der hier aufgeworfenen Fragen zu beantworten: Der Große Bruch ist nicht das Finale eines langsamen moralischen Niedergangs, unausweichliche Folge von Aufklärung, säkularem Humanismus oder einer anderen historischen Entwicklung. In dieser Tradition ist zwar die kulturelle Betonung des Individualismus verwurzelt, der Große Bruch hat aber naheliegendere Ursachen wie den Übergang von der industriellen zur postindustriellen Wirtschaftsweise und die dadurch ausgelösten Veränderungen auf den Arbeitsmärkten.

Am ehesten bringt uns vielleicht ein Blick auf die Großen

Brüche in der Vergangenheit einer Antwort auf die Frage näher, wie es nach dem Großen Bruch weitergehen wird. Die Indikatoren für soziale Unordnung sind im Laufe der Zeit angestiegen und wieder zurückgegangen, woraus wir folgern können, daß Sozialkapital zwar gelegentlich kontinuierlich zu schwinden scheint, daß aber sein Bestand in bestimmten Phasen der Geschichte auch wieder gewachsen ist. Ted Robert Gurr schätzt, daß in England im 13. Jahrhundert dreimal so viele Morde begangen wurden wie im 17. Jahrhundert, im 17. Jahrhundert dreimal so viele wie im 19. Jahrhundert und in London Anfang des 19. Jahrhunderts doppelt so viele wie in den siebziger Jahren unseres Jahrhunderts.[1] Die Konservativen, die den Niedergang der Moral beklagen, und die Liberalen, die mehr individuelle Wahlfreiheit feiern, argumentieren gleichermaßen bisweilen so, als hätte sich von Anfang des 17. Jahrhunderts bis heute eine kontinuierliche Abkehr von den puritanischen Werten vollzogen. Zwar ist zweifellos eine kontinuierliche Entwicklung hin zu mehr Individualismus über diesen langen Zeitraum hinweg zu beobachten gewesen, doch im einzelnen hat es viele Veränderungen im Verhalten gegeben, was zeigt, daß Gesellschaften sehr wohl fähig sind, die individuelle Wahlfreiheit durch moralische Regeln auch einzuschränken.

Genau dies geschah im 19. Jahrhundert. Ich habe dieses Buch mit dem Hinweis begonnen, daß die klassischen Werke der Soziologie geschrieben wurden, um die Veränderung in den Normen zu dokumentieren, die sich in Nordamerika und Europa beim Übergang von der Agrargesellschaft zur Industriegesellschaft ereignete, eine Veränderung, die in dem Begriffspaar Gemeinschaft versus Gesellschaft zusammengefaßt wurde. Der Übergang vollzog sich zuerst in Großbritannien und dann in den Vereinigten Staaten, den beiden Ländern, die sich als erste industrialisierten, später dann in verschiedenen anderen Teilen Kontinentaleuropas. Es gibt reichlich Anhaltspunkte dafür, daß das späte 18. und das frühe 19. Jahrhundert Zeiten wachsender sozialer Unordnung und moralischer Verwirrung waren; verschiedene Indikatoren deuten auf einen Rückgang des sozialen Kapitals in Großbritannien wie in den Vereinigten Staaten hin.

Die Kolonialzeit in den Vereinigten Staaten war nicht gerade von Anständigkeit und sozialem Engagement geprägt, trotz eines hohen Grades von politischer Partizipation. In den neunziger Jahren des 18. Jahrhunderts lebten nach einer Schätzung des Historikers Richard Hofstadter womöglich 90 Prozent der Amerikaner »kirchenfern«, ohne formelle Zugehörigkeit zu einer Kirche oder einer anderen religiösen Organisation.[2] Tocqueville hat beschrieben, was für eine außerordentlich große Bedeutung das Bekenntnis zur protestantischen Religion für die amerikanische Kunst der Assoziation hatte. Vor diesem Hintergrund können wir annehmen, daß ein Großteil der Amerikaner weitgehend isoliert auf ihren Farmen und in ihren Dörfern lebte, ohne all die staatsbürgerlichen Strukturen, die erst im 19. Jahrhundert zu erblühen begannen.

Um die Wende vom 18. zum 19. Jahrhundert spielte soziale Devianz eine sehr viel größere Rolle als in den Jahrzehnten davor und auch als in späteren Zeiten. Anfang des 19. Jahrhunderts lag der Pro-Kopf-Konsum von reinem Alkohol bei den Amerikanern über fünfzehn Jahren bei knapp 23 Litern, Ende des 20. Jahrhunderts sind es rund 11 Liter.[3] Ein Historiker schätzt, daß der Alkoholkonsum pro Kopf 1829 erstaunliche 38 Liter erreicht haben dürfte.[4] Wirtshäuser waren als Zentren der Begegnung und Kommunikation sehr viel wichtiger als Kirchen; Farmer, die betrunken nach Hause wankten, oder Handwerker, die sich auf dem Weg zur Arbeit mit einem halben Liter Whiskey stärkten, waren ein vertrauter Anblick. Der Historiker William Rorabaugh hat über das frühe 19. Jahrhundert geschrieben: »Für einen Mann war es üblich, zu trinken, das galt für alle sozialen Schichten und für alle Berufsgruppen. Im Westen blieb ein Landarbeiter so lange im Wirtshaus, bis er betrunken war; im Osten erhielt ein Erntearbeiter pro Tag einen viertel oder einen halben Liter Rum; im Süden galt ein Plantagenarbeiter als hinreichend enthaltsam, um in die methodistische Kirche aufgenommen zu werden, wenn er seinen täglichen Alkoholkonsum auf einen Liter Pfirsischschnaps beschränkte.«[5]

Es ist natürlich schwierig, Datenmaterial zum Sexualverhalten in jenem Zeitraum zusammenzutragen. Uneheliche Geburten und dergleichen werden erst in unserem Jahrhundert regelmäßig statistisch erfaßt. Einige Sozialhistoriker vertreten jedoch die

Auffassung, daß die sexuellen Normen sich in dieser Zeit gegenüber dem strengen Puritanismus des 17. Jahrhunderts lockerten. Der Einfluß der Eltern bei der Wahl des Ehepartners ging zurück, und einer Untersuchung zufolge stieg die Quote der unehelichen Schwangerschaften von 10 Prozent im 17. Jahrhundert auf bis zu 30 Prozent in der zweiten Hälfte des 18. Jahrhunderts.[6] Ähnliches läßt sich für die Kriminalität sagen. Allem Anschein nach war die Kriminalität in der Kolonialzeit nicht besonders hoch, aber die meisten Sozialhistoriker stimmen darin überein, daß in den ersten Jahrzehnten des 19. Jahrhunderts ein rascher Anstieg erfolgte: Ob in Boston, Philadelphia oder New York, überall wuchsen die Verbrechenszahlen. Anfang des 19. Jahrhunderts waren die jungen Männer zunehmend auf sich allein gestellt. Bis dahin war bezahlte Arbeit in der Regel in einen Haushalt eingebunden gewesen. Knechte, Lehrjungen und Tagelöhner lebten und arbeiteten mit ihren Dienstherren unter einem Dach und wurden wie die Familienmitglieder überwacht. Mit der zunehmenden Verbreitung der Fabrikproduktion arbeiteten Männer und Frauen erstmals in der Geschichte außerhalb eines Haushalts und lebten in eigenen Wohnvierteln. Der amerikanische Westen wurde zunächst von jungen Männern besiedelt, Frauen und Kinder kamen erst später nach. All dies begünstigte höhere Kriminalitätsraten. Das Phänomen war nicht auf Amerika beschränkt: Gurr hat gezeigt, daß um diese Zeit auch in London und Stockholm die Kriminalität anstieg.[7] In London wie im amerikanischen Westen nahm im Zeitraum von 1821 bis 1841 die Zahl der jungen Männer relativ zur Gesamtbevölkerung zu.[8]

Neben vermehrter sozialer Devianz bedeutete die Wanderung vom Land in die Städte, daß die Menschen vom Land ihre Lebensweise in die neue, dichtbesiedelte Umgebung mitbrachten. Oft wird vergessen, wie grob und primitiv das Leben in dieser Zeit war. Nehmen wir nur James Lincoln Colliers Bericht über die Verhältnisse in Amerika im frühen 19. Jahrhundert:

Nur wenige Menschen hatten ein Bett für sich allein, oft teilten sich zwei oder mehr Personen eine Schlafgelegenheit, vor allem in den für die damalige Zeit typischen großen Familien. Man badete nur selten und zog jeden Morgen dieselben Kleider an. Die Menschen lebten inmitten von Unrat … Nachttöpfe wurden auf die Straße ausgeleert ohne besondere Rücksicht auf Passanten … Zerbrochene Fensterscheiben, windschiefe Türen, undichte Schindeln wurden monatelang oder gar jahrelang nicht repariert, die Häuser wurden nur sehr unregelmäßig neu gestrichen. Abfall – Überreste von zerbrochenen Werkzeugen, Möbelstücken, Wagen – blieb jahrelang auf den Höfen der Farmhäuser liegen … Die Männer und sehr viele Frauen kauten Tabak und spuckten die Überreste überall aus, die braunen Spuren bedeckten den Boden im Wirtshaus genauso wie in der Kirche. Viele Menschen aßen nur mit dem Messer, und manche auch nur mit den Fingern.[9]

Wie die Farmerfamilien in den Vereinigten Staaten lebten zu dieser Zeit auch die Bauern und die armen Städter in Großbritannien und anderen europäischen Ländern.

Vielen mag das Viktorianische Zeitalter in Großbritannien und Amerika als die Verkörperung traditioneller Werte erscheinen, doch tatsächlich war die Mitte des 19. Jahrhunderts, als diese Ära begann, alles andere als traditionell. Der Viktorianismus war in Wahrheit eine radikale Bewegung als Reaktion auf die sozialen Verwerfungserscheinungen, die sich seit Beginn des 19. Jahrhunderts überall auszubreiten schienen, eine Bewegung, die gezielt neue soziale Regeln schaffen und der anscheinend vom sittlichen Verfall gezeichneten Bevölkerung neue Werte ans Herz legen wollte. Der Übergang zu den viktorianischen Werten begann in Großbritannien und erfaßte in den dreißiger und vierziger Jahren rasch auch die Vereinigten Staaten. Viele der für die Verbreitung der neuen Werte zuständigen Organisationen waren offen religiöser Natur, und der Wandel vollzog sich mit bemerkenswertem Tempo. Paul E. Johnson beschreibt ihn so: »Im Jahr 1825 herrschte ein Geschäftsmann aus dem Norden despotisch über Frau und Kinder, er arbeitete unregelmäßig, konsumierte enorme Mengen Alkohol, ging selten zur Wahl und ebenso selten zur Kirche. Zehn Jahre später ging derselbe Mann zweimal in der Woche zur Kirche, behandelte seine Familienmitglieder sanft und liebevoll, trank nur Wasser, arbeitete fleißig und hielt seine Angestellten an, es ihm gleichzutun, setzte sich für die Whigs ein und opferte seine Freizeit dafür, andere davon zu überzeugen, daß sie nur ihr Leben genauso führen müßten wie er, und die Welt wäre vollkommen.«[10] Die protestantischen Freikirchen in England und die protestantischen Sekten in Amerika, insbesondere die methodistische Bewegung von John Wesley, führten zum zweiten »Großen Erwachen« in der ersten Hälfte des 18. Jahrhunderts, das abrupt auf die Zunahme der Unordnung folgte und neue Normen schuf, die die Ordnung sicherten. Zwischen 1821 und 1851 schossen Sonntagsschulen in England und Amerika förmlich aus dem Boden, und die YMCA-Bewegung, die in den fünfziger Jahren von England nach Amerika kam, verbreitete sich rasch. Richard Hofstadter zufolge verdoppelte sich von 1800 bis 1850 die Zahl der Kirchenangehörigen in Amerika, und die Mitgliedschaft in der Amtskirche gewann in dem Maße an Respektabilität, wie ekstatische, evangelikale Bekenntnisse in ihrer Religionsausübung eingeschränkt wurden.[11] Um dieselbe Zeit erreichte die Enthaltsamkeitsbewegung, daß der Alkoholkonsum der Amerikaner pro Kopf bis zur Mitte des Jahrhunderts auf unter acht Liter zurückging.[12]

Überdies bestand ein enger Zusammenhang zwischen der Religion, insbesondere den protestantischen Sekten, und der Verbreitung gemeinnütziger Assoziationen oder dem Wachstum der Zivilgesellschaft in dieser Zeit. Als Tocqueville in den dreißiger Jahren des 19. Jahrhunderts die Vereinigten Staaten bereiste, fiel ihm die Dichte staatsbürgerlicher Vereinigungen auf. Er würdigte die große Bedeutung der Religion, womöglich unterschätzte er aber noch ihren Anteil an der Verbreitung der Organisationen und am Vereinigungswesen. Um das Jahr 1860 war ungefähr ein Fünftel der protestantischen männlichen Erwachsenen in staatsbürgerlichen Assoziationen engagiert.[13]

Der Historiker Gregory Singleton merkt an, wie entscheidend wichtig religiöse Institutionen für die Zivilisierung des Westens waren:

In Quincy, Illinois, wirkten beispielsweise die American Home Missionary Society, die American Tract Society und die American Sunday School Union daran mit, daß in kurzer Zeit eine Grundlage für freiwilliges soziales Engagement geschaffen wurde ... 1843 gab es in Quincy siebzehn verschiedene missionarische, reformerische und wohltätige Organisationen, fünfzehn davon gehörten zu nationalen Vereinigungen. 1860 gab es neunundfünfzig freiwillige Assoziationen, die fast neunzig Prozent der erwachsenen Bevölkerung erfaßten.[14]

Die Versuche seit den dreißiger Jahren des 19. Jahrhunderts, dem heute so genannten Viktorianischen Zeitalter, in der britischen und der amerikanischen Gesellschaft neue Werte zu etablieren, waren ein großartiger Erfolg. Es hatte außerordentliche Auswirkungen auf das soziale Kapital in beiden Gesellschaften, daß Massen von groben, ungebildeten Landarbeitern und arme Stadtbewohner in eine Schicht verwandelt wurden, die wir heute als die Arbeiterklasse bezeichnen. Unter dem Diktat der Fabrikuhr lernten diese Menschen, regelmäßig eine bestimmte Stundenzahl zu arbeiten, bei der Arbeit nüchtern zu bleiben und Minimalanforderungen an anständiges Benehmen zu erfüllen.

Die Zunahme des sozialen Kapitals wird auch durch einfache Indikatoren wie die Kriminalitätsraten illustriert. Praktisch alle Untersuchungen über Kriminalitätsraten im 19. Jahrhundert stimmen darin überein, daß es im Laufe dieses Zeitraums einen allmählichen Rückgang gab. Abbildung 16.1 zeigt die Entwicklung bei Schwerverbrechen in England und Wales von 1805 bis zum Ende des Jahrhunderts. Die Kriminalität steigt bis zu den Napoleonischen Kriegen kontinuierlich und geht nach einem Höhepunkt in den vierziger Jahren ebenso kontinuierlich wieder zurück.[15] In einzelnen amerikanischen Städten mag der Höhepunkt etwas später erreicht worden sein; Gurr meint, daß die Spitze in Boston und anderen Städten in den siebziger Jahren gelegen haben dürfte.[16] Die Abnahme der Verbrechenszahlen in der zweiten Hälfte des 19. Jahrhunderts ist um so bemerkenswerter, weil sie in einer Zeit stattfand, in der man eher einen Anstieg hätte erwarten können. Seit dem amerikanischen Bürgerkrieg strömten Menschen vom Land und aus den Dörfern in die neuen städtischen Zentren, Einwanderer mit unterschiedlichen Kulturen und Gewohnheiten kamen ins Land, und der neue Lebensrhythmus des Industriezeitalters erschütterte die alten sozialen Beziehungen.[17]

In Großbritannien entwickelten sich die Zahlen für die unehe-

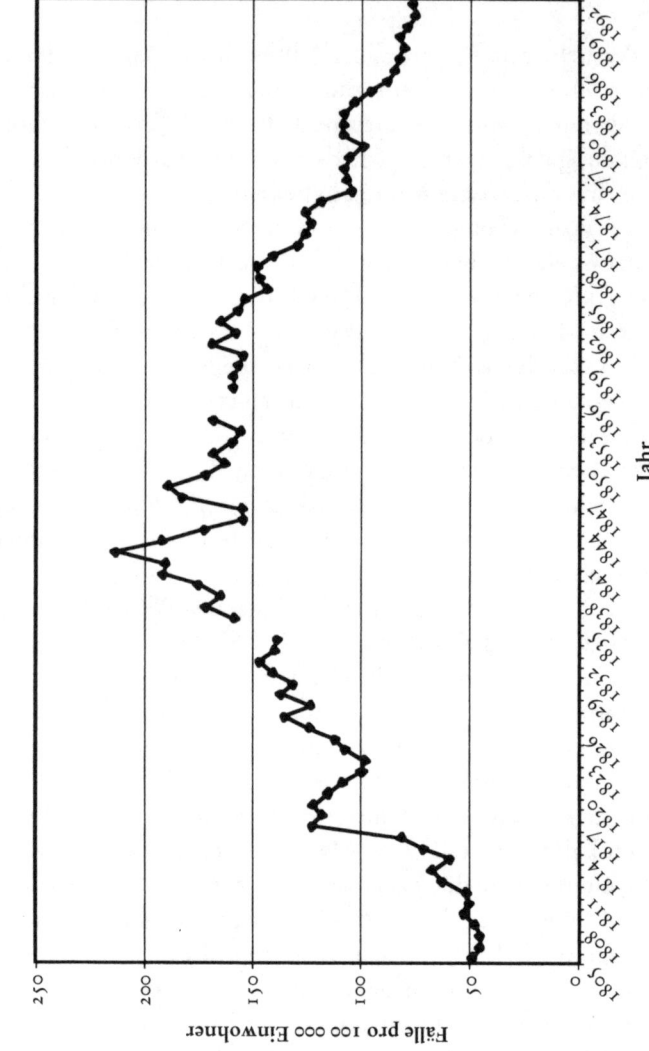

ABBILDUNG 16.1

Schwerverbrechen in England und Wales, 1805–1892

Quelle: E. A. Wrigley (Hg.), *Nineteenth-Century Society*, Cambridge 1972, S. 387–395.

lichen Geburten in der gleichen Weise wie die Kriminalitätssta-
tistik. Der Anteil der unehelichen Geburten an der Gesamtzahl
der Geburten stieg von etwas mehr als 5 Prozent zu Beginn des
19. Jahrhunderts bis auf einen Höchststand von 7 Prozent im
Jahr 1845. Danach ging er bis Ende des Jahrhunderts wieder auf
4 Prozent zurück.[18]

Es wäre falsch zu behaupten, der Zuwachs an sozialer Ordnung in Großbritannien und Amerika im Verlaufe der Viktorianischen Ära sei nur ein Ergebnis der Veränderung informeller moralischer Normen gewesen. Beide Gesellschaften stellten in dieser
Zeit moderne Polizeikräfte auf, die das zu Beginn des 19. Jahrhunderts bestehende bunte Durcheinander von Ortspolizisten
und kaum ausgebildeten Wachtmeistern ersetzten. In den Vereinigten Staaten konzentrierte die Polizei nach dem Ende des Bür-
gerkriegs ihre Aufmerksamkeit auf relativ geringfügige Störungen
der öffentlichen Ordnung wie Trunkenheit in der Öffentlichkeit, Landstreicherei, Herumlungern; um das Jahr 1870 erreichte
die Zahl der Festnahmen wegen derartiger Delikte einen Höhepunkt.[19] Gegen Ende des Jahrhunderts hatten viele amerikanische Bundesstaaten mit dem Aufbau eines allgemeinbildenden
Schulwesens begonnen; Ziel war es, allen Kindern den kostenlo-
sen Schulbesuch zu ermöglichen. Ähnliche Bestrebungen wurden
etwas später auch in Großbritannien unternommen.

Aber die entscheidende Veränderung war mehr eine Sache der
Werte als der Institutionen. Den Kern der viktorianischen Wertvorstellungen bildete die Verankerung der Triebkontrolle bei den
jungen Leuten oder, wie es die Ökonomen heute formulieren
würden, die Formung ihrer Präferenzen in einer Weise, daß sie
sich nicht auf leichtsinnige Sexualkontakte, Alkohol und Spiel
einlassen würden, weil das langfristig zu ihrem Schaden sein
würde. Die Viktorianer wollten anständige Lebens- und Umgangsformen in Gesellschaften durchsetzen, in denen die Mehrzahl der Menschen nur als grob bezeichnet werden kann. Heute
wird der Wunsch nach Anständigkeit in der Regel als Ausdruck
eines unerträglichen kleinbürgerlichen Konformismus belächelt,
aber in der ersten Hälfte des 19. Jahrhunderts, als zivilisierte
Umgangsformen nicht vorausgesetzt werden konnten, hatte das

eine große Bedeutung. Den Menschen Sauberkeit, Pünktlichkeit und Höflichkeit beizubringen, war außerordentlich wichtig in einer Zeit, als diese drei bürgerlichen Tugenden vollkommen fehlten.

Auch aus anderen Kulturkreisen gibt es Beispiele für eine moralische Erneuerung. In Japan waren in der Tokugawa-Zeit – der Feudalära, als die Macht in den Händen zahlreicher *daimyo* oder Kriegsherrn lag – Gewalt und Unsicherheit an der Tagesordnung. Mit der Meiji-Restauration im Jahr 1868 wurde ein einziger, zentralistischer Staat errichtet und das Banditentum der Feudalzeit ein für allemal ausgelöscht. Zugleich entwickelte das Land ein neues Wertesystem. Wir haben heute das Bild, daß Gepflogenheiten wie die in vielen japanischen Firmen übliche lebenslange Anstellung eine lange kulturelle und historische Tradition hätten, doch tatsächlich sind sie erst Ende des 19. Jahrhunderts entstanden. In der Zeit waren Arbeitskräfte außerordentlich mobil; vor allem qualifizierte Handwerker waren rar und wanderten beständig von einem Unternehmen zum nächsten. Große japanische Firmen wie Mitsui und Mitsubishi stellten fest, daß sie nicht genügend Fachkräfte finden konnten, und so leiteten sie mit der Unterstützung der Regierung eine Kampagne ein, um die Tugend der Loyalität über alle anderen zu erheben. Anders als die plumpen Kampagnen in der früheren Sowjetunion und anderen kommunistischen Staaten, mit denen die Menschen zu altruistischem Verhalten gebracht werden sollten, indem man sie zwang, ihre Arbeitskraft uneingeschränkt der weltweiten Verbreitung des Sozialismus zu widmen, führten die japanischen Eliten eine subtile Kampagne für Loyalität gegenüber Unternehmen, Land und Kaiser. Loyalität war natürlich eine Kardinaltugend in der Klasse der Samurai oder aristokratischen Krieger, aber bei Händlern und Bauern spielte sie keine große Rolle. Die Meiji-Herrscher schafften es, diese Schichten zu überzeugen, daß die Loyalität gegenüber dem Unternehmen der Loyalität gegenüber dem *daimyo* gleichkam. Dennoch wurde Loyalität gegenüber der Firma zunächst nur vereinzelt honoriert; erst nach dem Zweiten Weltkrieg setzte sich die lebenslange Anstellung bei den großen Firmen durch.

Die Wiederherstellung der sozialen Ordnung

Der Große Bruch hat nun die Frage aufgeworfen, ob sich eine solche Entwicklung, wie sie in der zweiten Hälfte des 19. Jahrhunderts in Großbritannien, Amerika und Japan stattfand, in der Lebenszeit der nächsten ein oder zwei Generationen wiederholen kann.

Vieles spricht dafür, daß der Große Bruch vorüber ist und der Prozeß der Wiederherstellung von Normen bereits begonnen hat. Die Zuwachsraten bei der Kriminalität, den Scheidungszahlen, den unehelichen Geburten und dem Mißtrauen sind flacher geworden; in den neunziger Jahren ist in vielen Ländern, in denen die sozialen Probleme zuvor förmlich explodierten, sogar eine Umkehr erfolgt. Besonders deutlich wird dies am Beispiel der Vereinigten Staaten, wo die Kriminalität gegenüber ihrem Höhepunkt Anfang der neunziger Jahre um mehr als 15 Prozent zurückgegangen ist. Die Scheidungszahlen erreichten ihren Höchststand Anfang der achtziger Jahre, und der Anteil der Geburten nichtverheirateter Mütter stagniert. Die Zahl der Sozialhilfeempfänger ist fast genauso dramatisch gesunken wie die Kriminalitätsrate, was gleichermaßen mit den 1996 verabschiedeten Reformen bei den Sozialleistungen zusammenhängt wie mit der Zunahme von Chancen dank einer Wirtschaftsentwicklung, die in den neunziger Jahren praktisch Vollbeschäftigung brachte. Im Laufe der neunziger Jahre haben sich auch die Werte für das Vertrauen in Institutionen und in andere Menschen deutlich erholt.

In den letzten fünfundzwanzig Jahren ereignete sich ein grundlegender Wandel im »ideologischen Überbau« der Gesellschaften, wie Marx das genannt haben würde. Als vor dreißig Jahren zu Beginn des Großen Bruchs der Moynihan-Report herauskam, wurde er vom respektablen Teil der öffentlichen Meinung nahezu durchgängig verurteilt, weil darin die Opfer beschuldigt und ethnozentrische Positionen vertreten würden. Seither hat sich das Meinungsbild in der Forschung um 180 Grad verändert: Es ist allgemein anerkannt, daß Familienstrukturen und -werte eine wichtige Rolle bei sozialen Entwicklungen spielen. Akademische

Abhandlungen beeinflussen gewiß nicht direkt individuelles Verhalten, aber wie Keynes einmal gesagt hat, sickern theoretische Gedanken üblicherweise im Verlauf von einer oder zwei Generationen ins allgemeine Bewußtsein ein.

Etliche andere Anzeichen sprechen dafür, daß sich in der Kultur die Ära des schrankenlosen Individualismus dem Ende zuneigt und daß zumindest einige der Normen, die während des Großen Bruchs hinweggefegt wurden, nun wiederhergestellt werden. Außerordentliche Aufmerksamkeit findet seit vielen Jahren in Amerika eine Radiosendung mit einer Moderatorin namens Dr. Laura Schlessinger, die in schroffen und oft vorwurfsvollem Ton ihren Hörern predigt, daß sie aufhören sollen, nur an sich zu denken, und Verantwortung für Frau und Kinder übernehmen müssen. Ihre Botschaft ist der denkbar schärfste Kontrast zu den Ratschlägen der Therapeuten in den sechziger und siebziger Jahren, als das Schlagwort »Befreiung« lautete und dauernd davon die Rede war, daß man »Zugang zu seinen Gefühlen finden« und alle sozialen Fesseln abschütteln müsse, die das »persönliche Wachstum« behinderten.

Zwei der größten Demonstrationen in Washington in den neunziger Jahren waren der von Louis Farrakhan, dem Führer der Nation of Islam, organisierte Million Man March und ein Marsch einer konservativen christlichen Gruppe namens Promise Keepers. Interessant dabei ist, daß beide Bewegungen den Männern vorwarfen, sie würden sich weigern, Verantwortung für ihre Familien zu übernehmen, und forderten, daß die Männer sich wieder auf ihre Pflichten als Väter, Ernährer und Rollenvorbilder innerhalb der Familie besinnen sollten. Die Tatsache, daß so viele Menschen sich für das Thema der Verantwortung von Männern mobilisieren ließen, spricht dafür, daß in der Gesellschaft nach der sexuellen und der feministischen Revolution bei den Erwartungen der Gesellschaft an die Männer und bei den Erwartungen der Männer an sich selbst etwas im argen lag.

Die Nation of Islam wie die Promise Keepers sind in den Augen vieler Amerikaner hochgradig suspekt, erstere wegen der offen antisemitischen Ansichten von Farrakhan und anderen Führern und letztere, weil viele Frauen argwöhnen, die Promise

Keepers wollten die Frauen wieder den Männern unterordnen. Diese beiden speziellen Ansätze, Männern wieder Werte nahezubringen, sind auf harte Grenzen gestoßen: Das Vorgehen von Nation of Islam, Außenseiter anzuprangern, um dadurch die Solidarität der Gemeinschaft zu stärken, kollidiert mit den liberalen Prinzipien der Amerikaner. Die Promise Keepers haben sich als Organisation aufgelöst, weil es ihnen nicht gelungen ist, ausreichend Geld zur Finanzierung ihres Verwaltungsapparates aufzutreiben.

Gleichwohl können wir erwarten, daß der konservative Trend zu restriktiveren Normen sich fortsetzen wird. Der erste Grund folgt aus der theoretischen Erörterung der Quellen in Teil zwei: Die Menschen sind von Natur aus soziale Wesen und überdies rationale Schöpfer kultureller Regeln. Beide, Natur und Vernunft, unterstützen letzten Endes die Entwicklung gewöhnlicher Tugenden wie Ehrlichkeit, Verläßlichkeit und Rücksichtnahme, die die Grundlage des Sozialkapitals bilden.

Nehmen wir das Thema Familiennormen. Die Normen für das Verhalten von Männern und Frauen im Hinblick auf ihre Rolle in der Familie haben sich seit den sechziger Jahren dramatisch geändert in einer Weise, die letzten Endes den Interessen der Kinder schadete: Männer ließen ihre Familien im Stich, Frauen bekamen unverheiratet Kinder, und Ehepaare trennten sich aus nichtigen und egoistischen Gründen. Die Interessen von Eltern und ihren Kindern stehen oft im Widerspruch: Die Zeit, die man dafür aufwendet, den Sohn oder die Tochter in die Schule oder zu einer Sportveranstaltung zu fahren, steht nicht für die Arbeit, für eine Freundin oder ein Hobby zur Verfügung. Wenn man um der Kinder willen mit einem nicht rundum perfekten Ehegatten zusammenbleibt, versäumt man Gelegenheiten, neue Freundschaften zu schließen und neue Sexualpartner kennenzulernen. Aber Eltern haben auch ein starkes natürliches Interesse am Wohlergehen ihrer Kinder. Wenn man ihnen klarmachen kann, daß ihr Verhalten die Lebenschancen ihrer Kinder ernsthaft beeinträchtigt, werden sie aller Wahrscheinlichkeit nach vernünftig sein und bereit, ihr Verhalten so zu verändern, daß sie ihren Kindern damit helfen.

Sinnvolle Normen setzen sich nicht automatisch durch. Während des Großen Bruchs brachte die Kultur viele kognitive Konstrukte hervor, die den Menschen den Blick auf die Folgen ihres Verhaltens für die ihnen Nahestehenden verstellten. Von Sozialwissenschaftlern hörten sie, daß es nicht von Belang sei, ob jemand in einer intakten Familie aufwachse oder mit nur einem Elternteil. Von Familientherapeuten hörten sie, daß es für die Kinder besser sei, wenn die Eltern sich scheiden ließen, als wenn sie mit ständig streitenden Eltern aufwachsen müßten. Die gleichen Therapeuten erzählten den Eltern, ihre Kinder würden nur glücklich sein, wenn *sie* glücklich wären, und darum sei es in Ordnung, wenn sie ihre Bedürfnisse obenan stellten. Und die Eltern wurden mit Bildern der Massenkultur überschüttet, die Sex idealisierten und die traditionelle Kernfamilie als Brutstätte von Heuchelei, Repression und seelischer Deformierung darstellten. Diese Auffassungen zu verändern erfordert Diskussion, Streit, womöglich sogar die Art von Auseinandersetzungen, die James Davison Hunter als »Kulturkriege« bezeichnet hat.[20] Als der damalige Vizepräsident Dan Quayle im Präsidentschaftswahlkampf 1992 die »Familienwerte« zu einem Thema machte und die Idealisierung der Ein-Eltern-Familie in der Fernsehserie *Murphy Brown* kritisierte, wurde er durchweg als bigott und borniert beschimpft. Aber er stieß eine kulturelle Diskussion an, die bedeutende Auswirkungen hatte. Präsident Clinton erhob wenig später die Familienwerte zu einem Anliegen seiner Präsidentschaft (ungeachtet der Probleme in seiner eigenen Familie) und führte das Konzept der persönlichen Verantwortlichkeit als ein Thema in die öffentliche politische Diskussion ein. Unterdessen sammelte die Sozialwissenschaft so viele empirische Belege für die schädlichen Auswirkungen des Zerfalls der Familien, daß sie nicht mehr zu ignorieren waren. Ende der neunziger Jahre stimmten sehr viel mehr Menschen als noch fünf Jahre zuvor Barbara Dafoe Whiteheads Urteil zu, »Dan Quayle hatte recht«, als er die Bedeutung einer intakten Familie betonte.[21]

Soziale Ordnung wird nicht nur durch einzelne Interaktionen von Individuen und Gemeinschaften wiederhergestellt, auch die Politik wird ihren Beitrag leisten müssen. Dies bedeutet, daß die

Regierung in manchen Bereichen mehr tun und sich aus anderen Bereichen mehr zurückziehen muß. Es gibt einen klar umrissenen Bereich, in den Regierungen durch ihr Handeln, durch ihre Polizeikräfte und durch Bildungsmaßnahmen einen Beitrag zur Herstellung sozialer Ordnung leisten können. Die Kriminalität ist nicht unerheblich zurückgegangen, weil mehr Gefängnisse gebaut und mehr Verbrecher eingesperrt wurden. Wir haben gesehen, wie die Einsicht in den Zusammenhang zwischen Kriminalitätsentwicklung und Sozialkapital zu Neuerungen wie der Verankerung der Polizei in der Nachbarschaft geführt hat, die erkennbar zur Verringerung der Kriminalitätsraten in den amerikanischen Städten im Laufe der neunziger Jahre beitrugen. Von der Kriminalitätsentwicklung abgesehen, hatten die Nachbarschaftspolizisten unzweifelhaft eine wichtige Bedeutung für das Sozialkapital, weil sie ein Gefühl von sozialer Ordnung vermittelten und in der Folge wieder mehr Menschen in die Innenstädte zurückkehrten, die auch bereit waren, sich am Gemeinschaftsleben zu beteiligen und etwas für den Zusammenhalt der Gemeinschaft zu tun. Die Vereinigten Staaten haben überdies größere Reformen an ihrem System der Sozialfürsorge und bei den Leistungen für Kinder vorgenommen, die beide Anteil an den Problemen der amerikanischen Familien während des Großen Bruchs hatten. Die Entschlossenheit von Politikern wie dem New Yorker Bürgermeister Rudolph Giuliani, die Innenstädte wieder für Mittelschichtfamilien bewohnbar zu machen, anstatt unbedingt die Randgruppen der Gesellschaft unterbringen zu wollen, ist die Grundlage für die Wiederherstellung von Sozialkapital. Andere Bürgermeister, etwa Stephen Goldsmith aus Indianapolis, haben viele kreative Ideen entwickelt, wie man staatsbürgerliche Organisationen unterstützen und die Bürger ermutigen kann, die Kontrolle über ihr Leben und ihr Wohnumfeld wieder selbst in die Hand zu nehmen.[22]

Aus anderen Bereichen hingegen muß die Politik sich zurückziehen, muß sie einzelnen und Gruppen mehr Spielraum lassen, damit sie ihre eigene soziale Ordnung schaffen können. In manchen Fällen bedeutet dies, daß der Staat kontraproduktive Maßnahmen einstellt wie die Unterstützung alleinerziehender Mütter oder die Förderung von sprachlicher und kultureller Vielfalt im Schulsystem. In anderen Bereichen müssen die Gerichte ein besseres Gleichgewicht zwischen den Rechten des einzelnen und den Rechten der Gemeinschaft herstellen.

Wie weit wird die Neuausrichtung der Gesellschaft an Normen gehen? Es ist sehr viel wahrscheinlicher, daß wir dramatische Veränderungen bei der Kriminalität und beim Vertrauen erleben als bei den Normen, die Sexualität, Fortpflanzung und das Familienleben betreffen. Tatsächlich ist der Prozeß der Reetablierung von Normen auf den beiden erstgenannten Feldern bereits voll im Gange. In den Bereichen Sexualität und Fortpflanzung hingegen ist es vor dem Hintergrund der vollkommen anderen technischen und ökonomischen Bedingungen in unserer Zeit äußerst unwahrscheinlich, daß so etwas wie eine Rückkehr zu den viktorianischen Werten stattfindet. Sehr strenge Regeln hinsichtlich der Sexualität sind in einer Gesellschaft dann sinnvoll, wenn schrankenlose Sexualität mit großer Wahrscheinlichkeit zu einer Schwangerschaft führt und wenn eine außereheliche Geburt Not und Elend, womöglich sogar den frühen Tod für Mutter und Kind bedeutet. Die erste Bedingung ist mit der Verbreitung der Pille zur Empfängnisverhütung nicht mehr gegeben, und die zweite Bedingung hat sich sehr abgeschwächt, wenn nicht sogar ganz aufgelöst, weil die Frauen eigene Einkommen haben und es staatliche Unterstützungen gibt. Die Vereinigten Staaten können die staatlichen Hilfsleistungen zwar stark zurückfahren und haben das auch getan, aber niemand denkt daran, den Zugang zu empfängnisverhütenden Mitteln einzuschränken oder die Frauen vom Arbeitsplatz zurück an den Herd zu schicken. Die individuelle Verfolgung des rationalen Eigeninteresses wird das Problem der sinkenden Geburtenraten gleichfalls nicht lösen, denn gerade das rationale Interesse der Eltern an den langfristigen Lebenschancen ihrer Kinder veranlaßt sie, weniger Kinder zu haben. Die Bedeutung von Verwandtschaft als Quelle der sozialen Verbundenheit wird wahrscheinlich weiter abnehmen, und die Kernfamilien werden wohl nie wieder die alte Stabilität zurückerlangen. Länder wie Japan und Korea sind dieser Entwicklung bislang noch entgangen, aber es spricht mehr dafür, daß die Entwicklung sie einholen wird, als dafür, daß sie auf Dauer einen anderen Weg gehen.

Wir können jedoch für die Zukunft hoffen, daß die Gesellschaften durch den kulturellen Umbau im Informationszeitalter kinderfreundlicher werden. Der Wunsch der Frauen, lieber zu arbeiten als Kinder aufzuziehen, ist stark kulturell geprägt. Heute blicken in vielen Gesellschaften, insbesondere in den skandinavischen Ländern, erwerbstätige Mütter verachtungsvoll auf die Frauen herab, die ganz zu Hause bei ihren Kindern bleiben, weil das die gegenwärtig moderne Einstellung ist. Sollte sich jedoch erweisen, daß die weiteren Lebenschancen der Kinder beeinträchtigt werden, wenn die Mütter nicht zu Hause bleiben können, solange ihre Kinder noch klein sind, dann könnten sich die kulturellen Normen verändern. Es könnte ein gesellschaftliches Statussymbol werden, daß eine Frau mit kleinen Kindern es sich leisten kann, einige Jahre daheimzubleiben; umgekehrt wäre es ein Zeichen für sozial schwache Verhältnisse, wenn eine Frau ihre Kinder, solange sie klein sind, tagsüber einem Hort oder einer sonstigen Betreuung überlassen muß.[23]

Die Verlängerung der Lebenserwartung könnte die unerwartete Folge haben, daß die Einkommenskluft zwischen den Generationen verkleinert wird. Die Zunahme der Lebensarbeitszeit in Verbindung mit steigenden Qualifikationsanforderungen und wachsendem Konkurrenzdruck auf den Märkten könnte bedeuten, daß das alte Modell, wonach ein junger Mensch eine Ausbildung erhält, von der er sein ganzes Arbeitsleben zehrt, nicht mehr funktioniert. Die lebenslange Tätigkeit in einem Beruf oder bei einer Firma gehört für viele Menschen in den Vereinigten Staaten endgültig der Vergangenheit an. Einige europäische Länder, die wie Frankreich an der lebenslangen Anstellung festzuhalten versuchen und die Lebensarbeitszeit sogar noch verkürzen wollen, werden die Bürde einer hohen Langzeitarbeitslosigkeit und hoher Sozialausgaben tragen müssen. Viele Opfer des Arbeitsplatzabbaus in den Vereinigten Staaten während der achtziger und neunziger Jahre waren männliche Manager der mittleren Führungsebene Ende vierzig und über fünfzig. Sie mußten sich etwas Neues suchen, und wenn ihnen dazu die nötige Flexibilität fehlte, fielen sie ganz aus dem Berufsleben heraus, es blieb ihnen nur der vorzeitige Ruhestand. In der Zukunft wird die große Mehrheit der Menschen bis weit über siebzig noch gesund genug sein, um arbeiten zu können, häufige Neuorientierung und Neuqualifizierung werden nötig und selbstverständlich sein. Aber Menschen, die erst spät im Leben etwas Neues gelernt und begonnen haben, können nicht erwarten, daß sie ganz oben auf der Gehaltsskala in den Beruf einsteigen; es wird ein typisches Lebensereignis in der männlichen Biographie werden, auf der Karriereleiter zurückzufallen und sozial abzusteigen. Die bestehenden Einkommensunterschiede zwischen Männern und Frauen hängen zu einem großen Teil damit zusammen, daß Frauen für die Zeit der Kindererziehung aus dem Berufsleben ausscheiden, damit sind sie auf der schlechter bezahlten »Mütter-Schiene«. Wenn nun die Arbeit stärker fragmentiert ist und es üblich wird, daß die Männer im mittleren Lebensalter zu neuen Ufern aufbrechen, könnte sich die Benachteiligung durch die »Mütter-Schiene« relativieren. Wenn den Frauen gleichzeitig klarer bewußt ist, wie wichtig sie als Mütter für ihre Kinder sind, könnte die Differenz bei den Einkommen, soweit sie bis dahin noch besteht, nicht mehr unbedingt als eine schwerwiegende Ungerechtigkeit angesehen werden, die dringlich beseitigt werden muß.

Die technische Entwicklung könnte dazu beitragen, daß der Bedeutungsverlust von Verwandtschaft und Familie von einer anderen Seite her gestoppt wird. Die moderne Netzwerk- und Kommunikationstechnik ermöglicht es den Menschen, immer mehr Arbeit von zu Hause aus zu erledigen. Die Trennung von Wohnung und Arbeitsplatz ist ganz und gar eine Schöpfung des Industriezeitalters. In früherer Zeit waren die allermeisten Menschen Bauern und lebten von dem Land, das sie bearbeiteten. Zwar gab es eine Arbeitsteilung innerhalb der Familie, aber Haushaltsarbeit und Güterproduktion fanden gewissermaßen Tür an Tür statt. Auch die Handwerkstätigkeit war in den Haushalt integriert, Lehrjungen und Gesellen gehörten mit dem Meister zu einer großen Familie. Erst im Industriezeitalter mit seinen Büros und Fabriken trennten sich tagsüber die Wege von Männern und Frauen. Als dann in der zweiten Hälfte des 20. Jahrhunderts die Frauen den Arbeitsmarkt eroberten, vermehrten sich die Gelegenheiten für sexuelle Kontakte; das Thema der sexuellen Belästigung am Arbeitsplatz entstand, und die sowieso schon vielfältig belastete Kernfamilie wurde weiterem Druck ausgesetzt.

Heute arbeiten unzählige Männer und Frauen, die unter dem Motto der schlanken Produktion von ihren tayloristischen Fabriken und Büros wegrationalisiert wurden, zu Hause und sind durch Telefon, Fax, E-Mail und Internet mit der Welt draußen verbunden. Zunächst mag ihnen diese Lösung unbehaglich sein, weil sie es sich gar nicht anders vorstellen können, als daß Wohnung und Arbeitsplatz getrennt sind. Aber das ist ein Vorurteil: Nichts ist natürlicher und entspricht der geschichtlichen Erfahrung der Menschen mehr, als daß Wohnung und Arbeitsplatz wieder zusammengebracht werden. Vielleicht ist die Technik, die uns nur allzu oft unseren natürlichen Bedürfnissen und Neigungen entfremdet, in diesem Fall fähig, etwas von der Ganzheit und der Harmonie des Lebens wiederherzustellen, welche die Industrialisierung uns genommen hat.

Religiöse Erneuerung damals und heute

Wie die oben gegebene Schilderung der Entwicklung im 19. Jahrhundert zeigt, spielte die Religion bei der Wiederherstellung von Normen im Viktorianischen Zeitalter in Großbritannien und Amerika eine sehr große Rolle. Die viktorianischen Wertvorstellungen waren eng mit dem Protestantismus verknüpft, protestantische Eliten dominierten in beiden Gesellschaften. Im Kampf gegen Alkoholismus, Spielsucht, Abhängigkeit, Verbrechen und Prostitution und beim Aufbau eines engmaschigen Netzes freiwilliger Assoziationen waren Geistliche und Laien der Methodisten, Kongregationalisten, Baptisten und anderer Glaubensrichtungen die Fußsoldaten. Sie verfochten diese kulturellen Anliegen nicht nur durch die Kirchen, sondern später im 19. Jahrhundert auch über das in ihrer Verantwortung stehende Schulsystem. Die japanischen Herrscher, die nach der Meiji-Zeit kamen, setzten bei der Etablierung neuer Verhaltensstandards für das Industriezeitalter ebenfalls stark auf religiöse Symbolik. Die Bedeutung der Religion bei früheren kulturellen Erneuerungsbewegungen wirft die Frage auf, ob es bei der Überwindung des Großen Bruchs genauso sein wird. Wenn die Religion dabei keine so große Rolle spielt, haben wir guten Grund zu fragen, ob ein Großer Aufbruch überhaupt stattfinden wird.

Manche religiöse Konservative hoffen, und viele Linke und Liberale fürchten, daß das Problem des moralischen Verfalls sich durch eine massive Bewegung zurück zur religiösen Orthodoxie lösen wird – durch eine Art westlichen Ayatollah Khomeini, der in einem Düsenflugzeug daherkommt. Dies ist aus verschiedenen Gründen unwahrscheinlich. Unsere modernen Gesellschaften sind kulturell so verschieden, daß nicht abzusehen ist, welche Version der Orthodoxie sich durchsetzen würde. Jede echte Form der Orthodoxie dürfte großen und wichtigen Gruppen in der Gesellschaft als Bedrohung erscheinen, und deshalb würde sie sich weder verbreiten noch die Basis für neues Vertrauen abgeben. Eine konservative religiöse Erneuerung würde die gesellschaftliche Integration nicht fördern, sondern womöglich den zu beobachtenden Trend hin zu Fragmentierung und moralischer Miniaturisierung noch weiter verstärken: Die protestantischen Fundamentalisten der verschiedenen Richtungen würden untereinander über den rechten Glauben streiten, die orthodoxen Juden würden noch orthodoxer werden, und Immigrantengruppen aus jüngerer Zeit wie Muslime und Hindus könnten sich als eigene politisch-religiöse Gemeinschaften organisieren.

Es ist eher anzunehmen, daß eine religiöse Erneuerung in einer nichtfundamentalistischen, dezentralisierten Weise stattfinden wird. Der religiöse Glaube wäre dann weniger Widerspiegelung eines Dogmas, sondern Ausdruck der bestehenden Normen einer Gemeinschaft und ihres Wunsches nach Ordnung. In mancherlei Hinsicht hat dieser Prozeß in etlichen Teilen der Vereinigten Staaten bereits begonnen. Statt daß als Nebenprodukt eines strengen Glaubens eine Gemeinschaft entsteht, werden die Menschen aus dem Wunsch nach Gemeinschaft heraus zum Glauben kommen. Die Menschen werden sich, mit anderen Worten, nicht unbedingt deshalb der Religion zuwenden, weil sie von der Wahrheit der Offenbarung überzeugt sind, sondern weil sie angesichts des Mangels an Gemeinschaftlichkeit und der Auflösung der sozialen Bindungen in der säkularen Welt ein Bedürfnis nach überlieferten Ritualen und kulturellen Traditionen verspüren. Sie werden die Armen oder ihre Nachbarn unterstützen, nicht weil der Glauben es gebietet, sondern weil sie etwas für ihre Gemeinschaft tun wollen und finden, daß sie das am besten in Organisationen können, die in einen Glaubenszusammenhang eingebettet sind. Sie werden traditionelle Gebete sprechen und uralte Rituale praktizieren, nicht weil sie glauben, daß Gott sie ihnen befohlen hat, sondern weil sie wollen, daß ihre Kinder die richtigen Werte mitbekommen und weil sie den Trost des Rituals und die dadurch entstehende Nähe zu anderen spüren wollen. Insofern werden sie die Religion nicht so aufnehmen, wie es der Anspruch der Religion ist. Religion wird zu einer Quelle von Ritualen in einer Gesellschaft, in der Zeremonien keinen Platz mehr haben, und damit überzeugendes Ziel des Wunsches nach sozialer Verbundenheit, der allen Menschen angeboren ist. Religion ist etwas, auf das moderne, rationale, skeptische Menschen sich einlassen können, genauso wie sie in einem traditionellen Gewand ihre nationale Unabhängigkeit feiern oder die klassischen Autoren ihres Kulturkreises lesen. So verstanden verliert Religion ihren hierarchischen Charakter, und die Trennungslinie zwischen spontaner rationaler und arationaler Autorität verwischt sich.

Der Wiederaufbau von Werten, der in den neunziger Jahren begonnen hat, und jede zukünftige Reetablierung von Normen geht von allen vier Quadranten der in Kapitel 8 vorgestellten Klassifizierung von Normen aus: Es werden politische, religiöse, selbstorganisierte und natürliche Normen sein. Der Staat ist weder Ursprung all unserer Probleme noch das Werkzeug, mit dem wir sie lösen können. Aber staatliches Handeln kann in großem wie in kleinem Umfang soziales Kapital aufzehren oder wiederherstellen. Wir sind nicht so modern und so säkularisiert, daß wir ohne Religion auskommen. Aber wir sind auch nicht so gänzlich bar aller angeborenen moralischen Ressourcen, daß wir auf einen Messias warten müssen, der uns erlöst. Und die Natur, die

wir so gerne mit der Heugabel aus der Tür hinausbefördern,
kommt doch durch das Fenster immer wieder herein.

Sozialkapital und Geschichte

Weiter oben habe ich bereits ausgeführt, welches die beiden wichtigsten Quellen für einen weiten Radius von Vertrauen sind: Religion und Politik. In der westlichen Welt hat als erstes das Christentum den Grundsatz der universellen Menschenwürde etabliert.
Die Aufklärung hat den Grundsatz dann vom Himmel auf die
Erde herabgeholt und in das säkulare Prinzip verwandelt, daß alle
Menschen gleich sind. Heute haben wir die Last dieses Anspruchs
nahezu ausschließlich der Politik aufgebürdet, und die Politik hat
ihre Sache bemerkenswert gut gemacht. Menschliche Gemeinschaften wurden auf alle möglichen Prinzipien gegründet, die
einen begrenzten Radius von Vertrauen schaffen: auf Familie, Verwandtschaft, Zugehörigkeit zu einer Dynastie, Sekte, Religion,
Rasse, auf ethnische und nationale Identität. Die Aufklärung hat
zu der Erkenntnis geführt, daß alle diese traditionellen Quellen
der Gemeinschaft letzten Endes irrational sind. Im Inneren bargen
sie sozialen Konfliktstoff, weil praktisch keine Gesellschaft mit
Blick auf diese Merkmale jemals homogen war. Und nach außen
bereiteten sie den Weg zur bewaffneten Auseinandersetzung,
weil auf der Weltbühne beständig auf unterschiedliche Prinzipien gegründete Gemeinschaften aneinandergerieten. Nur in einer
politischen Ordnung, die auf der universellen Anerkennung der
Menschenwürde beruhte – der Anerkennung, daß alle Menschen im Kern gleich sind, weil zur moralischen Entscheidung
befähigt –, blieben diese irrationalen Konflikte aus und wurde ein
friedlicher Umgang im Inneren und mit anderen Gemeinschaften
möglich. Kants republikanische Regierungsform, die amerikanische Unabhängigkeitserklärung und die Bill of Rights, Hegels
universaler und homogener Staat, die Allgemeine Erklärung der
Menschen- und Bürgerrechte, die in den Verfassungen praktisch
aller moderner liberaler Demokratien verankerten Grundrechte –
sie sind Ausdruck dieser universellen Anerkennung.

Die Staaten, die auf diese Prinzipien gegründet sind, haben sich trotz aller Rückschläge und Irrwege in den letzten zweihundert Jahren als erstaunlich robust erwiesen. Eine politische Ordnung, die auf der serbischen ethnischen Identität oder der Zwölfer-Schia gründet, wird sich nie über die Grenzen einer ärmlichen Ecke irgendwo auf dem Balkan oder im Nahen Osten hinaus ausbreiten, und ganz gewiß wird sie niemals zum herrschenden Prinzip der großen, pluralistischen, dynamischen und komplexen modernen Gesellschaften werden, die beispielsweise die G-7, die Gruppe der sieben führenden Industrienationen, bilden. Sie stehen zum einen vor unlösbaren politischen Widersprüchen, die mit den religiösen und ethnischen Minderheiten zusammenhängen, zum anderen sind sie durch ihre Innovationsfeindlichkeit vom Marktaustausch und damit vom Welthandel ausgeschlossen. Die Logik einer liberalen, demokratischen politischen Ordnung wird um so zwingender, je weiter die wirtschaftliche Entwicklung einer Gesellschaft voranschreitet, denn der Ausgleich der unterschiedlichen Interessen in einer solchen Gesellschaft verlangt Partizipation und Gleichheit. Der Fortschritt der modernen Naturwissenschaften treibt die ökonomische Entwicklung an, und die ökonomische Entwicklung treibt – mit Verzögerungen, Rückschlägen und Fehlern – die politische Entwicklung in Richtung der liberalen Demokratie voran. Wir können deshalb erwarten, daß sich die politischen Institutionen langfristig im Sinne der liberalen Demokratie verändern.[24]

Das Hauptproblem bei dieser im Kern optimistischen Sicht des historischen Fortschritts liegt darin, daß die soziale und ethische Ordnung sich nicht automatisch im Gefolge der politischen Ordnung und der wirtschaftlichen Entwicklung einstellt. Aus zwei Gründen können die kulturellen Vorbedingungen der politischen Ordnung nicht als gegeben vorausgesetzt werden. Zum ersten erkaufen liberale Gesellschaften die politische Ordnung um den Preis des moralischen Konsenses. Die einzige moralische Leitlinie in einer freiheitlichen Gesellschaft ist die allgemeine Verpflichtung zu Toleranz und gegenseitigem Respekt. Zunächst war das kein Problem, weil viele liberale Gesellschaften, etwa die Vereinigten Staaten, Großbritannien und Frankreich, anfangs in kultureller Hinsicht relativ homogen waren mit einer dominierenden ethnischen Gruppe und Religion. Doch im Laufe der Zeit wurden sie größer und kulturell heterogener. Abnehmende Bevölkerungszahlen, die Notwendigkeit vermehrter Einwanderung und der Bedeutungsverlust der nationalen Grenzen infolge billiger Transportmöglichkeiten und weltumspannender Kommunikationsmittel lassen vermuten, daß der Trend zu weiterer Diversifizierung sich überall fortsetzen wird. Selbst ein Land wie Japan, das es geschafft hat, bis heute einen erheblichen Grad an kultureller und ethnischer Homogenität aufrechtzuerhalten, wird sich in der Zukunft diesem Druck nicht entziehen können.

In den Vereinigten Staaten und anderen englischsprachigen Demokratien, ebenso in Frankreich wirkte man den zentrifugalen kulturellen Kräften traditionell durch die Schaffung einer neuen staatsbürgerlichen Identität entgegen, die weder in der ethnischen Zugehörigkeit noch in der Religion verwurzelt war. Die »Amerikanisierung«, gleichermaßen abgeleitet von demokratischen politischen Idealen und von angelsächsischen kulturellen Traditionen, stand allen Kindern von Einwanderern in die Vereinigten Staaten offen. Die französische Staatsbürgerschaft, gegründet auf klassische republikanische Ideen und die französische Intellektuellenkultur, war zumindest in der Theorie genauso offen für den Schwarzen aus dem Senegal wie für den Araber aus Tunesien, obgleich die Einwanderung eine erhebliche Gegenbewegung in Form von Jean-Marie Le Pens Front National erzeugt hat.

Die Hauptfrage für die Zukunft lautet, ob die universalistischen Formen der kulturellen Identität den Angriff eines zum Prinzip erhobenen Glaubens an die Multikulturalität überstehen werden, der über die Toleranz kultureller Vielfalt hinausgeht und sie aktiv feiert und fördert. Die weiter oben im Zusammenhang mit der amerikanischen Zivilgesellschaft beschriebene moralische Miniaturisierung ist nur zum Teil darauf zurückzuführen, daß die Gesellschaft vielfältiger wurde. Die wichtigere Triebkraft dabei war die Verbreitung der Überzeugung, daß Werte prinzipiell relativ sind – daß kein bestimmter Katalog von Werten und Normen autoritativ durchgesetzt werden kann noch soll. Wenn der Relativismus auch die politischen Werte erfaßt, auf denen das Staatswesen gründet, dann höhlt der freiheitliche Staat sich selbst aus. Das zweite Problem der liberalen Gesellschaften beim Schutz ihrer kulturellen Grundlagen ist die Bedrohung durch den technologischen Wandel. Sozialkapital ist kein seltener und kostbarer Besitz, der in grauer Vorzeit geschaffen und wie ein Erbstück von Generation zu Generation weitergereicht wurde. Es ist auch nichts, das in einer beschränkten Menge zur Verfügung steht und von uns modernen, säkularen Menschen bedenkenlos aufgebraucht wird. Der Bestand an sozialem Kapital wird zwar kontinuierlich wiederaufgefüllt, aber das geschieht weder automatisch, noch ist es billig. Die gleiche Innovationskraft, die die Produktivität steigert und einen neuen Industriezweig entstehen läßt, zerstört die Grundlagen einer bestehenden Gemeinschaft und macht eine bestimmte Lebensweise obsolet. Gesellschaften, die sich einmal dem technologischen Fortschritt verschrieben haben, erleben, daß es keine Ruhepause mehr gibt, weil die sozialen Regeln sich permanent weiterentwickeln, um mit der Veränderung der ökonomischen Bedingungen Schritt halten zu können. Die Industrieproduktion führt dazu, daß Menschen vom Land in die Stadt ziehen, daß Wohnen und Arbeiten räumlich getrennt werden, die Informationstechnologie bringt die Menschen wieder zurück aufs Land und eröffnet massenweise Arbeitsmöglichkeiten für Frauen. Die Kernfamilie verschwindet mit der Erfindung des Ackerbaus, taucht mit der Industrialisierung wieder auf und beginnt sich mit dem Übergang in die postindustrielle Ära erneut aufzulösen. Die Menschen können sich im Verlauf der Zeit an all diese Veränderungen anpassen, aber oft kann die soziale Anpassung mit dem technischen Wandel nicht Schritt halten. Wenn der Nachschub an sozialem Kapital die Nachfrage nicht decken kann, müssen Gesellschaften einen hohen Preis bezahlen.

Allem Anschein nach laufen zwei Prozesse parallel ab. In der politischen und ökonomischen Sphäre schreitet die Geschichte offenbar kontinuierlich in einer Richtung voran, und am Ende des 20. Jahrhunderts sehen wir die liberale Demokratie als die einzig mögliche politische Verfassung für technologisch entwickelte Gesellschaften. In der sozialen und moralischen Sphäre hingegen scheint die Geschichte zyklisch zu verlaufen mit einer Zunahme und Abnahme von sozialer Ordnung über mehrere Generationen hinweg. Es gibt keine Garantie für die Aufwärtsbewegung in dem Zyklus. Wir können unsere Hoffnung nur darauf setzen, daß die Fähigkeit, soziale Ordnung herzustellen, ein sehr mächtiger Bestandteil der menschlichen Natur ist. Daß der Pfeil der Geschichte nach oben zeigt, hängt davon ab, daß diese Fähigkeit sich durchsetzt.

ANHANG

Zusätzliche Daten
und Quellen

Die Abbildungen A.1 bis A.5 zeigen statistische Entwicklungen bei Schwerkriminalität, Diebstahl, Geburtenraten, Scheidungsraten und unehelichen Geburten in zehn OECD-Staaten zusätzlich zu den Vereinigten Staaten, England und Wales, Schweden und Japan, die im Textteil des Buches behandelt werden. Das Datenmaterial zu diesen und anderen in diesem Buch zitierten Zahlen kann auf der Website des Autors eingesehen werden, http://mason.gmu.edu/~ffukuyam/.

ABBILDUNG A.1

Entwicklung der Schwerkriminalität, 1950–1996

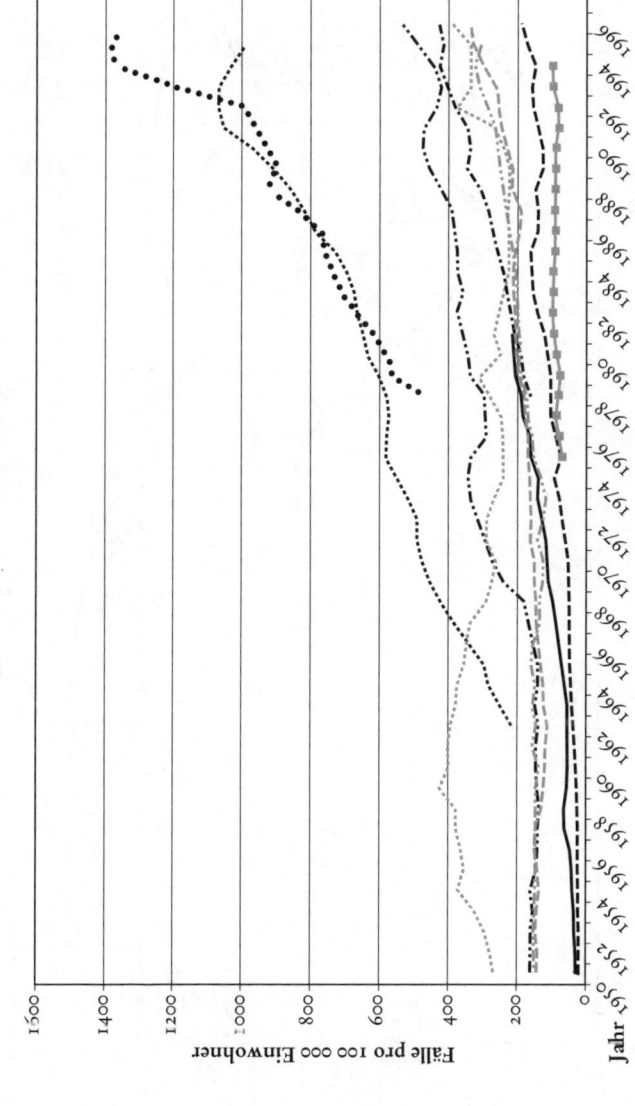

Fälle pro 100 000 Einwohner

Jahr

AUSTRALIEN ······ KANADA – – – IRLAND – – – FRANKREICH ······ ITALIEN – ··· – NIEDERLANDE ····· DÄNEMARK ···· FINNLAND ▬ – KOREA

••• NEUSEELAND

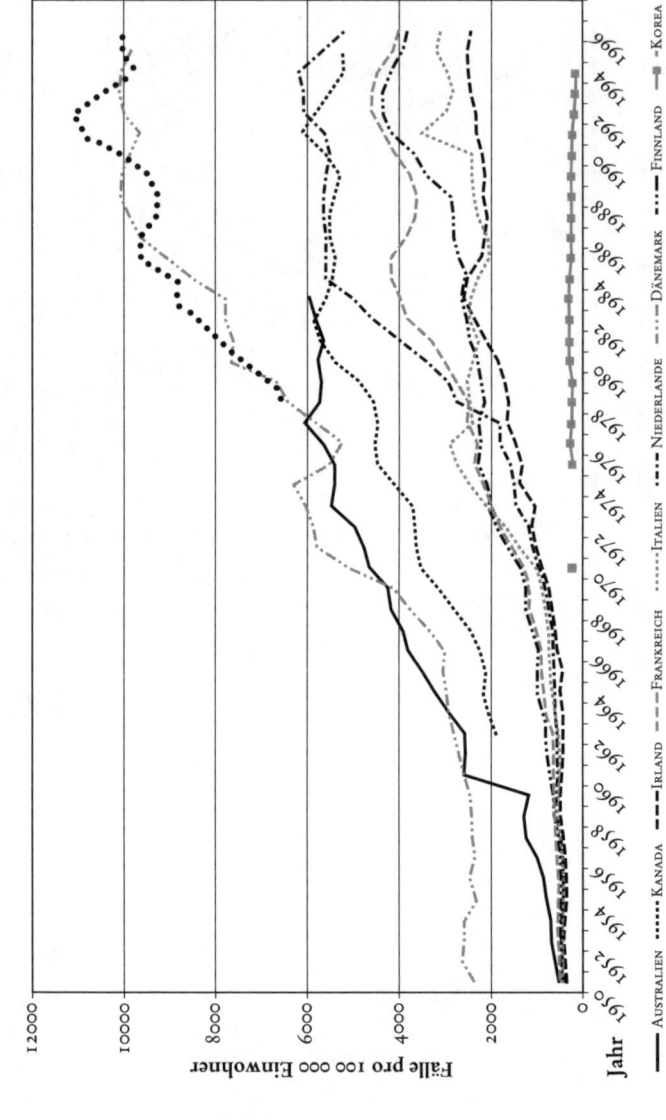

ABBILDUNG A.2

Entwicklung der Diebstahlraten, 1950–1996

Fälle pro 100 000 Einwohner

Jahr

— Australien   ⋯⋯ Kanada   — — Irland   — — Frankreich   ⋯⋯ Italien   ⋯⋯ Niederlande   — — Dänemark   ⋯⋯ Finnland   — Korea

●●● Neuseeland

KANADA

Schwerkriminalität: Dazu zählen Mord und Totschlag, Mordversuch, verschiedene Formen sexueller und nichtsexueller Überfälle, Raub und Entführung.

Diebstahlraten: Straftaten gegen das Eigentum wie Einbruch, Betrug, Hehlerei.

Quelle: Kanadische Statistik, *Canadian Crime Statistics 1995*, Ottawa 1995 (Canadian Centre for Justice Statistics).

DÄNEMARK

Schwerkriminalität: Sexualverbrechen unterschiedlicher Schwere, darunter Vergewaltigung, sowie Gewaltverbrechen, darunter tätlicher Angriff auf einen Staatsdiener in Ausübung seiner Pflichten, Tötung und versuchte Tötung und Gewalt gegen Personen.

Diebstahlraten: Straftaten gegen das Eigentum, darunter Fälschung, Brandstiftung, Einbruch, Diebstahl, Betrug, Raub, Fahrzeugdiebstahl und Sachbeschädigung.

Quelle: Dänische Statistik, *Kriminalstatistik (Criminal Statistics)*, Kopenhagen 1996.

NIEDERLANDE

Schwerkriminalität: Daten waren nur für den Zeitraum 1978–1996 verfügbar. Zur Schwerkriminalität zählen versuchte und vollendete Straftaten gegen das Leben (Zahlen für Straftaten gegen das Leben bis 1978), Hilfe zum Selbstmord und zur Abtreibung (gesondert ausgewiesen nur für 1992–1996), Überfälle, Drohung mit Gewalt (nur 1992–1996), schwere Körperverletzung und Körperverletzung mit Todesfolge, Vergewaltigung, andere Sexualstraftaten, Raubüberfall und Erpressung.

Diebstahlraten: Straftaten gegen das Eigentum, darunter einfacher Diebstahl, Einbruchdiebstahl und andere schwere Diebstähle.

Anmerkung: Die Kategorien für Schwerkriminalität und Straftaten gegen das Eigentum stimmen nicht mit den von der Quelle übermittelten wichtigsten Kriminalitätstypen überein. Außerdem macht es der Umstand, daß Zahlen für bestimmte Arten von Straftaten nur für einzelne Jahre zur Verfügung stehen, schwierig, die Taten den wichtigsten Kategorien und darin klassifizierten Verbrechen zuzuordnen.

Quelle: Mitteilung des niederländischen Justizministeriums, Statistisches Amt, WDOC/SIBa, Januar 1998.

NEUSEELAND

Schwerkriminalität: Mord und Totschlag, Entführung und Kindesentführung, Raub, schwerer Überfall, schwerer Angriff, minderschwerer Angriff, Drohung und Einschüchterung sowie Bildung einer kriminellen Vereinigung. Auch Straftaten gegen die sexuelle Selbstbestimmung wie sexuelle Übergriffe, abnorme sexuelle Beziehung, unmoralisches Verhalten, Verbreitung pornographischer Filme und Videos, die für den Vertrieb nicht zugelassen sind.

Diebstahlraten: Einbruch, Fahrzeugdiebstahl/unrechtmäßige Benutzung eines Fahrzeugs, Diebstahl allgemein, Hehlerei und Betrug.

Quelle: Persönliche Mitteilung von P. E. C. Doone, Commissioner of Police der Polizei von Neuseeland.

FINNLAND

Schwerkriminalität: Verstöße gegen die entsprechenden Strafgesetze, darunter Körperverletzung mit Todesfolge, Mord, Totschlag, versuchter Mord und versuchter Totschlag, tätlicher Angriff, Vergewaltigung und Raub.

Diebstahlraten: Verstöße gegen die entsprechenden Strafgesetze, darunter schwerer und minderschwerer Diebstahl, besonders schwerer Diebstahl, Diebstahl und unerlaubte Benutzung eines Fahrzeugs.

Anmerkung: Strafrechtsänderung bei Raub 1972, bei schwerem tätlichem Angriff 1972, bei unerlaubter Benutzung und Diebstahl eines Fahrzeugs 1991, bei Betrug und Veruntreuung 1991.

Quelle: Statistik Finnland, *Yearbook of Justice Statistics 1996,* Helsinki 1997, und *Crime Nomenclature 1996,* Helsinki 1997.

FRANKREICH

Schwerkriminalität: Straftaten gegen die Person (keine weitere Aufschlüsselung).

Diebstahlraten: aus der Kategorie Diebstahl (keine weitere Aufschlüsselung) einschließlich Besitz von gestohlenem Gut und Hehlerei.

Quelle: Persönliche Mitteilung von Bernard Gravet, Directeur Central de la Police Judiciaire beim Innenministerium. Die Quelle wird geführt als Institut National de la Statistique et des Etudes Economiques, INSEE.

IRLAND

Schwerkriminalität: Gruppe 1: Straftaten gegen die Person einschließlich (neben noch detaillierteren Aufschlüsselungen) Mord, verschiedene Arten von Körperverletzung, Vergewaltigung, Straftaten gegen die sexuelle Selbstbestimmung, Entführung und Kindesentführung, Einschüchterung, Kindesmißhandlung und Kindstötung. *Gruppe 2:* Straftaten gegen das Eigentum mit Gewaltanwendung, darunter schwerer Einbruchdiebstahl, bewaffneter Einbruchdiebstahl, Raub und Raubüberfall, bewaffneter Raubüberfall, Überfall auf eine Wohnung mit Waffen oder Sprengstoff, Brandstiftung, Tötung und Verstümmelung von Vieh, Verursachung einer Explosion mit Gefährdung von Leben und Eigentum.

Diebstahlraten: Gruppe 2: Straftaten gegen das Eigentum mit Gewaltanwendung wie Kirchenraub, Einbruch, unrechtmäßige Aneignung, Aufbrechen eines Wohnhauses, Aufbrechen eines Ladens, Einbruchsversuch in ein Wohnhaus oder einen Laden usw., Erpressung mit einer Veröffentlichung oder Drohung der Erpressung mit einer Veröffentlichung, mutwillige Beschädigung einer Schule, sonstige Sachbeschädigung, Versuch der Herbeiführung einer Sprengstoffexplosion, Besitz von Sprengstoff, mutwillige Zerstörung von Eigentum und andere Straftaten gegen das Eigentum unter Gewaltanwendung. *Gruppe 3:* Straftaten gegen das Eigentum ohne Gewaltanwendung (auch bezeichnet als einfacher Diebstahl), darunter alle Eigentumsdelikte ohne Gewaltanwendung sowie Besitz von gestohlenem Gut und Hehlerei. Betrug und verwandte Straftaten fallen nicht darunter.

Quelle: Central Statistics Office, *Statistical Abstract,* Cork, erscheint jährlich.

ITALIEN

Schwerkriminalität: entsprechende Tabelle. In die Kategorie fallen Mord und Totschlag, Körperverletzung mit Todesfolge, schwere Körperverletzung, Raub, Erpressung, Entführung und Straftaten gegen die Familie.

Diebstahlraten: entsprechende Tabelle.

Anmerkung: Straftaten gegen die Sittlichkeit und Störung der öffentlichen Ordnung bleiben ausgeklammert, weil diese Taten nicht in meine Hauptkategorien fallen und auch in anderen Ländern (zum Beispiel in den Niederlanden) nicht in die Statistik einbezogen werden.

Quelle: persönliche Mitteilung von Claudia Cingolani, Leiterin der Abteilung Internationale Beziehungen des Instituto Nazionale di Statistica, ISTAT. Daten für den Zeitraum 1950–1985 aus einer Publikation und für den Zeitraum 1986–1996 aus einer internen Statistik.

JAPAN

Schwerkriminalität: entsprechende Tabelle. Darunter fallen Mord, Raub, Raubüberfall mit Todesfolge, Raubüberfall mit schwerer Körperverletzung, Raub und Vergewaltigung, schwere Körperverletzung, Körperverletzung, Einschüchterung, Erpressung, illegale bewaffnete Versammlung,

Vergewaltigung, unsittlicher Übergriff, Erregung öffentlichen Ärgernisses, Verbreitung obszöner Schriften, Brandstiftung und Entführung. *Diebstahlraten:* entsprechende Tabelle. Darunter auch minderschwere Eigentumsdelikte.

Quelle: Koichi Hamai, Forschungsleiter in der Forschungsabteilung des Justizministeriums, hat die Daten aus dem jährlich erscheinenden Weißbuch über Verbrechensentwicklung übersetzt. Die volle Quellenangabe lautet: *Summary of the White Paper on Crime,* Tokio (Research and Training Institute, Ministry of Justice), erscheint jährlich.

SCHWEDEN
Schwerkriminalität: entsprechende Tabelle. Darunter Mord, Totschlag, Körperverletzung mit Todesfolge, Körperverletzung und schwere Körperverletzung, Sexualstraftaten und Raub.
Diebstahlraten: entsprechende Tabelle. Darunter Sachbeschädigung, Einbruch, Eigentumsdelikte außer Raub und Einbruch.
Quelle: Schwedische Statistik, *Kriminalstatikstik 1994,* Stockholm 1994 (Statistika Centralbyran).

VEREINIGTE STAATEN
Schwerkriminalität: aus Teil I der Straftatenstatistik. Darunter Mord, Totschlag, schwere Vergewaltigung, Raub und schwere Körperverletzung.
Diebstahlraten: aus Teil I der Straftatenstatistik. Darunter Einbruch, einfacher Diebstahl und Fahrzeugdiebstahl.
Quelle: persönliche Mitteilung der Program Support Section, Criminal Justice Information Services Division, Federal Bureau of Investigation, U.S. Department of Justice. Die Daten werden vom UCR-Programm (Uniform Crime Reporting) des FBI erhoben, ihre Mitteilung erfolgt freiwillig.

ENGLAND UND WALES
Schwerkriminalität: Kategorie I: Straftaten gegen Personen, 1950–1972, und Gewaltanwendung gegen Personen, 1973–1997, Sexualstraftaten und Raubdelikte. Dazu zählen Mord, Totschlag und Kindstötung, Mordversuch, Bedrohung mit Mord und Verschwörung zum Mord, tödliche Verletzung eines Kindes, Verwundung oder sonstige lebensbedrohende Körperverletzung, Gefährdung des Eisenbahnverkehrs, Gefährdung auf hoher See, sonstige Körperverletzungen (bis 1988, danach wurden einfache Körperverletzungen nicht mehr zu den Verbrechen gezählt), Aussetzung eines Kindes unter zwei Jahren, Kindesentführung, Durchfüh-

rung einer illegalen Abtreibung und Unterschlagung eines Kindes bei der Geburt. Zu den Sexualstraftaten zählen Unzucht mit Tieren, unsittlicher Übergriff auf einen Mann, unsittliches Verhalten zwischen Männern, Vergewaltigung, unsittlicher Übergriff auf eine Frau, verbotener Geschlechtsverkehr mit einem Mädchen unter dreizehn, verbotener Geschlechtsverkehr mit einem Mädchen unter sechzehn, Inzest, Kuppelei, Entführung, Bigamie und grob unsittliches Verhalten gegenüber einem Kind.

Diebstahlraten: Kategorie II: Straftaten gegen das Eigentum mit Gewaltanwendung (außer Raub und Erpressung), 1950–1972, verschiedene Kategorien von Einbruch, und Kategorie III: Straftaten gegen das Eigentum ohne Gewaltanwendung (außer Unterschlagung, Aneignung unter Vorspiegelung falscher Tatsachen, Betrug durch einen Dritten usw. und Bilanzfälschung), Kategorie Diebstahl. Zu letzterer zählen verschiedene Formen von Einbruch und Diebstahl.

Quelle: Innenministerium, *Criminal Statistics: England and Wales,* London, verschiedene Jahre (Her Majesty's Stationery Office).

AUSTRALIEN

Schwerkriminalität: nach der polizeilichen Kriminalstatistik. Dazu zählen Mord, Totschlag, fahrlässige Tötung (nicht als Autofahrer) (nur 1971–1977), Vergewaltigung (nur 1964–1987), Raub und schwere Körperverletzung.

Diebstahlraten: nach der polizeilichen Kriminalstatistik. Dazu zählen Einbruch, Diebstahl und Entwendung eines Fahrzeuges.

Quellen: Für den Zeitraum 1964–1973: Statistiken von Satyanshu K. Mukherjee, Anita Scandia, Dianne Dagger und Wendy Matthews, *Sourcebook of Australian Criminal and Social Statistics,* Canberra 1989 (Australian Institute of Criminology), für den Zeitraum 1974–1997: Satyanshu K. Muherjee und Dianne Dagger, *The Size of the Crime Problem in Australia,* 2. Aufl. Canberra 1990 (Australian Institute of Criminology) sowie persönliche Mitteilung von John Myrtle, Chefbibliothekar beim Australian Institute of Criminology.

REPUBLIK KOREA (SÜDKOREA)

Schwerkriminalität: für 1970 sowie 1975–1994 nach Fallzahlen. Darunter Mord, Vergewaltigung, Raub und schwere Körperverletzung.

Diebstahlraten: für 1970 und 1975–1994 nach Fallzahlen. Unklar, welche Delikte im einzelnen erfaßt wurden.

Quelle: Statistisches Amt der Republik Korea, *Social Indicators in Korea 1995,* Seoul 1995.

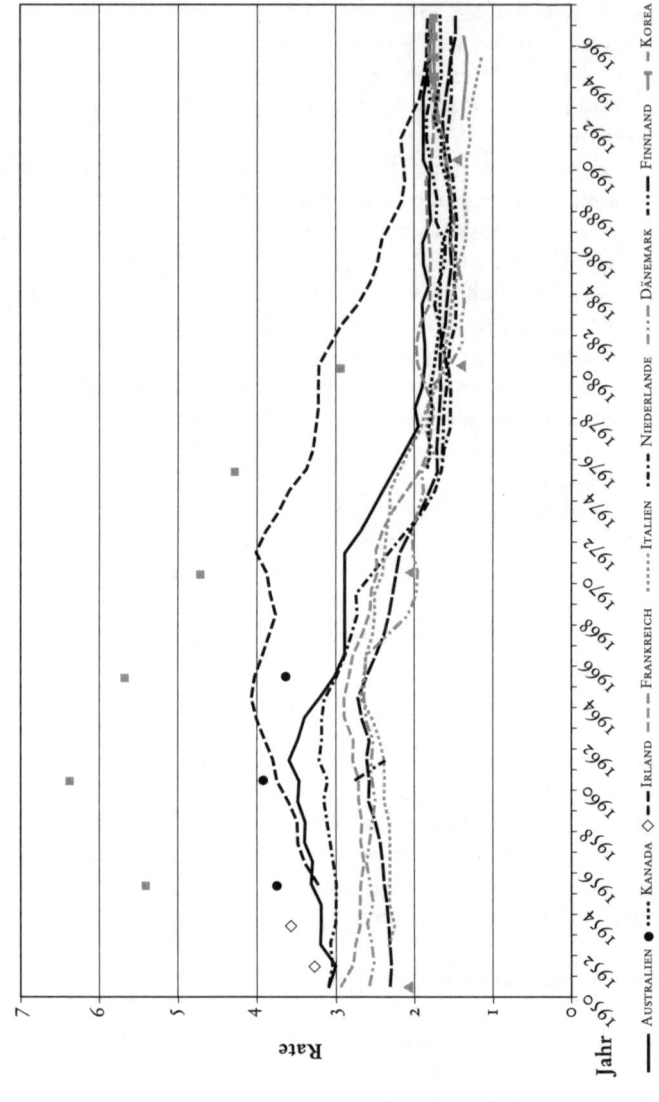

ABBILDUNG A.3

Geburtenraten, 1950–1996

Jahr

Rate

AUSTRALIEN ●●●● KANADA ◇ ─ ─ IRLAND ─ ─ FRANKREICH ─ ─ ITALIEN ⋯⋯ NIEDERLANDE ─··─ DÄNEMARK ─ ─ FINNLAND ─◀─ KOREA

BELGIEN ◀ WESTDEUTSCHLAND

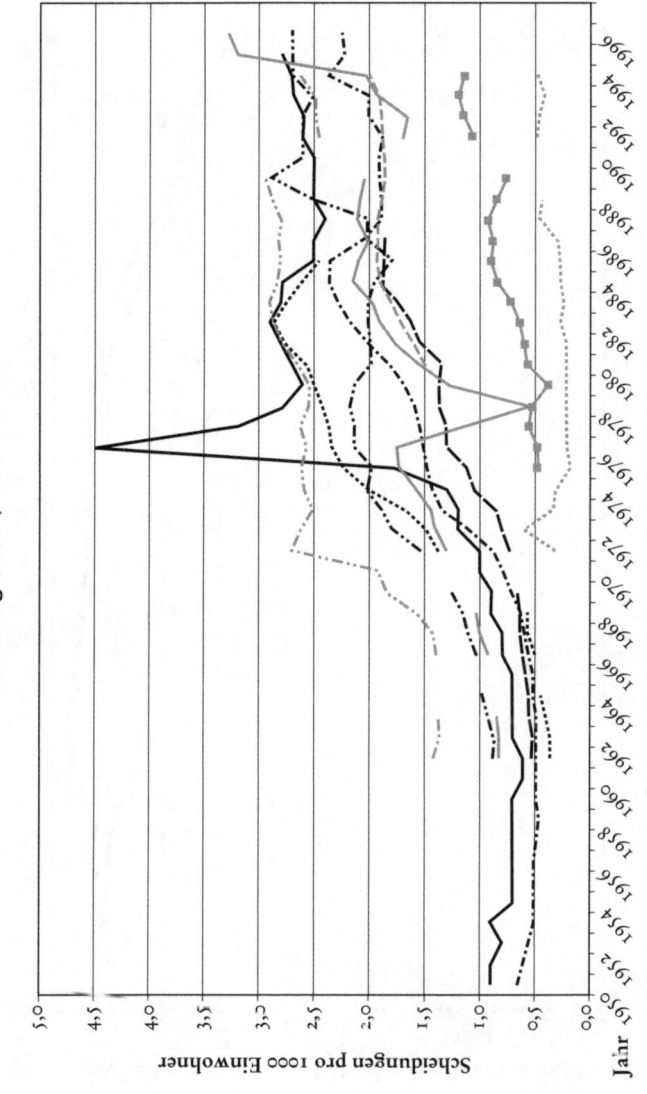

ABBILDUNG A.4

Scheidungsraten, 1950–1996

AUSTRALIEN ····· KANADA —— BELGIEN — — FRANKREICH ······ ITALIEN — ··· NIEDERLANDE ···· DÄNEMARK ···· FINNLAND ——■— KOREA

—— WESTDEUTSCHLAND

Scheidungen pro 1000 Einwohner

Jahr

ABBILDUNG A.5

Geburten unverheirateter Mütter, 1950–1996

Jahr

Anteil der außerehelichen Geburten an der Gesamtzahl der Geburten

—— AUSTRALIEN ······ KANADA —— BELGIEN —— FRANKREICH ······ ITALIEN ····· NIEDERLANDE ····· DÄNEMARK ····· FINNLAND — — IRLAND

—— WESTDEUTSCHLAND ◄

384

Die statistischen Angaben über die Geburten unverheirateter Mütter sind für alle europäischen Länder entnommen aus Eurostat, *Demographic Statistics,* New York 1997 (Haver Analytics/Eurostat Data Shop). Die Angaben für Japan stammen vom Japanischen Ministerium für Gesundheit und Wohlfahrt, Abteilung Statistik und Information. Quellen für die Vereinigten Staaten waren S. J. Ventura et al., »Report of Final Natality Statistics«, *Monthly Vital Statistics Report* 46, Nr. 11, Beilage, Hyattsville/Md. 1996 (National Center for Health Statistics) und S. J. Ventura et al., »Births to Unmarried Mothers: United States, 1980–1992«, *Vital Health Statistics* 21 (53), Hyattsville/Md. 1995 (National Center for Health Statistics). Die Angaben für Australien und Kanada entstammen einer Publikation der Vereinten Nationen: United Nations Department for Economic and Social Information and Policy Analysis, Statistical Division, *Demographic Yearbook,* New York 1965, 1975, 1981, 1986. Die Quellen der übrigen Daten werden für jedes Land gesondert ausgewiesen.

AUSTRALIEN

Geburtenrate: bis 1966 ohne »reinblütige Aborigines«.
Scheidungsrate: bis 1966 ohne »reinblütige Aborigines«. Die reine Scheidungsrate ist die Zahl der Scheidungsurteile, die pro 1000 geschätzte Einwohner bis zum 30. Juni des betreffenden Jahres ausgesprochen wurden. Bis 1994 bezieht sich die reine Eheschließungsrate auf die Zahl der gemeldeten Einwohner in dem betreffenden Kalenderjahr. Bei der Interpretation dieser Zahlen muß berücksichtigt werden, daß ein großer und wechselnder Teil der Bevölkerung, der in dieser Gleichung als Nenner auftaucht, unverheiratet oder noch nicht im heiratsfähigen Alter ist.
Quellen: Persönliche Mitteilung von Christine Kilmartin vom 2. März 1998, Koordinatorin für die Beobachtung von Entwicklungen in den Familienstrukturen beim Australischen Institut für Familienstudien. Australian Bureau of Statistics, *Catalog No. 3301.0, Canberra 1995 (Australian Government Publishing Service).*

KANADA

Scheidungsrate: Soweit nicht anders angegeben, sind Annullierungen und legale Trennungen nicht berücksichtigt. Die Scheidungsrate ist die Zahl der nach dem Zivilrecht ausgesprochenen Scheidungsurteile pro 1000 Einwohner nach der Bevölkerungszahl Mitte des Jahres.
Quellen: United Nations Department for Economic and Social Information and Policy Analysis, *World Population Prospects: The 1996 Revision – Annex 1 – Demographic Indicators,* New York 1996 (United Nations

Publications); U. S. Bureau of the Census, *International Database,* International Programs Center; United Nations Department for Economic and Social Information and Policy Analysis, Statistical Division, *Demographic Yearbook,* New York 1965–1995 (United Nations Publications).

VEREINIGTE STAATEN

Scheidungsrate: Es sind nur Fälle innerhalb der Vereinigten Staaten berücksichtigt. Alaska ist ab 1959 einbezogen und Hawai ab 1960. Raten pro 1000 Einwohner, für die Jahre 1950, 1960, 1970 und 1980 erhoben zum 1. April, für alle anderen Jahre geschätzt zum 1. Juli.

Quellen: S. J. Ventura, J. A. Martin, T. J. Mathews und S. C. Clarke, *Report of Final Natality Statistics, 1996,* Monthly Vital Statistics Report, Bd. 46, Nr. 11 Beilage, Hyattsville/Md. 1998 (National Center for Health Statistics); S. J. Ventura, *Births to Unmarried Mothers: United States, 1980–1992,* Vital Health Statistics, 21 (53), Hyattsville/Md. 1995 (National Center for Health Statistics); U. S. Department of Health and Human Services, *Vital Statistics of the United States,* Bd. 1: *Natality,* Veröffentlichung Nr. 96-1100, Hyattsville/Md. 1996 (National Center for Health Statistics); S. C. Clark, *Advance Report of Final Divorce Statistics, 1989 and 1990,* Monthly Vital Statistics Report, Bd. 43, Nr. 8 Beilage, Hyattsville/Md. 1995 (National Center for Health Statistics); National Center for Health Statistics, *Births, Marriages, Divorces and Deaths for 1996,* Monthly Vital Statistics Report, Bd. 45, Nr. 12, Hyattsville 1997 (National Center for Health Statistics).

JAPAN

Quellen: Japanisches Ministerium für Gesundheit und Wohlfahrt, Abteilung Statistik und Information.

SÜDKOREA

Scheidungsrate: Daten ohne nähere Angaben zur Quelle und Aufschlüsselung; sind vermutlich unvollständig.

Quellen: United Nations Department for Economic and Social Information and Policy Analysis, *World Population Prospects: The 1996 Revision – Annex 1 – Demographic Indicators,* New York 1996 (United Nations Publications); U. S. Bureau of the Census, *International Database,* International Programs Centers; United Nations Department for Economic and Social Information and Policy Analysis – Statistical Division, *Demographic Yearbook,* New York 1980–1995 (United Nations Publications).

DÄNEMARK

Scheidungsrate: ohne Faröer-Inseln und Grönland.
Quellen: Jean-Paul Sardon, *General Natality,* Paris 1994 (National Institute of Demographic Studies); U.S. Bureau of the Census, *International Database,* International Programs Center; United Nations Department for Economic and Social Information and Policy Analysis – Statistical Division, *Demographic Yearbook,* New York 1965–1995 (United Nations Publications).

FINNLAND

Quellen: United Nations Department for Economic and Social Information and Policy Analysis, *World Population Prospects: The 1996 Revision – Annex 1 – Demographic Indicators,* New York 1996 (United Nations Publications); U.S. Bureau of the Census, *International Database,* International Programs Center; United Nations Department for Economic and Social Information and Policy Analysis – Statistical Division, *Demographic Yearbook,* New York 1965–1985 (United Nations Publications); persönliche Mitteilung der Dokumentarin Anja Torma vom 23.1.1998, *Vital Statistics 1996,* Helsinki 1996.

FRANKREICH

Quellen: Jean-Paul Sardon, *General Natality,* Paris 1994; Roselyn Kerjosse und Irène Tamby, *The Demographic Situation in 1994: Movement of the Population,* Paris 1994.

DEUTSCHLAND/EHEMALIGE DDR

Quellen: Ministerium für Familie, Senioren, Frauen und Jugend, *Die Familie im Spiegel der Amtlichen Statistik: Aktuelle und erweiterte Neuauflage 1998,* Bonn 1997; United Nations Department for Economic and Social Information and Policy Analysis, *World Population Prospects: The 1996 Revision – Annex 1 – Demographic Indicators,* New York 1996 (United Nations Publications); United Nations Department for Economic and Social Information and Policy Analysis – Statistical Division, *Demographic Yearbook,* New York 1965–1995 (United Nations Publications).

IRLAND

Quellen: Jean-Paul Sardon, *General Natality,* Paris 1994 (National Institute of Demographic Studies); U.S. Bureau of the Census, *International Database,* International Programs Center.

ITALIEN

Scheidungsrate: keine Angaben zur Vollständigkeit der Zahlen.
Quellen: persönliche Mitteilung von Viviana Egidi, 17. April 1998, Direzione Centrale delle Statistiche su Popolazione e Territorio. Instituto Nazionale di Statistica (ISTAT); United Nations Department for Economic and Social Information and Policy Analysis, Statistical Division, *Demographic Yearbook,* New York 1990–1995 (United Nations Publications).

NIEDERLANDE

Scheidungsrate: Beendigung der Ehe durch Tod und Scheidung.
Quelle: persönliche Mitteilung von Ursula van Leijden, 4. März 1998, Centraal Bureau voor de Statistiek, Abteilung Bevölkerungsstatistik.

SCHWEDEN

Quellen: Jean-Paul Sardon, *General Natality,* Paris 1994 (National Institute of Demographic Studies); persönliche Mitteilung von Ake Nilsson, 11. Juni 1998, Statistika Centralbyran; *Population Statistics 1996,* Teil 4, *Vital Statistics,* Stockholm 1997.

VEREINIGTES KÖNIGREICH

Scheidungsrate: Zahlen für den Zeitraum 1964–1970 nur für England und Wales. Der Berechnung ist die Bevölkerungszahl einschließlich der außerhalb der Landesgrenzen befindlichen Angehörigen der Streitkräfte und der Handelsmarine zugrundegelegt, nicht einbezogen sind auf dem Territorium des Vereinigten Königreiches stationierte Angehörige der Streitkräfte des Commonwealth und ausländischer Staaten.
Quellen: United Nations Department for Economic and Social Information and Policy Analysis, *World Population Prospects: The 1996 Revision – Annex 1 – Demographic Indicators,* New York 1996 (United Nations Publications); United Nations Department for Economic and Social Information and Policy Analysis, Statistical Division, *Demographic Yearbook,* New York 1965–1995 (United Nations Publications); Europarat, *Recent Demographic Developments in Europe,* Straßburg 1997 (Veröffentlichungen des Europarates).

Anmerkungen

KAPITEL I.
NACH DEN REGELN SPIELEN

1 Daniel Bell, *Die nachindustrielle Gesellschaft*, Frankfurt/Main 1985.

2 Allgemein zu den Merkmalen von »Informationsgesellschaften« siehe Alvin Toffler, *The Third Wave*, New York 1980, und Manuel Castells, *The Rise of the Network Society*, Malden/Mass. 1996.

3 Der erste wichtige durch Technik bedingte Bruch war die Erfindung des Ackerbaus. Der Übergang von den Gesellschaften der Jäger und Sammler zu den Ackerbaugesellschaften erfolgte allerdings sehr viel langsamer als der ökonomische Wandel seit Beginn der industriellen Revolution, und wir wissen darüber auch sehr viel weniger.

4 Ferdinand Tönnies, *Gemeinschaft und Gesellschaft*, Darmstadt 1991 (Neuausgabe der 8. Aufl. 1935).

5 Sir Henry S. Maine, *Ancient Law: Its Connection with the Early History of Society and Its Relation to Modern Ideas*, Boston 1963 (erstmals erschienen 1861), S. 163 f.; siehe dazu auch die parallele Diskussion bei Max Weber, *Wirtschaft und Gesellschaft*, Tübingen 1972, 1. Teil, Kap. II; sowie Robin Fox, *Reproduction and Succession: Studies in Anthropology, Law, and Society*, New Brunswick/N.J. 1997, S. 96–100.

6 Samuel P. Huntington, *The Third Wave: Democratization in the Late Twentieth Century*, Oklahoma City 1991.

7 Francis Fukuyama, *Das Ende der Geschichte. Wo stehen wir?*, München 1992; siehe auch ders., »Capitalism and Democracy: The Missing Link«, in: *Journal of Democracy* 3 (1992), S. 100–110.

8 Siehe beispielsweise die Einleitung zu James M. Buchanan, *Die Grenzen der Freiheit. Zwischen Anarchie und Leviathan*, Tübingen 1984.

9 Diego Gambetta, *The Sicilian Mafia: The Business of Private Protection*, Cambridge/Mass. 1993, S. 35.

10 Siehe beispielsweise Edward C. Banfield, *The Moral Basis of a Backward Society*, Glencoe/Ill. 1958, und Robert D. Putnam, *Making Democracy Work: Civic Traditions in Modern Italy*, Princeton/N.J. 1993.

11 Meines Wissens hat Lawrence Harrison als erster diesen Begriff

gebraucht in seinem Buch *Underdevelopment Is a State of Mind: The Latin American Case,* New York 1985, S. 7 f.

12 Max Weber schreibt: »Die große Leistung der ethischen Religionen, vor allem der ethischen und asketischen Sekten des Protestantismus, war die Durchbrechung des Sippenbandes.« *Die Wirtschaftsethik der Weltreligionen. Konfuzianismus und Taoismus,* hrsg. von Helwig Schmidt-Glintzer, MWG I/19, Tübingen 1989, S. 424.

13 Siehe die Erörterung der Zivilgesellschaft bei Larry Diamond, »Toward Democratic Consolidation«, in: *Journal of Democracy* 5 (1994), S. 4–17.

14 Dieses Argument formuliert Ernest Gellner *in Conditions of Liberty: Civil Society and Its Rivals,* London 1994.

15 Lyda Judson Hanifan, »The Rural School Community Center«, in: *Annals of the American Academy of Political and Social Science 67* (1916), S. 130–138.

16 Jane Jacobs, *The Death and Life of Great American Cities,* New York 1961, S. 138.

17 Glenn Loury, »A Dynamic Theory of Racial Income Differences«, in: P. A. Wallace und A. LeMund (Hgg.), *Women, Minorities, and Employment Discrimination,* Lexington/Mass. 1977; Ivan H. Light, *Ethnic Enterprise in America,* Berkeley 1972.

18 James S. Coleman, »Social Capital in the Creation of Human Capital«, in: *American Journal of Sociology* Supplement 94 (1988), S. S95–S120, und »The Creation and Destruction of Social Capital: Implications for the Law«, in: *Journal of Law, Ethics, and Public Policy* 3 (1988), S. 375–404.

19 Putnam, *Making Democracy Work,* a.a.O., und ders., »Bowling Alone: America's Declining Social Capital«, in: *Journal of Democracy* 6 (1995), S. 65–78.

20 Everett C. Ladd, »The Data Just Don't Show Erosion of America's Social Capital«, in: *Public Perspective* (1996), S. 4–22; Michael Schudson, »What If Civic Life Didn't Die?«, in: *American Prospect* (1996), S. 17–20; John Clark, »Shifting Engagements: Lessons from the ›Bowling Alone‹ Debate«, in: *Hudson Briefing Papers,* Nr. 196 (Oktober 1996).

21 In dieser Studie werden eine Reihe unterschiedlicher negativer Indikatoren für soziales Kapital gemessen und zu einem einzigen Index zusammengefaßt. Siehe National Commission on Civic Renewal, *The Index of National Civic Health,* College Park/Md. 1998, ferner *A Nation of Spectators: How Civic Disengagement Weakens America and What We Can Do About It,* College Park/Md. 1998.

KAPITEL 2.
VERBRECHEN, FAMILIE, VERTRAUEN:
WAS GESCHEHEN IST

1 Jane Jacobs, *The Death and Life of Great American Cities,* New York
1992, S. 29–54.
2 Ebenda, S. 38f.
3 Eine interessante Diskussion der schädlichen Auswirkungen des
ultramodernen Städtebaus bietet James C. Scott, *Seeing Like a State:
How Certain Schemes to Improve the Human Conditions Have Failed,* New Haven/Conn. 1998, S. 132–139.
4 Siehe Robert E. Park, »Community Organization and Juvenile Delinquency«, in: Ernest W. Burgess, Robert E. Park und Roderick D.
McKenzie (Hgg.), *The City,* Chicago 1925, S. 99–112. In ähnlicher
Weise hat der Kriminologe John Braithwaite die Bedeutung der »rein-
tegrativen Beschämung«, wie er es nennt, als ein Mittel der Kriminalitätsbekämpfung betont. Gemeinschaften drücken Mißbilligung durch
Beschämung und Stigmatisierung von Personen aus, die Normen der
Gemeinschaft verletzt haben. Von reintegrativer Beschämung ist dann
die Rede, wenn die Gemeinschaft willens ist, einen Übeltäter wieder
aufzunehmen, sofern er Schuldgefühle und Reue für seine Taten
bekundet. Braithwaite zufolge verhindert die Reintegration, daß stig-
matisierte Übeltäter eine eigene kriminelle Subkultur bilden. Japan ist
dafür das beste Beispiel: Verglichen mit anderen Industrieländern ist
die Kriminalitätsrate in Japan außerordentlich niedrig, und das erreicht Japan nicht mit hartem Durchgreifen der Polizei, sondern
durch informellen sozialen Druck, daß die Normen der Gemeinschaft
eingehalten werden. Es werden große Anstrengungen unternommen,
um Kriminelle durch die aktive Intervention anderer Mitglieder der
Gemeinschaft moralisch zu rehabilitieren; wenn dies erfolgt ist, wird
der einzelne bereitwillig wieder in das normale soziale Leben aufgenommen. Siehe John Braithwaite, *Crime, Shame, and Reintegration,*
Cambridge 1989.
5 Robert J. Sampson, Stephen W. Raudenbush und Felton Earls,
»Neighborhoods and Violent Crime: A Multilevel Study of Collective
Efficacy«, in: *Science* 277 (1997), S. 918–924.
6 Siehe Erich Buchholz, »Reasons for the Low Rate of Crime in the
German Democratic Republic«, in: *Crime and Social Justice* 29
(1986), S. 26–42.
7 James Q. Wilson, *Thinking About Crime,* überarbeitete Neuauflage
New York 1983, S. 15.

8 Geoge Kelling and Catherine Coles, *Fixing Broken Windows: Restoring Order and Reducing Crime in Our Communities*, New York 1996, S. 14–22.

9 Ebenda, S. 47.

10 Wesley G. Skogan, *Disorder and Decline: Crime and the Spiral of Decay in American Neighborhoods*, New York 1990.

11 Seit der Untersuchung von Dane Archer und Rosemary Gartner, *Violence and Crime in Cross-National Perspective*, New Haven/Conn. 1984, sind relativ wenige Zusammenstellungen von vergleichenden Kriminalitätsstatistiken für die Industrieländer erschienen. Weitere Angaben enthält Antoinette D. Viccia, »World Crime Trends«, in: *International Journal of Offender Therapy* 24 (1980), S. 270–277.

12 Zu den methodischen Problemen beim internationalen Vergleich von Kriminalitätsraten siehe James Lynch, »Crime in International Perspective«, in: James Q. Wilson und Joan Petersilia (Hgg.), *Crime*, San Francisco 1995, S. 11–38.

13 W. S. Wilson Huang, »Are International Murder Data Valid and Reliable? Some Evidence to Support the Use of Interpol Data«, in: *International Journal of Comparative and Applied Criminal Justice* 17 (1993), S. 77–89.

14 Siehe U. S. Department of Justice, Bureau of Justice Statistics, *Criminal Victimization, 1973–95*, Washington D.C. 1997.

15 Eine aktuelle Untersuchung über 14 Industrieländer ist die Studie von Jan J. M. Van Dijk und Pat Mayhew, *Experiences of Crime Across the World*, Deventer 1991.

16 Pat Mayhew und Philip White, *The 1996 International Crime Victimisation Survey*, Home Office Research and Statistics Directorate Research Findings Nr. 57, London 1997.

17 Ein zweites methodisches Problem ergibt sich beim interkulturellen Vergleich von Kriminalitätsraten. Kriminalität wird in unterschiedlichen Gesellschaften unterschiedlich definiert. Selbst bei Mord ist die Statistik nicht einheitlich: Interpol nimmt in seine Statistik auch Mordversuche auf, die Vereinigten Staaten tun das nicht. »Mord« und »Totschlag« werden manchmal als eine Kategorie behandelt und manchmal nicht, manche nationale Polizeistatistiken werfen Störung der öffentlichen Ordnung mit Gewaltverbrechen in einen Topf, andere nicht. Selbst innerhalb einer Gesellschaft können sich die Definitionen von Verbrechen im Laufe der Zeit verändern. Das gilt in ganz besonderem Maße für Sexualverbrechen wie Vergewaltigung und Kindesmißbrauch; in diesem Bereich haben sich die sozialen Normen dramatisch verändert. In den Vereinigten Staaten kann ein Mann

heute sehr viel leichter einer Vergewaltigung oder sexuellen Nötigung beschuldigt werden als vor dreißig Jahren, und zur Kindesmißhandlung zählt auch verbale und seelische Mißhandlung. Darüber hinaus kann es bei identisch definierten Kategorien große Unterschiede zwischen verschiedenen Ländern geben: In Holland fallen unter die Eigentumsdelikte im Gegensatz zu den Vereinigten Staaten sehr viel mehr Fahrraddiebstähle als Autodiebstähle und Einbrüche, einfach weil das Fahrrad als Fortbewegungsmittel in Holland eine sehr viel größere Rolle spielt.

Da die Verbrechensdefinitionen so häufig willkürlich sind, vertritt eine Schule der Kriminologie die Auffassung, daß ein Verbrechen alles ist, was die herrschenden Eliten einer bestimmten Gesellschaft als Verbrechen bezeichnen, und daß etwas, was für eine Gruppe normal ist, für eine andere ein Delikt sein kann. Diese Ansicht steckt implizit in Edwin Sutherlands Erklärung, die Kriminalität sei infolge eines »Definitionsexzesses« angestiegen, der überall Gesetzesverletzungen gesehen habe, und hat sich in der sogenannten Etikettierungstheorie der Kriminologie fortgesetzt. Danach erscheint die Strafverfolgung als eine Art mit Zwangsmitteln durchgesetztes kulturelles Vorurteil. Nachdem die Konservativen die Kriminalität in den sechziger und siebziger Jahren zu einem politischen Thema gemacht hatten, griffen viele Liberale Durkheims Formulierung auf, daß das abweichende Verhalten die Normalität sei, das heißt, daß es keine Gesellschaft ohne Verbrechen und Gesetzesverstöße gibt. In der viktorianischen Gesellschaft und in den amerikanischen Vorstädten der fünfziger Jahre seien gleichermaßen die schlimmsten Verbrechen begangen worden, und es sei Nostalgie, wenn man heute die guten alten Zeiten beschwöre.

Auf die Frage nach der kulturbedingten Verzerrung gibt es zwei Antworten. Die eine Antwort ist kurz und technischer Natur. Untersuchungen haben erbracht, daß die international erhobenen Daten in einem überzeugenden Maß konsistent sind. Wenn die Kategorien von Verbrechen in zwei verschiedenen Gesellschaften oder in ein und derselben Gesellschaft im Laufe der Zeit unterschiedlich definiert werden, dann müssen die Kategorien in einer gründlichen Analyse desaggregiert werden, und man muß die spezifischen Ursachen und Lösungen für die einzelnen Typen von Verbrechen betrachten. Solange die Kategorien jedoch über einen bestimmten Zeitraum hinweg konsistent verwendet werden, darf das die Daten über Trends nicht beeinflussen. Das zweite, breiter gefaßte Thema, ob Verbrechen nur eine vorurteilsbeladene Art und Weise ist, Minoritäten und andere

393

Randgruppen zu stigmatisieren, ist für unsere Betrachtung des sozialen Phänomens nicht relevant. Es gibt keine Gesellschaften auf der Welt, und ganz bestimmt keine Industriegesellschaften, die Mord und Diebstahl als legitim erachten. Die Tatsache, daß wir heute ein höheres Niveau von Kriminalität und abweichendem Verhalten tolerieren als früher, bedeutet nicht, daß es weniger soziale Unordnung gibt; es ist eher ein anderes Beispiel, wie »abweichendes Verhalten wegdefiniert« wird.
Siehe dazu W. S. Wilson Huang, »Assessing Indicators of Crime Among Internationale Crime Data Series«, in: *Criminal Justice Policy Review* 3 (1989), S. 28–48; Piers Beirne, »Cultural Relativism and Comparative Criminology«, in: *Contemporary Crises* 7 (1983); S. 371–391; Gregory C. Leavitt, »Relativism and Cross-Cultural Criminology: A Critical Analysis«, in: *Journal of Research in Crime and Delinquency* 27 (1990), S. 5–29; Edwin Sutherland und Donald Cressy, *Criminology*, Philadelphia 1970; Frank Tannenbaum, *Crime and the Community*, New York 1938; Howard S. Becker, *Outsiders: Studies in the Sociology of Deviance*, Glencoe/Ill. 1963.

18 Ted Robert Gurr, »Contemporary Crime in Historical Perspective: A Comparative Study of London, Stockholm, and Sydney«, in: *Annals of the North American Academy of Political and Social Science* 434 (1977), S. 114–136.

19 W. S. Wilson Huang, »Are International Murder Data Valid?«, a. a. O.

20 James S. Coleman, *Foundations of Social Theory*, Cambridge/Mass. 1990, S. 300.

21 In den Vereinigten Staaten entfielen 1995 19,5 Prozent der Beschäftigungsverhältnisse auf Betriebe mit weniger als 20 Angestellten. Small Business Administration, Office of Advocacy, Small Business Answer Card 1998.

22 Die Fertilitätsrate ist die durchschnittliche Zahl der Kinder, die eine Frau in ihren fruchtbaren Jahren gebären wird, bezogen auf ein bestimmtes Jahr. Zu Quellenangaben siehe Anhang.

23 Ich danke Nicholas Eberstadt, der einen Großteil der Analysen für diesen Abschnitt durchgeführt hat. Siehe seinen Aufsatz »World Population Implosion?«, in: *Public Interest* Nr. 129 (Herbst 1997), S. 3–22.

24 Nicholas Eberstadt, »Asia Tomorrow, Gray and Male«, in: *National Interest* Nr. 53 (Herbst 1998), S. 56–65.

25 Über diesen Zeitraum siehe Michael S. Teitelbaum und Jay M. Winter, *The Fear of Population Decline*, Orlando 1985.

26 David Popenoe, *Disturbing the Nest: Family Change and Decline in Modern Societies,* New York 1988, S. 34.

27 Sara McLanahan und Lynne Casper, »Growing Diversity and Inequality in the American Family«, in: Reynolds Farley (Hg.), *State of the Union: America in the 1990s,* Bd. 2: *Social Trends,* New York 1995.

28 William J. Goode, *World Change in Divorce Patterns,* New Haven/Conn. 1993, S. 54. In einigen katholischen Ländern wie Chile ist bis heute eine Scheidung legal nicht möglich.

29 U.S. Bureau of the Census, *Statistical Abstract of the United States,* Washington/D.C. 1996, Tabelle 98, S. 79.

30 Ebenda.

31 U.S. Department of Health and Human Services, Centers for Disease Control, *National Vital Statistics Report* 47, Nr. 4, Washington/D.C., 7.10.1998, S. 15.

32 Diese Veränderungen bringen die Raten allerdings nur auf das Niveau zurück, auf dem sie sich Anfang der achtziger Jahre befanden. Stephanie J. Ventura, Sally C. Curtin und T. J. Matthews, »Teenage Births in the United States: National and States Trends, 1990–96«, in: *National Vital Statistics System,* U.S. Department of Health and Human Services, National Center for Health Statistics, Washington/D.C. 1998.

33 Siehe beispielsweise McLanahan und Casper, »Growing Diversity«, a.a.O., S. 11.

34 Ebenda.

35 U.S. Department of Health and Human Services, *Report to Congress on Out-of-Wedlock Childbearing,* Hyattsville/Md. 1995, S. 70; Larry L. Bumpass und James A. Sweet, »National Estimates of Cohabitation«, in: 26 (1989), S. 615–625.

36 McLanahan und Casper, »Growing Diversity«, a.a.O., S. 15. Die Zahlen für Schweden wurden mir direkt vom Schwedischen Ministerium für Gesundheit und Sozialangelegenheiten, Abteilung Soziale Dienste, übermittelt.

37 Louis Roussel, *La famille incertaine,* Paris 1989.

38 Richard F. Tomasson, »Modern Sweden: The Declining Importance of Marriage«, in: *Scandinavian Review* (1998), S. 83–89.

39 Elise F. Jones, *Teenage Pregnancy in Industrialized Countries,* New Haven/Conn. 1986.

40 Diese Zahlen beziehen sich auf die Vereinigten Staaten. Larry L. Bumpass und James A. Sweet, »National Estimates of Cohabitation«, a.a.O.

41 Dies gilt auch dann, wenn die Zahlen hinsichtlich Alter, Bildung, Einkommen und anderer Faktoren, die mit häuslicher Aggression korre-

lieren, bereinigt werden. Siehe Jan E. Stets, »Cohabiting and Marital Aggression: The Role of Social Isolation«, in: *Journal of Marriage and the Family* 53 (1991), S. 669–680.

42 Popenoe, *Disturbing the Nest*, a. a. O., S. 174; Alisa Burns und Cath Scott, *Mother-Headed Families and Why They Have Increased*, Hillsdale/N. J. 1994, S. 26.

43 Sara McLanahan und Gary Sandefur, *Growing Up With a Single Parent: What Hurts, What Helps*, Cambridge/Mass. 1994, S. 2.

44 David Popenoe, *Life Without Father: Compelling New Evidence That Fatherhood and Marriage Are Indispensable for the Good of Children and Society*, New York 1996, S. 86. Andrew Cherlin weist darauf hin, daß die Rate der Auflösung von Familien infolge Scheidung auch dann, wenn man davon ausgeht, daß dieser Vergleich möglich ist, über allen jemals in der Geschichte erreichten Raten für den Zerfall von Familien infolge anderer Ursachen liegt. Andrew J. Cherlin, *Marriage, Divorce, Remarriage*, 2. Aufl. Cambridge/Mass. 1992, S. 25.

45 Popenoe, *Life Without Father*, a. a. O., S. 151 f.

46 Goode, *World Change*, a. a. O., S. 35.

47 Ralf Dahrendorf, *Lebenschancen. Anläufe zur sozialen und politischen Theorie*, Frankfurt/Main 1979.

48 Diese Ansicht wird gestützt durch eine Untersuchung von John Brehm und Wendy Rahn, die, ausgehend von Daten aus dem General Social Survey, gezeigt haben, daß staatsbürgerliches Engagement ein guter Voraussageindikator für das Vertrauensniveau ist. Wendy Rahn und John Brehm, »Individual-Level Evidence for the Causes and Consequences of Social Capital«, in: *American Journal of Political Science* 41 (1997), S. 999–1023.

49 Siehe dazu das Kapitel »Vertrauen: Der unterschätzte Einfluß der Kultur auf die Entwicklung der Wirtschaft« in meinem Buch *Konfuzius und Marktwirtschaft*, München 1995. Siehe auch Diego Gambetta, *Trust: Making and Breaking Cooperative Relations*, Oxford 1988.

50 Eine allgemeine Analyse dieses Problems bietet Joseph S. Nye jr. (Hg.), *Why People Don't Trust Government*, Cambridge/Mass. 1997.

51 Karlyn Bowman und Everett C. Ladd, *What's Wrong: A Survey of American Satisfaction and Complaint*, Washington/D.C. 1998, Tabelle 5-20.

52 *American Enterprise* (Nov.–Dez. 1993), S. 94 f.

53 Ladd und Bowman, *What's Wrong*, a. a. O., Tabellen 6-1 bis 6-23.

54 Wendy Rahn und John Transue, »Social Trust and Value Change: The

Decline of Social Capital in American Youth, 1976–1995«, unveröffentlichtes Manuskript 1997.

55 Tom W. Smith, »Factors Relating Misanthropy in Contemporary American Society«, in: Social Science Research 26 (1997), S. 170–196.
56 Ebenda, S. 191 ff.
57 Alan Wolfe, *One Nation, After All,* New York 1998, S. 231.
58 Rahn und Transue, »Social Trust«, a. a. O.
59 Mancur Olson, *Aufstieg und Niedergang von Nationen. Ökonomisches Wachstum, Stagflation und soziale Starrheit,* 2. Aufl. Tübingen 1991.
60 Everett C. Ladd, *The Ladd Report,* New York 1999. Frühere Versionen der Untersuchung hat Ladd in zwei Aufsätzen publiziert: »The Data Just Don't Show Erosion of America's ›Social Capital‹«, in: *Public Perspective* (1996), und »The Myth of Moral Decline«, in: *Responsive Community* 4 (1993–94), S. 52–68.
61 Robert Putnam, »Bowling Alone: America's Declining Social Capital«, in: *Journal of Democracy* 6 (1995), S. 65–78.
62 Calvert J. Judkins, *National Associations of the United States,* U.S. Department of Commerce, Washington/D.C. 1949. Ich danke Marcella Rey für diesen und andere Hinweise zur Messung von Gruppenmitgliedschaften. Siehe dazu ihr Paper »Pieces to the Association Puzzle«, vorgelegt auf der Jahreskonferenz der Association for Research on Nonprofit Organizations and Voluntary Action, November 1998.
63 Lester M. Salamon, *America's Nonprofit Sector,* New York 1992.
64 W. Lloyd Warner, J. O. Low, Paul S. Lunt und Leo Srole, *Yankee City,* New Haven/Conn. 1963.
65 Neben der Schwierigkeit, die Zahl solcher Gruppen zu ermitteln, ergibt sich eine Fülle von Problemen, wenn man die Qualität der Beziehungen beurteilen will, die durch solche Gruppen erzeugt werden. Ladd kritisiert Putnams abschätziges Urteil über viele Interessengruppen, sie seien reine »Mitgliedschaftsgruppen«. Er zeigt, daß nicht nur die Mitgliederzahlen von großen Umweltschutzorganisationen wie Nature Conservancy oder dem World Wildlife Fund beträchtlich gestiegen sind, sondern daß die Beziehungen innerhalb solcher Gruppen sich nicht darauf beschränken, daß die Mitglieder jährlich ihren Beitrag zahlen, sondern sehr viel intensiver sind. Er verweist auf eine Untersuchung, wie eine einzige Ortsgruppe einer Umweltorganisation eine Fülle von Wanderungen, Fahrradtouren, Rucksackausflügen und dergleichen initiierte, die vermutlich allesamt

die Beziehungen zwischen den Mitgliedern festigten und sicher auch Auswirkungen auf das Sozialkapital hatten.

66 National Opinion Research Center (NORC), *General Social Survey*, Chicago, verschiedene Ausgaben. Der General Social Survey wurde erstmals 1972 durchgeführt, danach wieder für die Jahre 1973–1978, 1980, 1982, 1983–1993, 1994, 1996 und 1998.

67 Wolfe, *One Nation*, a. a. O., S. 250–259.

68 Rahn und Transue, »Social Trust«, a. a. O.

69 Pew Research Center for the People and the Press, *Trust and Citizen Engagement in Metropolitan Philadelphia: A Case Study*, Washington/D.C. 1997. Diese Untersuchung ergab, daß die Einwohner von Philadelphia erhebliches Mißtrauen gegenüber ihren Mitbürgern hegten. Im Stadtbereich (im Unterschied zu den umliegenden Gebieten, die in die Untersuchung mit einbezogen wurden) stimmten nur 28 Prozent der Befragten der Aussage zu, »den meisten Menschen kann man vertrauen«, 67 Prozent sagten, »man kann gar nicht vorsichtig genug sein«; das entspricht grob den Ergebnissen breiter angelegter Befragungen wie des GSS. In landesweiten Umfragen trifft das Mißtrauen vor allem die großen Institutionen: öffentliche Schulen, regionale Zeitungen, die Stadtverwaltung, die Regierung des Bundesstaates und die Bundesregierung in Washington. Weniger als 20 Prozent der Befragten bekunden Vertrauen in diese Institutionen. Auf der anderen Seite war das Partizipationsniveau in der Studie über Philadelphia hoch: 60 Prozent der Befragten hatten im zurückliegenden Jahr für irgendeine Organisation ehrenamtliche Arbeit geleistet, 49 Prozent im zurückliegenden Monat, 49 Prozent sagten, sie arbeiteten bei der Lösung eines gemeinsamen Problems mit Arbeitskollegen zusammen, und 30 Prozent hatten schon einmal Kontakt zu einem gewählten Amtsträger aufgenommen. Diese Zahlen lagen zwar etwas niedriger als der nationale Durchschnitt, aber mangelndes staatsbürgerliches Engagement kann man daraus nicht ableiten.

70 Im World Values Survey wird die Frage gestellt: »Einmal allgemein gesprochen, würden Sie sagen, daß man den meisten Menschen trauen kann oder daß man im Umgang mit anderen gar nicht vorsichtig genug sein kann?« Die Frage entspricht ähnlichen Fragen in den Untersuchungen von Roper, dem GSS und anderen amerikanischen Umfragen. Überraschenderweise zeigt sich, daß das Vertrauensniveau zwischen 1981 und 1990 in vielen Industrieländern einschließlich der Vereinigten Staaten gestiegen ist. Gefallen ist das Vertrauensniveau in Großbritannien, Frankreich und Spanien. Die Ergebnisse für die Vereinigten Staaten stimmen nicht mit anderen Daten aus dem GSS und

weiteren Umfragen überein, danach ist das Vertrauen in den Vereinigten Staaten im betreffenden Zeitraum zurückgegangen. Nach den GSS-Daten fiel das allgemeine Vertrauen der Amerikaner zwischen 1980 und 1990 von 44,3 Prozent auf 38,4 Prozent.

71 Es sind dies die Vereinigten Staaten, Belgien, Dänemark, Finnland, Frankreich, Großbritannien, Irland, Italien, Kanada, die Niederlande, Norwegen, Schweden, Spanien und Westdeutschland vor der Wiedervereinigung.

72 Siehe auch Ronald Inglehart, »Postmaterialist Values and the Erosion of Institutional Authority«, in: Joseph S. Nye jr. (Hg.), *Why People Don't Trust Government*, a. a. O., S. 217–236.

73 Unberücksichtigt bleiben eine Reihe von Fragen zu ethischen Werten, deren Beziehung zum allgemeinen sozialen Vertrauen unklar oder nur gering ist, zum Beispiel ob der Befragte schon einmal Marihuana oder Haschisch geraucht hat und ob er meint, daß Homosexualität und Abtreibung Unrecht sind.

74 Putnam, »Bowling Alone«, behauptet mit Blick auf einen Querschnitt verschiedener Länder der Erde, daß eine Korrelation zwischen dem Vertrauensniveau und der Dichte der Zivilgesellschaft besteht. Diese Korrelation ist sehr schwach, wenn wir Institutionenvertrauen und zwischenmenschliches Vertrauen betrachten, und in den Vereinigten Staaten ist sie überhaupt nicht gegeben. Der WVS bestätigt die oft formulierte Behauptung, die katholischen Länder, und insbesondere die römisch-katholischen (das heißt Frankreich, Italien und Spanien), hätten ein niedrigeres allgemeines Vertrauensniveau als die protestantischen Länder Nordeuropas. Die katholischen Länder haben auch niedrigere Partizipationsniveaus in Vereinen und Vereinigungen, ein Nebenprodukt (zumindest in Frankreich und Spanien) ihrer Geschichte als zentralistische Einheitsstaaten. Auf der anderen Seite haben die Vereinigten Staaten ein sehr viel höheres Niveau der Partizipation in Vereinen als jeder andere Industriestaat, aber das allgemeine Vertrauensniveau ist nicht höher als in mehreren anderen europäischen Ländern, und das Mißtrauen gegenüber Institutionen ist erheblich größer als in Europa.

75 Pew Research Center for the People and the Press, *Deconstructing Distrust: How Americans View Government*, Washington/D.C. 1998, S. 53 f.

76 Ronald Inglehart und Paul R. Abramson, *Value Change in Global Perspective*, Ann Arbor 1995, siehe auch Inglehart, *Modernisierung und Postmodernisierung. Kultureller, wirtschaftlicher und politischer Wandel in 43 Gesellschaften*, Frankfurt/Main 1998.

77 Siehe Lester M. Salamon und Helmut K. Anheier, *The Emerging Sector: An Overview*, Baltimore 1994; ferner Lester M. Salamon, »The Rise of the Nonprofit Sector«, in: *Foreign Affairs* 73 (1994), S. 109–122.

78 Lester M. Salamon, *Partners in Public Service: Government-Nonprofit Relations in the Modern Welfare State*, Baltimore 1995, S. 243.

79 Ebenda, S. 246.

80 Ebenda, S. 247.

81 Ich habe beispielsweise viele Jahre für die RAND Corporation gearbeitet, die 1948 als eine private, nicht gewinnorientierte »Denkfabrik« der U.S. Air Force gegründet wurde mit dem Auftrag, Forschung zu Themen der nationalen Sicherheit zu betreiben. Die RAND Corporation wäre nach Salamons Definition ein Teil der amerikanischen Zivilgesellschaft, aber diese Einordnung ist unsinnig, weil sie den Großteil ihrer Projekte im Auftrag des Verteidigungsministeriums und der Streitkräfte durchführt. Wenn solche Forschungen einer quasiautonomen, nicht profitorientierten Organisation übertragen werden, gewinnt man etwas Flexibilität beim Personaleinsatz und bei der Forschungsplanung sowie einen gewissen Schutz vor politischem Druck, aber theoretisch könnte die gleiche Forschung auch direkt von der Regierung in Washington betrieben werden. Das gilt auch für alle nicht profitorientierten Forschungslabors in den Vereinigten Staaten, die von der National Science Foundation, den National Institutes of Health oder dem Verteidigungsministerium finanziert werden.

82 Die Datenerhebung ist in den entwickelten Ländern bereits schwierig genug, und nahezu unüberwindlich sind die Probleme in Ländern der dritten Welt wie Indien oder den Philippinen, wo sich Salamon (1994) zufolge gleichfalls eine »Assoziationsrevolution« vollzogen haben soll. In solchen Ländern werden ausländische Forscher wahrscheinlich viel über neue, den westlichen ähnliche Nichtregierungsorganisationen erfahren, weil über sie häufig die Kontakte zustande kommen. Aber wie viele traditionelle dörfliche Netzwerke, Großfamilien und Sippen sind pro neu entstandener Nichtregierungsorganisation verschwunden?

83 Siehe Francis Fukuyama, »Falling Tide: Global Trends and United States Civil Society«, in: *Harvard International Review* 20 (1997), S. 60–64.

KAPITEL 3.

URSACHEN: DIE GELÄUFIGEN ERKLÄRUNGEN

1 Seymour Martin Lipset, *American Exceptionalism: A Double-Edged Sword,* New York 1995, S. 46–51.

2 Ruth A. Ross und George C. S. Benson, »Criminal Justice from East to West«, in: *Crime and Delinquency* (Januar 1979), S. 76–86.

3 Siehe beispielsweise Lipset, *American Exceptionalism,* a. a. O., und Robert K. Merton, »Social Structure and ›Anomie‹«, in: *American Sociological Review* 33 (1938), S. 672–682. Dieses Argument wurde in jüngster Zeit in etwas abgewandelter Form wiederholt von Steven F. Messner und Richard Rosenfield, *Crime and the American Dream,* 2. Aufl. Belmont/Kalif. 1997. Über den Zusammenhang von Kriminalität und Minoritäten in Amerika siehe Richard Cloward und Lloyd Ohlin, *Delinquency and Opportunity,* New York 1960.

4 Steven Stack, »Social Structure and Swedish Crime Rates: A Time-Series Analysis, 1950–1979«, in: *Criminology* 20 (November 1982), S. 499–513.

5 Zu Kriminalitätsraten siehe James Lynch, »Crime in International Perspective«, in: James Q. Wilson und Joan Petersilia (Hgg.), *Crime,* San Francisco 1995, S. 16, S. 36 f. Zu Unterschichten in Europa siehe Cait Murphy, »Europe's Underclass«, in: *National Interest,* Nr. 50 (1997), S. 49–55.

6 Dieses Argument hat kürzlich Derek Bok formuliert, *The State of the Nation: Government and the Quest for a Better Society,* Cambridge/ Mass. 1997; siehe auch Peter Flora und Jens Albert, »Modernization, Democratization, and the Development of Welfare States in Western Europe«, in: Peter Flora und Arnold J. Heidenheimer (Hgg.), *The Development of the Welfare State in Europe and America,* New Brunswick/NJ, 1987, S. 37–80.

7 U. S. Bureau of Census, *Statistical Abstract of the United States,* 1996, Washington/D.C. 1996, S. 448.

8 David Popenoe, *Disturbing the Nest,* New York 1988, S. 156, behandelt den Zusammenhang zwischen dem schwedischen Wohlfahrtsstaat und dem Zerfall der Familie in Schweden.

9 In Japan gibt es keine Einkommensumverteilung von den Reichen zu den Armen im großem Stil, aber durch Wettbewerbsbeschränkungen und die Vergabe von existenzsichernden Krediten an Firmen bemüht man sich, niedrigqualifizierte Jobs zu erhalten.

10 Sara McLanahan und Lynne Casper, »Growing Diversity and Inequality in the American Family«, in: Reynolds Farley (Hg.), *State of the*

Union: America in the 1990s, Bd. 2, *Social Trends,* New York 1995, S. 31 f.

11 Lionel Tiger, *The Decline of Males,* New York 1999.

12 Judith R. Blau und Peter M. Blau, »The Cost of Inequality: Metropolitan Structure and Violent Crime«, in: *American Sociological Review* 47 (1982), S. 114–129; Harvey Krahn, Timothy Hartnagel und John W. Gartell, »Income Inequality and Homicide Rates: Cross-National Data and Criminological Theories«, in: *Criminology* 24 (1986), S. 269–295; Rosemary Gartner, »The Victims of Homicide: A Temporal and Cross-National Comparison«, in: *American Sociological Review* 55 (1990), S. 92–106; Richard Rosenfeld, »The Social Sources of Homicide in Different Types of Societies«, in: *Sociological Forum* 6 (1991), S. 51–70.

13 Die These, daß wirtschaftliche Ungleichheit zu Verbrechen führt, ist ebenfalls verwirrend: Vergleichen sich die Menschen am unteren Ende einer sehr großen Gesellschaft wie der amerikanischen mit den Menschen ganz oben (zum Beispiel über das Fernsehen), oder vergleichen sie sich mit den Menschen, die sie in ihrer Nachbarschaft und sonst in ihrer Umgebung erleben? Führt absolute Armut zu Verbrechen oder relative, und wenn relative, welche Formen der relativen Deprivation spielen dann die größte Rolle? Zur weiteren Diskussion siehe Ineke Haen Marshall und Chris E. Marshall, »Toward a Refinement of Purpose in Comparative Criminological Reserach: Research Site Selection in Focus«, in: *International Journal of Comparative and Applied Criminal Justice* 7 (1983), S. 89–97; Harvey Krahn et al., »Income Inequality and Homicide Rates: Cross-National Data and Criminological Theories«, in: *Criminology* 24 (1986), S. 269–295; W. Lawrence Neuman und Ronald J. Berger, »Competing Perspectives on Cross-National Crime: An Evaluation of Theory and Evidence«, in: *Sociological Quaterly* 29 (1988), S. 281–313; Steven F. Messner, »Income Inequality and Murder Rates: Some Cross-National Findings«, in: *Comparative Social Research* 3 (1980), S. 185–198; und Charles R. Tittle, »Social Class and Criminal Behavior: A Critique of the Theoretical Foundation«, in: *Social Forces* 62 (1983), S. 334–358.

14 Alan Wolfe, *One Nation, After All,* New York 1998, S. 234–250.

15 Siehe Daniel Yankelovich, »How Changes in the Economy are Reshaping American Values«, in: Henry J. Aaron und Thomas Mann (Hgg.), *Values and Public Policy,* Washington/D.C. 1994.

16 Dieses Argument wurde formuliert von Charles Murray, *Losing Ground,* New York 1984. Vor ihm hat es bereits Gary Becker vorgebracht in *A Treatise on the Family,* Cambridge/Mass. 1981.

17 Der Ausschluß verheirateter Mütter aus dem Programm wurde in vielen Staaten in den achtziger Jahren aufgehoben, insbesondere nach der Verabschiedung des Familiy Support Act von 1988. Siehe Gary Bryner, *Politics and Public Morality: The Great American Welfare Reform Debate,* New York 1998, S. 73–76.

18 Eine Darstellung der Maßnahmen zur Reform der Sozialfürsorge gibt Rebecca M. Blank, »Policy Watch: The 1996 Welfare Reform«, in: *Journal of Economic Perspectives* 11 (1997), S. 169–177.

19 Gary S. Becker, »Crime and Punishment: An Economic Approach«, in: *Journal of Political Economy* 76 (1968), S. 169–217.

20 »Defeating the Bad Guys«, in: *Economist,* 3. Oktober 1998, S. 35–38.

21 Grundlage ist ein Gespräch mit Verantwortlichen der Statistikabteilung des amerikanischen Justizministeriums.

22 James Q. Wilson, »Criminal Justice in England and America«, in: *Public Interest* (1997), S. 3–14.

23 Siehe die Zusammenfassung von Untersuchungen zu diesem Thema in Robert Moffitt, »Incentive Effects of the United States Welfare Systems: A Review«, in: *Journal of Economic Literature* 30 (1992), S. 1–61.

24 In einem Überblick über die vorhandenen empirischen Untersuchungen zum Zusammenhang von sozialstaatlichen Maßnahmen und unehelichen Geburten in den Vereinigten Staaten merkt Murray selbst an, daß der Zusammenhang für die Zeit nach Mitte der siebziger Jahre schwach ausgeprägt ist, als die durchschnittlichen Leistungen in realen Zahlen zu sinken begannen, und daß der Zusammenhang bei den Schwarzen weniger ausgeprägt ist als bei den Weißen. Siehe Charles Murray, »Welfare and the Family: The United States Experience«, in: *Journal of Labor Economics* 11 (Januar 1993), S. 224–262.

25 Dieses Problem wird noch komplexer, wenn man den Gesamtumfang der Leistungen des Fürsorgesystems kalkuliert, das heißt, wenn man die Leistungen von Medicaid zu den AFDC-Zahlungen mit hinzurechnet. Siehe Moffitt, »Incentive Effects«, a. a. O.; ders., »The Effect of the United States Welfare System on Marital Status«, in: *Journal of Public Economics* 41 (1990), S. 101–124; Greg J. Duncan und Saul D. Hoffman, »Welfare Benefits, Economic Opportunities, and Out-of-Wedlock Births Among Black Teenage Girls«, in: *Demography* 27 (1990), S. 519–535; Robert D. Plotnick, »Welfare and Out-of-Wedlock Childbearing: Evidence from the 1980s«, in: *Journal of Marriage and the Family* 52 (1990), S. 735–746.

26 Siehe William A. Galston, »Beyond the Murphy Brown Debate: Ideas for Family Policy«, Ansprache auf dem Familien-Symposium des

Institute for American Values, New York 1993; sowie Mark R. Rosenzweig und Kenneth J. Wolpin, »Parental and Public Transfers to Young Women and Their Children«, in: *American Economic Review* 85 (1994), S. 1195–1212.

27 James L. Nolan, *The Therapeutic State: Justifying Government at Century's End,* New York 1998.

28 Margaret Mead, *Kindheit und Jugend in Samoa,* München 1970 (erstmals erschienen New York 1928).

29 James L. Collier, *The Rise of Selfishness in America,* New York 1991, S. 141 f.

KAPITEL 4.
DEMOGRAPHISCHE, WIRTSCHAFTLICHE
UND KULTURELLE URSACHEN

1 James Q. Wilson und Richard Herrnstein, *Crime and Human Nature,* New York 1985, S. 104–147.

2 James Q. Wilson, *Thinking About Crime,* überarbeitete Neuauflage New York 1983, S. 20.

3 Glenn D. Deane, »Cross-National Comparison of Homicide: Age/ Sex-Adjusted Rates Using the 1980s United States Homicide Experience as a Standard«, in: *Journal of Quantitative Criminology* 3 (1987), S. 215–227.

4 Wilson, *Thinking About Crime,* a. a. O., S. 23.

5 Rosemary Gartner und Robert N. Parker, »Cross-National Evidence on Homicide and the Age Structure of the Population«, in: *Social Forces* 69 (1990), S. 351–371. Siehe auch Robert G. Martin und Rand D. Conger, »A Comparison of Delinquency Trends: Japan and the United States«, in: *Criminology* 18 (1980), S. 53–61.

6 Henry Shaw und Clifford McKay, *Juvenile Delinquency and Urban Areas,* Chicago 1942.

7 Rodney Stark, »A Theory of the Ecology of Crime«, in: Peter Cordella und Larry Siegel, *Readings in Contemporary Criminological Theory,* Boston 1996, S. 128–142.

8 Siehe Fox Butterfield, »Why America's Murder Rate Is So High«, in: *New York Times,* 26. Juli 1998, S. WK1.

9 Siehe beispielsweise Henry B. Hansmann und John M. Quigley, »Population Heterogeneity and the Sociogenesis of Homicide«, in: *Social Forces* 61 (1982), S. 206–224.

10 Richard Cloward und Lloyd Ohlin, *Delinquency and Opportunity*, New York 1960.

11 Siehe Matthew G. Yeager, »Immigrants and Criminality: Cross-National Review«, in: *Criminal Justice Abstracts* 29 (1997), S. 143–171.

12 »Decline of Violent Crime Is Linked to Crack Market«, in: *New York Times*, 28. Dezember 1998, S.A16.

13 Eleanor Glueck und Sheldon Glueck, *Unraveling Juvenile Delinquency*, New York 1950.

14 Siehe Travis Hirshi und Michael Gottfredson, *A General Theory of Crime*, Stanford/Kalif. 1990, insb. S. 103.

15 Rolf Loeber und Magda Stouthamer-Loeber, »Family Factors as Correlates and Predictors of Juvenile Crime Conduct Problems and Delinquency«, in: Michael Tonry und Norval Morris, *Crime and Justice*, Bd. 7, Chicago 1986.

16 Robert J. Sampson und John H. Laub, *Crime in the Making: Pathways and Turning Points Through Life*, Cambridge/Mass. 1993.

17 J. Rankin und J. E. Wells, »The Effect of Parental Attachments and Direct Controls on Delinquency«, in: *Journal of Research in Crime and Delinquency* 27 (1990), S. 140–165; Ruth Seydlitz, »Complexity in the Relationships Among Direct and Indirect Parental Controls and Delinquency«, in: *Youth and Society* 24 (1993), S. 243–275; J. E. Wells und J. H. Rankin, »Direct Parental Controls and Delinquency«, in: *Criminology* 26 (1988), S. 263–285; Rosemary Gartner, »Family Structure, Welfare Spending, and Child Homicide in Developed Democracies«, in: *Journal of Marriage and the Family* 53 (1991), S. 231–240; Shlomo G. Shoham und Giora Rahav, »Family Parameters of Violent Prisoners«, in: *Journal of Social Psychology* 127 (1987), S. 83–91.

18 Robert J. Sampson, »Urban Black Violence: The Effect of Male Joblessness and Family Disruption«, in: *American Journal of Sociology* 93 (1987), S. 348–382.

19 Wilson und Herrnstein, *Crime*, a. a. O., S. 213–218.

20 Robin Fox, *The Red Lamp of Incest*, überarbeitete Neuauflage South Bend/Ind. 1983, S. 76.

21 Thomas E. Ricks, *Making the Corps*, New York 1997.

22 Children's Defense Fund, *The State of America's Children Yearbook 1997*, Washington/D.C. 1997, S. 52.

23 Andrea J. Sedlak und Diane D. Broadhurst, *Third National Incidence Study of Child Abuse and Neglect*, U.S. Department of Health and Human Services, Washington/D.C. September 1996, S. 3-3.

24 Zudem haben sich im Laufe der Zeit die Maßstäbe verändert, was als Kindesmißhandlung gilt und was nicht. Das amerikanische Gesundheitsministerium versucht Statistiken nicht nur über physischen und sexuellen Mißbrauch zu führen, sondern auch über »seelischen Mißbrauch« – eine bekanntermaßen sehr unpräzise Kategorie. Die Eltern strafen nicht mehr so oft körperlich, und viele Experten für Kindererziehung und kindliche Entwicklung sehen heute schon in einem Klaps eine Kindesmißhandlung. Zwischen 1988 und 1997 zeigte eine Umfrage in den Vereinigten Staaten, daß die Zahl der Eltern, die ihren Kindern gelegentlich einen Klaps gaben, von 62 auf 46 Prozent zurückgegangen war. Siehe National Commission to Prevent Child Abuse, *Public Opinion and Behaviors Regarding Child Abuse Prevention: A Ten Year Review of NCPCA's Public Opinion Poll Research*, Chicago 1997, S. 5.

25 Martin Daly und Margo Wilson, *Homicide*, New York 1988, S. 83; Martin Daly, »Child Abuse and Other Risks of Not Living with Both Parents«, in: *Ethology and Sociobiology* 6 (1985), S. 197–210.

26 Robert Whelan, *Broken Homes and Battered Children: A Study of the Relationship Between Child Abuse and Family Type*, Oxford 1994, S. 22 f.

27 Sedlak und Broadhurst, *Third Study*, a. a. O., S. 5-18, 5-19, 5-28.

28 Martin Daly und Margo Wilson, »Children Fathered by Previous Partners: A Risk Factor for Violence Against Women«, in: *Canadian Journal of Public Health* 84 (1993), S. 209f.

29 Nach U.S. Census Bureau, *Statistical Abstract of the United States*, 1997, Washington/D.C. 1997, lag der Anteil der Amerikaner, die unter der Armutsgrenze lebten, 1980 bei 13,0 Prozent und 1994 bei 14,5 Prozent. 1983 hatte der Anteil sogar 15,2 Prozent betragen.

30 Skeptisch über die Möglichkeit, daß Verwandte bei Kindern die Eltern ersetzen können, äußern sich Andrew J. Cherlin und Frank F. Furstenberg jr., »Stepfamilies in the United States: A Reconsideration«, in: *Annual Review of Sociology* 20 (1994), S. 359–381.

31 Da es starke intuitive und empirische Gründe gibt anzunehmen, daß Kindesmißhandlung und Zerfall der Familie zusammenhängen, verwundert es, daß die Beziehung zwischen beiden Erscheinungen im öffentlichen Bewußtsein und bei den Experten nicht stärker präsent ist. Es wird einfach nicht anerkannt, daß zwischen den biologischen Eltern und Stiefeltern Unterschiede im Verhalten bestehen, und das spiegelt sich in der anhaltenden Neigung von staatlichen Stellen und von Kinderschutzorganisationen wider, *nicht* zu registrieren, ob in einem Fall von Kindesmißhandlung die Tat von einem biologisch

Verwandten, einem Stiefelternteil oder einer anderen für das Kind verantwortlichen Person begangen wurde. Ein großer Teil der sozialwissenschaftlichen Literatur über Kindesmißhandlung ignoriert die biologischen Theorien, die zum Verständnis der entwicklungsgeschichtlichen Grundlage des Verhaltens beitragen könnten. Siehe Owen D. Jones, »Law and Biology: Toward an Integrated Model of Human Behavior«, in: *Journal of Contemporary Legal Issues* 8 (1997), S. 167–208, und »Evolutionary Analysis in Law: An Introduction and Application to Child Abuse«, in: *North Carolina Law Review* 75 (1997), S. 1117–1241, insb. S. 1230f., ferner Marilyn Coleman, »Stepfamilies in the United States: Challenging Biases and Assumptions«, in: Alan Booth und Judy Dunn, *Stepfamilies: Who Benefits? Who Does Not?* Hillsdale/N.J. 1994.

32 Robert D. Putnam, »Tuning In, Tuning Out: The Strange Disappearance of Social Capital in America«, in: *PS: Political Science and Politics* (1995), S. 664–682.

33 Eric Uslaner, »The Moral Foundations of Trust«, unveröffentlichtes Manuskript, 1999, Kap. 7.

34 Tom Smith, »Factors Relating to Misanthropy in Contemporary American Society«, in: *Social Science Research* 26 (1997), S. 170–196; Wendy Rahn und John Transue, »Social Trust and Value Change«, unveröffentlichtes Manuskript, 1997.

35 Tom Smith, »Factors«, a.a.O., S. 193. Der Minoritätenstatus erklärt Mißtrauen allem Anschein nach nicht: Die Afro-Amerikaner bilden einen seit langem unveränderten Teil der amerikanischen Bevölkerung und sind die ethnische Gruppe mit dem größten Mißtrauen. Zwar hat die Zuwanderung im Zeitraum 1965–1995 explosionsartig zugenommen, und oft wird gesagt, daß die Zuwanderung Mißtrauen schüre, weil sie die gemeinsamen kulturellen Normen aushöhle. Aber Mißtrauen korreliert nur schwach mit dem Immigrantenstatus, und die Vereinigten Staaten haben alles in allem Immigranten mit offenen Armen aufgenommen. Es kann sein, daß jene Amerikaner, die Immigration strikt ablehnen, im Laufe der Zeit mißtrauischer geworden sind. Doch der Widerstand gegen Zuwanderung korreliert stark mit dem sozioökonomischen Status (vor allem Beschäftigte auf niedrigqualifizierten Arbeitsplätzen sind durch Zuwanderung bedroht), und so ist es schwierig, die beiden Faktoren auseinanderzuhalten.

36 Rahn und Transue, »Social Trust«, a.a.O. Bei vielen Menschen beeinträchtigt offenbar der Umstand, daß die wichtigste Autoritätsperson ihre Familie verlassen hat, nicht ihre Fähigkeit, zu vertrauen und mit anderen Menschen außerhalb der Familie zusammenzuarbeiten. Auf

den ersten Blick mag es verblüffen, daß es offenbar so gut möglich ist, das Sexual- und Familienleben und die Beziehungen zu Fremden als zwei völlig getrennte Bereiche zu behandeln, aber das kommt in der Tat sehr häufig vor. Der französische Schriftsteller Albert Camus ging mit Frauen, die in ihn verliebt waren, einfach abscheulich um und trieb eine Frau in den Wahnsinn und zum Selbstmord. Trotzdem galt er als eine der wichtigsten moralischen Stimmen seiner Generation. Als Präsident Clinton unter Druck geriet, weil er hinsichtlich seiner sexuellen Eskapaden gelogen hatte, waren die Amerikaner mehrheitlich der Auffassung, auf seine Glaubwürdigkeit als Politiker habe das keinen Einfluß. Sehr viel weniger waren bereit, Richard Nixon zu vertrauen, und der hatte, soweit man weiß, seine Frau niemals betrogen.

37 Seymour Martin Lipset, *American Exceptionalism*, New York 1995, S. 60–67.

38 Dazu siehe Adam Seligman, *The Problem of Trust*, Princeton/N.J. 1997.

KAPITEL 5.
DIE BESONDERE ROLLE DER FRAUEN

1 Gary Becker, *A Treatise on the Family*, erw. Ausg., Cambridge, Mass. 1991, S. 135–178.

2 Naohiro Ogawa und Robert D. Retherford, »The Resumption of Fertility Decline in Japan: 1973–92«, in: *Population and Development Review* 19 (1993), S. 703–741.

3 Es hat in ökonomischer Hinsicht nicht einfach eine Veränderung des relativen Preises der Erziehung von Kindern und der Opportunitätskosten der Erwerbstätigkeit von Frauen stattgefunden, sondern auch davon unabhängig eine Veränderung der grundsätzlichen Entscheidung, Kinder haben zu wollen. Kinder sind einfach nicht mehr so sehr erwünscht.

4 Zitiert in Michael Specter, »Population Implosion Worries a Graying Europe«, in: *New York Times*, 10. Juli 1998, S. A1.

5 Alice Rossi, »The Biosocial Role of Parenthood«, in: *Human Nature* 72 (1978), S. 75–79.

6 Alice Rossi, »A Biosocial Perspective on Parenting«, in: *Daedalus* 106 (1977), S. 2–31.

7 Lionel Tiger und Robin Fox, *The Imperial Animal*, New York 1971,

S. 64 (deutsch: *Das Herrentier. Steinzeitjäger im Spätkapitalismus,* München 1973).

8 Tatsächlich bilden Vögel zwar Paarbeziehungen, sie sind aber häufig nicht monogam. Siehe »Infidelity Common Among Birds and Mammals, Experts Say«, in: *New York Times,* 27. September 1998, S. A25.

9 Siehe William J. Hamilton III, »Significance of Paternal Investment by Primates to the Evolution of Adult Male-Female Associations«, in: David M. Taub, *Primate Paternalism,* New York 1984.

10 Robert Tivers, *Social Evolution,* Menlo Park, Kalif. 1985, S. 214.

11 Ebenda, S. 215.

12 Eine ausführlichere Diskussion dieser Frage findet sich in Matt Ridley, *The Red Queen: Sex and the Evolution of Human Nature,* New York 1993, S. 181–183.

13 Tiger und Fox, *Imperial Animal,* S. 67.

14 Ebenda, S. 71.

15 Einen historischen Bericht über die im Laufe der Zeit erfolgten Veränderungen der Theorien zur Familie findet sich bei David Popenoe, *Disturbing the Nest,* New York 1988, S. 11–21.

16 Siehe Steven Harrell, *Human Families,* Boulder, Colo. 1997, S. 26–50.

17 Adam Kuper, *The Chosen Primate: Human Nature and Cultural Diversity,* Cambridge, Mass. 1993, S. 174.

18 Ebenda, S. 170.

19 Siehe Peter Laslett und Richard Wall, *Household and Family in Past Time,* Cambridge 1972, und Peter Laslett und Richard Wall, *Family Forms in Historic Europe,* Cambridge 1983.

20 David Blankenhorn, *Fatherless America: Confronting America's Most Urgent Social Problem,* New York 1995, S. 3.

21 Margaret Mead, *Male and Female,* New York 1949, S. 188–191 (deutsch: *Mann und Weib. Das Verhältnis der Geschlechter in einer sich wandelnden Welt,* Frankfurt/M., Berlin 1992). Diese Auffassung wurde auch von einer Reihe anderer Autoren vorgetragen, darunter Blankenhorn 1995.

22 Siehe hierzu Becker 1991, S. 141–144.

23 Für den Hinweis auf diesen Sachverhalt danke ich Lionel Tiger.

24 U.S. Department of Health and Human Services, *Report to Congress on Out-of-Wedlock Childbearing,* 1995, S. 72.

25 Siehe George Akerlof, Janet Yellen und Michael L. Katz, »An Analysis of Out-of-Wedlock Childbearing in the United States«, in: *Quarterly Journal of Economics* 111 (Mai 1996), S. 277–317.

26 Becker, *Treatise,* S. 347–361.

27 Gary S. Becker und Elisabeth M. Landes, »An Economic Analysis of

Marital Instability«, in: *Journal of Political Economy* 85 (1977), S. 1141–1187. Siehe auch Cynthia Cready und Mark A. Fossett, »Mate Availability and African American Family Structure in the United States Nonmetropolitan South, 1960–1990«, in: *Journal of Marriage and the Familiy* 59 (1997), S. 192–203.

28 Shoshana Zuboff, *In the Age of the Smart Machine: The Future of Work and Power,* New York 1984, S. 37.

29 Lawrence E. Katz und Kevin M. Murphy, »Changes in Relative Wages, 1963–1981: Supply and Demand Factors«, in: *Quarterly Journal of Economics* 107 (Februar 1992), S. 35–78.

30 June O'Neill und Solomon Polachek, »Why the Gender Gap in Wages Narrowed in the 1980s«, in: *Journal of Labor Economics* 11 (1993), S. 205–228.

31 Valerie K. Oppenheimer, »Women's Rising Employment and the Future of the Family in Industrial Societies«, in: *Population and Development Review* 20 (1994), S. 293–342.

32 Ebenda.

33 Anette Bernhardt, Martina Morris und Mark S. Handcock, »Women's Gains or Men's Losses? A Closer Look at the Shrinking Gender Gap in Earnings«, in: *American Journal of Sociology* 101 (1995), S. 302–328.

34 O'Neill und Polachek, »Gender Gap«.

35 Elaine Reardon, »Demand-Side Changes and the Relative Economic Progress of Black Men: 1940–90«, in: *Journal of Human Ressources* 32 (Winter 1997), S. 69–97. Der Autor vermutet, daß weiße Frauen zwar weiße Männer verdrängten, daß aber farbige Männer durch weiße Männer aus den Mittelschichten verdrängt würden.

36 Bernhardt, Morris und Handcock, »Women's Gains or Men's Losses?«, S. 314.

37 John Bound und Richard B. Freeman, »What Went Wrong? The Erosion of Relative Earnings Among Young Black Men in the 1980s«, in: *Quarterly Journal of Economics* (1992), S. 201–232; John M. Jeffries und Richard L. Schaffer, »Changes in the Economy and Labor Market Status of Black Americans«, in: National Urban League, *The State of Black America, 1996,* Washington 1997.

38 Cordelia W. Reimers, »Cultural Differences in Labour Force Participation Among Married Women«, in: *ABA Papers and Proceedings* 75, Nr. 2 (1985), S. 251–255.

39 Herbert G. Gutman, *The Black Family in Slavery and Freedom, 1750–1925,* New York 1977.

40 Siehe William Julius Wilson, *The Truly Disadvantaged: The Inner*

City, the Underclass, and Public Policy, Chicago 1988; ders., *When Work Disappears: The World of the New Urban Poor,* New York 1996.

41 Tamar Lewin, »Wage Difference Between Men and Women Widens«, in: *New York Times,* 15. September 1997, S. A1. Einer Vermutung zufolge sind die Verdienste der Frauen in ihrer Gesamtheit deshalb nach unten gezogen worden, weil seit der Wohlfahrtsreform in der Mitte der 1990er Jahre auch die ehemaligen Empfänger der Sozialhilfe mit ihren niedrigeren Qualifikationen auf dem Arbeitsmarkt auftreten.

KAPITEL 6.

FOLGEN DES GROSSEN BRUCHS

1 In Italien ist die Zahl der über 60jährigen Menschen schon heute ebensogroß wie die Zahl der unter 20 Jahre alten Einwohner. Die United Nations Population Division berechnete 1997 erstmals eine Variante mit niedrigen Zuwachsraten, wonach sich der prozentuale Anteil der von Pensionen und Renten abhängigen Menschen über 65 Jahre an der Erwerbsbevölkerung drastisch verändern wird. In der gesamten westlichen Welt liegt die Quote heute bei 20 Prozent (eine abhängige Person auf jeweils fünf Erwerbstätige); sie wird sich aber bis zum Jahr 2050 in Deutschland auf 60 Prozent und in Italien sogar auf erstaunliche 80 Prozent erhöhen. Ohne Zuwanderung aus dem Ausland wird sich auch das mittlere Alter der Bevölkerung erhöhen, und zwar auf 55 Jahre in Deutschland, 53 Jahre in Japan und 58 Jahre in Italien. Diese Schätzungen basieren auf der Annahme, daß sich bei der Geburtenrate ein leicht rückläufiger Trend fortsetzt, bis sie schließlich die Talsohle erreicht, und daß es zu keiner größeren Einwanderung kommt. Natürlich wissen wir nicht, ob sich nicht in den nächsten 50 Jahren ein plötzlicher Anstieg der Geburtenrate ergibt. Doch bei solchen Schätzungen über die drastischen Rückgänge und die Überalterung der Bevölkerungen Europas und Japans muß man gar keine mutigen Annahmen über mögliche Verhaltensänderungen in der Zukunft formulieren; sie sind schlicht das Ergebnis der Muster der Geburtenraten, die sich während des Großen Bruchs etablierten. Siehe Nick Eberstadt, »World Population Implosion?«, in: *Public Interest* 129 (1997), S. 18.

2 Jean Fourastié, »De la vie traditionnelle à la vie tertiaire«, in: *Population* 14 (1963), S. 417–432.

1 Eberstadt, »World Population Implosion?«, S. 21.
2 Lionel Tiger, *The Decline of Males,* New York 1999.
3 James S. Coleman u.a., *Equality of Educational Opportunity,* Washington, D.C. 1966.
4 Daniel P. Moynihan, *The Negro Family: A Case for National Action,* Washington, D.C. 1965.
5 Siehe beispielsweise Carol Stack, *All Our Kin: Strategies for Survival in a Black Community,* New York 1974; siehe auch William J. Bennett, »America at Midnight: Reflections on the Moynihan Report«, in: *American Enterprise* 29 (1995).
6 Zu den ersten Autoren, die dieses Argument vortrugen, zählten Elizabeth Herzog und Cecilia E. Sudia, »Children in Fatherless Families«, in: B. Caldwell und H. H. Ricciuti, Hrsg., *Review of Child Development Research,* Band 3, Chicago 1973. Eine neuere Version dieses Aspekts findet sich in Michael Katz, *The Undeserving Poor: From the War on Poverty to the War on Welfare,* New York 1989, S. 44–52.
7 Belege hierzu wurden zusammengefaßt in Sara McLanahan und Gary Sandefur, *Growing Up with a Single Parent,* Cambridge, Mass. 1994, S. 79–94.
8 Ebenda, S. 24–25; Greg J. Duncan und Saul D. Hoffman, »A Reconsideration of the Economic Consequences of Marital Disruption«, in: *Demography* 22 (1985), S. 485–498.
9 Zur armseligen Literatur über die Wirkung von Vätern auf ihre Kinder siehe Suzanne M. Bianchi, »Introduction to the Special Issue, ›Men in Families‹«, in: *Demography* 35 (Mai 1998), S. 133.
10 Eine der besten Zusammenfassungen der Arbeiten über dieses Thema findet sich in David Popenoe, *Life Without Father,* New York 1996. Siehe auch Patricia Cohen, »Daddy Dearest: Do You Really Matter?«, in: *New York Times,* 11. Juli 1998, S. A13.
11 Siehe beispielsweise David Blankenhorn, *Fatherless America,* New York 1995.
12 Robert Putnam, »Tuning In, Tuning Out«, in: *PS* (1995).
13 James Q. Wilson, *Thinking About Crime,* überarb. Ausgabe, New York 1983, S. 26.
14 Zu Dorothy Rabinowitz' Artikeln gehören »Kelly Michaels's Orwellian Ordeal«, in: *Wall Street Journal (WSJ),* 15. April 1993, S. A14; »A Darkness in Massachusetts«, in: *WSJ,* 30. Januar 1995, S. A20; »A Darkness in Massachusetts II«, in: *WSJ,* 14. März 1995, S. A14; »A Darkness in Massachusetts III«, in: *WSJ,* 12. Mai 1995; »Wenatchee: A True Story«, in: *WSJ,* 29. September 1995, S. A14; »Wenatchee: A True Story II«, in: *WSJ,* 13. Oktober 1995, S. A14; »Wenatchee: A True

Story III«, in: *WSJ*, 8. November 1995, S. A20; »Verdict in Wenatchee«, in: *WSJ*, 15. Dezember 1995, S. A14; »The Amiraults: Con-
tinued«, in: *WSJ*, 29. Dezember 1995, S. A10; »Justice and the Prosecu-
tor«, in: *WSJ*, 21. März 1997, S. A18; »The Amiraults' Trial Judge
Reviews His Peers«, in: *WSJ*, 10. April 1997; »Justice in Massachusetts«, in: *WSJ*, 13. Mai 1997, S. A22; »The Snowden Case, at the Bar
of Justice«, in: *WSJ*, 14. Oktober 1997; »Through the Darkness«, in:
WSJ, 8. April 1998, S. A22; »From the Mouths of Babes to a Jail
Cell«, in: *Harper's* (Mai 1990), S. 52–63.

15 June Kronholz, »Chary Schools Tell Teachers, ›Don't Touch, Don't
Hug‹«, in: *Wall Street Journal*, 28. Mai 1998, S. B1.

16 James Q. Wilson und George Kelling, »Broken Windows: The Police
and Neighborhood Safety«, in: *Atlantic Monthly* 249 (1982), S. 29–38.

17 Ein Überblick über »community policing« findet sich bei Robert Trojanowicz u. a., *Community Policing: A Contemporary Perspective*,
2. Aufl., Cincinnati, Ohio 1996.

18 »Die Herausforderung für die Polizei besteht darin, daß bei der
Beschaffung von Informationen auch ein gewisses Vertrauen der Bür-
ger in die Zusammenarbeit mit der Polizei bestehen muß.« Ebenda,
S. 10.

19 Wesley G. Skogan, *Disorder and Decline: Crime and the Spiral of
Decay in American Neighborhoods*, New York 1990, S. 15.

20 George Kelling und Catherine Coles, *Fixing Broken Windows*, New
York 1996, S. 12 f.

21 Eine Darstellung dieses Prozesses findet sich bei Nicholas Lemann,
*The Promised Land: The Great Black Migration and How It Changed
America*, New York 1991, S. 347 f.

KAPITEL 7.
WAR DER GROSSE BRUCH UNVERMEIDLICH?

1 Siehe James Q. Wilson, »Thinking about Crime«, in: ders., *Thinking
About Crime*, überarb. Ausgabe, New York 1983.

2 Kingsley Davis und Pietronella Van den Oever, »Demographic Foundations of New Sex Roles«, in: *Population and Development Review*
8 (1982), S. 495–511.

3 Siehe beispielsweise Fareed Zakaria, »A Conversation with Lee Kuan
Yew«, in: *Foreign Affairs* 73 (1994), S. 109–127.

4 Siehe Francis Fukuyama, »Asian Values and the Asian Crisis«, in:
Commentary 105 (1998), S. 23–27.

5 Bestimmte Veränderungen von sozialen Normen in Japan und Korea verliefen ähnlich wie im Westen. So zeigte sich beispielsweise dem World Values Survey zufolge in beiden Ländern ein Schwund des Vertrauens in die wichtigsten Institutionen zwischen 1981 und 1990, der auch die Regierung betraf. Das dürfte kaum überraschen: In Japan kam es zu einer Serie von politischen Skandalen, und die demokratischen Institutionen Koreas waren völlig neu gebildet worden und 1990 weniger als drei Jahre alt. In Japan ging das Vertrauen in die Kirche, in die Streitkräfte, in das Bildungs- sowie in das Rechtssystem, in die Gewerkschaften und in die Polizei zurück, wuchs aber in bezug auf die Presse, das Parlament (allerdings nur sehr geringfügig), den öffentlichen Dienst und die Großunternehmen. In Korea kam es zu einem Vertrauensschwund im Hinblick auf alle Institutionen mit Ausnahme der Gewerkschaften. In bezug auf die Mitgliedschaft in Organisationen lassen sich in den beiden asiatischen Ländern wie im Westen keine eindeutigen Trends feststellen; in Japan scheint man einen leichten Rückgang und in Korea eine leichte Zunahme zu verzeichnen (vor allem bei der Mitgliedschaft in religiösen Gruppen). In beiden Ländern, vor allem aber in Japan, kam es im Verlauf der letzten Generation zu einem dramatischen Rückgang der Geburtenraten. Auch die Familienstruktur hat sich verändert, die Mehrgenerationenfamilie wurde durch die Kernfamilie verdrängt (dieser Prozeß begann in Japan deutlich früher als in Korea). Auch in anderer Hinsicht verliefen die Veränderungen der Familienstrukturen im Westen und in Asien ähnlich, beispielsweise hinsichtlich der Trennung von Heim und Arbeitsplatz, Bildung in institutionellen Einrichtungen und in bezug auf den besseren Zugang der Kinder zu den wirtschaftlichen Ressourcen. Siehe hierzu Arland Thornton und Thomas E. Fricke, »Social Change and the Family: Comparative Perspectives from the West, China, and South Asia«, in: *Sociological Forum* 2 (1987), S. 746–779.

6 Organization for Economic Cooperation and Development, *Employment Outlook*, Juli 1996, und persönliche Korrespondenz.

7 Marguerite Kaminski und Judith Paiz, »Japanese Women in Management: Where Are They?«, in: *Human Ressource Management* 23 (1984), S. 277–292.

8 Eiko Shinotsuka, »Women Workers in Japan: Past, Present, Future«, in: Joyce Gelb und Marian Lief Palley, Hrsg., *Women of Japan and Korea*, Philadelphia 1994; Andrew Pollack, »For Japan's Women, More Jobs and Longer and Odder Hours«, in: *New York Times* 8. Juli 1997, S. D1.

9 Shinotsuka, »Women Workers«, S. 100.
10 Roh Mihye, »Women Workers in a Changing Korean Society«, in: Gelb und Paley, *Women of Japan.*
11 Das war nicht immer so. Im Westen, in Japan und im heutigen Asien stellten leichtere Industriejobs für junge Frauen eine wichtige Arbeitsquelle dar. Siehe Claudia Goldin, »The Historical Evolution of Female Earnings, Functions and Occupations«, in: *Explorations in Economic History* 21 (1984), S. 1–27.
12 Miho Ogino, »Abortion and Women's Reproductive Rights: The State of Japanese Women, 1945–1991«, in: Gelb und Paley, *Women of Japan*, S. 72–75. Siehe auch Naohiro Ogawa und Robert Retherford, »The Resumption of Fertility Decline in Japan«, in: *Population and Development Review* 19 (1993), S. 703–741.
13 Ronald R. Rindfuss und S. Philip Morgan, »Marriage, Sex, and the First Birth Interval: The Quiet Revolution in Asia«, in: *Population and Development Review* 9 (1983), S. 259–278.
14 Gavin W. Jones, »Modernization and Divorce: Contrasting Trends in Islamic Southeast Asia and the West«, in: *Population and Development Review* 23 (1997), S. 95–114.
15 Es gibt Hinweise darauf, daß diese Probleme bereits begonnen haben. Siehe Mary Jord und Kevin Sullivan, »In Japanese Schools, Discipline in Recess«, in: *Washington Post*, 24. Januar 1999, S. A1, A22.
16 In vielen Ländern, vor allem in katholischen, kommt es häufig vor, daß die Familie als formale und rechtliche Institution relativ intakt bleibt, während die Männer daneben Freundinnen oder Geliebte haben. Obwohl diese Situation ziemlich scheinheilig ist, hat sie doch den Vorteil, daß die Rechte der Kinder besser geschützt werden als bei serieller Polygamie, wie sie in Ländern mit puritanischen Traditionen wie den Vereinigten Staaten praktiziert wird.

KAPITEL 8.
WOHER KOMMEN NORMEN?

1 Diese Darstellung stützt sich auf Lee Lawrence, »On the Trail of the Slug: A Journey into the Lair of an Endangered Species«, in: *Washington Post,* 10. August 1997, S. 1 (»Modernes Leben«).
2 Die Fahrgemeinschaften wurden nicht vom Staat geschaffen, aber nach einiger Zeit griff der Staat in der Weise ein, daß die Polizei des Distrikts of Columbia versuchte, die »Schneckenschlangen« an der 14. Straße an die Kandare zu nehmen. Als Reaktion darauf meldete

sich der Abgeordnete von Virginia, James Moran, mit einem legislativen Vorstoß zu Wort, um die Interessen der Fahrgemeinschaften zu schützen. Auf diese Weise werden durch die Intervention einer hierarchischen Autorität aus informellen Regeln formelle Regeln. Siehe »Slugfest«, in: *Washington Post*, 2. August 1998, S. C8.

3 Friedrich A. von Hayek, *Die verhängnisvolle Anmaßung: Die Irrtümer des Sozialismus*, Tübingen 1996, S. 2. Siehe auch ders., *Recht, Gesetzgebung und Freiheit*, 3 Bde., München 1980, 1981.

4 Siehe dazu die Erörterung bei Kevin Kelly, *Out of Control: The New Biology of Machines, Social Systems, and the Economic World*, Reading/Mass. 1994, S. 5 ff. Siehe ferner John H. Holland, *Hidden Order: How Adaptation Builds Complexity*, Reading/Mass. 1995.

5 Davon handelt Richard Dawkins, *Der blinde Uhrmacher: Ein neues Plädoyer für den Darwinismus*, München 1987.

6 Zur Geschichte des Santa Fe Institute siehe M. Mitchell Waldrop, *Inseln im Chaos: Die Erforschung komplexer Systeme*, Reinbek bei Hamburg 1993.

7 Siehe Emile Durkheim, *Die Regeln der soziologischen Methode*, hrsg. von René König, Frankfurt/Main 1984, S. 122–126. Siehe ferner Dean Neu, »Trust, Contracting, and the Prospectus Process«, in: *Accounting, Organizations, and Society* 16 (1991), S. 243–256.

8 Max Weber, *Die protestantische Ethik und der »Geist« des Kapitalismus*, hrsg. von Klaus Lichtblau und Johannes Weiß, Weinheim 1993 (erschienen 1905).

9 Dennis Wrong, »The Oversocialized Conception of Man in Modern Sociology«, in: *American Sociological Review* 26 (1961), S. 183–196.

10 Viktor Vanberg, »Rules and Choice in Economics and Sociology«, in: Geoffreg M. Hodgson (Hg.), *The Economics of Institutions*, Aldershot 1993.

11 Ronald A. Heiner, »The Origin of Predictable Behavior«, in: *American Economic Review* 73 (1983), S. 560–595, und ders., »Origin of Predictable Behavior: Further Modeling and Applications«, in: *American Economic Review* 75 (1985), S. 391–396.

12 Eine Darstellung des neuen Institutionalismus und der Unterschiede zu früheren Spielarten bietet Geoffrey M. Hodgson, »Institutional Economics: Surveying the ›Old‹ and the ›New‹«, in: *Metroeconomica* 44 (1993), S. 1–28.

13 Douglass C. North, *Institutionen, institutioneller Wandel und Wirtschaftsleistung*, Tübingen 1992.

14 Die klassische soziologische Abhandlung über das Verhalten von

Kleingruppen ist George C. Homans, *Theorie der sozialen Gruppe*, 2. Aufl. Köln, Opladen 1965.

15 Dazu siehe Adam Kuper, *The Chosen Primate*, Cambridge/Mass. 1993, S. 98 f.

16 Diese Unterdisziplin beginnt mit John von Neumann und Oskar Morgenstern, *Spieltheorie und wirtschaftliches Verhalten*, 2. Aufl. Würzburg 1967.

17 Über den ursprünglichen »einsamen Inhaber von Rechten« siehe Mary Ann Glendon, *Rights Talk: The Impoverishment of Political Discourse*, New York 1991, S. 67 f.

18 Eine Diskussion des methodischen Individualismus und eine parteiliche Kritik des Konzepts bietet Kenneth J. Arrow, »Methodological Individualism and Social Knowledge«, in: *AEA Papers and Proceedings* 84 (1994), S. 1–9.

19 Einige werden vielleicht die Frage stellen, ob man Gesetze, die auf demokratischem politischem Wege zustande gekommen sind, in die hierarchische Kategorie einsortieren darf, da eine Demokratie definitionsgemäß dem Wählerwillen verpflichtet ist und, wenn sie funktioniert, die Wünsche einer breiteren Gemeinschaft widerspiegelt. Der Begriff *hierarchisch* meint hier die Art und Weise, wie Gesetze verkündet und durchgesetzt werden, und nicht den Weg ihres Zustandekommens. Auch ein demokratisch verabschiedetes Gesetz wird von oben verkündet und mit der Macht des Staates durchgesetzt.

KAPITEL 9.
MENSCHLICHE NATUR UND SOZIALE ORDNUNG

1 Wie sich die konstruktivistische Sicht des Sozialen aus einem Mißbrauch des Darwinismus des 19. Jahrhunderts entwickelt hat, schildert Carl N. Degler, *In Search of Human Nature: The Decline and Revival of Darwinism in American Social Thought*, New York 1991, S. 59–83. Siehe ferner Francis Fukuyama, »Is It All in the Genes?« in: *Commentary* 104 (Sept. 1997), S. 30–35.

2 Eine kritische Betrachtung dieses Modells geben J. H. Barkow, Leda Cosmides und John Tooby, *The Adapted Mind*, New York 1992, S. 23.

3 Clifford Geertz, *Dichte Beschreibung. Beiträge zum Verstehen kultureller Systeme*, Frankfurt/Main 1987, Kap. 1.

4 Robin Fox, *The Red Lamp of Incest*, New York 1983. Siehe ferner sei-

nen Artikel »Sibling Incest«, in: *British Journal of Sociology* 13 (1962), S. 128–150.

5 Siehe insb. Degler, *In Search of Human Nature*, a.a.O., S. 245–269; Adam Kuper, *Chosen Primate*, Cambridge/Mass. 1993, S. 156–166; Matt Ridley, *Eros und Evolution. Die Naturgeschichte der Sexualität*, München 1995, S. 332–338.

6 Degler, *In Search of Human Nature*, a.a.O., S. 258ff.

7 Fox, *The Red Lamp*, a.a.O., S. 76.

8 Claude Lévi-Strauss, *Die elementaren Strukturen der Verwandtschaft*, Frankfurt/Main 1981.

9 Edward O. Wilson, »Resuming the Enlightenment Quest«, in: *Wilson Quaterly* 22 (1998), S. 16–27.

10 Beispiele für Ökonomen, die sich auf Modelle und Erkenntnisse aus der Biologie stützen, sind Jack Hirshleifer, »Economics from a Biol">gcial Viewpoint«, in: *Journal of Law and Economics* 20 (1977), S. 1-52; Gary S. Becker, »Altruism, Egoism, and Genetic Fitness: Economics and Sociobiology«, in: *Journal of Economic Literature* 14 (1976), S. 817–826; Richard E. Nelson und Sidney G. Winter, *An Evolutionary Theory of Economic Change*, Cambridge/Mass. 1982; Robert H. Frank, *Passions Within Reason: The Strategic Role of the Emotions*, New York 1988.

11 Zur Bedeutung des methodischen Individualismus in den Sozialwissenschaften siehe Kenneth Arrow, »Methodological Individualism and Social Knowledge«, in: *ABA Papers and Proceedings* 84 (1994), S. 1–90. Siehe ferner James Coleman, *Foundations of Social Theory*, Cambridge/Mass. 1994, S. 5.

12 Karl Marx' Charakterisierung des Menschen als »Gattungswesen« setzt einen bestimmten Grad von natürlichem Altruismus gegenüber der Spezies insgesamt voraus.

13 Siehe Vero C. Wynne-Edwards, *Animal Dispersion in Relation to Social Behavior*, New York 1967, sowie *Evolution Through Group Selection*, Oxford 1986. Zur Kritik an Wynne-Edwards siehe Robert Trivers, *Social Evolution*, Menlo Park/Kalif. 1985, S. 79–82. Siehe auch Ridley, *Eros und Evolution*, a.a.O., S. 46ff.

14 George C. Williams, *Adaptation and Natural Selection: A Critique of Some Current Evolutionary Thought*, Princeton/N.J. 1974.

15 Jack Hirshleifer weist darauf hin, daß sich aus den neuen Erkenntnissen der Biologie bedeutsame Schlußfolgerungen für die menschliche Natur ergeben, aber er führt das nicht näher aus. Jack Hirshleifer, »Natural Economy Versus Political Economy«, in: *Journal of Social Biology* 1 (1978), S. 319–337.

16 Frans de Waal, *Chimpanzee Politics: Power and Sex Among Apes*, Baltimore 1989.

17 Richard Wrangham und Dale Peterson, *Demonic Males: Apes and the Origins of Human Violence*, Boston 1996, S. 191.

18 Ebenda.

19 Lionel Tiger, *Men in Groups*, New York 1969.

20 John Locke meint, daß die Fellpflege bei den Primaten ähnliche Zwecke erfüllt wie das Gespräch bei den Menschen. John L. Locke, *The De-voicing of Society: Why We Don't Talk to Each Other Anymore*, New York 1998, S. 73 ff.

21 Zu dem Thema siehe Lawrence H. Keeley, *War Before Civilization*, New York 1996, Kap. 2.

22 Mary Ann Glendon, *Rights Talk*, New York 1991, S. 47–75.

23 Aristoteles, *Politik*, Buch I, 1253a.

24 Aristoteles gründet sein Urteil, daß die Menschen politische Wesen sind, teilweise auf die Tatsache, daß sie allein eine Sprache besitzen, durch die sie Urteile über gut und böse, richtig und falsch ausdrücken können, und weiter darauf, daß die höchsten Formen der Tugend nur in einer Stadt erreicht werden können. *Politik*, Buch I 1253b.

KAPITEL 10.
DIE URSPRÜNGE VON KOOPERATION

1 Siehe William D. Hamilton, »The Genetic Evolution of Social Behavior«, in: *Journal of Theoretical Biology* 7 (1964), S. 17–52. Einen Überblick über die Entwicklung der Theorie der Verwandtschaftsselektion geben Leda Cosmides und John Tooby, »Cognitive Adaptations for Social Exchange«, in: J. H. Barkow, Leda Cosmides und John Tooby (Hgg.), *The Adapted Mind*, New York 1992, S. 167f.

2 Richard Dawkins, *Das egoistische Gen*, Berlin, Heidelberg 1988.

3 Einen außerordentlichen sozialen Altruismus legen haplodiploide Spezies wie Ameisen und Bienen an den Tag; bei ihnen verzichten Individuen auf die Fortpflanzung, um bei der Aufzucht ihrer Geschwister zu helfen. Dies hängt mit der erstaunlichen Tatsache zusammen, daß bei diesen Spezies die Geschwister drei Viertel ihrer Gene gemeinsam haben.

4 P. W. Sherman, »Nepotism and the Evolution of Alarm Calls«, in: *Science* 197 (1977), S. 1246–1253.

5 Siehe Robert L. Trivers, »Parental Investment and Sexual Selection«,

in: Bernard Campbell (Hg.), *Sexual Selection and the Descent of Man,* Chicago 1972, S. 136–179.

6 Martin Daly und Margo Wilson, *Homicide,* New York 1988, Kap. 1.

7 Ebenda; ferner Owen D. Jones, »Evolutionary Analysis in Law: An Introduction and Application to Child Abuse«, in: *North Carolina Law Review* 75 (1997), S. 1117–1241; und ders., »Law and Biology: Toward an Integrated Model of Human Behavior«, in: *Journal of Contemporary Legal Issues* 8 (1997), S. 167–208.

8 Cosmides und Tooby, »Cognitive Adaptations«, a. a. O., S. 169.

9 Dies wird dargestellt bei Robert Trivers, *Social Evolution,* Menlo Park/Kalif. 1985, S. 47 f.

10 Francis Fukuyama, *Konfuzius und Marktwirtschaft. Der Konflikt der Kulturen,* München 1995.

11 Zu diesem Punkt siehe Robert Trivers, »The Evolution of Reciprocal Altruism«, in: *Quaterly Review of Biology* 46 (1971), S. 35–56, und ders., *Social Evolution,* a. a. O., S. 47 f.

12 Siehe Matt Ridley, *The Origins of Virtue: Human Instincts and the Evolution of Cooperation,* New York 1997, S. 61.

13 Robert Axelrod, *The Evolution of Cooperation,* New York 1984.

14 Siehe Daniel B. Klein (Hg.), *Reputation: Studies in the Voluntary Elicitation of Good Conduct,* Ann Arbor 1996.

15 Trivers, *Social Evolution,* a. a. O., S. 386.

16 Ridley, *The Origins of Virtue,* a. a. O., S. 96 ff.

17 Adam Kuper, *The Chosen Primate,* Cambridge/Mass. 1993, S. 228.

18 Richard D. Alexander, *How Did Humans Evolve? Reflections on the Uniquely Unique Species,* Ann Arbor 1990, S. 6.

19 Zur defensiven Modernisierung siehe Francis Fukuyama, *Das Ende der Geschichte. Wo stehen wir?* München 1992, Kap. 3: »Die Schwäche der starken Staaten II«.

20 Nicholas K. Humphrey, »The Social Function of Intellect«, in: P. P. G. Bateson und R. A. Hinde (Hgg.), *Growing Points in Ethology,* Cambridge/Mass., 1976), S. 303–317; Richard D. Alexander, *How Did Humans Evolve?,* a. a. O., S. 4–7; ders., »The Evolution of Social Behavior«, in: Richard F. Johnston, Peter W. Frank und Charles D. Michener (Hgg.), *Annual Review of Ecology and Systematics,* Bd. 5, Palo Alto/Kalif. 1974, S. 325–385. Siehe ferner Steven Pinker und Paul Bloom, »Natural Language and Natural Selection«, in: J. H. Barkow et al., *The Adapted Mind,* a. a. O., und Robin Fox, *The Search for Society: Quest for a Biosocial Science and Morality,* New Brunswick/N.J. 1989, S. 29f.

21 Matt Ridley, *Eros und Evolution. Die Naturgeschichte der Sexualität,* München 1995, S. 386–389.

22 John L. Locke, »The Role of the Face in Vocal Learning and the Development of Spoken Language«, in: B. de Boysson-Bardies (Hg.), *Developmental Neurocognition: Speech and Face Processing in the First Year of Life,* Dordrecht 1993.

23 Dieses Thema hat Darwin besonders interessiert, und er hat ein ganzes Buch darüber geschrieben: *The Expression of Emotion in Man and Animals,* New York und London 1916.

24 Einige Biologen meinen, daß sich die Sprache aus der Fellpflege entwickelt haben könnte. Siehe Robin Dunbar, *Grooming, Gossip, and the Origin of Language,* Cambridge/Mass. 1996.

25 Eine allgemeine Beschreibung des Gehirns und seiner Funktionen gibt George E. Pugh, *The Biological Origin of Human Values,* New York 1977, S. 140–143.

26 John L. Locke, *The De-voicing of Society: Why We Don't Talk to Each Other Anymore,* New York 1998, S. 48–57.

27 Matt Ridley, *Eros und Evolution,* a.a.O., S. 396f.

28 Vgl. Teil eins zu unterschiedlichen Anreizen für Männer und Frauen.

29 Siehe Martin Daly und Margo Wilson, »Male Sexual Jealousy«, in: *Ethology and Sociobiology* 3 (1982), S. 11–27. Siehe auch Matt Ridley, *Eros und Evolution,* a.a.O., S. 286ff.

30 Michael S. Gazzaniga, *Nature's Mind: The Biological Roots of Thinking, Emotions, Sexuality, Language, and Intelligence,* New York 1992, S. 60f., S. 113f. Andere Biologen vertreten die Auffassung, daß es noch weitere Formen angeborenen Wissens gibt: Edward O. Wilson meint, daß die Furcht vor Schlangen eher genetisch als kulturell weitergegeben wird. Auf der Grundlage von Wilsons Daten kann man dies weder beweisen noch widerlegen. Siehe Edward O. Wilson, *Biologie als Schicksal. Die soziobiologischen Grundlagen menschlichen Verhaltens,* Frankfurt/Main 1980, Kap. 1.

31 Einen Überblick über die Forschungslage gibt Michael S. Gazzaniga, *Das erkennende Gehirn. Entdeckungen in den Netzwerken des Geistes,* Paderborn 1989, und ders., »The Split Brain Revisited«, in: *Scientific American* 279 (1998), S. 50–55.

32 Leda Cosmides und John Tooby, »Cognitive Adaptations for Social Exchange«, a.a.O., S. 181–185.

33 Plato, *Politeia,* 359d.

34 Robert Frank, *Passions Within Reason,* New York 1988, S. 18f.

35 George E. Pugh, *The Biological Origin of Human Values,* a.a.O., S. 131.

36 Antonio R. Damasio, *Descartes' Irrtum: Fühlen, Denken und das menschliche Gehirn*, München 1995; und ders., H. Damasio und Y. Christen (Hgg.), *Neurobiology of Decision-Making*, New York 1996.

37 Antonio R. Damasio, *Descartes' Irrtum*, a. a. O., S. 25–63; R. Adophs, D. Tranel, A. Bechara, H. Damasio und A. Damasio, »Neuropsychological Approaches to Reasoning and Decision-making«, in: A. Damasio, H. Damasio und Y. Christen, *Neurobiology*, a. a. O., S. 157–179.

38 P. S. Churchland, »Feeling Reasons«, in: : A. Damasio, H. Damasio und Y. Christen, *Neurobiology*, a. a. O., S. 199.

39 Robert Axelrod, »An Evolutionary Approach to Norms«, in: *American Political Science Review* 80 (1986), S. 1096–1111; siehe auch ders., *The Complexity of Cooperation: Agent-Based Models of Competition and Collaboration*, Princeton/N. J. 1997.

40 Robert Trivers, »The Evolution of Reciprocal Altruism«, a. a. O.

41 Robert Frank, *Passions Within Reason*, a. a. O., S. 4 f.

KAPITEL 11.
SELBSTORGANISATION

1 Robert C. Ellickson, *Order Without Law: How Neighbors Settle Disputes*, Cambridge/Mass. 1991, S. 138 ff.

2 Einen Kommentar zu Michael Rothschilds Bionomics Institute gibt Paul Krugman, »The Power of Biobabble: Pseudo-Economics Meets Pseudo-Evolution«, in: *Slate*, 23. Oktober 1997.

3 Armen A. Alchian, »Uncertainty, Evolution, and Economic Theory«, in: *Journal of Political Economy* 58 (1950), S. 211–221; Arthur de Vany, »Information, Chance, and Evolution: Alchian and the Economics of Self-Organization«, in: *Economic Inquiry* 34 (1996), S. 427–443. Siehe auch Jack Hishleifer, »Natural Economy versus Political Economy«, in: *Journal of Social Biology* 1 (1978), S. 320 f.

4 Einen Überblick gibt Karl-Dieter Opp, »Emergence and Effects of Social Norms – Confrontation of Some Hypotheses of Sociology and Economics«, in: *Kyklos* 32 (1979), S. 775–801.

5 Garrett Hardin, »The Tragedy of the Commons«, in: *Science* 162 (1968), S. 1243–1248.

6 Siehe beispielsweise Russell Hardin, *Collective Action*, Baltimore 1982.

7 Eine kritische Auseinandersetzung mit Garrett Hardin enthält Carl Dahlman, »The Tragedy of the Commons that Wasn't: On Technical

Solutions to the Institutions Game«, in: *Population and Environment* 12 (1991), S. 285–295.

8 Mancur Olson, *Die Logik des kollektiven Handelns. Kollektivgüter und die Theorie der Gruppen*, 3. Aufl. Tübingen 1992.

9 H. Demsetz, »Toward a Theory of Property Rights«, in: *American Economic Review* 57 (1967), S. 347–359.

10 Douglass C. North und Robert P. Thomas, »An Economic Theory of the Growth of the Western World«, in: *Economic History Review*, 2. Reihe, 28 (1970), S. 1–17; und dies., *The Growth of the Western World*, London 1973.

11 Genaugenommen hat Coase nicht selbst das »Coase-Theorem« aufgestellt. Ronald H. Coase, »The Problem of Social Cost«, in: *Journal of Law and Economics* 3 (1960), S. 1–44. Dies ist der in der aktuellen juristischen Literatur am häufigsten zitierte Einzelbeitrag.

12 Andrew Sugden, »Spontaneous Order«, in: *Journal of Economic Perspectives* 3 (1989), S. 85–97, und ders., *The Economics of Rights, Cooperation and Welfare*, Oxford 1986.

13 Robert C. Ellickson, *Order Without Law*, a. a. O., S. 192.

14 Ebenda, S. 143 ff.

15 Elinor Ostrom, *Die Verfassung der Allmende. Jenseits von Staat und Markt*, Tübingen 1999.

16 Ebenda, S. 103–142.

KAPITEL 12.

TECHNOLOGIE, NETZWERKE UND SOZIALKAPITAL

1 Ludwig von Mises, *Die Gemeinwirtschaft. Untersuchungen über den Sozialismus*, Nachdr. d. 2. Aufl., München, 1981; Friedrich A. von Hayek, »The Use of Knowledge in Society«, in: *American Economic Review* 35 (1945), S. 519–530.

2 Eine ausführlichere Diskussion der Probleme des hierarchisch strukturierten Management findet sich in Gary J. Miller, *Managerial Dilemma: The Political Economy of Hierarchy*, New York 1992.

3 Jeremy R. Azrael, *Managerial Power and Soviet Policy*, Cambridge, Mass. 1966.

4 Siehe Alfred D. Chandler, *The Visible Hand: The Managerial Revolution in American Business*, Cambridge, Mass. 1977, und *Scale and Scope: The Dynamics of Industrial Capitalism*, Cambridge, Mass 1990.

5 Ronald H. Coase, »The Nature of the Firm«, in: *Economica* 6 (1937),

S. 386–405; vgl. auch die Arbeiten von Oliver Williamson, darunter *The Nature of the Firm: Origins, Evolution and Development*, Oxford 1993.

6 Die Theorie von Coase über das Unternehmen wurde nicht überall akzeptiert. Alchian und Demsetz argumentierten, man könne das Unternehmen in der Form von Marktbeziehungen begreifen. Armen Alchian und H. Demsetz, »Production, Information Costs, and Economic Organization«, in: *American Economic Review* 62 (1972), S. 777–795.

7 Siehe beispielsweise Gernot Grabher, *The Embedded Firm: On the Socioeconomics of Industrial Networks*, London 1993; Nitin Nohria und Robert Eccles, Hrsg., *Networks and Organizations: Structure, Form, and Action*, Boston 1992; Walter W. Powell, »Neither Market Nor Hierarchy: Network Forms of Organization«, in: *Research in Organizational Behavior* 12 (1990), S. 295–336; John L. Casti u. a., *Networks in Action: Communications, Economies and Human Knowledge*, Berlin 1995; Michael Best, *The New Competition: Institutions of Industrial Restructuring*, Cambridge, Mass. 1990.

8 Thomas W. Malone und Joanne Yates, »Electronic Markets and Electronic Hierarchies«, in: *Communications of the ACM* 30 (1987), S. 484–497.

9 Siehe beispielsweise Nitin Nohria, »Is a Network Perspective a Useful Way of Studying Organizations?«, in: Nohria und Eccles, *Networks and Organizations*.

10 Malone und Yates, »Electronic Markets«; siehe auch Malone, »The Interdisciplinary Study of Coordination«, *ACM Computing Surveys* 26 (1994), S. 87–199.

11 Mark S. Granovetter, »The Strength of Weak Ties«, in: *American Journal of Sociology* 78 (1973), S. 1360–1380.

12 Max Weber, *Wirtschaft und Gesellschaft*. Hrsg. Johannes Winckelmann, 5. Aufl., Tübingen 1972.

13 Siehe Kenneth J. Arrow, »Classificatory Notes on the Production and Transmission of Technological Knowledge«, in: *American Economic Review* 59 (1969), S. 29–33.

14 Dieser Aspekt wird vorgetragen von Masahiko Aoki, »Towards an Economic Model of the Japanese Firm«, in: *Journal of Economic Literature* 28 (März 1990), S. 1–27.

15 Siehe beispielsweise Kenneth J. Arrow, »Classificatory Notes on the Production and Transmission of Technological Knowledge«, in: *American Economic Review* 59 (1969), S. 29–33.

16 Harry Katz, *Shifting Gears: Changing Labor Relations in the United States Automobile Industry*, Cambridge, Mass. 1985.

17 Allan Nevins, zus. mit Frank E. Hill, *Ford: the Times, the Man, the Company*, New York 1954, S. 517.

18 Siehe James P. Womack u. a., *The Machine That Changed the World: The Story of Lean Production*, New York 1991.

19 Annalee Saxenian, *Regional Advantage: Culture and Competition in Silicon Valley and Route 128*, Cambridge, Mass. 1994.

20 In dieser Hinsicht habe ich in meinem Buch *Konfuzius und Marktwirtschaft* die Bedeutung der Firmengröße übertrieben dargestellt. Auch in großen Firmen kann Sozialkapital darin sichtbar werden, daß es auch die Bereitschaft des einzelnen umfaßt, Menschen außerhalb des unmittelbaren Familienkreises zu vertrauen. Im Großunternehmen kann aber auch der Mangel an Sozialkapital sichtbar werden, da man große Unternehmen auch entlang tayloristischer Prinzipien mit geringem Vertrauensniveau organisieren kann. Die Unternehmensgröße ist viel weniger wichtig als das Vorhandensein sozialer Normen, die Verbindungen zwischen den einzelnen herstellen. Diese Normen können innerhalb einer einzigen Organisation bestehen, können aber auch über einzelne Organisationen hinaus wirksam sein.

21 Don E. Kash und Robert W. Ryecroft, *The Complexity Challenge: Technological Innovation for the 21st Century*, London 1999.

22 Saxenian, *Regional Advantage*, S. 32f.

23 Ebenda, S. 33

24 Siehe beispielsweise Bernardo A. Huberman und Tad Hogg, »Communities of Practice: Performance and Evolution«, in: *Computational and Mathematical Organization Theory* 1 (1995), S. 73–92; John Seely Brown und Paul Duguid, »Organizational Learning and Communities-of-Practice: Toward a Unified View of Working, Learning, and Innovation«, in: *Organization Science* 2 (February 1991), S. 40–57.

25 Masahiko Aoki, Vortragspapier für das Samsung Economic Research Institute, Juni 1996.

26 Michael E. Porter, »Clusters and the New Economics of Competition«, in: *Harvard Business Review* (November–Dezember 1998), S. 77–90; siehe auch *On Competition*, Boston 1998, S. 197–287.

KAPITEL 13.

SPONTANEITÄT UND HIERARCHIE

1 Elinor Ostrom, *Governing the Commons,* Cambridge 1990, S. 90.
2 Robert J. Sampson u.a., »Neighborhoods and Violent Crime«, in: *Science* 277 (1997).
3 »Spring Breakers Drink in Cancun's Excess«, in: *Washington Post,* 3. April 1998, S. A1.
4 Francis Fukuyama, *Konfuzius und Marktwirtschaft. Der Konflikt der Kulturen,* München 1995, Kapitel 3.
5 Diese Definition eines »amoralischen Familismus« findet sich bei Edward Banfield, *The Moral Basis of a Backward Society,* Glencoe, Ill. 1958.
6 Max Weber, *Gesammelte Aufsätze zur Religionssoziologie,* Band I, 4. Aufl., Tübingen 1947, insbesondere Kapitel III, Die Wirtschaftsethik der Weltreligionen, Teil I. Konfuzianismus und Taoismus, S. 276–536.
7 Siehe beispielsweise die Einleitung zu James Buchanan, *Die Grenzen der Freiheit. Zwischen Anarchie und Leviathan,* Tübingen 1984.
8 Eine gelehrte Abhandlung dieses Themas findet sich bei Leo Strauss, *Naturrecht und Geschichte,* Frankfurt/M. 1977.
9 Siehe Mark J. Roe, »Chaos and Evolution in Law and Economics«, in: *Harvard Law Review* 109 (1996), S. 641–668.
10 Ebenda.
11 W. Brian Arthur, »Increasing Returns and the New World of Business«, in: *Harvard Business Review* 74 (1996), S. 100–109; »Positive Feedbacks in the Economy«, in: *Scientific American* (1990), S. 92–99.
12 Friedrich A. von Hayek, *Law, Legislation and Liberty,* Chicago 1976, S. 88 f. (deutsch: *Recht, Gesetzgebung und Freiheit,* 3 Bände, München 1980, 1981).
13 Robert L. Simison und Robert L. Rose, »In Backing the UAW, Ford Rankles Many of Its Parts Suppliers«, in: *Wall Street Journal,* 6. Februar 1997.
14 Eine Beschreibung dieses Experiments findet sich in Kevin Kelly, *Out of Control,* Reading, Mass. 1994, S. 8–11.
15 Für eine Beschreibung der Probleme bei Sears siehe Gary Miller, *Managerial Dilemmas,* New York 1992, S. 90–94.
16 Ebenda, S. 99.
17 Siehe Edgar H. Schein, *Organizational Culture and Leadership,* San Francisco 1988, S. 228–253.

18 James Q. Wilson, *Bureaucracy: What Government Agencies Do and Why They Do It,* New York 1989, S. 96 ff.
19 Siehe Robert H. Frank, *Choosing the Right Pond,* Oxford 1985, S. 21–25.
20 M. Raleigh u. a., »Neural Mechanisms Supporting Successful Social Decisions in Simians«, in: Antonio Damasio u. a., *Neurobiology of Decision-Making,* New York 1996, S. 68–71.
21 In der westlichen politischen Philosophie gibt es eine lange Tradition, in der die Bedeutung des Stolzes im politischen Leben hervorgehoben wird. Plato bezeichnete das dem Stolz zugrunde liegende Phänomen als *thymos* oder Selbstwertgefühl, das er für einen vom Verstand und Verlangen unabhängigen eigenen Teil der Seele ansah. Bei Hegel ist der Kampf um Anerkennung die Hauptantriebskraft der Menschheitsgeschichte. Eine breitere Darstellung findet sich bei Francis Fukuyama, *Das Ende der Geschichte. Wo stehen wir?,* München 1992, S. 253 ff.
22 Adam Smith, *Theorie der ethischen Gefühle,* Einl., hrg. u. a. d. Englischen von Walther Eckstein, Hamburg 1994.
23 Frank, *Choosing the Right Pond,* S. 96–99.
24 Ebenda, S. 26–30.

KAPITEL 14.
»CAVE 76«

1 Dieser Aspekt wird vorgetragen in James Q. Wilson, The Moral Sense, New York 1993, S. 121 f. (deutsch: *Die moralischen Empfindungen. Warum die Natur des Menschen besser ist als ihr Ruf,* München 1994).
2 Delphine sind die einzigen Tiere, von denen bekannt ist, daß sie höher entwickelte Hierarchien bilden.
3 Roger D. Masters, »The Biological Nature of the State«, in: *World Politics* 35 (1983), S. 161–193.
4 Samuel P. Huntington, *Der Kampf der Kulturen. Die Neugestaltung der Weltpolitik im 21. Jahrhundert,* München, Wien 1996.
5 Siehe beispielsweise Peter L. Berger, »Secularism in Retreat«, in: *National Interest* (1996), S. 3–12.
6 Eine gute allgemeine Arbeit über dieses Thema ist David Martin, *A General Theory of Secularization,* New York 1978. Martin hat seine Ansichten inzwischen überprüft, siehe sein Buch *Tongues of Fire: The Explosion of Protestantism in Latin America,* Oxford 1990, sowie

427

seinen Aufsatz »Fundamentalism: An Observational and Definitional Tour d'Horizon«, in: *Political Quarterly* 61 (1990), S. 129–131.

7 Seymour Martin Lipset, *American Exceptionalism*, New York 1995, S. 60–67.

8 Martin, *Tongues of Fire*, Kapitel 1.

9 Siehe Francis Fukuyama, *Konfuzius und Marktwirtschaft. Der Konflikt der Kulturen*, München 1995, vor allem Kapitel 8 und 9.

10 James E. Curtis, Douglas E. Baer und Edward G. Grabb, »Voluntary Association Membership in Fifteen Countries: A Comparative Analysis«, in: *American Sociological Review* 57 (1992), S. 139–152.

11 In den Vereinigten Staaten macht der Nonprofit-Sektor heute 6,8 Prozent der Gesamtbeschäftigung aus, zum Vergleich dazu beträgt der entsprechende Anteil in Frankreich 4,2 Prozent. Der Anteil des Sektors am Bruttoinlandprodukt beträgt 6,3 Prozent in den Vereinigten Staaten und im zweitplazierten Land, Großbritannien, 4,8 Prozent. Lester Salamon und Helmut Anheier, *The Emerging Sector*, Baltimore 1994, S. 32 und 35.
Die Art der Vereinigung, denen Amerikaner angehören, unterscheidet sich jedoch von den Vereinsarten anderer Länder und beweist die noch immer andauernde Wirkung der Religion in der amerikanischen Gesellschaft. Die Länder mit den nächstniedrigen Niveaus der Religionsmitgliedschaft, nämlich Südkorea, die Niederlande und Kanada, liegen weit unter dem amerikanischen Niveau. Andererseits war die gewerkschaftliche Mitgliedschaft in den Vereinigten Staaten, in Großbritannien und Kanada 1981 viel niedriger als im Festland-Europa und vor allem in Skandinavien, ging jedoch im Festland-Europa im folgenden Jahrzehnt beträchtlich zurück, während sie in den nordischen Ländern im selben Zeitraum anstieg.

12 Diego Gambetta, *The Sicilian Mafia*, Cambridge 1993, S. 18–22.

KAPITEL 15.
WIRD DAS SOZIALKAPITAL VOM KAPITALISMUS AUSGEBEUTET?

1 Albert O. Hirschman, »Rival Interpretations of Market Society: Civilizing, Destructive, or Feeble«, in: *Journal of Economic Literature* 20 (1982), S. 1463–1484.

2 John Gray, *Enligthenment's Wake: Politics and Culture at the Close of the Modern Age*, London 1995.

3 Zitiert in Hirschman, »Rival Interpretations«, S. 1466.

4 Joseph A. Schumpeter, *Kapitalismus, Sozialismus und Demokratie*, erw. Aufl., Bern 1950.

5 Daniel Bell, *Die kulturellen Widersprüche des Kapitalismus*, Neuausgabe Frankfurt/M. 1991; siehe auch John K. Galbraith, *The Affluent Society*, Boston 1958.

6 Michael J. Sandel, *Democracy's Discontent: America in Search of a Public Philosophy*, Cambridge, Mass. 1996, vor allem S. 338–340; Alan Wolfe, *Whose Keeper? Social Science and Moral Obligation*, Berkeley, Kalif. 1989, S. 78–104; William J. Bennett, »Getting Used to Decadence«, in: *Vital Speeches* 60, Nr. 9, 15. Februar 1994, S. 264; ferner Larry Reibstein, »The Right Takes a Media Giant to Political Task«, in: *Newsweek* 125, 12. Juni 1995, S. 30.

7 Ein kulturell begründetes Argument zur Verteidigung der kommerziellen Gesellschaft findet sich in Tyler Cowen, *In Praise of Commercial Culture*, Cambridge, Mass. 1998.

8 Charles de Montesquieu, *Vom Geist der Gesetze*, 2. Aufl., Stuttgart 1992, Buch 20, Kapitel 1.

9 Zitiert in Hirschman, »Rival Interpretations«, S. 1465.

10 Adam Smith, *Theorie der ethischen Gefühle*, Einl., hrg. u. a. d. Englischen von Walther Eckstein, Hamburg 1994, Teil 1, I.4.7; Teil 7, IV.25; *Vorlesungen über Rechts- und Staatsphilosophie*, St. Augustin 1996; *Der Wohlstand der Nationen. Eine Untersuchung seiner Natur und seiner Ursachen*, München 1974, Buch 1, VIII.41–48. Für diese Hinweise danke ich Charles Griswold.

11 Charles L. Griswold, Jr., *Adam Smith and the Virtues of Enlightenment*, Cambridge 1999, S. 17–21.

12 Albert O. Hirschman, *Leidenschaften und Interessen. Politische Begründung des Kapitalismus vor seinem Sieg*, Frankfurt/Main 1980.

13 Smith, *Theorie*, Teil VI.

14 Coleman 1988.

15 Partha Dasgupta, »Economic Development and the Idea of Social Capital«, unveröffentlichtes Manuskript, März 1997.

16 Siehe beispielsweise Edgar Schein, *Organizational Culture and Leadership*, San Francisco 1988.

17 Siehe beispielsweise Thomas P. Rohlen, »›Spiritual Education‹ in a Japanese Bank«, in: *American Anthropologist* 75 (1973), S. 1542–1562.

18 John J. Miller, *The Unmaking of Americans: How Multiculturalism Has Undermined the Assimilation Ethic*, New York 1998.

19 Siehe beispielsweise Oliver E. Williamson, »Calculativeness, Trust, and Economic Organization«, in: *Journal of Law and Economics* 36 (1993), S. 453–502. Williamson argumentiert, ohne jenes offen sicht-

bare vertrauenswürdige Verhalten, das auf einem rationalen Eigeninteresse beruhe, sei Vertrauen nichts weiter als eine inhaltsleere Kategorie.

KAPITEL 16.
WIEDERAUFBAU IN VERGANGENHEIT,
GEGENWART UND ZUKUNFT

1 Ted Robert Gurr, »On the History of Violent Crime in Europe and America«, in: Egon Bittner und Sheldon L. Messinger (Hgg.), *Criminology Review Yearbook,* Bd. 2, Beverly Hills 1980.
2 James Collier, *The Rise of Selfishness in America,* New York 1991, S. 5.
3 Ebenda S. 5.
4 James Q. Wilson, *Thinking About Crime,* New York 1975, S. 232.
5 William J. Rorabaugh, *The Alcoholic Republic,* New York 1979, S. 14 f.
6 Collier, *Rise of Selfishness,* a. a. O., S. 6.
7 Ted Robert Gurr, »Contemporary Crime in Historical Perspective«, in: *Annals of the American Academy of Political and Social Science* 434 (1977), S. 114–136.
8 Ted Robert Gurr, Peter N. Grabosky und Richard C. Hula, *The Politics of Crime and Conflict: A Comparative History of Four Cities,* Beverly Hills 1977.
9 Collier, *Rise of Selfishness,* a. a. O., S. 6 f.
10 Paul E. Johnson, *A Shopkeeper's Millennium: Society and Revivals in Rochester, New York, 1815–1837,* New York 1979.
11 Richard Hofstadter, *Anti-Intellectualism in American Life,* New York 1963, S. 89.
12 Wilson, *Thinking About Crime,* a. a. O., S. 233.
13 Gregory H. Singleton, »Protestant Voluntary Organizations and the Shaping of Victorian America«, in: Daniel W. Howe (Hg.), *Victorian America,* Philadelphia 1976, S. 50.
14 Ebenda S. 52.
15 Siehe auch Gurr, Grabosky und Hula, *Politics,* S. 109–129.
16 Gurr in Bittner und Messinger (Hgg.), *Criminology Review Yearbook,* a. a. O., S. 417.
17 Wilson, *Thinking About Crime,* a. a. O., S. 225.
18 Gertrude Himmelfarb, *The De-Moralization of Society: From Victorian Virtues to Modern Values,* New York 1995, S. 222 f.
19 Wesley Skogan, *Disorder and Decline,* New York 1990.

20 James Davison Hunter, *Culture Wars: The Struggle to Define America*, New York 1991.

21 Barbara Dafoe Whitehead, »Dan Quayle Was Right«, in: *Atlantic Monthly* 271 (1993), S. 47–84.

22 Stephen Goldsmith, *The Twenty-First Century City: Resurrecting Urban America*, Lanham 1997.

23 Ein zentraler Einwand gegen die 1996 verabschiedete Reform des Wohlfahrtssystems lautet, daß sie alleinerziehende Mütter, die von staatlicher Unterstützung leben, motiviert zu arbeiten, solange ihre Kinder noch klein sind. Vonnöten ist demgegenüber eine Politik, die die Väter wieder zu den Familien zurückbringt und auf diese Weise ihre materielle Basis verbessert. Aber das ist politisch sehr viel schwieriger zu erreichen.

24 Dies ist die Kurzfassung einer These, die ich ausführlich in meinem Buch *Das Ende der Geschichte. Wo stehen wir?*, München 1992, dargelegt habe.

Bibliographie

Aaron, Henry J., et al. (Hgg.), *Values and Public Policy.* Washington/D.C. 1994.

Akerlof, George A., et al., »An Analysis of Out-of-Wedlock Childbearing in the United States«, *Quarterly Journal of Economics* 111 (1996), S. 277–317.

Alchian, Armen A., »Uncertainty, Evolution, and Economic Theory«, *Journal of Political Economy* 58 (1950), S. 211–221.

Alchian, Armen A., und H. Demsetz, »Production, Information Costs, and Economic Organization«, *American Economic Review* 62 (1972), S. 777–795.

Alexander, Richard D., *How Did Humans Evolve? Reflections on the Uniquely Unique Species,* Ann Arbor 1990.

Aoki, Masahiko, »Toward an Economic Model of the Japanese Firm«, *Journal of Economic Literature* 28 (März 1990), S. 1–27.

Archer, Dane, und Gartner, Rosemary, *Violence and Crime in Cross-National Perspective,* New Haven/Conn. 1984.

– »Violent Acts and Violent Times: A Comparative Approach to Postwar Homicide Rates«, *American Sociological Review* 41 (1976), S. 937–963.

Arrow, Kenneth J., »Classificatory Notes on the Production of Transmission of Technological Knowledge«, *American Economic Review* 59 (1969), S. 29–33.

– »Methodological Individualism and Social Knowledge«, *AEA Papers and Proceedings* 84 (1994), S. 1–9.

Arthur, W. Brian, »Increasing Returns and the New World of Business«, *Harvard Business Review* 74 (1996), S. 100–109.

– »Positive Feedbacks in the Economy«, *Scientific American* (1990), S. 92–99.

– *Marriages und Divorces. Catalog No. 3301.0,* Canberra 1995 (Australian Government Publishing Service).

Axelrod, Robert, »An Evolutionary Approach to Norms«, *American Political Science Review* 80 (1986), S. 1096–1111.

– *The Complexity of Cooperation: Agent-Based Models of Competition und Collaboration,* Princeton/N.J. 1997.

- *The Evolution of Cooperation,* New York 1984.
Axelrod, Robert, und Hamilton, W. D., »The Evolution of Cooperation«, *Science* 211 (1981), S. 1390–1396.
Azrael, Jeremy R., *Managerial Power und Soviet Policy,* Cambridge 1966.
Banfield, Edward C., *The Moral Basis of a Backward Society,* Glencoe/Ill. 1958.
Barkow, J. H., Cosrnides, Leda, und Tooby, John (Hgg.), *The Adapted Mind,* New York 1992.
Bateson, P. P. G., und Hinde, R. A. (Hgg.), *Growing Points in Ethology,* Cambridge 1976.
Becker, Gary S., *A Treatise on the Family,* Cambridge 1991.
- »Altruism, Egoism, and Genetic Fitness: Economics and Sociobiology«, *Journal of Economic Literature* 14 (1976), S. 817–826.
- »Crime and Punishment: An Economic Approach«, *Journal of Political Economy* 76 (1968), S. 169–217.
Becker, Gary S., et al., »An Economic Analysis of Marital Instability«, *Journal of Political Economy* 85 (1977), S. 1141–1187.
Becker, Howard S., *Außenseiter. Zur Soziologie abweichenden Verhaltens,* Frankfurt/Main 1981.
Beirne, Piers, »Cultural Relativism und Comparative Criminology«, *Contemporary Crises* 7 (1983), S. 371–391.
Bell, Daniel, *Die kulturellen Widersprüche des Kapitalismus,* Neuausgabe Frankfurt/Main 1991.
- *Die nachindustrielle Gesellschaft,* Frankfurt/Main 1985.
Bennett, William J., »America at Midnight: Reflections on the Moynihan Report«, *American Enterprise* 29.
- »Getting Used to Decadence«, *Vital Speeches* 60, Nr. 9 (15. Februar 1994), S. 264.
Berger, Peter L., »Secularism in Retreat«, *National Interest* (1996), S. 3–12.
Bernhardt, Annette, et al., »Women's Gains or Men's Losses? A Closer Look at the Shrinking Gender Gap in Earnings«, *American Journal of Sociology* 101 (1995), S. 302–328.
Best, Michael, *The New Competition: Institutions of Industrial Restructuring,* Cambridge 1990.
Bianchi, Suzanne M., »Introduction to the Special Issue, ›Men in Families‹«, *Demography* 35 (1998), S. 133.
Bittner, E., und Messinger, S. L., *Criminology Review Yearbook,* Bd. 2, Beverly Hills 1980.
Blank, Rebecca M., »Policy Watch: The 1996 Welfare Reform«, *Journal of Economic Perspectives* 11 (1997), S. 169–177.

Blankenhorn, David, *Fatherless America: Confronting America's Most Urgent Social Problem*, New York 1995.

Blau, Judith R., und Blau, Peter M., »The Cost of Inequality: Metropolitan Structure and Violent Crime«, *American Sociological Review* 47 (1982), S. 114–129.

Bok, Derek, *The State of the Nation: Government and the Quest for a Better Society*, Cambridge 1997.

Booth, Alan, und Dunn, Judy. *Stepfamilies: Who Benefits? Who Does Not?*, Hillsdale/N.J. 1994.

Bound, John, und Freeman, Richard B., »What Went Wrong? The Erosion of Relative Earnings and Employment Among Young Black Men in the 1980s«, *Quarterly Journal of Economics* (1992), S. 201–232.

Bowman, Karlyn, und Ladd, Everett, *What's Wrong: A Study of American Satisfaction and Complaint*, Washington 1998 (AEI Press and the Roper Center for Public Opinion Research).

Braithwaite, John, *Crime, Shame, and Reintegration*, Cambridge 1989.

Brown, John Seely, und Daguid, Paul, »Organizational Learning and Communities-of-Practice: Toward a Unified View of Working, Learning, and Innovation«, *Organization Science* 2 (1991), S. 40–57.

Bryner, Gary, *Politics and Public Morality: The Great American Welfare Reform Debate*, New York 1998.

Buchanan, James M., *Die Grenzen der Freiheit. Zwischen Anarchie und Leviathan*, Tübingen 1984.

Buchholz, Erich, »Reasons for the Low Rate of Crime in the German Democratic Republic«, *Crime und Social Justice* 29 (1986), S. 26–42.

Bumpass, Larry L., und Sweet, James A., »National Estimates of Cohabitation«, *Demography* 26 (1989), S. 615–625.

Burgess, Ernest W., Park, Robert E., und McKenzie, Roderick D. (Hgg.), *The City*, Chicago 1925.

Burns, Ailsa, und Scott, Cath, *Mother-Headed Families und Why They Have Increased*, Hillsdale/N.J. 1994.

Caldwell, B., und Ricciuti, H. H., *Review of Child Development Research*, Bd. 3, Chicago 1973.

Campbell, Bernard (Hg.), *Sexual Selection and the Descent of Man*, Chicago 1972.

Castells, Manuel, *The Rise of the Network Society*, Malden/Mass. 1996.

Casti, John L., et al., *Networks in Action: Communications, Economies, and Human Knowledge*, Berlin 1995.

Chandler, Alfred D., *Scale and Scope: The Dynamics of Industrial Capitalism*, Cambridge 1990.

- *The Visible Hand: The Managerial Revolution in American Business,* Cambridge 1977.
Cherlin, Andrew J., *Marriage, Divorce, Remarriage,* 2. Aufl. Cambridge 1992.
Cherlin, Andrew J., und Furstenberg, Frank E. jr., »Stepfamilies in the United States: A Reconsideration«, *Annual Review of Sociology* 20 (1994), S. 359–381.
Children's Defense Fund, *The State of America's Children Yearbook* 1997, Washington/D.C. 1998.
Clark, John, »Shifting Engagements: Lessons from the ›Bowling Alone‹ Debate«, *Hudson Briefing Paper,* Nr. 196, Oktober 1996.
Cloward, Richard, und Ohlin, Lloyd, *Delinquency and Opportunity,* New York 1960.
Coase, Ronald H., »The Nature of the Firm«, *Economica* 6 (1937), S. 386–405.
- »The Problem of Social Cost«, *Journal of Law and Economics* 3 (1960), S. 1–44.
Coleman, James S., *Grundlagen der Sozialtheorie,* 3 Bände, München 1991, 1992, 1994.
- »Social Capital in the Creation of Human Capital«, *American Journal of Sociology* Supplement 94 (1988), S. S95–S120.
- »The Creation and Destruction of Social Capital: Implications for the Law«, *Journal of Law, Ethics, and Public Policy* 3 (1988), S. 375–404.
Coleman, James S., et al., *Equality of Educational Opportunity,* Washington/D.C. 1966 (U.S. Department of Health, Education and Welfare).
Collier, James L., *The Rise of Selfishness in America,* New York 1991.
Cordella, Peter, und Siegel, Larry, *Readings in Contemporary Criminological Theory,* 1996.
Cowen, Tyler, *In Praise of Commercial Culture,* Cambridge/Mass. 1998.
Cready, Cynthia, et al., »Mate Availability and African American Family Structure in the US Nonmetropolitan South, 1960–1990«, *Journal of Marriage and the Family* 59 (1997), S. 192–203.
Curtis, James E., et al., »Voluntary Association Membership in Fifteen Countries: A Comparative Analysis«, *American Sociological Review* 57 (1992), S. 139–152.
Dahlman, Carl, »The Tragedy of the Commons That Wasn't: On Technical Solutions to the Institutions Game«, *Population and Environment* 12 (1991), S. 285–295.
Dahrendorf, Ralf, *Lebenschancen. Anläufe zur sozialen und politischen Theorie,* Frankfurt/Main 1979.

Daly, Martin, »Child Abuse and Other Risks of Not Living with Both Parents«, *Ethology and Sociobiology* 6 (1985), S. 197–210.

Daly, Martin, und Wilson, Margo, »Children Fathered by Previous Partners: A Risk Factor for Violence Against Women«, *Canadian Journal of Public Health* 84 (1993), S. 209f.

– *Homicide*, New York 1988.

Daly, Martin, et al., »Male Sexual Jealousy«, *Ethology and Sociobiology* 3 (1982), S. 11–27.

Damasio, Antonio R., *Descartes' Irrtum: Fühlen, Denken und das menschliche Gehirn*, München 1995.

Damasio, Antonio R., et al., *Neurobiology of Decision-Making*, New York 1996.

Darwin, Charles, *The Expression of Emotion in Man and Animals*, New York 1916.

Dasgupta, Partha, »Economic Development and the Idea of Social Capital«, unveröffentlichtes Manuskript 1997.

Davis, Kingsley, und Van den Oever, Pietronella, »Demographic Foundations of New Sex Roles«, *Population and Development Review* 8 (1982), S. 495–511.

Dawkins, Richard, *Der blinde Uhrmacher. Ein neues Plädoyer für den Darwinismus*, München 1987.

– *Das egoistische Gen*, Heidelberg, Berlin, Oxford 1994.

de Boysson-Bardies, B. (Hg.), *Developmental Neurocognition: Speech and Face Processing in the First Year of Life*, Dordrecht 1993.

de Vany, Arthur, »Information, Chance, and Evolution: Alchian and the Economics of Self-Organization«, *Economic Inquiry* 34 (1996), S. 427–443.

de Waal, Frans, *Chimpanzee Politics: Power and Sex Among Apes*, Baltimore 1989.

Deane, Glenn D., »Cross-National Comparison of Homicide: Age/Sex-Adjusted Rates Using the 1980s US Homicide Experience as a Standard«, *Journal of Quantitative Criminology* 3 (1987), S. 215–227.

Degler, Carl N., *In Search of Human Nature: The Decline and Revival of Darwinism in American Social Thought*, New York 1991.

Demsetz, H., »Toward a Theory of Property Rights«, *American Economic Review* 57 (1967), S. 347–359.

Denzau, Arthur, und North, Douglass C., »Shared Mental Models: Ideologies and Institutioris«, *Kyklos* 47 (1994), S. 3–31.

Diamond, Larry, »Toward Democratic Consolidation«, *Journal of Democracy* 5 (1994), S. 4–17.

Dunbar, Robin I. M., *Grooming, Gossip, and the Origin of Language,* Cambridge/Mass. 1996.

Duncan, Greg J., und Hoffman, Saul D., »A Reconsideration of the Economic Consequences of Marital Disruption«, *Demography* 22 (1985), S. 485–498.

– »Welfare Benefits, Economic Opportunities, and Out-of-Wedlock Births Among Black Teenage Girls«, *Demography* 27 (1990), S. 519–535.

Durkheim, Emile, *Die Regeln der soziologischen Methode,* hrsg. von René König, 2. Aufl. Frankfurt/Main 1991.

Eberstadt, Nicholas, »Asia Tomorrow: Gray and Male«, *National Interest,* Nr. 53 (Herbst 1998), S. 56–65.

– »World Population Implosion?« *Public Interest,* Nr. 129 (1997), S. 3–22.

Ellickson, Robert C., *Order Without Law: How Neighbors Settle Disputes,* Cambridge/Mass. 1991.

Farley, Reynolds, *State of the Union: America in the 1990s,* Bd. 2: *Social Trends,* New York 1995.

Federal Bureau of Investigation and Uniform Crime Reporting Program, *Crime in the United States,* Washington/D.C. o.J.

Flora, Peter, und Heidenheimer, Arnold J., *The Development of the Welfare State in Europe and America,* New Brunswick/ N.J. 1987.

Fourastié, Jean, »De la vie traditionnelle à la vie tertiaire«, *Population* 14 (1963), S. 417–432.

Fox, Robin, *Reproduction and Succession: Studies in Anthropology, Law, and Society,* New Brunswick/N.J. 1997.

– »Sibling Incest«, *British Journal of Sociology* 13 (1962), S. 128–150.

– *The Red Lamp of Incest,* überarbeitete Neuauflage, South Bend/Ind. 1983.

– *The Search for Society: Quest for a Biosocial Science and Morality,* New Brunswick 1989.

Frank, Robert H., *Choosing the Right Pond: Human Behavior and the Quest for Status,* Oxford 1985.

– *Passions Within Reason: The Strategic Role of the Emotions,* New York 1988.

Fukuyama, Francis, »Asian Values and the Asian Crisis«, *Commentary* 105 (1998), S. 23–27.

– »Capitalism and Democracy: The Missing Link«, *Journal of Democracy* 3 (1992), S. 100–110.

– »Falling Tide: Global Trends and US Civil Society«, *Harvard International Review* 20 (1997), S. 60–64.

- »Is It All in the Genes?«, *Commentary* (1997), S. 30–35.
- *Das Ende der Geschichte. Wo stehen wir?*, München 1992.
- *Konfuzius und Marktwirtschaft*, München 1995.
Galbraith, John K., *The Affluent Society*, Boston 1958.
Galston, William A., »Beyond the *Murphy Broun* Debate: Ideas for Family Policy«. Rede am Institute for American Values, Symposium über Familienpolitik, New York 1993.
Gambetta, Diego, *The Sicilian Mafia: The Business of Private Protection*, Cambridge/Mass. 1993.
- *Trust: Making and Breaking Cooperative Relations*, Oxford 1988.
Gartner, Rosemary, »Family Structure, Welfare Spending, and Child Homicide in Developed Democracies«, *Journal of Marriage and the Family* 53 (1991), S. 231–240.
- »The Victims of Homicide: A Temporal and Cross-National Comparison«, *American Sociological Review* 55 (1990), S. 92–106.
Gartner, Rosemary, und Parker, Robert N., »Cross-National Evidence on Homicide and the Age Structure of the Population«, *Social Forces* 69 (1990), S. 351–371.
Gazzaniga, Michael S., *Das erkennende Gehirn. Entdeckungen in den Netzwerken des Geistes*, Paderborn 1989.
- *Nature's Mind: The Biological Roots of Thinking, Emotions, Sexuality, Language, and Intelligence*, New York 1992.
- The Split Brain Revisited«, *Scientific American* 279 (1998), S. 50–55.
Geertz, Clifford, *Dichte Beschreibung. Beiträge zum Verstehen kultureller Systeme*, Frankfurt/Main 1987.
Gelb, Joyce, und Palley, Marian Lief, *Womens of Japan and Korea*, Philadelphia 1994.
Gellner, Ernest, *Conditions of Liberty: Civil Society and Its Rivals*, London 1994.
Glendon, Mary Ann, *Rights Talk: The Impoverishment of Political Discourse*, New York 1991.
Glueck, Eleanor, und Glueck, Sheldon, *Unraveling Juvenile Delinquency*, New York 1950.
Goldin, Claudia, »The Historical Evolution of Female Earnings Functions and Occupations«, *Explorations in Economic History* 21 (1984), S. 1–27.
- *Understanding the Gender Gap: An Economic History of American Women*, New York 1990.
Goldsmith, Stephen, *The Twenty-first Century City: Resurrecting Urban America*, Lanham/Md. 1997.

Goode, William J., *World Changes in Divorce Patterns*, New Haven/Conn. 1993.

Grabher, Gernot, *The Embedded Firm: On the Socioeconomics of Industrial Networks*, London 1993.

Granovetter, Mark S., »The Strength of Weak Ties«, *American Journal of Sociology* 78 (1973), S. 1360–1380.

Gray, John, *Enlightenment's Wake: Politics and Culture at the Close of the Modern Age*, London 1995.

Griswold, Charles L. jr., *Adam Smith and the Virtues of Enlightenment*, Cambridge 1999.

Gurr, Ted Robert, »Contemporary Crime in Historical Perspective: A Comparative Study of London, Stockholm, and Sydney«, *Annals of the American Academy of Political and Social Science* 434 (1977), S. 114–136.

Gurr, Ted Robert, et al., *The Politics of Crime and Conflict: A Comparative History of Four Cities*, Beverly Hills/Kal. 1977.

Gutman, Herbert G., *The Black Family in Slavery and Freedom, 1750–1925*, New York 1977.

Hamilton, William D., »The Genetic Evolution of Social Behavior«, *Journal of Theoretical Biology* 7 (1964), S. 7–52.

Hanifan, Lyda Judson, »The Rural School and Community Center«, *Annals of the American Academy of Political and Social Science* 67 (1916), S. 130–138.

Hansmann, Henry B., und Quigley, John M., »Population Heterogeneity and the Sociogenesis of Homicide«, *Social Forces* 61 (1982), S. 206–224.

Hardin, Garrett, »The Tragedy of the Commons«, *Science* 162 (1968), S. 1243–1248.

Hardin, Russell, *Collective Action*, Baltimore 1982.

Harrell, Stevan, *Human Families*, Boulder/Colo. 1997.

Harrison, Lawrence E., *Underdevelopment Is a State of Mind: The Latin American Case*, New York 1985.

Hayek, Friedrich A. von, *Die verhängnisvolle Anmaßung: Die Irrtümer des Sozialismus*, Tübingen 1996.

– *Recht, Gesetzgebung und Freiheit*, 3 Bände, München 1980, 1981.

– »The Use of Knowledge in Society«, *American Economic Review* 73 (1983), S. 560–595.

Heiner, Ronald A., »The Origin of Predictable Behavior: Further Modeling and Applications«, *American Economic Review* 75 (1985), S. 391–396.

– »The Origin of Predictable Behavior«, *American Economic Review* 73 (1983), S. 560–595.

Himmelfarb, Gertrude, *The De-Moralization of Society: From Victorian Virtues to Modern Values,* New York 1995.

Hirschi, Travis, und Gottfredson, Michael, *A General Theory of Crime,* Stanford/Kal. 1990.

Hirschman, Albert O., »Rival Interpretations of Market Society: Civilizing, Destructive, or Feeble«, *Journal of Economic Literature* 20 (1982), S. 1463–1484.

– *Leidenschaften und Interessen. Politische Begründungen des Kapitalismus vor seinem Sieg,* Frankfurt/Main 1980.

Hirshleifer, Jack, »Economics from a Biological Viewpoint«, *Journal of Law and Economics* 20 (1977), S. 1–52.

– »Natural Economy Versus Political Economy«, *Journal of Social Biology* 1 (1978), S. 319–337.

Hodgson, Geoffrey M., »Institutional Economics: Surveying the ›Old‹ and the ›New‹«, *Metroeconomica* 44 (1993), S. 1–28.

– (Hg.), *The Economics of Institutions.* Aldershot 1993.

Hofstadter, Richard, *Anti-Intellectualism in American Life,* New York 1963.

Holland, John H., *Hidden Order: How Adaptation Builds Complexity,* Reading/Mass. 1995.

Homans, George C., *Theorie der sozialen Gruppe,* Köln, Opladen 1965.

Howe, D. W. (Hg.), *Victorian America,* Philadelphia 1976.

Huang, W. S. Wilson, »Are International Murder Data Valid and Reliable? Some Evidence to Support the Use of Interpol Data«, *International Journal of Comparative and Applied Criminal Justice* 17 (1993), S. 77–89.

– »Assessing Indicators of Crime Among International Crime Data Series«, *Criminal Justice Policy Review* 3 (1989), S. 28–48.

Huberman, Bernardo A., und Hogg, T., »Communities of Practice: Performance and Evolution«, *Computational and Methodological Organizational Theory* 1 (1995), S. 73–92.

Hunter, James Davison, *Culture Wars: The Struggle to Define America,* New York 1991.

Huntington, Samuel P., *Der Kampf der Kulturen. Die Neugestaltung der Weltpolitik im 21. Jahrhundert,* München 1996.

– *The Third Wave: Democratization in the Late Twentieth Century,* Oklahoma City 1991.

Inglehart, Ronald, *Modernisierung and Postmodernisierung. Kultureller, wirtschaftlicher und politischer Wandel in 43 Gesellschaften,* Frankfurt/Main, New York 1998.

Inglehart, Ronald, und Abramson, Paul R., *Value Change in Global Perspective*, Ann Arbor 1995.

Jacobs, Jane, *The Death and Life of Great American Cities*, New York 1992.

Johnson, Paul E., *A Shopkeeper's Millennium: Society and Revivals in Rochester, New York, 1815–1837*, New York 1979.

Johnston, Richard F., et al., *Annual Review of Ecology and Systematics*, Bd. 5, Palo Alto/Kal. 1964.

Jones, Elise F., *Teenage Pregnancy in Industrialized Countries*, New Haven/Conn. 1986.

Jones, Gavin W., »Modernization and Divorce: Contrasting Trends in Islamic Southeast Asia and the West«, *Population and Development Review* 23 (1997), S. 95–114.

Jones, Owen D., »Evolutionary Analysis in Law: An Introduction and Application to Child Abuse«, *North Carolina Law Review* 75 (1997), S. 1117–1241.

– »Law and Biology: Toward an Integrated Model of Human Behavior«, *Journal of Contemporary Legal Issues* 8 (1997), S. 167–208.

Judkins, Calvert J., *National Associations of the United States*, Washington/D.C., 1949 (U.S. Department of Commerce).

Kaminski, Marguerite, und Paiz, Judith, »Japanese Women in Management: Where Are They?«, *Human Resource Management* 23 (1984), S. 277–292.

Kash, Don E., und Ryecroft, Robert W., *The Complexity Challenge: Technological Innovation for the 21st Century*, London 1999.

Katz, Harry, *Shifting Gears: Changing Labor Relations in the U.S. Automobile Industry*, Cambridge/Mass. 1985.

Katz, Lawrence F., und Murphy, Kevin, »Changes in Relative Wages, 1963–1987: Supply and Demand Factors«, *Quarterly Journal of Economics* 107 (Februar 1992), S. 35–78.

Katz, Michael, *The Undeserving Poor. From the War on Poverty to the War on Welfare*, New York 1989.

Keeley, Lawrence H., *War Before Civilization*, New York 1996.

Kelling, George, und Coles, Catherine, *Fixing Broken Windows: Restoring Order and Reducing Crime in Our Communities*, New York 1996.

Kelly, Kevin, *Out of Control: The New Biology of Machines, Social Systems, and the Economic World*, Reading/Mass. 1994.

Kerjosse, Roselyn, und Tamby, Irène, *The Demographic Situation in 1994: The Movement of the Population*, Paris 1994 (National Institute of Statistics and Economic Studies).

Klein, Daniel B., (Hg.), *Reputation: Studies in the Voluntary Elicitation of Good Conduct,* Ann Arbor 1996.

Krahn, Harvey, et al., »Income Inequality and Homicide Rates: Cross-National Data and Criminological Theories«, *Criminology* 24 (1986), S. 269–295.

Krugman, Paul R., »The Power of Biobabble: Pseudo-Economics Meets Pseudo-Evolution«, *Slate,* 23. Oktober 1997.

Kuper, Adam, *The Chosen Primate: Human Nature and Cultural Diversity,* Cambridge/Mass. 1993.

Ladd, Everett C., *Silent Revolution: The Reinvention of Civic America,* New York 1999.

– »The Data just Don't Show Erosion of America's ›Social Capital‹«, *Public Perspective* (1996), S. 4–22.

– »The Myth of Moral Decline«, *The Responsive Community* 4 (1993/94), S. 52–68.

Laslett, Peter, und Wall, Richard, *Family Forms in Historic Europe,* Cambridge 1983.

– *Household and Family in Past Time,* Cambridge 1972.

Leavitt, Gregory C., »Relativism and Cross-Cultural Criminology: A Critical Analysis«, *Journal of Research in Crime and Delinquency* 27 (1990), S. 5–29.

Lemann, Nicholas, *The Promised Land: The Great Black Migration and How It Changed America,* New York 1991.

Lévi-Strauss, Claude, *Die elementaren Strukturen der Verwandtschaft,* Frankfurt/Main 1981.

Light, Ivan H., *Ethnic Enterprise in America,* Berkeley 1972.

Lipset, Seymour Martin, *American Exceptionalism: A Double-Edged Sword,* New York 1995.

Locke, John L., *The De-voicing of Society: Why We Don't Talk to Each Other Anymore,* New York 1998.

Maine, Henry, *Ancient Law: Its Connection with the Early History of Society and Its Relation to Modern Ideas,* Boston 1963.

Malone, Thomas W., »The Interdisciplinary Study of Coordination«, *ACM Computing Surveys* 26 (1994), S. 87–199.

Malone, Thomas W., et al., »Electronic Markets and Electronic Hierarchies«, *Communications of the ACM* 30 (1987), S. 484–497.

Marshall, Inkeke Haen, und Marshall, Chris E., »Toward Refinement of Purpose in Comparative Criminological Research: Research Site Selection in Focus«, *International Journal of Comparative and Applied Criminal Justice* 7 (1983), S. 89–97.

Martin, David, *A General Theory of Secularization,* New York 1978.

- »Fundamentalism: An Observational and Definitional Tour d'Horizon«, *Political Quarterly* 61 (1990), S. 129–131.
- *Tongues of Fire: The Explosion of Protestantism in Latin America*, Oxford 1990.
Martin, Robert T., und Conger, Rand D., »A Comparison of Delinquency Trends: Japan and the United States«, *Criminology* 18 (1980), S. 53–61.
Masters, Roger D., »The Biological Nature of the State«, *World Politics* 35 (1983), S. 161–193.
Mayhew, Pat, und White, Philip, *The 1996 International Crime Victimization Survey*, London 1997 (Home Office Research and Statistics Directorate).
McLanahan, Sara S., und Sandefur, Gary D., *Growing Up with a Single Parent: What Hurts, What Helps*, Cambridge/Mass. 1994.
Mead, Margaret, *Kindheit und Jugend in Samoa*, München 1970 (erstmals erschienen New York 1928).
- *Mann und Weib. Das Verhältnis der Geschlechter in einer sich wandelnden Welt*, Frankfurt/Main, Berlin 1992.
Merton, Robert K., »Social Structure and ›Anomie‹«, *American Sociological Review* 33 (1938), S. 672–682.
Messner, Steven F., »Income Inequality and Murder Rates: Some Cross-National Findings, *Comparative Social Research* 3 (1980), S. 185–198.
Messner, Steven F., und Rosenfeld, Richard, *Crime and the American Dream*, 2. Aufl., Belmont/Kal. 1997.
Miller, Gary J., *Managerial Dilemmas: The Political Economy of Hierarchy*, New York 1992.
Miller, John J., *The Unmaking of Americans: How Multiculturalism Has Undermined the Assimilation Ethic*, New York 1998.
Mises, Ludwig von, *Die Gemeinwirtschaft. Untersuchungen über den Sozialismus*, Nachdruck der 2. Aufl., München 1981.
Mitchell, B. R. *International Historical Statistics: Europe 1750–1988*, New York 1992.
Moffitt, Robert, »Incentive Effects of the US Welfare System: A Review«, *Journal of Economic Literature* 30 (1992), S. 1–61.
- »The Effect of the US Welfare System on Marital Status«, *Journal of Public Economics* 41 (1990), S. 101–124.
Moynihan, Daniel P., *The Negro Family: A Case for National Action*, Washington/D.C. 1965 (U.S. Department of Labor).
Mukherjee, Satyanshu, und Dagger, Dianne, *The Size of the Crime Problem in Australia*, 2. Aufl., Canberra 1990 (Australian Institute of Crimninology).
Mukherjee, Satyanshu, und Scandia, Anita, *Sourcebook of Australian Cri-*

minal and Social Statistics, Canberra 1989 (Australian Institute of Criminology).

Murphy, Cait, »Europe's Underclass«, *National Interest,* Nr. 50 (1997), S. 49–55.

Murray, Charles, *Losing Ground,* New York 1984.

– »Welfare and the Family: The US Experience«, *Journal of Labor Economics* 11 (1993), S. S224–S262.

National Center for Health Statistics, »Births, Marriages, Divorces and Deaths for 1996«, Washington/D.C. 1997 (Public Health Service).

– *Vital Statistics of the United States,* 1992, Bd. 1: *Natality,* Washington/D.C. 1995 (Public Health Service).

National Commission on Civic Renewal, *A Nation of Spectators: How Civic Disengagement Weakens America and What We Can Do About It,* College Park/Md. 1998.

– *The Index of National Civic Health,* College Park/Md. 1998.

National Commission to Prevent Child Abuse, *Public Opinion and Behaviors Regarding Child Abuse Prevention. A Ten Year Review of NCPCA's Public Opinion Research,* Chicago 1997.

National Urban League, *The State of Black America* 1996, Washington/D.C. 1997.

Nelson, Richard E., und Winter, Sidney G., *An Evolutionary Theory of Economic Change,* Cambridge/Mass. 1982.

Neu, Dean, »Trust, Contracting and the Prospectus Process«, *Accounting, Organizations and Society* 16 (1991), S. 243–256.

Neuman, W. Lawrence, und Berger, Ronald J., »Competing Perspectives on Cross-National Crime: An Evaluation of Theory and Evidence«, *Sociological Quarterly* 29 (1988), S. 281–313.

Neumann, John von, und Morgenstern, Oskar, *Spieltheorie und wirtschaftliches Verhalten,* 2. Aufl. Würzburg 1967.

Nevins, Allan, mit Frank E. Hill, *Ford: The Times, the Man, the Company,* New York 1954.

Nohria, Nitin, und Eccles, Robert, *Networks and Organizations: Structure, Form, and Action,* Boston 1992.

Nolan, James L., *The Therapeutic State: Justifying Government at Century's End,* New York 1998.

North, Douglass C., *Institutionen, institutioneller Wandel und Wirtschaftsleistung,* Tübingen 1992.

North, Douglass C., und Thomas, Robert P., »An Economic Theory of the Growth of the Western World«, *Economic History Review,* 2. Reihe, 28 (1970), S. 1–17.

– *The Growth of the Western World,* London 1973.

Nye, Joseph S. jr. (Hg.), *Why People Don't Trust Government,* Cambridge 1997.

O'Neill, June, und Polachek, Solomon, »Why the Gender Gap in Wages Narrowed in the 1980s«, *Journal of Labor Economics* 11 (1993), S. 205–228.

Ogawa, Naohiro, und Retherford, Robert D., »The Resumption of Fertility Decline in Japan: 1973–92«, *Population and Development Review* 19 (1993), S. 703–741.

Olson, Mancur, *Aufstieg und Niedergang von Nationen. Ökonomisches Wachstum, Stagflation und soziale Starrheit,* 2. Aufl. Tübingen 1991.

– *Die Logik kollektiven Handelns. Kollektivgüter und die Theorie der Gruppen,* 3. Aufl. Tübingen 1992.

Opp, Karl-Dieter, »Emergence and Effects of Social Norms – Confrontation of Some Hypotheses of Sociology and Economics«, *Kyklos* 32 (1979), S. 775–801.

Oppenheimer, Valerie K., »Women's Rising Employment and the Future of the Family in Industrial Societies«, *Population and Development Review* 20 (1994), S. 293–342.

Organization for Economic Cooperation and Development, *Employment Outlook,* Paris, Juli 1996.

Ostrom, Elinor, *Die Verfassung der Allmende. Jenseits von Staat und Markt,* Tübingen 1999.

Ostrom, Elinor, und Walker, J., *Rules, Games, and Common-Pool Resources,* Ann Arbor 1994.

Pew Research Center For the People and the Press, *Deconstructing Distrust: How Americans View Government,* Washington/D.C. 1998.

– *Trust and Citizen Engagement in Metropolitan Philadelphia: A Case Study,* Washington/D.C. 1997.

Plotnick, Robert D., »Welfare and Out-of-Wedlock Childbearing: Evidence from the 1980s«, *Journal of Marriage and the Family* 52 (1990), S. 735–746.

Popenoe, David, *Disturbing the Nest: Family Change and Decline in Modern Societies,* New York 1988.

– *Life Without Father: Compelling New Evidence that Fatherhood and Marriage are Indispensable for the Good of Children and Society,* New York 1996.

Porter, Michael E., »Clusters and the New Economics of Competition«, *Harvard Business Review* (November-Dezember 1998), S. 77–90.

– *On Competition,* Boston 1998.

Posner, Richard A., und Landes, Elisabeth M., »The Economics of the Baby Shortage«, *Journal of Legal Studies* 323.

Powell, Walter W., »Neither Market Nor Hierarchy: Network Forms of Organization«, *Research in Organizational Behavior* 12 (1990), S. 295–336.

Pugh, George E., The *Biological Origin of Human Values*, New York 1977.

Putnam, Robert D., »Bowling Alone: Americas Declining Social Capital«, *Journal of Democracy* 6 (1995), S. 65–78.

– *Making Democracy Work: Civic Traditions in Modern Italy*, Princeton/N.J. 1993.

– »Tuning In, Tuning Out: The Strange Disappearance of Social Capital in America«, *PS: Political Science and Politics* (1995), S. 664–682.

Rabinowitz, Dorothy, »From the Mouths of Babes to a Jail Cell«, *Harper's* (1990), S. 52–63.

Rahn, Wendy, und Brehm, John, »Individual-Level Evidence for the Causes and Consequences of Social Capital«, *American Journal of Political Science* 41 (1997), S. 999–1023.

Rahn, Wendy, und Transue, John, »Social Trust and Value Change: The Decline of Social Capital in American Youth, 1976–1995«, unveröffentlichtes Manuskript 1997.

Rankin, J., und Wells, J. E., »The Effect of Parental Attachments and Direct Controls on Delinquency«, *Journal of Research in Crime and Delinquency* 27 (1990), S. 140–165.

Reardon, Elaine, »Demand-Side Changes and the Relative Economic Progress of Black Men: 1940–1990«, *Journal of Human Resources* 32 (1997), S. 69–97.

Reimers, Cordelia W., »Cultural Differences in Labor Force Participation Among Married Women«, *ABA Papers and Proceedings* 75, Nr. 2 (1985), S. 251–255.

Rey, Marcella, »Pieces to the Association Puzzle«, Paper vorgelegt auf der Jahreskonferenz der Association for Research on Nonprofit Organizations and Voluntary Action, November 1998.

Ricks, Thomas E., *Making the Corps*, New York 1997.

Ridley, Matt, *Die Biologie der Tugend: Warum es sich lohnt, gut zu sein*, Berlin 1997.

– *Eros und Evolution. Die Naturgeschichte der Sexualität*, München 1995.

Rindfuss, Ronald R., und Morgan, S. Philip, »Marriage, Sex, and the First Birth Interval: The Quiet Revolution in Asia«, *Population and Development Review* 9 (1983), S. 259–278.

Roe, Mark J., »Chaos and Evolution in Law and Economics«, *Harvard Law Review* 109 (1996), S. 641–668.

Rohlen, Thomas P., »›Spiritual Education‹ in a Japanese Bank«, *American Anthropologist* 75 (1973), S. 1542–1562.

Rorabaugh, William J., *The Alcoholic Republic*, New York 1979.

Rosenfeld, Richard, »The Social Sources of Homicide in Different Types of Societies«, *Sociological Forum* 6 (1991), S. 51–70.

Rosenzweig, Mark R., und Wolpin, Kenneth J., »Parental and Public Transfers to Young Women and Their Children«, *American Economic Review* 84 (1994), S. 1195–1212.

Ross, Ruth A., und Benson, George C. S., »Criminal Justice from East to West«, *Crime and Delinquency* (1979), S. 76–86.

Rossi, Alice, »A Biosocial Perspective on Parenting«, *Daedalus* 106 (1977), S. 2–31.

– »The Biosocial Role of Parenthood«, *Human Nature* 72 (1978), S. 75–79.

Roussel, Louis, *La famille incertaine*, Paris 1989.

Salamon, Lester M., *America's Nonprofit Sector: A Primer*, New York 1992.

– »Governmnent and the Voluntary Sector in an Era of Retrenchment: The American Experience«, *Journal of Public Policy* 6 (1986), S. 1–19.

– *Partners in Public Service: Government-Nonprofit Relations in the Modern Welfare State*, Baltimore 1995.

– »The Rise of the Nonprofit Sector«, *Foreign Affairs* 73 (1994), S. 109–122.

Salamon, Lester M., und Anheier, Helmut K., *The Emerging Sector. An Overview*, Baltimore 1994.

Sampson, Robert J., »Urban Black Violence: The Effect of Male Joblessness and Family Disruption«, *American Journal of Sociology* 93 (1987), S. 348–382.

Sampson, Robert J., und Laub, John H., *Crime in the Making: Pathways and Turning Points Through Life*, Cambridge 1993.

Sampson, Robert J., et al., »Neighborhoods and Violent Crime: A Multilevel Study of Collective Efficacy«, *Science* 277 (1997), S. 918–924.

Sandel, Michael J., *Democracy's Discontent: America in Search of a Public Philosophy*, Cambridge/Mass. 1996.

Sardon, Jean-Paul, *General Natality*, Paris 1994 (National Institute of Demographic Studies).

Saxenian, Annalee, *Regional Advantage: Culture and Competition in Silicon Valley and Route 128*, Cambridge/Mass. 1994.

Schein, Edgar H., *Organizational Culture and Leadership*, San Francisco 1988.

Schudson, Michael, »What If Civic Life Didn't Die?«, *American Prospect* (1996), S. 17–20.

Schumpeter, Joseph A., *Kapitalismus, Sozialismus und Demokratie*, 2. Aufl., Bern 1950.

Scott, James C., *Seeing Like a State: How Certain Schemes to Improve the Human Conditions Have Failed*, New Haven 1998.

Sedlak, Andrea J., und Broadhurst, Diane D., »Third National Incidence Study of Child Abuse and Neglect«, Washington/D.C. 1996.

Seligman, Adam B., *The Problem of Trust*, Princeton/N.J. 1997.

Seydlitz, Ruth, »Complexity in the Relationships among Direct and Indirect Parental Controls and Delinquency«, *Youth and Society* 24 (1993), S. 243–275.

Shaw, Henry, und McKay, Clifford, *Juvenile Delinquency and Urban Areas*, Chicago 1942.

Sherman, P. W., »Nepotism and the Evolution of Alarm Calls«, *Science* 197 (1977), S. 1246–1253.

Shoham, Shlomo G., und Rahav, Giora, »Family Parameters of Violent Prisoners«, *Journal of Social Psychology* 127 (1987), S. 83–91.

Skogan, Wesley G., *Disorder and Decline: Crime and the Spiral of Decay in American Neighborhoods*, New York 1990.

Smith, Adam, *Der Wohlstand der Nationen. Eine Untersuchung seiner Natur und seiner Ursachen*, München 1988 (nach der 5. Aufl. London 1789).

– *Vorlesungen über Rechts- und Staatsphilosophie*, St. Augustin 1996.

– *Theorie der ethischen Gefühle*, hrsg. von Walther Eckstein, Hamburg 1994.

Smith, Tom W., »Factors Relating to Misanthropy in Contemporary American Society«, *Social Science Research* 26 (1997), S. 170–196.

Stack, Carol, *All Our Kin: Strategies for Survival in a Black Community*, New York 1974.

Stack, Steven, »Social Structure and Swedish Crime Rates: A Time-Series Analysis, 1950–1979«, *Criminology* 20 (1982), S. 499–513.

Stack, Steven, und Kowalski, Gregory S., »The Effect of Divorce on Homicide«, *Journal of Divorce and Remarriage* 18 (1992), S. 215–218.

Statistiken:

    Australien, *Births. Catalog No. 3301.0*, Canberra 1995 (Australian Bureau of Statistics, Australian Government Publishing Service).

    Kanada, *Canadian Crime Statistics 1995*, Ottawa 1995 (Canadian Centre for Justice Statistics).

    Dänemark, *Kriminalstatistik – Criminal Statistics*, Kopenhagen 1996 (Det Statistiske Departement).

Deutschland, Ministerium für Familie, Senioren, Frauen und Jugend. Bundesrepublik Deutschland, *Die Familie im Spiegel der amtlichen Statistik: Aktuelle und erweiterte Neuauflage* 1998, Bonn 1998.

Eurostat, *Demographic Statistics*, New York 1997.

Finnland, *Crime Nomenclature*, Helsinki 1996.

Finnland, *Yearbook of Justice Statistics* 1996, Helsinki 1997.

Großbritannien, Home Office, *Criminal Statistics: England and Wales*, London, verschiedene Jahrgänge (Her Majesty's Stationary Office).

Irland, Central Statistical Office of Ireland, *Statistical Abstract*, verschiedene Jahrgänge, Cork.

Japan, Regierung von Japan, Justizministerium, *Summary of the White Paper on Crime* (Tokio, erscheint jährlich).

Norwegen, *Historisk Statistikk – Historic Statistics 1994*, Oslo 1995 (Statistikk Sentralbyrå).

Norwegen, *Kriminalstatistikk – Crime Statistics 1995*, Oslo 1997 (Statistikk Sentralbyrå).

Österreich, *Republik Österreich 1945–1995* (Österreichisches Bundesamt für Statistik), Wien.

Republik China (Taiwan), *Statistical Yearbook of the Republic of China 1992*, Taipeh 1992 (Republic of China and Directorate-General of Budgeting, Accounting and Statistics).

Schweden, *Kriminalstatistik 1994 – Criminal Statistics 1994*, Stockholm 1994 (Statistika Centralbyran).

Schweden, *Bevolkningsstatistik*, Teil 4, *Civilståndsändringar – Population Statistics 1996*, Teil 4, *Vital Statistics*, Stockholm 1997 (Statistika Centralbyran).

Südkorea, *Social Indicators in Korea 1995*, Seoul 1995 (Statistisches Amt der Republik Korea).

Stets, Jan E., »Cohabiting and Marital Aggression: The Role of Social Isolation«, *Journal of Marriage and the Family* 53 (1991), S. 669–680.

Strauss, Leo, *Naturrecht and Geschichte*, Stuttgart 1956.

Sugden, Andrew, »Spontaneous Order«, *Journal of Economic Perspectives* 3 (1989), S. 85–97.

– *The Economics of Rights, Cooperation, and Welfare*, Oxford 1986.

Sutherland, Edwin, und Cressy, Donald, *Criminology*, Philadelphia 1970.

Tannenbaum, Frank, *Crime and the Community*, New York 1938.

Taub, David M., *Primate Paternalism*, New York 1984.

Teitelbaum, Michael S., und Winter, Jay M., *The Fear of Population Decline*, Orlando 1985.

Thornton, Arland, und Fricke, Thomas E., »Social Change and the

Family: Comparative Perspectives from the West, China, and South Asia«, *Sociological Forum* 2 (1987), S. 746–779.

Tiger, Lionel, *The Decline of Males,* New York 1999.

– *Men in Groups,* New York 1969.

Tiger, Lionel, und Fowler, Heather T., *Female Hierarchies,* Chicago 1978.

Tiger, Lionel, und Fox, Robin, *Das Herrentier. Steinzeitjäger im Spätkapitalismus,* München 1973.

Tittle, Charles R., »Social Class and Criminal Behavior: A Critique of the Theoretical Foundation«, *Social Forces* 62 (1983), S. 334–358.

Toffler, Alvin, *The Third Wave,* New York 1980.

Tomasson, Richard F., »Modern Sweden: The Declining Importance of Marriage«, *Scandinavian Review* (1998), S. 83–89.

Tönnies, Ferdinand, *Gemeinschaft und Gesellschaft,* Darmstadt 1991 (Neuausgabe der 8. Aufl. 1935).

Tonry, Michael, und Morris, Norval, *Crime and Justice,* Bd. 7, Chicago 1986.

Trivers, Robert, *Social Evolution,* Menlo Park/Kal. 1985.

– »The Evolution of Reciprocal Altruism«, *Quarterly Review of Biology* 46 (1971), S. 35–56.

Trojanowicz, Robert et al., *Community Policing: A Contemporary Perspective,* Cincinnati/Ohio 1998.

U. S. Bureau of the Census, *International Database, Population,* Washington/D.C. 1998.

– *Statistical Abstract of the United States, 1996,* Washington/D.C. 1996.

– *Statistical Abstract of the United States, 1997,* Washington/D.C. 1997.

U. S. Department of Health and Human Services, *Report to Congress on Out-of-Wedlock Childbearing,* Hyattsville/Md. 1995 (U. S. Government Printing Office).

– *Vital Statistics of the United States, Bd. 1: Natality,* Hyattsville/Md. 1996 (National Center for Health Statistics).

U. S. Department of Justice, *Criminal Victimization, 1973–95,* Washington/D.C. 1997 (BJS National Crime Victimization Survey).

United Nations, *Demographic Yearbook, 1995,* New York 1995 (United Nations Publications).

– *World Population Prospects: The 1996 Revision-Annex 1 – Demographic Indicators,* New York 1996.

United Nations Department for Economic and Social Information and Policy Analysis, *Demographic Yearbook, 1990,* New York 1990 (United Nations Publications).

Van Dijk, Jan J. M., et al., *Experiences of Crime across the World,* Deventer 1991.

Ventura, S. J., »Births to Unmarried Mothers: United States, 1980–1992«, Hyattsville/Md. 1995 (National Center for Health Statistics).

Ventura, S. J., Martin, J. A., Mathews, T. J., und Clarke, S. C., »Advance Report of Final Natality Statistics, 1994«, *National Center for Health Statistics,* Hyattsville/Md. 1996.

– *Report of Final Natality Statistics, 1996,* Hyattsville/Md. 1998 (National Center for Health Statistics).

Viccica, Antoinette D., »World Crime Trends«, *International Journal of Offender Therapy* 24 (1980), S. 270–277.

Waldrop, M. Mitchell, *Inseln im Chaos. Die Erforschung komplexer Systeme,* Reinbek bei Hamburg 1993.

Wallace, P. A., und LeMund, A., *Women, Minorities, and Employment Discrimination,* Lexington/Mass. 1977.

Warner, W. Lloyd, et al., *Yankee City,* New Haven/Conn. 1963.

Weber, Max, *Die protestantische Ethik und der »Geist« des Kapitalismus,* hrsg. von Klaus Lichtblau und Johannes Weiß, Weinheim 1996.

– *Wirtschaft und Gesellschaft,* hrsg. von Johannes Winckelmann, 5. Aufl. Tübingen 1972.

– *Die Wirtschaftsethik der Weltreligionen. Konfuzianismus und Taoismus,* hrsg. von Helwig Schmidt-Glintzer, MWG I/19, Tübingen 1989.

Wells, J. E., und Rankin, J. H., »Direct Parental Controls and Delinquency«, *Criminology* 26 (1988), S. 263–285.

Whelan, Robert, *Broken Homes and Battered Children: A Study of the Relationship Between Child Abuse and Family Type,* Oxford 1994.

Whitehead, Barbara Dafoe, »Dan Quayle was Right«, *Atlantic Monthly* 271 (1993), S. 47–84.

Wilhams, George C., *Adaptation and Natural Selection: A Critique of Some Current Evolutionary Thought,* Princeton/N.J. 1974.

Williamson, Oliver E., »Calculativeness, Trust, and Economic Organization«, *Journal of Law and Economics* 36 (1993), S. 453–502.

– *The Nature of the Firm: Origins, Evolution, and Development,* Oxford 1993.

Wilson, Edward O., *Biologie als Schicksal. Die soziobiologischen Grundlagen menschlichen Verhaltens,* Frankfurt/Main 1980.

– »Resuming the Enlightenment Quest«, *Wilson Quaterly* 22 (1998), S. 16–27.

Wilson, James Q., *Bureaucracy: What Government Agencies Do and Why They Do It,* New York 1989.

– »Criminal Justice in England and America«, *Public Interest* (1997), S. 3–14.

– *Die moralischen Empfindungen. Warum die Natur des Menschen besser ist als ihr Ruf*, München 1994.
– *Thinking About Crime*, überarbeitete Neuauflage, New York 1983.
Wilson, James Q., und Abrahamse, Allan, »Does Crime Pay?«, *Justice Quarterly* 9 (1993), S. 359–378.
Wilson, James Q., und Herrnstein, Richard, *Crime and Human Nature*, New York 1985.
Wilson, James Q., und Kelling, G., »Broken Windows: The Police and Neighborhood Safety«, *Atlantic Monthly* 249 (1982), S. 29–38.
Wilson, James Q., und Petersilia, Joan (Hgg.), *Crime*, San Francisco 1995.
Wilson, William Julius, *The Truly Disadvantaged: The Inner City, the Underclass, and Public Policy*, Chicago 1988.
– *When Work Disappears: The World of the New Urban Poor*, New York 1996.
Wolfe, Alan, *One Nation, After All: What Middle-Class Americans Really Think About God, Country, Family, Racism, Welfare, Immigration, Homosexuality, Work, The Right, The Left, and Each Other*, New York 1998.
– *Whose Keeper? Social Science and Moral Obligation*, Berkeley 1989.
Womack, James P., et al., *The Machine That Changed the World: The Story of Lean Production*, New York 1991.
Wrangham, Richard, und Peterson, Dale, *Demonic Males: Apes and the Origins of Human Violence*, Boston 1996.
Wrigley, E. A., *Nineteenth-Century Society: Essays in the Use of Quantitative Methods for the Study of Social Data*, Cambridge 1972.
Wrong, Dennis, »The Oversocialized Conception of Man in Modern Sociology«, *American Sociological Review* 26 (1961), S. 183–196.
Wynne-Edwards, Vero C., *Animal Dispersion in Relation to Social Behaviour*, New York 1967.
– *Evolution Through Group Selection*, Oxford 1986.
Yeager, Matthew G., »Immigrants and Criminality: A Cross-National Review«, *Criminal Justice Abstracts* 29 (1997), S. 143–171.
Zakaria, Fareed, »A Conversation with Lee Kuan Yew«, *Foreign Affairs* 73 (1994), S. 109–127.
Zuboff, Shoshana, *In the Age of the Smart Machine: The Future of Work and Power*, New York 1984.

Register

Danksagung

Teile aus diesem Buch wurden 1997 im Rahmen der Tanner Lectures am Brasenose College in Oxford vorgetragen. Eine frühere Version von Kapitel zwölf, »Technologie, Netzwerke und Sozialkapital«, war die Grundlage meiner Krasnoff Lecture an der Stern School of Business der New York University im Februar 1997. Die Tanner Lectures wurden in Großbritannien von der Social Market Foundation als Streitschrift unter dem Titel *Das Ende der Ordnung* veröffentlicht. Ich danke der Tanner Foundation, den Fellows des Brasenose College, der Stern School und der Social Market Foundation für ihre Unterstützung bei den Projekten.

Sehr hilfreich waren mir zwei Seminare, die ich mit geleitet habe: ein Seminar über neue Fragestellungen in den Naturwissenschaften und ein zweites Seminar über die doppelte Revolution in der Informationstechnologie und der Biologie. Die Seminare fanden am Institut für Internationale Politik der John Hopkins School of Advanced International Studies statt und bei der RAND Corporation in Zusammenarbeit mit der George Mason University.

Ich habe sehr vielen Menschen für ihren Rat und ihre Anmerkungen zu meinem Vorhaben zu danken, sie haben mir bei den Vorlesungen und bei der schriftlichen Fassung meiner Gedanken in der vorliegenden Form geholfen. Ich nenne hier ohne Anspruch auf Vollständigkeit Karlyn Bowman, Dominic Brewer, Leon Clark, Mark Cordover, Tyler Cowen, Partha Dasgupta, John Dilulio, Esther Dyson, Nick Eberstadt, Jean Bethke Elshtain, Robin Fox, Bill Galston, Charles Griswold, Lawrence Harrison, George Holmgren, Ann Hulbert, Don Kash, Michael Kennedy, Tjoborn Knutsen, Andrew Kohut, Jessica Korn, Timur Kuran, Everett Ladd, S. M. Lipset, John L. Locke, Andrew Marshall, Pete Molloy, David Myers, David Popenoe, Bruce Porter, Wendy Rahn, Marcella Rey, Steve Rhoads, Richard Rose, Abe

Shulsky, Marcelo Siles und die Michigan State Social Capital Interest Group, Lord Robert Skidelsky, Tom Smith, Max Stackhouse, Neal Stephenson, Richard Swedberg, Lionel Tiger, Eric Uslaner, Richard Velkley, Caroline Wagner, James Q. Wilson, Clare Wolfowitz, Michael Woolcock und Robert Wright.

Die statistischen Daten über die Entwicklung der Kriminalität und der Familienstrukturen wurden direkt bei den jeweiligen Statistikbehörden der einzelnen Länder abgefragt. Ich danke den zahllosen Menschen in den Büros, die meine Anfragen freundlich und hilfsbereit beantwortet und mir oft Berge außerordentlich nützlicher Daten übersandt haben.

Ich danke den Forschungsassistenten, die mir bei der Arbeit an dem Buch geholfen haben: David Marcus, Carlos Arieira, Michelle Bragg, Sanjay Marwah, Benjamin Allen und Nikhilesh Prasad. David Marcus hat großzügig seine Dienste angeboten; die Arbeit der letzten fünf Jahre wurde mit einem Stipendium der Lynde und Harry Bradley Foundation unterstützt. Ich danke auch meinen Assistentinnen Lucy Kennedy und Kelly Lawler für ihren Einsatz bei der Vorbereitung des Manuskripts sowie Cynthia Paddock, Richard Schum und Danilo Pelletiere für ihre Hilfe bei den naturwissenschaftlichen Themen.

Ich danke dem früheren Lektor bei The Free Press, Adam Bellows, und dem gegenwärtigen Lektor Paul Golob, der das Projekt übernommen hat, für ihre klugen Anmerkungen. Andrew Franklin von Profile Books in Großbritannien ist ein langjähriger Freund und hat mich bei diesem wie bei den beiden vorangehenden Büchern als hilfreicher Lektor betreut. Esther Newberg und Heather Schroder von International Creative Management haben sich über einen ähnlich langen Zeitraum in ihrer gewohnt perfekten Weise um die ökonomische Seite des Projekts gekümmert.

Meine Ehefrau Laura hatte die Geduld, jede einzelne Fassung des Manuskripts zu lesen, und ihr Urteil war nach Aussage meines Lektors sehr viel sicherer als meines.